그리스 홀리데이

그리스 홀리데이

2023년 7월 20일 개정 2판 1쇄 펴냄

지은이	고아라 · 김나성 · 오한결
발행인	김산환
책임편집	윤소영
편집	박해영
디자인	페이지제로
지도	글터
펴낸곳	꿈의지도
인쇄	다라니
종이	월드페이퍼
주소	경기도 파주시 경의로 1100, 604호
전화	070-7535-9416
팩스	031-947-1530
홈페이지	blog.naver.com/mountainfire
출판등록	2009년 10월 12일 제82호

979-11-6762-057-6-14980
979-11-86581-33-9-14980(세트)

지은이와 꿈의지도 허락 없이는 어떠한 형태로도 이 책의 전부, 또는 일부를 이용할 수 없습니다.
※ 잘못된 책은 바꾸어 드립니다.

GREECE
그리스 홀리데이

고아라 · 김나성 · 오한결 지음

꿈의지도

프롤로그

그리스는 신들의 축복을 받은 나라다. 역사, 신화, 문화, 음식, 자연경관 어느 하나 빠짐없이 여행자들을 매혹시킨다. 〈그리스 홀리데이〉를 만들어보자고 의기투합한 저자 3인방도 취재 기간 동안 그리스의 매력에 흠뻑 빠져 행복한 시간을 보냈다.

〈그리스 홀리데이〉는 한국인들에게 사랑받는 아테네, 델피, 메테오라, 산토리니, 미코노스를 포함하여 아직은 조금 생소하지만 무섭게 뜨고 있는 수니온곶, 나플리오, 이드라, 테살로니키, 크레타, 델로스까지 그리스의 광범위한 지역을 소개했다. 이처럼 그리스의 많은 지역을 소개한 가이드북은 일찍이 없었다. 처음 소개한다는 것은 조심스러운 일이기도 하다. 하지만 처음이라서 뿌듯한 마음이 드는 것도 사실이다. 여행은 늘 새로운 곳을 꿈꾸고, 모름지기 여행작가라면 새로운 곳을 찾아 나서는 게 사명이니까.

원고 마감이라는 길고 고통스런 터널을 빠져나온 지금도 그리스가 손에 잡힐 듯하다. 유럽 특유의 아름다운 하늘을 배경으로 한 아테네 파르테논 신전은 그리스에 온 것을 실감하게 해줬다. 별 기대 없이 방문했던 나플리오는 예상외의 큰 감동을 안겨줬다. '그리스의 나폴리'라는 말은 사실이었다. 차 없는 섬 이드라의 골목에서 만난 따스하고 친절한 그리스인은 그리스를 좀 더 사랑하게 만들었다. 델피의 고고 유적에서는 한때 잘 나가던 그리스인들의 위상이 고스란히 느껴졌다. 세상에 하나 밖에 없는 진귀한 풍경 메테오라를 마주하고는 감탄사가 연달아 나왔다. 거대한 바위 위에 수도원을 짓고 세상과 단절한 수도사들의 고행이 느껴졌다. 테살로니키에서 해변을 따라 거닐며 여유롭게 즐겼던 프라페 한 잔도 잊을 수 없다. 크레타섬의 대자연 앞에서는 숨이 멎을 것 같았고, 산토리니의 석양 앞에서는 가슴이 무너질 것 같은 뭉클함을 느꼈다. 보석 같은 미코노스의 바다는 천국을 떠올리게 했으며, 고대 그리스 문명의 영광이 저문 델로스섬에서는 쓸쓸함과 고독을 맛보기도 했다.

길다면 길고 짧다면 짧은 취재 기간 동안 이 오래된 나라를 알아가고 이해한다는 것은 결코 쉬운 일이 아니었다. 그러나 마성의 매력을 지닌 나라를 세상에 알릴 필요가 있었다. 그래서 우리는 치열하게 쓰고, 풀어내고, 담아냈다. 발로 직접 뛰며, 눈에 담으며, 맛보며, 느끼며 써냈다. 그렇게 얻은 생생한 정보들과 특별한 팁을 〈그리스 홀리데이〉를 통해 독자들과 빠짐없이 공유하고 싶었다. 우리가 본 그리스를 독자들도 볼 수 있기를 간절히 바라며. 이 책이 여행자들의 귀중한 여행에 도움이 되기를 진심으로 희망한다.

Special Thanks to

취재와 원고 마감으로 무심했던 작가들의 곁을 묵묵히 지켜준 가족들,
따뜻한 차 한 잔으로 큰 위로를 해 준 에바Eva,
유쾌하고 마음씨 넉넉한 요르고스Giorgos,
그리스와 한국의 끈끈한 친선관계를 꿈꾸는 마키Maki,
아낌없는 지원으로 이 책을 더욱 풍성하게 만들어준 야니스Yiannis,
타국 땅 한국에서 혼자 잘 적응하고 기다려준 시릴Cyril,
포르투갈에서 매일매일 원격 응원해준 우지경 작가,
보석발굴의 동행자 아나스타샤Anastasiia,
나플리오 뇌섹남 야니스M.Yiannis,
힘을 내요 슈퍼파워를 아직까지 외치고 있는 그레고리Gregory 할아버지,
힘든 상황에서도 항상 응원해주는 지선,
많은 응원과 도움을 준 브라이언Bryan,
떨어져 있어도 귀찮게 하는 헤미,
말하지 않아도 알아요 유리,
매일 같이 귀찮게 질문해도 다 받아준 헬라 친구들,
가족 같은 따뜻함으로 보살펴준 세르겐타키스Sergentakis 가족…

고아라 · 김나성 · 오한결

〈그리스 홀리데이〉 100배 활용법

그리스 여행 가이드북으로 〈그리스 홀리데이〉를 선택하셨군요. '굿 초이스'입니다.
그리스에서 뭘 보고, 뭘 먹고, 뭘 하고, 어디서 자야 할지 더 이상 고민하지 마세요.
친절하고 꼼꼼한 베테랑 가이드북 〈그리스 홀리데이〉와 함께라면 당신의 그리스 여행이 완벽해집니다.

01
그리스를 꿈꾸다
STEP 01 » PREVIEW를 먼저 펼쳐보세요. 여행을 위한 워밍업. 그리스 하면 떠오르는 상징적인 것들과 풍광, 잘 알려지지 않은 동네, 골목까지 안내합니다. 당신이 그리스에 왔다면 꼭 봐야 할 것, 해야 할 것, 먹어야 할 것을 알려줍니다. 놓쳐서는 안 될 핵심요소들을 사진으로 정리했어요.

02
여행 스타일 정하기
STEP 02 » PLANNING을 보면서 나의 여행 스타일을 정해 보세요. 그리스 여행의 목적이 단순 관광인지, 신혼여행인지, 배낭여행인지, 또 누구와 함께 여행 할 것인지에 따라 여행 일정과 스타일이 달라집니다.

03
플래닝 짜기
여행 스타일을 정했다면 여행의 밑그림을 그릴 단계입니다. STEP 02 » PLANNING에서 언제 갈 것인지, 일정은 어떻게 짤 것인지, 가기 전에 알아야 할 그리스 역사와 축제, 쇼핑 정보 등 구체적인 여행의 플랜을 짜 봅니다.

04
여행지별 일정 짜기
여행의 콘셉트와 목적지를 정했다면 이제 여행지별로 동선을 짜봅니다. GREECE BY AREA에서 그리스의 주요 도시와 여행지별로 관광지, 쇼핑, 레스토랑 등을 둘러보는 여행의 동선을 제시해 줍니다. 저자들이 추천하는 루트만 따라 해도 힘들이지 않고 여행 일정을 짤 수 있습니다.

05
교통편 및 여행 정보
그리스는 내륙과 섬 등 다양한 여행지가 있습니다. 교통편도 다양하고 여행자가 꼭 알아야 할 여행 정보도 많습니다. GREECE BY AREA에서는 지역과 도시별로 여행지를 찾아가거나 여행지에서 이동할 수 있는 다양한 교통편을 제시합니다. 또한 관광안내소와 경찰서, 우체국, 병원 등 여행 시 발생할 수 있는 위험에 대처할 수 있는 긴급 연락처 등도 알려줍니다.

06
숙소 정하기
어디서 자느냐가 여행의 절반을 좌우합니다. 숙소가 어디냐에 따라 여행 일정이 달라집니다. GREECE BY AREA » SLEEP에서 지역별 여행지마다 먹고 잘 수 있는 곳들을 알려줍니다. 그리스의 주요 관광지는 성수기와 비수기에 따라 숙박료가 크게 달라집니다. 또 배낭여행자를 위한 숙소와 허니문을 위한 숙소가 천양지차입니다. 럭셔리 호텔부터 호스텔까지 여행 스타일에 맞는 숙박을 제안합니다.

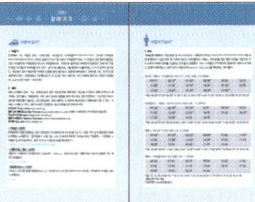

07
D-day 미션 클리어
여행 일정까지 완성했다면 책 마지막의 여행 준비 컨설팅을 보면서 혹시 빠뜨린 것은 없는지 챙겨보세요. 여행 60일 전부터 출발 당일까지 날짜별로 챙겨야 할 것들이 리스트 업 되어 있습니다.

08
홀리데이와 최고의 여행 즐기기
이제 모든 여행 준비가 끝났으니 〈그리스 홀리데이〉가 필요 없어진 걸까요? 여행에서 돌아올 때까지 내려놓아서는 안 됩니다. 여행 일정이 틀어지거나 계획하지 않은 모험을 즐기고 싶다면 언제라도 〈그리스 홀리데이〉를 펼쳐야 하니까요. 〈그리스 홀리데이〉는 당신의 여행을 끝까지 책임집니다.

CONTENTS

006 프롤로그
008 〈그리스 홀리데이〉 100배 활용법

GREECE BY STEP
여행 준비&하이라이트

STEP 01
Preview
그리스를 꿈꾸다
014

016 01 그리스 MUST SEE
022 02 그리스 MUST DO
026 03 그리스 MUST EAT

STEP 02
Planning
그리스를 그리다
032

034 01 그리스를 말하는 7가지 키워드
038 02 이것이 바로 그리스 스타일 여행!
040 03 그리스 주요 지역 위치 알아 보기
042 04 그리스의 역사
044 05 그리스 올림포스의 12신
048 06 나만의 그리스 여행 레시피
054 07 그리스 여행 체크 리스트
056 08 그리스 드나들기
058 09 알고 가면 좋은 그리스 축제 캘린더
060 10 그리스를 추억하는 기념품

GREECE BY AREA
그리스 지역별 가이드

01 아테네
064

- 066 아테네 미리보기
- 067 아테네 찾아가기
- 070 아테네 추천 코스
- 072 아테네 MAP
- 080 아크로폴리스 · 플라카 · 모나스티라키
- 114 신타그마 · 콜로나키
- 134 오모니아 · 케라미코스
- 150 BUY
- 156 SLEEP

02 아테네 근교
164

- 166 수니온곶
- 176 코린토스
- 184 나플리오
- 202 이드라

03 델피
218

- 220 델피 미리보기
- 221 델피 찾아가기
- 223 델피 추천 코스
- 224 델피 MAP
- 227 SEE
- 236 EAT
- 239 BUY
- 241 SLEEP

04 메테오라
244

- 246 메테오라 미리보기
- 247 메테오라 추천 코스
- 248 메테오라 찾아가기
- 251 메테오라 MAP
- 254 SEE
- 270 EAT
- 276 SLEEP

05 테살로니키
282

- 284 테살로니키 미리보기
- 285 테살로니키 찾아가기
- 289 테살로니키 추천 코스
- 292 테살로니키 MAP
- 296 SEE
- 318 EAT
- 332 SLEEP

06 크레타
338

- 340 크레타 찾아가기
- 343 크레타 MAP
- 344 크레타 추천 코스
- 350 하니아
- 378 키사모스
- 398 헤라클리온

07 산토리니
428

- **430** 산토리니 미리보기
- **431** 산토리니 찾아가기
- **435** 산토리니 MAP
- **436** 피라
- **450** 이아
- **462** 산토리니 기타

08 미코노스
474

- **476** 미코노스 미리보기
- **477** 미코노스 찾아가기
- **481** 미코노스 MAP
- **484** SEE
- **494** EAT
- **501** SLEEP
- **505** 델로스

- **514** 여행 준비 컨설팅
- **524** 친절한 홀리데이씨의 소소한 팁
- **526** 읽어보자 그리스어!
- **527** 말해보자 그리스어!
- **528** 인덱스

Step 01
Preview

그리스를
꿈꾸다

01 그리스 MUST SEE
02 그리스 MUST DO
03 그리스 MUST EAT

PREVIEW 01
그리스 MUST SEE

그리스는 오랜 역사와 신화를 가진 나라다. 호랑이 담배 피던 시절보다 더 오래전부터 이미 그리스 이야기는 시작되었다. 지중해의 중심에 있으면서 지배하려는 자와 지키려는 자의 힘겨루기로 힘든 시간을 보내기도 했다. 하지만 그 시간을 견뎌낸 덕분에 하늘과 맞닿을 듯한 신전, 오래된 요새와 수도원을 갖게 됐다. 게다가 천혜의 자연조건을 가진 섬들도 있다. 힘든 시간에 대한 보상과 축복을 받은 현재 그리스의 풍요로움을 마음껏 만끽해 보자.

1 아크로폴리스
가장 높은 곳에 있는, 신들과 고대 그리스인들의 도시 → **081p**

2 산토리니
자연이 빚은 최고의 조각품, 산토리니 칼데라 지형 → **436p**

3 그람부사&발로스 라군
신이 내린 자연의 아름다움, 그람부사&발로스 라군
→ **384p, 386p**

4 수니온곶
에게해를 지키는
바다의 신 포세이돈 신전
→ **170p**

5 화이트 타워
테살로니키의 상징, 화이트 타워
→ **296p**

6 아폴론 성역
성스러운 기운을 마구 내뿜는 아폴론 성역 → 227p

7 국립 고고학 박물관
그리스 최대 규모의 국립 고고학 박물관
→ 138p

8 메테오라 수도원
기묘한 풍경에 넋을 놓게 되는 메테오라
수도원 → 254p

9 국회의사당 근위병 교대식
완벽 호흡을 자랑하는 국회의사당 근위병 교대식 → **118p**

10 크노소스 궁전
서양 문명의 원천인 미노아 문명의 중심지 → **412p**

11 아노 폴리
비잔틴 성벽을 둘러싸고 있는 고풍스러운 마을 → 304p

12 아테나 프로나이아 성역
아름다운 고대 건축의 대표주자
→ 233p

13 하니아 올드 타운
고대 도시의 그윽한 향기
→ 365p

14 팔라미디 요새
사랑스러운 나플리오를 볼 수 있는 팔라미디 요새 → **188p**

15 델로스
아폴론과 아르테미스가 탄생한 신화의 섬 → **505p**

그리스 MUST DO

PREVIEW 02

인류의 오랜 문화유산 사이로 뒷짐 지고 여유 있게 산책해도 좋고, 협곡을 가로지르는 하이킹을 해도 좋다. 절벽 아래 호수에서 수영을 할 수도 있고, 산홋빛 해변에서 다양한 해양 스포츠를 즐길 수도 있다. 팔방미인 그리스에서는 안 되는 게 없다. 여행자에게 필요한 건 에너자이저 같은 체력! 즐길 준비가 되었는가? 자, 그렇다면 시작이다. 백만스물 둘! 백만스물 셋!

1 닥터 피쉬와 절벽 아래에서 수영하기 (불리아메니 호수) 172p

3 당나귀 타고 이드라 타운 구경하기(이드라) 207p

2 요새와 바다의 경계선, 유유자적 산책하기(나플리오) 193p

4 거대한 암벽 사이를 걸으며 메테오라 수도원 즐기기(메테오라) 264p

STEP 01
PREVIEW

5 자전거 타고 여유롭게 항구 주위 한 바퀴 돌아보기(테살로니키) 297p

7 성벽에 앉아 한편의 영화 같은 석양 감상(산토리니) 452p

6 유럽 최고의 협곡 사마리아 트레킹(크레타) 390p

8 에메랄드빛 바다와 함께 즐기는 나이트 라이프(미코노스) 498p

PREVIEW 03
그리스 **MUST EAT**

수블라키 Souvlaki **vs.** 기로스 Gyros

수블라키와 기로스는 그리스의 국민 메뉴다. 웬만한 식당에는 다 있다. 두 메뉴 모두 납작하고 담백한 빵인 피타Pita에 고기, 양상추, 토마토, 양파 등의 채소와 프렌치프라이를 올리고, 요거트나 겨자 소스를 곁들여 먹는다. 차이가 있다면 고기다. 소고기, 양고기, 돼지고기, 닭고기 등 종류에 제한은 없다. 다만 작게 사각형으로 자른 고기를 꼬치에 끼워 구운 것을 사용하면 수블라키다. 튀르키예식 케밥처럼 커다란 고기를 걸어놓고 종이처럼 얇게 썰어 올리면 기로스다. 수블라키는 꼬치만으로도 먹을 수 있고, 접시에 제대로 된 요리처럼 나오는 것도 있다. 피타 빵에 돌돌 말린 것을 원한다면 수블라키 샌드위치를 주문해야 한다.

무사카 Moussaka **vs.** 파스티씨오 Pastitsio

무사카와 파스티씨오는 얼핏 보면 라자냐 같이 생겼다. 그 차이는 옆면을 자세히 보면 알 수 있다. 무사카는 가지 또는 감자를 얇게 썰어 층층이 쌓은 뒤 그 위에 다진 고기와 치즈를 올려서 밀가루와 달걀로 마무리해 구운 것이다. 보통 소스는 토마토 소스를 사용하는 것이 일반적이다. 파스티씨오는 스파게티나 마카로니 같은 파스타를 아래에 깔고 으깬 감자, 베사멜소스, 그리고 치즈를 올려 구운 메뉴다. 두 가지 모두 손이 많이 가는 편인데, 그리스에서는 전통적으로 결혼식 같은 잔칫날 즐겨 먹었다.

그릭 요거트, 그릭 샐러드, 그릭 커피. 오죽하면 이름 앞에 '그리스'가 붙었을까. 이것들은 그리스 대표 음식인 만큼 반드시 먹어 봐야 한다. 하지만 이게 전부가 아니다. 지혜의 여신 아테나가 선물한 올리브, 그리스 국민 메뉴 수블라키와 기로스, 약으로 쓰였다는 마스티카가 들어간 술, 브랜디나 코냑 맛이 나는 신기한 와인도 그리스가 고향이다. 그리스에서는 지중해식 성찬을 기대해도 좋다.

그릭 요거트 Greek Yogurt

그리스에 '장수의 나라' 이미지를 심어준 장본인이다. 우리나라에서도 돌풍을 일으킬 만큼 유명한 건강음식이다. 그리스 본토에서 그릭 요거트를 맛보면 지금까지 먹었던 요거트는 뭐지? 하는 의구심이 들 것이다. 첫 느낌은 시큼할 수 있지만, 입안 가득 부드러움이 오랫동안 여운으로 남는다. 그릭 요거트는 소젖이나 양젖에 첨가물을 넣지 않고 자연 발효시켜 만드는 것이 전통 방식이다. 그릭 요거트 전문점에 가면 넓적한 사각 팬에 요거트를 잘라 준다. 마치 식빵조각 같이 생겼다. 그만큼 단단하다. 과일이나 쌀을 섞어 현대적으로 거듭난 그릭 요거트도 있다. 제대로 된 맛을 즐기려면 플레인으로 한 입, 그런 다음 꿀이나 스푼스윗 같은 달콤한 것을 곁들여 먹어 볼 것을 추천한다.

그릭 샐러드 Greek Salad

그리스 대표 음식에서 빠지면 정말 섭섭한 메뉴다. 만드는 방법은 아주 간단하다. 토마토, 오이, 올리브를 기본으로 페타 치즈를 인심 좋게 가득 올려 준다. 유럽 연합에서는 그리스에서 생산된 페타 치즈만 '페타'라 규정했다. 페타 치즈의 원산지에서 신선한 채소와 함께 맛있는 샐러드를 즐길 수 있는 기회를 놓치지 말자. 그릭 샐러드는 별도의 드레싱 대신 올리브유를 듬뿍 뿌린 후 말린 오레가노를 솔솔 뿌려 향과 풍미를 더한다. 식당 주인의 운영 철학에 따라 여름에만 판매하는 곳도 있다. 필수 재료인 토마토가 여름에 최고의 맛을 내기 때문이다. 그래서 그릭 샐러드를 '써머 샐러드Summer Salad'라 부르기도 한다. 고급 식당에서는 최상급으로 치는 산토리니 체리 토마토만을 고집하기도 한다. 크루통Crouton이나 작은 빵 한 조각을 곁들이면 영양소 균형도, 맛도 만점인 한 끼 식사가 된다.

Tip 타베르나 Taverna

그리스 음식을 판매하는 작은 식당을 뜻한다. 관광지에서는 그리스 음식 이외의 것을 판매하는 일반 식당과 혼용되기도 한다. 내륙에서는 주로 육류로 된 그리스 음식에 중점을 두고, 해안과 인접한 곳에서는 신선한 생선과 해산물 메뉴를 판매한다. 낮 12시부터 밤 12시 전후까지 영업하는 것이 일반적이다. 관광지에서는 아침 9시부터 문을 열어 여행자들에게 커피나 차를 판매하기도 한다. 아테네의 경우 타베르나 밀집 지역에서는 집집마다 직원을 내세워 호객행위를 심하게 하기도 한다.

메제 Meze

미국의 핑거 푸드나 스페인의 타파스처럼 식전에 간단히 먹을 수 있는 전채 요리를 뜻한다. 식전주에 곁들이는 안주가 될 수도 있고, 여러 가지 메제를 코스처럼 구성해 식사가 될 수도 있다. 대표적인 메제는 삶은 잠두콩 으깬 것에 올리브유와 케이퍼를 올린 파바Fava다. 그릭 요거트에 오이, 마늘, 허브를 넣은 차지키는 담백한 빵과 함께 먹기에 좋다. 브루스케타Bruschetta처럼 아예 바삭하게 구운 빵 위에 토마토, 올리브, 치즈 등을 올려 제공하는 다코스Dakos도 있다. 굽거나 튀긴 치즈인 사가나키Saganaki도 한 번은 맛봐야 할 메뉴. 사가나키에 꿀과 베이컨을 곁들여 달콤하면서 짭조름한 맛을 선보이기도 하는데, 끝없이 술을 부르는 단점(?)이 있다.

루크마데스 Loukoumades

그리스의 전통 도넛이다. 튀르키예에서는 로크마Lokma라고 부르는데, '한 입', '작은 양'이라는 뜻이다. 탁구공처럼 작은 공 모양으로 만들어진 데서 유래했다. 그리스에서는 가운데가 뚫린 링 모양도 흔히 볼 수 있다. 서양식 도넛처럼 밀가루 반죽을 기름에 튀긴 것이고, 꿀과 계핏가루, 또는 아이스크림을 곁들여 먹는 것이 일반적이다. 맛있는 루크마데스의 첫 번째 기준은 겉은 바삭하고 안은 쫄깃한 식감이다. 두 번째는 튀긴 디저트임에도 불구하고 느끼하지 않게 한 접시를 뚝딱 비울 수 있느냐는 것이다. 이런 맛을 내려면 반죽과 기름 온도의 균형을 잘 맞추어야 한다. 루크마데스는 전통적인 먹거리이지만 젊은이들의 취향에 맞춰 초콜릿 시럽이나 캐러멜을 뿌려 판매하는 곳도 있다.

생선 & 해산물 Fish & Seafood

그리스는 삼면이 바다로 둘러싸인 반도다. 또한 6천여 개의 섬을 거느린 '섬의 나라'다. 풍부한 해산물로 만든 음식이 발달한 것은 당연한 일. 말린 문어를 구운 차포디 스카라스 Xtapódi Σχαρασ, 오징어튀김 칼라마리 Kalamari(Calamari)처럼 한국인에게도 친숙한 메뉴부터 생선 알을 주재료로 만든 무스, 멸치과의 일종인 가브로스 Γαυροσ까지 다양한 해산물 메뉴가 있다. 수조에서 바로 꺼낸 생선을 숯불에 구워 상큼한 레몬즙을 뿌려 먹으면 훌륭한 주요리가 된다. 새우, 홍합, 문어, 오징어 등의 해산물 모둠은 환상의 만찬 메뉴다. 그리스에서는 냉동 재료를 사용할 시에는 메뉴판에 별도로 표기하는 것이 일반적이다. 혹시 아무런 표시가 없거나 제철이 아닌 해산물일 경우 냉동 여부를 확인해 여행자라고 괜히 바가지 쓰는 일은 없도록 하자.

쿨루리 Koulouri vs. 루쿠마스 Lukumas

그리스인에게 가장 대중적인 아침 식사 메뉴다. 오전에 그리스의 어딘가를 걷는다면 이 두 가지는 반드시 보게 된다. 쿨루리와 루쿠마스만 판매하는 노점상도 흔하고, 베이커리에서도 필수적으로 판매한다. 도시에서는 한 손에는 빵을, 다른 한 손에는 커피를 들고 출근하는 사람들을 쉽게 볼 수 있다. 쿨루리는 링, 또는 프레즐 모양에 깨를 잔뜩 뿌린 빵이다. 거칠고 단단한 질감에 처음에는 반감을 표할 수 있지만 씹을수록 고소한 맛이 일품이다. 쿨루리의 매력에 한번 빠지면 헤어 나오기 어렵다. 루쿠마스는 루크마데스의 커다란 버전 같이 생겼다. 부드러운 도넛에 꿀 대신 설탕 가루를 듬뿍 뿌려준다. 초콜릿을 씌우거나 크림치즈를 넣은 루쿠마스도 있다.

그리스 전통술 Greek Traditional Liquor

치푸로Tsipouro는 와인을 만들고 남은 찌꺼기로 만든 브랜디다. 14세기 마케도니아의 수도승이 처음 만들었다고 한다. 치푸로에 아니스Anise를 넣은 것이 우조Ouzo다. 우리나라 소주, 러시아 보드카, 그리스의 우조가 모두 동급이다. 국민 술이다. 40도가 넘는 알코올 도수에도 불구하고 단맛이 강해 식전주로 애용된다. 스트레이트로 마시기도 하고 희석해 마시기도 하는데, 우조와 물이 만나면 우윳빛으로 변하는 것이 특징이다. 우조에 펜넬, 팔각, 고수, 계피 등을 넣어 다양한 맛을 내기도 한다. 특히, 그리스 키오스섬에서만 자라는 식물, 마스티카Mastika를 넣은 것은 꼭 맛보자. 의약품으로 사용됐던 마스티카가 들어가서인지 술인데도 마실수록 건강해지는 기분 좋은 착각이 든다. 라키Raki는 우조와 마찬가지로 아니스 맛과 향이 나는데 달지 않은 것이 특징이다.

그리스 와인 Greek Wine

그리스는 와인의 신, 디오니소스의 나라다. 질 좋은 와인을 합리적인 가격에 마실 수 있고, 레스토랑 주인장이 할아버지의 할아버지로부터 물려받은 비밀 레시피로 만든 독특한 맛의 와인을 마실 수도 있다. 지금은 일반화된 와인 품질 등급 중 하나인 VQPRD(Vins de Qualite Produit Dans Une Region Determinee, 특정 지역의 품질 보증 와인)이 그리스에서 생겨났다. 그리스 와인의 역사는 BC 2,500년경 크레타섬의 미노아 문명에서 시작된 것으로 알려졌다. 서구 문명의 발상지답게 그리스는 와인문화에서도 선구자 역할을 하며 승승장구했는데, 19세기 후반 유럽을 휩쓸었던 와인 진딧물 '필록세라' 사태 이후 주춤해졌다. 그러나 포도 재배에 축복받은 자연조건을 바탕으로 그리스의 와인산업은 이내 일어섰다. 비옥한 토양과 풍부한 일조량 덕분에 그리스 여러 지역에 와이너리가 생기게 되었다. 카베르네 소비뇽, 메를로, 샤르도네 같이 대중적으로 널리 알려진 포도로 만든 것도 좋지만, 말라구시아Malagousia, 만딜라리아 Mandilaria, 아기오르기티코Agiorgitiko 같이 그리스에서만 있는 품종으로 만든 와인을 시음해 보는 것도 그리스 여행의 묘미다.

그리스 맥주 Greek Beer

일 년의 반 이상이 평균 기온 20도를 웃도는 그리스는 맥주 마시기에 딱 좋다. 픽스Fix는 1864년 생산을 시작한 그리스 맥주의 원조 격이다. 1962년 잠시 생산이 중단되었다가 2010년에 기존 디자인과 맛 그대로 등장했다. 역사나 추억을 자극할 수는 있겠지만, 이미지는 가장 올드한 맥주다. 알파Alfa는 풍부한 거품을 가진 가벼운 라거 맥주다. 미소스Mythos는 가장 다양한 보리와 맥아를 사용한다. 1997년에 시작했으니 나름 맥주 업계의 신인인데 금세 이곳저곳에서 상을 받고 유명해졌다. 상! 하면 빼놓을 수 없는 게 니소스Nissos 맥주다. 유러피안 맥주 대회에서 은상을 받았다. 날카롭지 않으면서 고급스럽게 목 안을 자극하는 묘한 매력을 가졌다.

그릭 커피 Greek Coffee

그릭 커피는 체즈베Cezve에 고운 커피가루와 물을 넣고 끓인 것이다. 체즈베는 작은 주전자에 손잡이가 달린 것인데, 뚜껑이 있는 것은 이브릭Ibrik이라 부른다. 커피가 끓고 나면 원하는 만큼 설탕을 넣고 다시 한 번 끓인 후 필터를 쓰는 대신 가루가 저절로 가라앉을 때까지 기다렸다 마신다. 커피 가루 때문에 보기에는 매우 진해 보이나, 실제 맛은 에스프레소보다 연하다.

Tip 프레도 Freddo vs. 프라페 Frappe

이름도 비슷한 이 두 가지는 겉모습도 비슷한 그리스의 대표적 냉커피다. 프레도는 에스프레소와 우유, 또는 크림을 따로 거품 내어 섞고 얼음을 넣은 것이다. 프라페는 에스프레소 대신 인스턴트 커피를 사용한다. 커피 가루와 설탕을 녹여 걸쭉하게 만든 것을 쉐이커에 넣어 거품을 낸다. 여기에 물, 얼음, 우유를 섞어 마신다.

Step 02
Planning

그리스를
그리다

01 그리스를 말하는 7가지 키워드
02 이것이 바로 그리스 스타일 여행!
03 그리스 주요 지역 위치 알아 보기
04 그리스의 역사
05 그리스 올림포스의 12신

06 나만의 그리스 여행 레시피
07 그리스 여행 체크 리스트
08 그리스 드나들기
09 알고 가면 좋은 그리스 축제 캘린더
10 그리스를 추억하는 기념품

PLANNING 01

그리스를 말하는 **7가지 키워드**

알고 하는 여행과 모르고 하는 여행은 하늘과 땅 차이다. 다른 그 어느 나라보다 오래된 역사와 풍성한 문화를 가진 그리스 여행은 더더욱 그렇다. 광대한 유적에 스며 있는 이야기들을 마주하는 순간 돌덩이는 찬란한 역사가 되고, 그리스인들의 문화를 이해하는 순간 그들의 친절한 웃음은 배가 된다. 남들이 다 하는 그런 뻔한 여행 말고, 그리스의 깊은 구석까지 파헤치는 여행을 해보자!

1. 서구 문명의 요람

그리스는 서구 문명의 기원이 된 나라다. 크레타 섬에서 발생한 미노아 문명을 시작으로 미케네를 거쳐 아테네에서 정점을 이룬다. 플라톤, 소크라테스와 같은 위대한 철학자와 현인들을 배출하고 파르테논 신전과 같은 뛰어난 예술 작품을 창조했다. 민주주의를 최초로 실현한 곳도 그리스다. 수천 년 전 그리스에서 시작된 인간의 가치와 삶의 본질에 대한 탐구는 서구 문명의 근간이 되었고, 그 흔적은 바다 건너 우리의 삶에도 스며들었다. 그리스 전역에 산재해 있는 고대 문명의 유적과 예술·문화 작품은 단순한 볼거리를 넘어 인간의 무한함과 위대함을 느끼게 한다.

2. 신화가 살아 숨 쉬는 땅

그리스 하면 떠오르는 것이 신화다. 그리스 어느 곳을 가더라도 그곳에는 전설이 있고 이야기가 있다. 수많은 신들과 인간이 얽히고설킨 이야기는 듣는 것만으로도 흥미롭다. 그러나 그리스 신화는 단순한 설화를 넘어 그리스의 역사와 문화는 물론 그 시대의 사상과 가치관을 담고 있는 거울과도 같다. 그리스 신화는 유럽 문화 전반에 지대한 영향을 미쳤다. 세계에서 가장 유명한 예술 작품들의 대다수가 그리스 신화에서 영감을 받았다. 그리스 신화에 담긴 암시와 풍자는 우리로 하여금 삶에 대해 다시 생각하게 하는 힘을 지녔다. 그런 면에서 그리스 신화를 이해한다는 것은 그리스를 넘어 세상을 이해하는 것이며, 그리스 여행을 더 풍성하게 만드는 지름길인 셈이다.

3. 독특한 자연 환경

그리스는 반도로 된 본토와 6,000개가 넘는 섬으로 이루어져 있다. 그야말로 섬의 나라다. 수만 킬로미터에 달하는 해안선과 푸른 바다, 그 위에 떠있는 크고 작은 바위섬들, 독특한 모양새의 만과 그것을 감싸고 있는 거친 절벽들은 그리스만의 독특한 풍광을 만들어 낸다. 허니문 여행지로 사랑받는 산토리니와 미코노스가 대표적인 예다. 또한 그리스는 산악 국가이기도 하다. 전 국토를 뒤덮은 굵직한 산맥과 구릉, 그 속을 뚫는 협곡과 높게 솟은 바위들은 장엄한 풍경을 선사한다. 그뿐만이 아니다. 6,000종이 넘는 꽃과 나무, 아시아·아프리카·유럽 대륙에서 볼 수 있는 동물들이 함께 살고 있어 그야말로 생태계의 보고라고 할 수 있다. 산을 오르고, 바위를 타고, 바다를 건너는 고생쯤은 감수하자. 신이 내린 대자연과 인간이 만든 유적이 한데 어우러진 모습을 보는 순간 그리스와 사랑에 빠지고 말 것이다.

4. 그리스인의 98%가 믿는 그리스 정교회

그리스의 종교는 그리스 정교회다. 기독교는 크게 개신교, 로만가톨릭, 동방정교회로 나뉜다. 동방정교회 중에서도 그리스가 관할지역인 것을 그리스 정교회라고 부른다. 교회, 혹은 수도원에 들어서면 불을 밝힌 촛불들과 성화에 입을 맞추는 그리스인들을 쉽게 볼 수 있다. 그리스인들에게 양초는 깨끗한 영혼을 상징한다. 초에 불을 밝히는 것과 성화에 입을 맞추는 행위는 그리스도에 대한 믿음을 표하는 것으로 그리스 정교회의 중요한 관습 중 하나다. 화려함과 인간다움이 동시에 느껴지는 그리스 정교회 특유의 내부 장식은 매우 오묘한 느낌을 풍긴다. 우리가 흔히 알고 있는 개신교나 가톨릭과는 확연히 다른 독특한 매력을 지니고 있다. 뿐만 아니라 그리스 정교회는 그리스인 삶 깊숙한 곳까지 스며들어 있다. 길거리 곳곳에는 작은 예배당이 서 있고, 그리스인들의 집에도 수많은 성화가 놓여 있다. 그리스 정교회는 그리스 역사와 함께해 온 동반자이자 그리스인들의 생활 관습과 정신세계에 기반이 되는 중요한 존재다.

5. 같으면서 다른 그리스

그리스는 하나의 언어를 사용하는 단일 민족 국가지만 지역마다 독특한 특색을 지니고 있다. 그리스는 2,000년이 넘는 기간 동안 로마, 비잔틴, 베네치아, 오토만 등의 침략을 받았다. 그때마다 정복자들의 새로운 문화가 들어와 흔적을 남겼다. 또 지중해와 유럽을 잇는 동서남북의 교차 지점에 위치한 지정학적 특성으로 다양한 지역문화와 생활방식이 탄생했다. 특히, 크레타, 키클라데스 제도 같은 그리스의 섬들이나 테살로니키 같은 북부지방은 뚜렷한 지역적 특색을 지닌다. 그리스 전통문화를 기반으로 저마다 다르게 발달된 음식, 언어, 관습, 건축 양식 등을 찾아보는 재미가 쏠쏠하다. 오랜 기간을 여행해도 매번 색다른 것이 발견되는 나라, 그리스에서는 지루할 틈이 없다.

6. 언어에 능통한 그리스인들

그리스를 여행하면서 가장 놀라운 것 중 하나는 의사소통이 매우 원활하다는 점이다. 그리스 사람들은 기본적으로 2개의 언어를 한다. 여행객들이 많이 찾는 대도시나 관광지에서는 3~4개의 언어를 구사하는 사람도 심심찮게 볼 수 있다. 대부분의 그리스 젊은이들은 수준급의 영어를 구사하는 편이며, 대부분의 지명, 도로 이름, 표지판 또한 그리스어와 영어로 동시 표기가 되어 있다. 외딴 시골에 가지 않는 이상 여행하면서 언어 때문에 속 타지는 일은 거의 없다. 그러나 아무리 다양한 언어를 구사할지라도 그리스는 그리스다. 특히, 그리스 알파벳은 상형문자를 써놓은 것처럼 요상하게 생겼다. 처음 접하는 여행자는 발음하기도 쉽지 않다. 따라서 그리스 알파벳이나 몇 가지 기본 그리스 문장들을 알아둔다면 한층 더 편안한 여행을 즐길 수 있다. 그리스인을 만난다면 영어 대신 그리스어로 인사를 건네보자. 자신의 나라에 관심 가져 주는 것에 크게 기뻐하는 그리스인의 환한 미소를 보게 될 것이다.

7. 따로 또 같이, 건강한 그리스 음식

지중해식, 장수식 등 건강한 이미지로 표현되는 그리스 음식은 신선한 제철 재료와 해당 지역에서 생산된 로컬 재료 사용을 기본으로 한다. 조리 방법은 식재료 본연의 맛을 최대한 살리는 데 중점을 두면서 올리브유, 레몬즙, 오레가노, 딜 같은 허브 등을 최소한 적게 사용해 주객전도가 일어나지 않도록 한다. 지리적 조건 때문에 그리스 음식은 튀르키예와 이탈리아의 영향을 받았다. 케밥과 기로스, 루크마와 루크마데스처럼 서로가 원조라고 주장하는 메뉴도 꽤 있다. 테살로니키를 비롯한 북부 그리스에는 아직 튀르키예의 흔적이 많이 남아 있는데, 대표적 메뉴가 피타Pita 빵에 채소, 고기 꼬치와 그릭 요거트를 올려 먹는 요거트 케밥Yiaourtlou Kebab이다. 이탈리아는 그리스에 파스타를 전했다. 파스타를 포함한 모든 재료를 주사위 모양으로 자르는 힐로피츠Hilopites, 치즈와 양파를 넣은 파스타 요리 마카룬스Makarounes 등에서 그 자취를 확인할 수 있다.

PLANNING 02

이것이 바로 **그리스 스타일 여행!**

서구 문명의 중심인 그리스는 오래된 역사와 수많은 신들의 이야기가 담긴 풍성한 신화, 지중해를 품고 있는 자연 환경까지 모두 갖춘 나라다. 그리스 여행을 결정했다면 그리스의 모든 것을 경험해 보자. 하나라도 놓치면 아쉬울 여행. 이게 바로 그리스 스타일 여행!

유서 깊은 그리스 역사를 알아보자!
컬처 투어

역사에 관심이 많은 학구파 여행자라면 그리스 유적 도시를 따라 여행해 보자. 기원전부터 시작되는 그리스 신화와 역사에 흠뻑 빠지면 그리스가 훨씬 다르게 보일 것이다.

- 한 번만 보면 아쉬운 아크로폴리스, 복습까지 오케이! 아크로폴리스 & 아크로폴리스 박물관 (아테네, 081p, 096p)
- 고대 그리스의 중심, 미래를 예언했던 아폴론 성역(델피, 227p)
- 크노소스 궁전을 유유자적 걸으며 미노아 문명의 영광을 느껴보기(헤라클리온, 412p)

이보다 더 로맨틱할 수는 없다!
낭만 투어

한 폭의 그림 같은 아름다운 지중해를 배경으로 로맨틱한 순간을 즐겨 보자. 해변을 따라 조용히 산책하거나, 푸른 바다와 하늘이 붉게 물들어 가는 매혹적인 선셋을 하염없이 바라보며 칵테일 한잔을 기울여도 좋다.

- 오나시스와 재클린도 사랑한 노을, 수니온곶 (수니온곶, 166p)
- 베네치아 항구의 낭만과 고대 도시의 고즈넉함을 동시에 느끼는 하니아(크레타, 350p)
- 에메랄드를 흩뿌린 듯한 해변에서 칵테일 한잔, 미코노스(미코노스, 476p)

입이 즐거운~
먹방 투어

때로는 근사한 한 끼 식사가 멋진 볼거리보다 더 의미가 있다. 음식에 풍미가 가득한 나라 그리스에서 식도락 여행을 유감없이 즐겨 보자.

- 그리스의 김밥, 수블라키로 제대로 먹방(아테네, 110p)
- 세상의 달달함을 모두 모아! 디저트 천국 테살로니키 (테살로니키, 326p)
- 건강, 맛, 가격 세 박자 고루 갖췄다! 신이 내린 밥상 크레타 음식(크레타, 346p)
- 체리 토마토를 시작으로 해산물을 거쳐 달달한 빈산토 와인까지!(산토리니, 442p)

땀 한 방울까지 아낌없이 쏟아내자!
액티비티 투어

한시라도 몸을 가만히 두지 못하는 여행자라면 그리스의 축복받은 자연을 마음껏 누비자. 거대한 산맥과 수천 개의 아름다운 섬에서 즐기는 액티비티는 여행의 풍성함을 더해 준다.

- 웅장한 암벽 사이를 걸으며 아름다운 풍경까지 한눈에 담아보자! 메테오라 하이킹(264p)
- 지중해의 파도를 가로지르는 짜릿함! 눈부신 풍경은 덤! 산토리니 보트 투어(465p)
- 크레타의 거친 자연의 숨결을 느껴라! 16km의 대장정, 사마리아 협곡 트레킹(390p)

PLANNING 03

그리스
주요 지역
위치 알아 보기

그리스의 이름난 여행지는 어디에 있을까? 그곳의 대략적인 위치를 알고 가자. 내가 가고 싶은 여행지를 지도에 표시해 봐도 좋겠다. 낯선 지역명이 익숙해지면 여행이 조금 쉽게 다가온다.

마케도니아
Macedonia

티라나
Tirana

알바니아
Albania

마케도니아 공항
Makedonia Airpo

코르푸
Corfu

메테오라
Meteora

칼람바카
Kalambaka

올림푸스산
Mount Olympu

트리칼라
Trikala

그리스
Greece

라미아
Lamia

이오니아해
Ionian Sea

델피
Delphi

파르나소
Mount Pa

코린토스
Corinth

파트라스
Patras

코린토
Corin

자킨토스
Zakynthos

피르고스
Pirgos

아르고스
Argos

스페체
Spe

스파르
Sparta

펠로폰네소스
Peloponnese

지중해
Mediterranea

PLANNING 04
그리스의 역사

그리스는 오래전부터 찬란한 문화를 꽃피웠던 나라다. 그러나 또 오랫동안 다른 민족의 지배를 받기도 했다. 1800년대에 이르러서야 비로소 그리스는 독립 국가가 되어 오늘에 이르렀다. 하지만 피지배 시기에도 그리스의 문화는 융성해 문화적으로는 그리스가 지배를 했다고 할 수 있다. 서양 문명의 요람이 된 그리스. 여행을 떠나기 전에 그리스의 역사를 미리 살펴보는 것은 어떨까. 여행이 한결 깊어질 것이다.

그리스, 그 찬란한 문명의 시작

진정한 의미의 그리스인이 이 땅에 등장한 것은 청동기 시대인 BC 2000년 무렵이다. 그리스 문명의 기원이자 유럽 최초의 문명으로 여겨지는 미노아 문명(크레타 문명)이 바로 그것이다. 크노소스를 중심으로 화려하게 꽃피우던 미노아 문명은 그리스 본토와 에게해 섬 지역에 큰 영향을 미친다. BC 1400년 미노아 문명이 멸망한 후 펠레폰네소스를 중심으로 한 미케네 문명이 그리스 본토와 지중해를 군림한다. 그러나 BC 1100년 도리아인들의 침입으로 미케네 문명 또한 역사의 뒤편으로 사라진다.

암흑시대, 그리고 고대 그리스 문명의 탄생

미케네 왕국이 종말을 고한 후 그리스는 혼돈의 소용돌이 속에 빠지게 되는데 이 시기를 '암흑기'라고 부른다. 문자도, 뚜렷한 문화적 발전도 없이 전쟁과 파괴로 점철된 어두운 시대는 약 350년간이나 지속된다. 그러나 겨우내 말랐던 가지에도 꽃은 피듯이 그 속에서도 새로운 문화가 싹튼다. 바로 그리스 문명의 토대인 '폴리스'의 탄생이다.

고대 그리스 문명의 발전

기원전 8세기 요새화된 성을 중심으로 폴리스라는 여러 도시 국가가 형성된다. 특히, 최초로 민주 정치를 실현한 아테네와 군사 독재주의 스파르타를 필두로 철학, 문학, 미술 등이 크게 발전한다. 그리스의 도시 국가들은 서쪽으로는 스페인, 남쪽으로는 아프리카까지 영향을 미치며 고전주의의 정점을 이루는데, 특히 유능한 정치가인 페리클레스Perikles에 의해 아테네는 정치적, 문화적으로 황금기를 맞는다. 파르테논 신전도 이 무렵 지어졌다.

그리스 문명의 쇠락

기원전 492년 발발한 페르시아 전쟁에서 그리스 연합군이 승리한다. 그중 가장 큰 공을 세운 아테네는 에게해 섬들과 소아시아 연안의 국가들이 함께 결성한 델로스 동맹의 맹주로 크게 번영한다. 그러나 아테네에 맞서 펠로폰네소스 동맹을 결성한 스파르타와 갈등을 빚으면서 기원전 431년 펠로폰네소스 전쟁이 일어난다. 28년이나 지속된 집안싸움은 아테네가 스피르타에게 항복하면서 끝이 나지만 이는 고대 그리스 전체의 쇠퇴를 가져오며 그리스의 운명을 바꾸게 된다.

그리스와 오리엔트의 결합, 헬레니즘 시대

기원전 338년 그리스는 마케도니아의 필립 2세와 그의 아들 알렉산더 대왕의 지배에 놓이게 된다. 알렉산더 대왕은 그리스 정복 후 기원전 334년, 페르시아를 거쳐 인도까지 이어지는 원정을 시작한다. 이때 그리스 문화가 퍼지게 되면서 오리엔트 문화가 융합된 헬레니즘 문화가 형성된다. 헬레니즘 시대는 알렉산더 대왕이 죽은 후 300년간 지속된다.

정복자를 정복하다! 그리스 로마 시대

기원전 146년 마케도니아가 로마와의 전쟁에서 패한 후 그리스는 로마의 통치 하에 들어간다. 흥미로운 점은 영토는 로마에게 정복당졌지만 문화적으로는 도리어 그리스가 로마를 지배했다는 것이다. 헬레니즘의 문화를 먹고 자란 로마는 종교는 물론 신화, 문학, 음악, 교육, 건축, 철학적으로도 그리스 문명에 완전히 매료되었고, 이러한 현상은 그리스 로마 문화 탄생의 배경이 된다.

천 년의 역사, 비잔틴 제국 시대

콘스탄티누스 황제가 제국의 수도를 로마에서 콘스탄티노플로 천도한 뒤 로마 제국이 동·서로 분열되면서 본격적인 비잔틴 제국의 시대가 막을 올린다. 이때 그리스도 비잔틴 제국의 일부가 된다. 비잔틴 제국은 그리스 고전 문화를 바탕으로 독자적인 문화를 창조했는데, 특히 수도 콘스탄티노플은 이를 보존하고 서유럽에 전파하는 큰 역할을 했다. 그리스 정교회 또한 비잔틴 제국 시대에 성립되어 발전했다. 십자군 전쟁 이후 크게 약화된 비잔틴 제국은 오토만의 침략으로 마침내 천 년의 역사를 마무리 짓게 된다.

오토만 제국의 지배와 독립

1453년 오토만 제국이 비잔틴 제국을 무너트린다. 그 후 그리스 영토의 대부분은 오토만 제국의 손으로 들어가고, 일부는 베네치아 공국이 지배한다. 이 시기 그리스 정교회에 대한 종교 탄압을 비롯한 오토만 제국의 핍박이 자행된다. 이에 대항하여 그리스는 1821년부터 1829년까지 치열한 독립 전쟁을 벌인다. 이후 유럽 열강들의 지원으로 1832년 마침내 신생 국가 그리스로 독립하게 된다.

현재

그리스는 2,000년 동안의 피지배 시기에서 벗어나 독립을 한 후에도 공화정과 왕정이 반복되고, 크림전쟁·발칸전쟁·1,2차 세계대전 등 수차례의 전쟁을 치르며 정치적인 불안과 혼란을 겪어왔다. 현재 그리스의 영토는 제2차 세계 대전 이후 확정된 것이다. 1974년 국민 투표로 군주제가 폐지되고 의회 민주주의가 성립되었다. 그리스는 1981년 1월 1일 유럽 연합에 열 번째로 가입했다.

그리스 **올림포스의 12신**

그리스 신화에는 12명의 신이 등장한다. 올림푸스에 사는 이들은 지위가 가장 높은 신들로 제우스의 형제인 1세대와 제우스의 자식들인 2세대로 구성되어 있다. 12신에 대한 해석은 조금씩 다르다. 보통 제우스의 형제인 하데스는 지하 세계에서 죽음을 관장하는 신이기에 12신에 포함되지 않는다. 헤스티아의 자리는 디오니소스가 대신 하기도 한다. 12신에 대해 알고 가면 그리스 여행이 한결 재미있어진다.

> **Tip 헤스티아**
> 크로노스와 레아 사이에서 태어난 6남매 중 장녀이며 제우스의 누이다. 불과 화로의 여신이면서 가정의 수호신이다. 포세이돈과 아폴론이 구혼하며 다투자 모두를 거절하고 평생 처녀로 살겠다고 맹세한다. 아르테미스와 아테나와 마찬가지로 처녀신이다. 헤스티아는 전쟁이나 싸움에 가담하지 않고 묵묵히 화로를 지키는 모습으로 묘사된다. 후에 올림포스 12신 중 자신의 자리를 디오니소스에게 내어준다.

제우스
올림포스 최고의 신으로 '신들의 아버지'라고 불린다. 아버지인 크로노스를 죽이고 왕의 자리에 오른다. 구름, 번개, 비, 눈 등 기상을 지배하는 천공의 신이자 인간 사회의 정치, 법률, 도덕 등 모든 생활을 지배했다. 그리스 신화에서 제우스는 매우 가부장적이고 바람기가 많으며 권위와 권력을 추구하는 신으로 묘사된다.

헤라
제우스의 누이이자 아내다. 제우스와 마찬가지로 천공의 신이었으며, 여성의 수호신으로 결혼과 출산을 주관했다. 그리스 신화에서 헤라는 제우스의 바람기에 심하게 질투하며, 제우스의 연인과 그 사이에서 태어난 자식들에게 해코지를 하는 여신으로 그려진다.

포세이돈
제우스의 형제이자 바다를 다스리는 신이다. 태어나자마자 아버지 크로노스에게 삼켜졌으나 제우스에 의해 구출된다. 포세이돈은 대지를 지배하는 신으로 불리기도 하며 말을 창조한 자로 일컬어지기도 한다. 자존심이 강하고 거칠며 성질을 참지 못하는 폭풍 같은 성격을 지니고 있다.

데메테르
대지의 여신이자 곡물과 수확의 여신이다. 남매지간인 제우스와의 사이에서 딸 페르세포네를 낳았다. 명부의 신 하데스에 납치된 딸을 찾기 위해 온 나라를 떠돈 일화로 유명하다. 하데스의 계략에 빠져 페르세포네가 1년의 3분의 1을 지하세계에서 지내는 동안 데메테르는 슬픔에 빠져 일을 하지 않는데, 이 기간이 겨울이 되었다고 한다.

아테나

제우스와 그의 첫 번째 부인인 메티스 사이에서 태어났다. 지혜와 전쟁의 여신으로 그리스인들이 가장 사랑했던 신 중 하나이다. 파괴적인 전쟁을 주도하는 아레스와는 달리 냉철하고 이성적인 판단으로 평화를 수호하는 신이다. 아테네의 수호신이며, 아테네라는 도시 이름도 아테나 여신의 이름에서 유래되었다.

아폴론

제우스와 레토 사이에서 태어났다. 달의 여신 아르테미스와는 쌍둥이 남매지간이다. 태양의 신이자 예언의 신이며 음악과 의술을 주관하는 신이기도 하다. 훤칠하고 잘 생긴 외모로 가장 인기가 좋은 남신이기도 하다. 다프네와의 애절하고 비극적인 사랑 이야기로 유명하다. 에로스의 화살을 맞은 아폴론은 다프네를 사랑하게 된다. 그러나 에로스에게 미움의 화살을 맞은 다프네는 그를 끔찍이 여겨 도망 다니다 월계수로 변하고 만다.

아르테미스

아폴론의 쌍둥이 누이. 달과 사냥의 여신으로 동물과 수렵을 관장했으며 순결의 여신이기도 하다. 아르테미스는 평생 순결을 지키며 님프 요정들과 함께 숲에서 생활했다. 항상 은으로 만든 신발과 활, 화살통을 지닌 모습으로 등장한다. 약한 자들을 수호하는 신이지만 냉정하고 도도한 성격을 지닌 여신으로 묘사된다.

아프로디테

비너스로 더 잘 알려진 미와 사랑, 그리고 풍요의 여신이다. 크로노스가 아버지 우라노스의 생식기를 낫으로 잘라 바다에 던지자 거품이 일며 아프로디테가 솟아났다고 전해진다. 이를 묘사한 그림이 보티첼리의 '비너스의 탄생'이다. 아프로디테는 올림포스에서 제일가는 추남 대장장이의 신 헤파이스토스를 남편으로 맞는데, 아레스와 밀회를 즐기다 남편과 다른 신들에게 발각되는 망신을 겪기도 한다. 아들 에로스와 함께 있는 모습이 자주 묘사된다.

헤르메스

올림포스 신들 중 가장 막내로 제우스와 거인 아틀라스의 딸 마이아 사이에서 태어났다. 전령의 신으로 제우스의 심부름꾼 역할을 했는데, 그 외에도 죽은 자를 저승으로 안내하는 신, 상업의 신, 발명의 신, 여행자의 신, 다산의 신, 도둑의 신 등 수많은 분야를 주관한다. 날개 달린 모자와 샌들을 신고 두 마리의 뱀이 감긴 케리케이온이라는 마법 지팡이를 들고 있으며 매우 영특하고 기민한 것이 특징이다.

아레스

제우스와 헤라 사이에 태어난 아들로 헤파이스토스의 형이다. 공격적이고 난폭하며 싸움을 즐기는 전쟁의 신이지만 정작 싸움에는 강하지 못해 신은 물론 인간에게도 자주 패배하는 모습을 보여 준다. 그러나 얼굴은 훤칠해서 미의 여신 아프로디테의 사랑을 받아 그녀의 애인이 된다. 그리스 신화에서 아레스는 인기가 없었지만 로마로 오면 상황이 달라진다. 마르스로 불리며 로마를 건국한 로물루스의 아버지이자 제우스 다음으로 추앙받는 중요한 신이었다.

헤파이스토스

제우스와 헤라의 아들이다. 헤라 혼자 낳은 아들이란 이야기도 있다. 헤파이스토스는 절름발이에 볼품없는 외모를 지녔는데, 제우스와 헤라가 다툴 때 헤라의 편을 들자 제우스가 올림포스 아래로 던져버려 다리를 다쳤다는 설이 있다. 그는 불을 다스리는 신이자 대장간의 신이다. 헤파이스토스의 손재주는 아주 뛰어나서 무기, 장신구 등 못 만드는 것이 없었다. 보이지 않는 그물을 만들어 아내 아프로디테와 아레스의 불륜 현장을 잡은 일화로 유명하다.

디오니소스

제우스와 그의 내연녀 세멜레 사이에서 태어났다. 디오니소스는 풍요와 축제, 포도주의 신으로 인간들에게 포도주 만드는 법을 전파했다. 항상 포도덩굴로 만든 관을 쓰고 한 손에는 술병을 들고 고주망태가 된 모습으로 등장한다. 고대 그리스에서는 황홀경에 빠져 비이성적이고 광기 어린 행위를 벌이는 디오니소스 종교가 존재하기도 했다.

STEP 02
PLANNING

PLANNING 06
나만의 그리스
여행 레시피

그리스는 전설보다 오래된 도시의 유적들, 하늘이 내린 자연, 눈과 입이 즐거운 산해진미가 있는 나라다. 그리스를 제대로 느끼려면 나의 여행 스타일을 파악하는 것이 우선! 역사를 좋아하는 학구파인지, 액티비티를 중시하는 탐험가인지, 잊지 못할 로맨틱한 추억을 만들고 싶은 허니무너인지부터 살펴보자. 자신의 취향을 알고 그에 맞는 여행지를 골랐다면 여행 준비의 절반은 끝난 것! 나만의 여행 레시피를 확보했다면 상상 그 이상의 그리스를 경험하게 된다.

| 허니무너를 위한 아테네 + 산토리니 5박 6일 |

허니문 하면 산토리니다. 구름 같은 하얀 집들 사이로 파란 치마를 나풀거리며 걸어야 진정한 허니문일터. 한국에서 산토리니로 가는 직항이 없는 덕에 아테네는 그냥 지나칠 수 없는 필수 정거장이다. 그리스의 수도이니 이틀 정도 머물면서 그 유명한 아크로폴리스의 파르테논 신전과 꽃할배가 종횡무진한 플라카, 신타그마 광장을 둘러보자. 행복한 가정을 만들겠다는 굳건한 의지로 파나티나이코 경기장에서 올림픽 참가 선수처럼 시상대에 올라보는 건 어떨까. 의지를 다졌다면 이제는 본격적인 신혼여행을 즐길 차례다. 산토리니는 신혼여행의 메카답게 끝내주는 칼데라 전망을 보유한 럭셔리 호텔들이 즐비하다. 낮에는 텔레비전 속 광고의 주인공처럼 산토리니 골목 사이를 누비고, 저녁에는 호텔 자쿠지에 앉아 칵테일을 마시며 석양을 감상하자. 아무리 신혼여행이라지만 가만히 누워 풍경만 감상하는 것은 지루하다고? 걱정할 필요 없다. 화산 지형이 만들어 낸 독특한 모습의 해변, 그 속에서 즐기는 짜릿한 수상 스포츠, 푸른 에게해를 종횡무진 누비는 보트 투어, 자연의 숨결과 함께하는 하이킹, 세계적인 품질의 산토리니 와인을 맛볼 수 있는 와이너리 투어까지. 이보다 더 완벽한 허니문이 있을까?

허니문 키워드
도시 위의 도시, 행복 위의 행복! 아테네 아크로폴리스(081p)
이제 둘이, 준비~ 출발! 아테네 파나티나이코 경기장(124p)
선상에서 보는 꿈같은 산토리니의 전경, 산토리니 보트 투어(465p)
엽서에서 보던 산토리니의 모습이 이곳에! 이아 마을 마이 블루 빌라(458p)
사랑하는 사람과 함께 하면 낭만이 두 배가 된다, 산토리니 선셋(452p)

| 지적 욕구 충만한 학구파를 위한 아테네+델피+메테오라 6박 7일 |

유적지에 관심이 많다면 최적의 여행지를 찾았다! 그리스는 서양 문물의 발상지로 어느 나라 못지않게 깊은 역사를 자랑한다. 그 역사를 증명하는 흔적들이 그리스 곳곳에 있다. 아테네를 시작으로 북쪽으로 향하는 여행 계획을 세워 보자. 아테네는 도시 자체가 유적지이니 일단 아테네를 대표하는 아크로폴리스에서 감탄하며 출발해 보자. 웅장한 고대 건축에 첫 번째 감탄사가, 몰려드는 엄청난 인파에 두 번째 감탄사가 나온다. 이외에 올림피아 제우스 신전, 로만 아고라, 고대 아고라 등을 둘러보는 것도 잊지 말자! 아테네에서 충분한 워밍업을 했다면 델피로 발길을 옮기자. 가파른 파르나소스 산맥 아래 위치한 아폴론 성역은 신성한 기운이 느껴진다. 발끝에 닿는 돌덩어리 하나하나에 신화와 역사가 담겨 있다. 이제 조금 더 가파른 지형으로 이동하자. 델피에서 6시간 정도 버스를 타고 가면 말도 안 되는 풍경이 펼쳐진다. 거대한 암벽들이 마을을 둘러싸고 우뚝우뚝 솟아 있다. 그 모습만으로도 입을 다물 수 없는데 바위 꼭대기에 수도원이 서 있다. 세계 어느 곳에서도 볼 수 없는 모습이다. 기이하면서 아름다운 지형과 수도원의 역사를 마음껏 만끽하자!

유적지 마니아 키워드
아테네의 대표주자, 아크로폴리스(081p)
신들의 왕, 제우스 신전(115p)
신화와 역사가 숨 쉬는 아폴론 성역(227p)
어디에서도 볼 수 없는 기이하고 아름다운 메테오라 수도원(254p)

| 자유로운 영혼들을 위한 에게해 아일랜드 호핑 크레타 & 산토리니 & 미코노스 5박 6일 |

약 6,000여 개의 섬을 보유한 그리스에 와서 섬을 보지 않고 간다는 것은 있을 수 없는 일! 그리스 본토에서 벗어나 청정 자연을 만끽하고 싶은 여행자에게 적합하다. 에게해의 섬들은 지중해 최고의 휴양지 중 하나로 모든 여행객들의 로망이다. 그리스 최남단에 위치한 섬이자 지중해에서 다섯 번째로 큰 크레타는 이곳이 그리스가 맞나 싶을 정도로 독특한 환경과 문화를 자랑한다. 크레타에서 신의 밥상으로 불리는 크레타 음식과 넉넉한 인심에 배가 부를 때쯤 죽기 전에 꼭 가 봐야 할 섬, 산토리니로 향하자. 자연의 신비로움이 느껴지는 화산 지형 위로 동화 같이 펼쳐진 하얗고 파란 골목들을 돌아다니다 보면 하루가 금세 저문다. 저녁 무렵에는 산토리니의 이아 마을로 향하자. 영화보다 아름다운 산토리니의 석양을 눈에 담을 수 있다. 섬에 왔으니 바다를 즐길 차례. 세계 최고의 해변을 보유한 미코노스로 가면 에메랄드빛 지중해와 비단보다 고운 모래가 기다린다. 어디 그뿐인가. 여행의 마지막 밤을 장식할 미코노스의 나이트 라이프도 놓쳐서는 안 될 하이라이트! 단, 섬과 섬을 잇는 페리의 운항 스케줄이 매우 유동적이므로 잘 확인해서 일정을 짜는 것이 좋다. 기상 상황이 나빠질 경우 섬에 고립될 수 있으니 이 부분도 대비해 두는 것이 현명하다.

그리스 섬 휴양 키워드
판타지 영화에서나 볼 법한 서부 크레타의 청정 자연(378p)
죽기 전에 꼭 봐야 한다는 바로 그 선셋, 산토리니 이아 마을(450p)
산토리니를 즐기는 최고의 방법, 피라~이아 마을 하이킹(440p)
바라만 봐도 좋은 지중해와 알록달록한 건물의 만남, 미코노스 리틀 베니스(486p)
비치 파티의 대명사, 미코노스 슈퍼 파라다이스 & 파라다이스 비치(491p)

STEP 02
PLANNING

| 신속, 정확, 임팩트 있게 **아테네 & 아테네 근교 2박 3일** |

그리스는 이탈리아, 튀르키예, 불가리아와 인접해 있어 근접 국가로의 이동이 쉽다. 한 번의 여행으로 여러 유럽 국가를 둘러볼 계획을 세우고 있다면 그리스는 더없이 좋은 위치다. 프랑스나 스페인을 여행하고 한국으로 그냥 돌아가기 아쉽다면 신들의 나라, 그리스에 잠시 머물러 보자. 아테네에서 꼭 봐야 하는 것은 아크로폴리스다. 그리스의 역사와 신화를 압축해 놓았다고 생각해도 좋다. 오죽하면 아크로폴리스를 보면 아테네의 절반을 본 것이라는 말이 나오겠는가. 아테네 교통과 정치의 중심인 신타그마 광장도 필수 코스. 바로 길 건너편에 있는 국회의사당과 매시간 진행되는 근위병 교대식도 빼놓을 수 없는 볼거리다. 모나스티라키 광장에서 오모니아 광장까지 이어진 아씨나스 대로를 걸으며 센트럴 마켓과 숨은 맛집을 방문해 보자. 자정까지 운영하는 베나키 박물관, 아테네의 가장 아름다운 야경을 볼 수 있는 리카비토스 언덕은 알찬 일정을 마무리하기에 안성맞춤. 그리스 본토와 연결되는 펠로폰네소스 반도에는 그리스의 나폴리, 나플리오가 있다. 아테네에서 최단 거리에 있는 항구 도시로, 아테네 학생들의 당일치기 여행지 중 가장 인기가 많다. 아담하고 친절한 동네라 부담 없이 둘러보며 휴식을 취하기 좋다. 아테네로 돌아오는 길에는 코린토스 운하도 놓치지 말자.

아테네 & 근교 여행 키워드
아테네 여행의 시작과 중심, 아크로폴리스(081p)
말하지 않아도 알아요. 찰떡 호흡 근위병 교대식(118p)
로맨틱 러블리 리카비토스 언덕(125p)
바다가 내 품 안에 나플리오 팔라미디 요새(188p)
야간 박물관으로 끝까지 알찬 일정, 베나키 박물관(120p)

| **욕심쟁이 배낭여행자를 위한** 아테네+델피+메테오라+테살로니키+이스탄불 12박 13일 |

어렵게 시간을 내 유럽까지 왔다면 그리스만 보고 가기 아쉬울 수 있다. 그리스에 인접해 있고, 그리스와 가장 닮은 나라 튀르키예까지 여행을 계획해 보자. 아테네에서 중요한 유적지와 박물관을 방문한 뒤, 그리스에 조금 익숙해지면 델피와 메테오라로 이동하자. 찬란한 델피 유적지와 매혹적인 메테오라 수도원을 섭렵하고 그리스 북부에 위치한 도시 테살로니키로 향하자. 테살로니키는 그리스에서 두 번째로 큰 도시지만 아테네와는 분위기가 사뭇 다르다. 그리스 최대 대학가가 있어 젊은 분위기가 물씬 풍긴다. 아테네보다 덜 붐비고 더 여유로워 오래 머물고 싶은 곳이다. 유유자적하게 거리를 거닐며 유적지를 둘러보고 카페 테라스에 앉아 시원한 프라페를 마시며 힐링하는 시간을 갖자. 재충전이 완료됐다면 이제 여행의 마지막을 장식할 이스탄불로 떠나자. 테살로니키에서 이스탄불까지는 버스로 10시간 정도 걸린다. 야간 버스를 이용한다면 시간도 숙박비도 절약할 수 있다. 이스탄불에 도착하면 테살로니키에 남아 있는 오토만 유적지와 이스탄불의 유적지를 비교해 보는 것도 흥미롭다. 그리스와 튀르키예 두 나라가 얼마나 비슷하고 얼마나 다른지 몸소 체험해 보자. 만약 튀르키예에서 여행을 시작했다면 테살로니키를 거쳐 반대로 일정을 시작하면 된다.

그리스 튀르키예 배낭여행 키워드
그리스 여행의 시작을 화려하게 알리는 아크로폴리스(081p)
세상의 중심이었던 찬란한 과거를 간직한 아폴론 성역(227p)
매혹적인 대자연에 둘러싸인 메테오라 수도원(254p)
젊은 분위기와 오래된 로마 시대의 향기가 혼재된 나바리누 스퀘어(301p)
항구를 따라 여유롭게 걸을 수 있는 메인 포트 & 메갈루 알렉산드루(297p, 298p)
오토만의 흔적을 찾아볼 수 있는 화이트 타워 & 트리고니우 타워(296p, 305p)

PLANNING 07
그리스 여행 체크 리스트

여행은 계획하는 순간부터 설레기 시작한다. 그리스 여행을 결정했다면 그리스가 어떤 나라인지 알아보아야 한다. 날씨가 어떤지에 따라 챙겨야할 짐도 달라지기 마련. 최고의 여행을 위해 그리스에 대해 알아보고, 여행에 필요한 준비물도 하나하나 체크해서 준비해 보자.

그리스의 날씨

그리스는 지중해성 기후다. 여름에는 고온 건조하고, 겨울에는 다습하다. 10월 말부터 자주 내리는 비는 여름이 끝났음을 알리는 신호다. 4월부터는 한낮의 기온이 20도를 웃돌아 땀이 날 정도로 덥다. 하지만 아테네 사람들에게는 아직 추운 날씨다. 민소매에 반바지 차림의 여행자 옆에 도톰한 점퍼와 방한 부츠를 신은 현지인이 서 있는 모습을 자주 볼 수 있다. 해가 가장 긴 날은 7월 10일 전후다.

여행 시즌

4월 부활절 기간이 끝나면 그리스의 관광 산업은 성수기를 맞이한다. 부활절 전후로 숙박비가 급등하는데, 이 흐름은 10월까지 계속되며, 7~8월은 여느 유럽 국가와 마찬가지로 최고 성수기다. 여행 비용이 늘어나는 단점이 있지만, 섬으로 이동하는 항공, 페리의 운항 편수가 늘어나 여행하기 편리해진다. 지역에 따라 극성수기에만 출입을 허가하는 하이킹 코스나 유적지가 있다. 또한, 연간 운영하는 유적지, 박물관이라 할지라도 성수기에 가까워지면 방문 시간이 늘어나 좀 더 효율적인 여행이 가능하다. 그리스 여행의 성수기는 10월까지 이어지고, 잠시 주춤했다가 12월 크리스마스 전후로 다시 활기를 띤다. 섬 지역은 겨울은 비수기라서 문을 닫는 곳도 많다. 페리나 항공 등 교통편도 줄어 여행하기가 여의치 않다.

화폐

공식 통화는 유로다. 동전은 0.01유로, 0.02유로, 0.05유로, 0.1유로, 0.2유로, 0.5유로, 1유로, 2유로가 있고, 지폐는 5유로부터 10유로, 20유로, 50유로, 100유로, 200유로, 500유로까지 있다. 대부분의 여행지에서는 100유로권까지 불편함 없이 사용할 수 있다. 호텔이나 상점의 경우 신용카드 사용이 가능하다. 단, 아테네 번화가에 있는 식당은 신용카드를 받지 않는 곳이 대부분이다. 현금을 여유 있게 준비하는 것이 좋다. 오히려 작은 도시의 식당들은 신용카드를 받는다.

시차

우리나라보다 7시간 늦다. 서머타임은 3월 마지막 일요일부터 10월 마지막 일요일까지 적용되는데, 이 기간에는 우리나라보다 그리스가 6시간 늦는다.

비자와 입국 절차

그리스와 우리나라는 쉥겐협약국이라 입국을 위한 사증이 필요하지 않다. 무비자로 최대 90일까지 머물 수 있다. 입국 심사 시 출입국 카드를 작성하지 않아도 되며, 여권만 보여주면 된다. 간혹 머물 곳, 체류 기간과 목적을 묻는 경우도 있다. 이때는 숙소 예약증을 보여주거나 영어로 차분히 대답하면 된다.

환전

1유로는 약 1,412원(2023년 6월 기준)이다. 당연히 은행에서 환전할 수 있고, 관광지에서 쉽게 볼 수 있는 환전소를 이용해도 된다. 환전소는 Euro Change나 MoneyGram이 대중적이다. 한 번에 환전하는 금액이 많을수록 나은 환율을 적용받을 수 있다. 환전소에서 환전 보험에 가입하면 여행을 마칠 때 쓰고 남은 유로를 기존 통화로 재환전할 때 환율 우대를 받을 수 있다. 또 처음 환전한 영수증을 가지고 있으면 두 번째 환전 시 우대가 가능하다.

전압

그리스는 220V, 50Hz로 우리나라의 220V, 60Hz와 같지는 않지만, 한국 가전제품을 사용할 수 있다. 플러그도 가장 대중적인 둥근 구멍 2개의 타입 C와 F를 쓰는데, 우리나라와 같다.

국경일

1월 1일 새해, 1월 6일 예수 세례 축하일, 3월 25일 독립기념일, 부활절(이슬람력에 따라 매해 날짜가 바뀜 / 성금요일~부활절 월요일까지 연휴), 5월 1일 노동절, 8월 15일 성모 승천 대축일, 10월 28일 국가기념일, 12월 25일~26일 크리스마스 연휴

치안

그리스 대부분 지역은 치안이 안전한 편이다. 관광객이 많은 곳은 특별히 경찰 단속이 밤늦게까지 이루어진다. 하지만 볼거리가 많아 사진찍기에 여념이 없을 때 배낭이나 바지 뒷주머니를 노리곤 한다. 또한 버스 터미널 근처 지하철 역이나 출퇴근 시간 대중교통 이용 시에는 조심하자. 중요한 소지품은 본인의 앞쪽으로 오는 가방에 넣거나 특별한 주의를 기울여야 한다. 유명한 광장이나 대로를 걷다 보면 불쑥 다가와 말 거는 사람이 꽤 있다. 단순히 호객행위를 하는 것으로 생각해 따라가거나 권하는 차를 타는 일은 절대 없도록 하자. 밤늦게 술에 취해 인적이 드문 곳을 돌아다니면 안 되는 것은 누구나 아는 사실. 혹시라도 안 좋은 일을 당한 경우에는 근처 경찰서에 즉시 신고하자. 물건을 분실할 경우 피해 장소가 뚜렷해야 일을 처리하기가 좀 낫다. 주로 사건발생지의 경찰서에서 담당한다. 물건을 분실할 경우를 대비해 여행자 보험 가입하는 것도 잊지 말자.

전화

한국에서 그리스로 전화 걸기
'001' 또는 '002' + 그리스 국가번호 '30' + 그리스 지역 번호 + 상대방 번호
예) 그리스 아테네 123-4567로 전화 거는 경우:
001(또는 002) 30-210-123-4567

※**그리스 주요 지역 번호**
아테네 210, 코린토스 2741, 나플리오 2752, 칼람바카 2432, 델피 226, 테살로니키 231, 산토리니 2286, 크레타 281, 282

그리스에서 한국으로 전화 걸기
국제전화 접속 번호 '00' + 한국 국가번호 '82' + 0을 뺀 지역 번호 + 상대방 번호
예) 서울 123-4567로 전화 거는 경우:
00-82-2-123-4567

> **Tip) 심카드 이용하기**
> 그리스 내에서 통화할 일이 있거나 지도 이용을 위해 데이터 사용이 필요하다면 심Sim 카드를 구매하자. 보더폰Vodafone, 코스모테Cosmote, 윈드Wind 등의 이동통신 업체에서 살 수 있다. 보더폰의 경우, 현지 번호와 함께 12GB(10일)를 사용할 수 있는 심카드가 12유로다. 아테네 국제공항에 있는 우체국에서도 심카드 구매가 가능한데, 다음날에 개통되어 불편하다. 반면 도심에 있는 이동통신 업체 매장에서 사면 바로 개통해준다. 심카드를 살 때 여권이나 국제 학생증 가져가는 것을 잊지 말자.

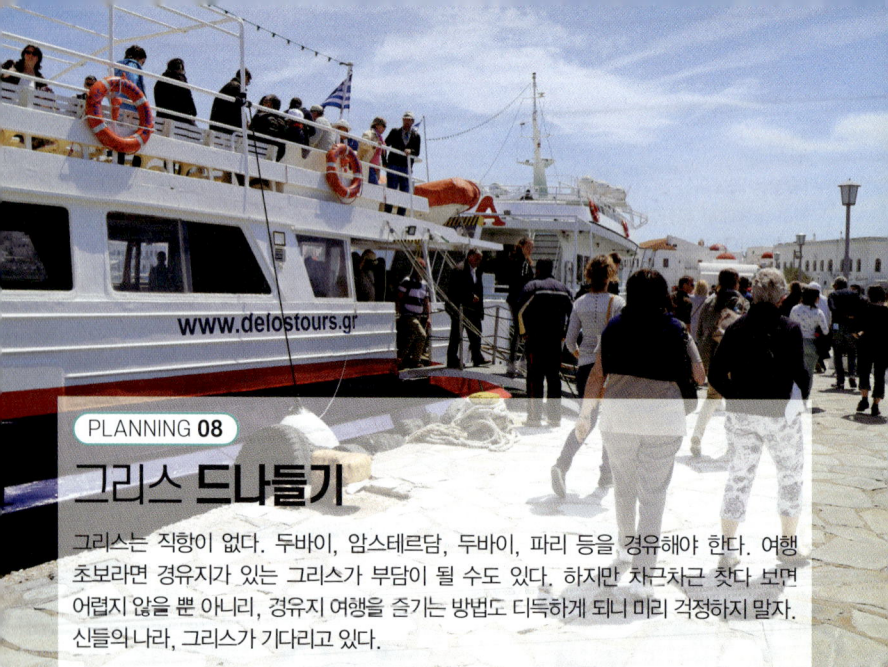

PLANNING 08
그리스 드나들기

그리스는 직항이 없다. 두바이, 암스테르담, 두바이, 파리 등을 경유해야 한다. 여행 초보라면 경유지가 있는 그리스가 부담이 될 수도 있다. 하지만 차근차근 찾다 보면 어렵지 않을 뿐 아니라, 경유지 여행을 즐기는 방법도 디득하게 되니 미리 걱정하지 말자. 신들의 나라, 그리스가 기다리고 있다.

한국에서 아테네 가기

한국에서 그리스로 가는 직항은 없다. 하지만 다행스럽게도 두바이, 암스테르담, 아부다비, 파리 등 한 번쯤 방문해볼 만한 매력적인 도시를 경유할 수 있다. 경유 시간을 하루 정도로 연장하면 색다른 경험이 덤으로 따라온다.

항공	출발시각	경유지	총 비행시간	비고
에티하드 Etihad	17:55	아부다비, 로마	약 30시간 40분	매일 운행
에미레이트 Emirates	23:55	두바이	약 21시간 5분	매일 운행
에어 프랑스 Air France	22:50	암스테르담, 파리	약 19시간 50분	매일 운행
	09:05	파리	약 21시간 10분	매일 운행
터키항공 Turkish	23:35	이스탄불	약 15시간 30분	매일 운행

※상기 일정은 2023년 6월 기준. 항공사 사정 및 출발일에 따라 일정변경 가능.
항공권 구매 사이트
투어익스프레스 www.tourexpress.com 와이페이모어 www.whypaymore.co.kr
치포에어 www.cheapoair.com 이북커스 www.ebookers.com 스카이스캐너 www.skyscanner.co.kr

그리스 내에서 이동하기

항공

국내선도 국제선과 마찬가지로 엘레프테리오스 베니젤로스 국제공항Elefterios Venizelos International Airport을 이용하면 된다. 한국인 여행자가 가장 많이 이용하는 아테네-산토리니 구간은 성수기 기준 1일 5회 운항하며 45분 정도 소요된다. 페리를 타고 섬으로 이동하면 운치는 있지만, 최소 9시간 30분가량 소요된다. 특히, 비수기는 페리 운행 횟수가 적고, 날씨에 따라 일정변동이 잦아 국내선 항공권을 예약하는 것이 좋다.

올림픽 항공 Olympic Air
www.olympicair.com
에게 항공 Aegean Airlines
www.aegeanair.com
라이언 에어 Ryan Air
www.ryanair.com

버스

아테네 버스 터미널은 리오시온Liosion과 키피소우Kifissou, 두 곳이 있다. 그리스 중부로 이동할 때는 주로 리오시온, 북부와 펠로폰네소스 반도로 갈 때는 키피소우 터미널을 이용하면 된다. 아테네에서 나플리오로 가는 직행버스는 2시간 10분 정도 소요되고, 코린토스에서도 탑승할 수 있다. 직행버스가 없어 다른 도시를 경유해야 하는 경우 출발지에서 최종 목적지까지 한 번에 사용할 수 있는 버스표가 있기도 하고, 경유지마다 다음 목적지까지 가는 표를 별도 구매해야 하는 경우도 있다. 다행히 버스 노선은 잘 구축되어 있어 경유지가 많은 경우에도 대기 시간이 길지 않다. 버스 터미널 세부 내용은 069p 참고.

기차

기차는 버스보다 운행 횟수도 적다. 갈아탈 때 대기 시간이 5~9시간까지 되기도 한다. 잘못하면 기차역에서 아까운 한나절을 낭비할 수도 있으니 운행 일정을 꼼꼼히 확인하자. 아테네에서 코린토스로 기차를 타고 갈 수도 있지만, 기차역과 도심 간의 거리 때문에 여행자들이 선호하지 않는다. 북부 지역으로 이동 시에도 추천하지 않는다. 아테네에서 칼람바카로 가는 기차는 1일 4회 운행하며, 소요 시간은 5시간 정도로 버스와 비슷하다. 라리사 기차역 세부 내용은 069p 참고.

페리

아테네에서 크레타와 키클라데스 제도의 섬으로 이동하는 페리 노선이 잘 구축되어 있다. 아테네 피레우스 항구-산토리니 노선은 1일 4회~6회(요일별 상이) 운행하며, 고속선으로 4시간 45분, 일반으로 4시간 45분~7시간 45분 소요된다. 페리 운항사의 웹사이트를 미리 알아놓자. 날씨가 좋지 않은 기간에는 항공 일정도 파악하여 전체 여행 일정에 차질이 없도록 하자. 작은 섬으로 가는 배는 비수기의 경우 아예 운행하지 않는 경우도 있다. 아테네 도심에서 자주 볼 수 있는 여행사에서 연간 페리 운영 일정이나 대체 이동 수단에 대한 정보를 얻을 수도 있다. 대표적인 페리는 씨제트, 블루스타 페리, 헬레닉 씨 웨이즈 등이 있다. 페리 세부 내용은 340p 참고.

PLANNING 09

알고 가면 좋은 **그리스 축제 캘린더**

그리스는 기독교 정교회의 영향으로 종교적인 이벤트가 많다. 종교를 떠나 그리스 문화를 구성하는 한 부분이니 부담 없이 즐겨 보자. 또한 그리스는 흥이 많은 나라로 음악, 춤과 관련한 축제도 다양하게 열린다. 축제 일정은 해마다 달라지니 해당 사이트에서 미리 확인하자.

1월 1일
아이오스 바실리스
Feast of Agios Vassilis

새해 첫날을 맞이하는 축제다. 가족들이 함께 교회에서 예배를 드리고 바실로피타Vassilopita를 자른다. 바실로피타는 둥근 케이크로 안에 동전을 넣어 만들며, 그 동전이 든 케이크 조각을 갖게 되는 사람은 행운이 가득한 한해를 보내게 된다고 한다.

2월
클린 먼데이 Clean Monday
'참회의 월요일Shrove Monday'로도 불린다. 한 해의 일곱 번째 주의 월요일로 사순절의 첫 번째 날이다. 가족과 함께 야외 활동을 하며 보내고 연을 날리기도 한다.

2월~3월
카니발 Carnival
카니발은 부활절 기간에 따라 달라진다. 사순절 3주 전에 시작해 부활절 7주 전에 끝난다. 지역마다 다른 색깔의 퍼레이드, 전통 춤 등의 이벤트가 벌어진다. 파트라 카니발이 가장 성대하며 산티, 코르푸, 레팀노에서도 화려한 파티가 열린다.

3월 25일
독립기념일 Independence Day
오토만으로부터 독립을 기념하는 날이다. 1821년 3월 25일 그리스 독립 전쟁이 시작되었던 날을 기억하기 위해 독립기념일로 지정했다. 그리스 전역에 걸쳐 군사 퍼레이드가 열리며 그리스 국기로 거리가 가득 찬다. 아테네에서는 거대한 퍼레이드가 국회의사당 앞 메인 거리에서 진행된다.

4월
부활절 Orthodox Easter
그리스의 최대 명절이다. 예수의 부활을 축하하는 날로 교회에서 종교적인 행사가 열린다. 부활절 시즌에는 가족 단위로 휴가를 보내려는 그리스인들로 호텔이 가득 찬다. 이 기간에 여행을 계획하고 있다면 호텔 예약은 필수다. 부활절 전날부터 다음날인 월요일까지 박물관, 레스토랑 등 문을 닫는 경우가 많으니 방문하기 전에 미리 확인하자. 여행하기에는 조금 불편할 수 있지만, 부활절 행사, 부활절 음식 등 색다른 경험을 할 수 있다. 부활절은 해마다 날짜가 바뀐다.

5월 1일
노동절 Labor Day
한국의 근로자의 날과 같다. 노동절에는 쉬는 곳이 많아 공공 서비스가 제한될 수 있으니 유의하자.

6월
나플리온 페스티벌
Nafplion Festival

해마다 나플리온에서 열리는 클래식 음악 축제다. 아름다운 팔라미디 요새에서도 음악 공연이 열려 우아하게 감상할 수 있다.

www.nafplionfestival.gr

6월~8월
아테네 에피다우루스 페스티벌
Athens Epidaurus Festival

그리스의 유명한 축제 중 하나다. 해마다 아테네와 에피다우루스에서 열리는 예술 축제로 헤로데스 아티쿠스 고대 극장, 에피다우루스 고대 극장 등을 비롯한 다양한 공간에서 즐길 수 있다. 연극, 춤, 음악 공연, 미술 전시 등이 펼쳐진다.

aefestival.gr

7월
록웨이브 페스티벌
Rockwave Festival

젊음이 가득한 록 음악 축제이다. 주로 7월에 열리며 세계적으로 사랑 받고 있는 쟁쟁한 아티스트들의 공연이 펼쳐진다. 아테네 근교의 테라 바이브 파크Terra Vibe Park에서 열린다. 운이 좋으면 한국에서 만나기 힘든 밴드의 공연을 볼 수도 있다. 미리 라인업을 체크하고 티켓팅하자.

www.rockwavefestival.gr

와인 페스티벌 Wine Festival
그리스 각지에서 와인과 함께 하는 축제가 열린다. 에비아, 코르푸, 레팀노, 헤라클리온 등 섬을 중심으로 즐길 수 있다.

8월 15일
성모 승천 대축일
Feast of the Assumption

성모 마리아의 승천을 기념하는 날이다. 고향에 방문해 가족들과 함께 시간을 보내는 것이 관습이다. 교회에서는 크고 작은 행사들이 열리며 많은 사람들이 티노스로 성지 순례를 가기도 한다.

11월
테살로니키 국제 영화제
Thessaloniki International Film Festival

테살로니키에서 개최되는 대규모의 영화 축제다. 150~200편 정도의 영화가 10일 동안 상영된다. 꾸준하게 한국 영화들도 초청된다. 영화 〈가족의 탄생〉은 최우수 작품상인 '골든 알렉산더상'을 비롯해 4관왕의 영예를 안았다.

www.filmfestival.gr

PLANNING 10
그리스를 추억하는 기념품

그리스에서는 살 만한 것이 무엇이 있을까? 아테네를 비롯한 주요 관광지를 둘러보면 많은 기프트 숍들을 볼 수 있다. 그중 내가 갖기에도, 선물하기에도 좋을 만한 아이템을 소개한다. 여행지에서 사 온 기념품은 오래도록 그리스를 기억하게 만든다.

그리스의 맛을 한국에서도
그릭 커피

맛도 좋고 몸에도 좋은
올리브 제품

그리스의 특색을
아기자기하게 담은
마그네틱

행운을 빌어주는
나자르본주

그리스의 멋진 전경이 담긴
엽서

그리스의 달콤함을
기억하게 해 주는
꿀

그리스의 추억에
취하고 싶을 때 마시는
전통술

그리스 키오스섬에서만
생산되는
마스티카

그리스어로 내 이름을 새긴
티셔츠

현지에서 더 저렴하게
구입할 수 있는
코레스

소중한 내 피부를 위한
해면 스폰지

그리스 여신의 기운을 듬뿍 담은
은 액세서리

Greece
By Area

그리스
지역별 가이드

01 아테네
02 아테네 근교
03 델피
04 메테오라

05 테살로니키
06 크레타
07 산토리니
08 미코노스

Greece By Area

01

아테네
ATHENS AΘHNA

아테네는 역사의 도시다. 유물의, 유물에 의한, 유물을 위한 도시다. 커다란 유적지 일부를 사람이 빌려 사는 느낌이 들 정도다. 하지만 아테네는 생각보다 부드럽고 다정하다. 책으로만 봤던 신들의 신전에 가는 것도 설레고, 근대 올림픽이 시작된 스타디움 시상대에 서 보는 것도 근사하다. 그리스의 수도인 아테네는 정치 경제의 중심지이면서 먹거리의 중심지이기도 하다. 그리스 남부 섬의 토마토부터 북부의 와인까지 없는 게 없다. 맛있는 아테네도 놓치지 말자.

아테네
미리보기

아테네는 자세히 보아야 예쁘다. 오래 보아야 사랑스럽다. 신전을 후다닥 본다면 그저 큰 돌덩이에 지나지 않는다. 이리 보고 저리 보고 찬찬히 살펴보면 수천 년 전 신들의 이야기가 파노라마처럼 펼쳐진다. 큰 길도 좋지만 미로 같은 골목에서 길을 잃어보는 것도 좋다. 족히 천 살이 넘은 교회와 교회 사이, 그라피티가 어색하지 않다. 유명한 타베르나도 좋지만, 현지인들의 작은 단골집에 앉아 지나가는 사람 구경도 좋다. 느리게 즐기면 더욱 사랑스러운 곳이 아테네다.

SEE

아크로폴리스를 보지 않고 아테네를 봤다 할 수 있겠는가. 아크로폴리스에서 내려다보이는 올림피아 제우스 신전과 파나티나이코 경기장도 가 보자. 정치, 문화, 교통의 중심지 신타그마 광장에서는 시원한 분수만큼 신나게 스케이트보드 타는 젊은이들을 볼 수 있다. 대로 건너편에는 국회의사당을 시작으로 아테네 아카데미, 아테네 대학교, 그리스 국립 도서관 등이 줄지어 있어 걷다가 들러보기 좋다. 아크로폴리스 박물관, 국립 고고학 박물관, 베나키 박물관은 현지인들이 뽑은 톱 3 박물관. 텔레페릭을 타고 올라가 리카비토스 언덕에서 야경 즐기는 것도 잊지 말자.

EAT

밑도 끝도 없는 미식의 도시다. 국민 음식 수블라키는 없는 곳이 없다. 타베르나에 앉아 그릭 요거트로 만든 차지키와 우조 한잔을 곁들여 무사카를 먹어 보자. 청바지에 운동화를 신어도 당당한 미슐랭 스타 레스토랑은 어떤가. 가벼운 옷차림만큼 계산서도 가볍다. 와인 한잔은 아쉽고 한 병은 부담스러운 사람을 위해 250mL, 500mL 하우스 와인을 판매한다. 숙소 앞 키오스크에서 샤워 후 마실 맥주를 고르는 일도 즐거운 일과 중 하나.

BUY

마스티카는 그리스의 키오스섬에서만 자라는 식물이다. 약으로도 사용되는 이 식물로 치약, 화장품, 술, 사탕 등 못 만드는 게 없다. 그리스하면 올리브가 떠오르지만 올리브유나 올리브가 든 병이 무거워 부담스러울 수 있다. 그럴 때 올리브유를 사용한 비누나 작은 핸드크림을 사는 것도 방법. 그리스어로 이름을 새긴 티셔츠는 세상에 단 하나뿐인 아이템. 그리스 여신 드레스의 문양을 넣은 비치 드레스나 스카프도 좋다. 기적의 수분크림으로 유명한 산타 마리아 노벨라 매장도 가 보자. 가까운 이탈리아에서 온 덕인지 한국보다 확실히 저렴하다.

아테네 찾아가기

 어떻게 갈까?

인천국제공항에서 아테네의 엘레프테리오스 베니젤로스 국제공항Athens International Airport Eleftherios Venizelos까지 가는 직항은 없다. 항공사별로 경유지가 다른데, 경유 시간을 길게 하여 여행지를 한 곳 더 추가하는 것도 좋은 방법이다.

| 아테네 국제공항(ATH)에서 시내로 가기 |
수하물을 찾는 곳 옆에 지도가 비치되어 있다. 일단 지도를 손에 쥐면 마음이 편안한 법. 도착 층은 0층(우리나라식으로는 1층)이다. 3번 출구 쪽으로 가면 안내 데스크가 있고 바로 건너편 모니터에서는 버스, 메트로, 기차 운행 스케줄이 표시된다. 버스를 이용하려면 4번 출구로, 택시를 이용하려면 3번 출구로 나가면 된다. 메트로 역은 1층과 연결되어 있다.

1. 메트로
공항에서 시내까지 가는 가장 빠른 교통수단이다. 매표소 또는 기계에서 표를 구매할 수 있다. 여행 일정에 따라 3일 무제한 이용권, 일주일 내 공항 왕복권 등을 선택하는 것이 경제적이다. 개표 확인은 열 번 강조해도 무리가 없다. 탑승 전 무인 개표기에 승차권을 넣으면 날짜와 시간이 찍혀 나온다. 이것이 개표다. 개표한 상태의 유효표는 잘 가지고 있어야 한다. 유효표가 없으면 적발 시 무임승차로 간주되며, 요금의 60배를 벌금으로 내야 한다. 공항에서 한 정거장만 가도 벌금은 요금의 20배. 공항에서 신타그마역까지 40분 소요된다.

운영시간 06:30~23:30(매시 정각, 30분/공항역에서 도심으로 출발 기준)
요금 9유로(18세 이하, 65세 이상, 25세 이하 학생 4.5유로), 공항 왕복권 16유로, 3일 무제한 이용권 20유로
홈페이지 www.stasy.gr

2. 버스
공항 도착 층 4번 출구로 나가면 매표소와 정거장이 있다. 도심까지 24시간 운행한다. 신타그마 광장까지 최소 1시간 소요된다. 버스도 메트로와 마찬가지로 개표 확인을 하지 않거나 무임승차 시 요금의 60배가 벌금이다. 무인 개표기는 버스 안에 있다. X95 버스는 신타그마 광장, X96은 피레우스 항구행이다. X93은 시외버스 터미널인 리오시온Liosion 터미널, 키피소우Kifissou 터미널로 간다.

운영시간 24시간 운행 **요금** 1.2유로(90분 유효 / 버스, 트롤리, 트램, 메트로 1,2,3라인 사용 가능)
홈페이지 www.oasa.gr

3. 택시
공항에서 시내까지의 택시 요금은 시간대별로 고정 요금이 책정되어 있다. 05:00~24:00까지는 38유로, 24:00~05:00까지는 54유로다. 도착 층 3번 출구로 나가면 바로 택시 승차장을 볼 수 있다.

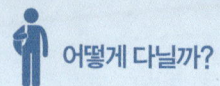
어떻게 다닐까?

아테네는 넓다. 하지만 다행인 것은 반경 1.5km 안에 주요 볼거리, 먹거리들이 밀집해 있다. 튼튼한 다리를 가졌다면 메트로 역을 중심으로 걸으며 관광하기를 추천한다. 대중교통편도 잘 구축되어 있다. 메트로, 버스, 트롤리가 미치지 않는 곳은 거의 없다. 아테네는 걷기를 좋아하는 사람에게도, 싫어하는 사람에게도 적합한 관광지다.

1. 메트로
3개의 노선이 있다. 기본요금은 1.2유로이고 90분간 유효하다. 90분 이내에 왕복도 가능하고 환승도 자유로이 할 수 있다. 메트로, 버스, 트롤리, 트램을 무제한으로 사용할 수 있는 1일권은 4.1유로, 5일권은 8.2유로다. 단, 공항행은 제외다.

2. 버스
블루, 그린, 오렌지, 옐로우 라인이 있다. 버스 색이 달라 구분했던 이름인데, 현재 블루와 그린은 혼용된다. 블루가 가장 많은 노선을 가지고 있다. 아테네 시내를 그물망처럼 연결하고 있어 여행자에게 좋다. 또 교외로 연결된 노선이 많아 통근하는 아테네인들에게 유용한 교통수단이다. 옐로우는 전차처럼 집전장치가 있다. 블루, 그린, 옐로우는 메트로 승차권과 통합사용이 가능하다. 정거장 대부분에 승차권 판매소가 있으나 인적이 뜸한 곳에는 없다. 버스 안에서는 구매할 수 없다. 1회 이용권을 사용할 경우, 미리 몇 장을 사놓는 것이 좋겠다. 오렌지 라인은 근교로 다니는 노선이다. 요금은 행선지에 따라 다르고, 차 안에서 지급하면 된다.
운영시간 05:00~24:00(노선에 따라 상이) **홈페이지** www.oasa.gr

3. 트램
1882년 세 마리의 말이 끄는 수레 형태에서 발전한 이동 수단이다. 과거에는 말 800마리가 아테네인들의 이동을 담당했는데, 1908년 전기를 사용하는 형태로 변경됐다. 2004년 아테네 올림픽 당시, 현재 트램의 디자인을 갖게 됐다. 아테네에는 총 48개의 트램 정거장이 있으며, 정거장마다 행선지별 노선, 도착 예정시간이 안내된다. 메트로, 버스 승차권과 통합사용 가능.
운영시간 05:30~02:30(신타그마 광장 출발 기준/요일별, 정거장별 상이) **홈페이지** www.stasy.gr

4. 택시
기본료는 1.2유로이지만 최소 금액(3.16유로)이 책정되어 있다. 따라서 기본료 구간을 가더라도 3.16유로를 내야 한다. 주간과 야간의 기본거리는 각각 2.88km, 1.64km이며, 주간은 기본구간을 지나면 1km당 0.74유로(야간은 1.29유로)씩 올라간다. 야간은 24:00~05:00이다. 큰 가방의 경우 10kg당 0.4유로가 가산된다.

5. 관광버스
이층버스를 타고 아테네 시내 관광을 해 보자. 기본적으로 아테네 투어와 아테네 & 피레우스 항구 투어를 제공한다. 아테네 시내 15 정거장, 아테네에서 12km 떨어져 있는 피레우스 항구 주변 12 정거장 정도를 순회한다. 아테네 시내 투어의 경우 하차 없이 돌아보면 한 시간 반 정도 소요된다. 원하는 정거장에서 하차해 주변을 둘러보고 승차할 수 있다. 종류에 따라 한 시간 반가량 차가 들어갈 수 없는 작은 골목을 함께 걸으며 설명해 주는 '프리 워킹 투어'도 포함되어 있다.

아테네 시티관광 버스 Athens City Sightseeing
운영시간 08:30~21:00(신타그마 정류장 출발 기준)
요금 아테네 시내 투어 20유로(6세~14세 8유로),
아테네 & 피레우스 투어 25유로(6세~14세 9유로).
1일간 유효하며 무료 워킹 투어 포함
전화 210-922-0604
홈페이지 www.citysightseeing.gr

아테네 오픈 투어 Athens Open Tour
운영시간 08:45~18:15(신타그마 정류장 출발 기준)
요금 아테네 시내 투어 14.5유로(5세~15세 7유로),
아테네 & 피레우스 투어 16.5유로(5세~15세 7유로).
2일간 유효 전화 210-881-5207 홈페이지 www.athensopentour.com

6. 미니 기차 투어

꽃할배가 이용한 녹색 선샤인 익스프레스와 빨간색 해피 트레인, 두 가지 종류가 있다. 선샤인 익스프레스는 아크로폴리스에서 티세이오와 신타그마 광장까지 운행한다. 해피 트레인은 선샤인 익스프레스 노선과 유사하나 신타그마 광장에서 대통령궁과 파나티나이코 경기장까지 좀 더 넓은 지역을 순회한다.

선샤인 익스프레스 Sunshine Express
요금 5유로, 어린이와 학생 3유로 전화 210-405-5373
홈페이지 www.athensbytrain.gr

아테네 해피 트레인 Athens Happy Train
요금 5유로, 어린이 3유로 전화 213-039-0888
홈페이지 www.athenshappytrain.com

I INFORMATION I

관광 안내소
가는 법 메트로 아크로폴리역에서 도보 1분
주소 18~20 Dionysiou Areopagitou St.Athens
운영시간 월~금 09:00~20:00,
토 10:00~16:00(일요일 휴무) 전화 210-331-0529

아테네 국제공항 Athens International Airport Eleftherios Venizelos
주소 Attiki Odos, Spata Artemida
전화 210-353-0000 홈페이지 www.aia.gr

제1 버스 터미널(키피소우 터미널) Kifissou 1st Bus Station
주소 100 Kifissou St. Athens
전화 210-512-4910 홈페이지 www.ktelattikis.gr

제2 버스 터미널(리오시온 터미널) Liosion 2nd Bus Station
주소 260 Liosion St. Athens 전화 210-831-7153
홈페이지 www.ktel-argolidas.gr

라리사 기차역 Larissa Railway Station
주소 Domokou Ave. Kolonos, Athens
전화 210-529-8837

피레우스 메인 항구 Piraeus Main Port
전화 210-455-0000 홈페이지 www.olp.gr

우체국
가는 법 신타그마 광장에서 도보 1분
주소 2 Mitropoleos St. Syntagma, Athens
운영시간 월~금 07:30~20:00, 토 07:30~14:00,
일 09:00~13:30 전화 210-322-6253

경찰서 본부 Hellenic Police Headquarter
주소 4 Kanellopoulou St. Athens
전화 210-697-7000 홈페이지 www.astynomia.gr

관광 경찰서
주소 43~45 Veikou St. Koukaki, Athens
전화 210-920-0724

카르푸 익스프레스
가는 법 모나스티라키역에서 도보 10분
주소 60 Athinas St. Athens 전화 210-324-2009

긴급 전화번호
경찰 100, 112, 의료 166, 화재 199

아테네
📍 추천 코스 📍

1일차

아크로폴리스
파르테논 신전이 완벽한 건축물인
세 가지 이유 확인하기

→ 도보 8분 →

아크로폴리스 박물관
에렉테이온 여인상 진품보기

→ 도보 3분 →

플라카 지역 쇼핑
올리브와 해면 스펀지 사기

↓ 도보 5분

파나티나이코 경기장
시상대 1등자리에 서 보기

← 도보 10분 ←

올림피아 제우스 신전
신전 기둥의 웅장함 느껴보기

← 도보 10분 ←

로만 아고라
바람의 탑에서 아테나의 문 바라보기

2일차

모나스티라키 광장
수블라키 먹으며 길거리 공연보기

→ 도보 1분 →

아테네 벼룩시장
지도 없이 걸어보기

→ 도보 5분 →

고대 아고라
헤파이스토스 신전과 파르테논 비교해 보기

↓ 도보 10분

센트럴 마켓
놀라운 가격에 견과류,
말린 과일 득템!

← 도보 8분 ←

오모니아 광장
테라스가 있는 카페에서
커피 한잔 하기

← 메트로 10분 ←

케라미코스
도시로 들어가는 성문 찾아보기

아테네는 역사와 문화 유적으로 가득 차 있는 도시다. 유적이 많으니 박물관도 많다. 대로와 골목 할 것 없이 볼거리가 끝없이 이어지기 때문에 걸어서 둘러보는 것이 더 좋다. 모나스티라키 광장에서 아테네 벼룩시장으로 이동, 오모니아 광장 다음에는 센트럴 마켓을 들러보자. 역사적 명소에서 아테네의 과거를, 시장에서 아테네의 현재를 느끼다 보면 여행이 더욱 흥미진진해진다.

3일차

**그리스 국립 도서관,
아테네 대학교, 아테네 아카데미**
현지인처럼 도서관에서 잠시 독서!

→ 도보 15분

**신타그마 광장 & 국회의사당
근위병 교대식**
근위병과 기념사진 찰칵!

→ 도보 2분

국립정원
벤치에서 프라페 마시며 휴식

↓ 도보 10분

리카비토스 언덕
아테네 야경을 안주 삼아
맥주 한잔하기

← 도보 10분

비잔틴 & 기독교 박물관
박물관 관람 후 일리씨아
카페에서 티타임을!

← 도보 3분

베나키 박물관
특별 전시장까지 놓치지 말기

4일차

국립 고고학 박물관
청동상의 주인공 알아맞히기.
제우스? 포세이돈?

→ 메트로 10분

티세이오역
바로 앞 티세이오 공원에서
잠시 길거리 공연 감상

→ 도보 1분

아크로폴리스 주변 산책
파르테논을 360도로 둘러볼 것!

↓ 도보 3분

프닉스 언덕 전망대
떠나기 전 마지막으로
아테네 보기

GREECE BY AREA 01
아테네

ATTIKO METRO OPERATION COMPANY S.A.

아테네 지하철 노선도

SUBURBAN RAILWAY

1 Kifissia
KAT
Maroussi
Neratziotissa
Iraklio   Irini
Nea Ionia   Kifisias
Pefkakia
Perissos   Pentelis
Ano Patissia   **3**
Aghios Eleftherios   Doukissis Plakentias
Kato Patissia   Halandri   Pallini
Aghios Nikolaos   Aghia Paraskevi
Nomismatokopio   Paiania - Kantza
Holargos
Ethniki Amyna
Katehaki
Panormou
Ambelokipi
Megaro Moussikis   Koropi

2 Aghios Antonios
Sepolia
Attiki
3 Larissa Station
Egaleo   Metaxourghio
Eleonas   Victoria
케라미코스 Kerameikos   Omonia 오모니아
모나스티라키 Monastiraki   Panepistimio 파네피스티미오
티세이오 Thissio   Syntagma 신타그마   Evangelismos
Petralona   Akropoli 아크로폴리
Tavros   Sygrou - Fix
Kallithea   Neos Kosmos
Moschato   Aghios Ioannis
Piraeus   Faliro   Dafni
1   Aghios Dimitrios • Alexandros Panagoulis
2

✈ Airport 아테네 국제공항

1 ISAP LINE 1
2 METRO LINE 2
3 METRO LINE 3
   SUBURBAN RAILWAY
   NATIONAL RAILWAY STATION
P PARKING

출처: 주그리스 대한민국 대사관

> **Tip** **아테네 시내 교통**
> 아테네의 대중교통은 지하철, 트램, 통근열차, 버스, 택시를 이용할 수 있다. 아테네의 지하철은 계속 발굴되는 유적들로 노선이 많지 않지만 원활하게 잘 운행되고 있다. 지하철은 3개의 노선을 2개 회사가 운영하고 있지만, 요금과 승차권은 같이 사용할 수 있다.
>
> ### 1. 지하철(metro)
> 아테네 지하철 노선은 아래와 같다. 현재 4호선(주황색)은 공사 중으로, 페트루폴리에서 에트니키 오도스까지 이어지며 2026년에 개통 예정이다.
>
> - 1호선(초록색) : Piraeus – Kifissia
> - 2호선(빨간색) : Elliniko – Anthoupoli
> - 3호선(파란색) : Ag.Marina – Doukisis Plakentias – Airport
> ※ 공항행 지하철은 30분에 한 번씩 운행하며, 별도의 티켓을 구매해야 한다.
> ○ 운행시간 : 05:30~24:00(금·토 : 05:30~02:00)
>
> ### 2. 지상 경전철(TRAM)
> - 1호선 : Syntagma – Voula
> - 2호선 : Syntagma – S.E.F(Stadium of Peace & Frendship)
> - 3호선 : S.E.F – Voula
>
> ### 3. 버스
> 전동차(Trollei)와 일반버스 두 종류
>
> ### 4. 택시
> 택시는 합승이 보편화되어 있고, 요금은 시간, 거리 병산제, 심야할증이 부과된다.

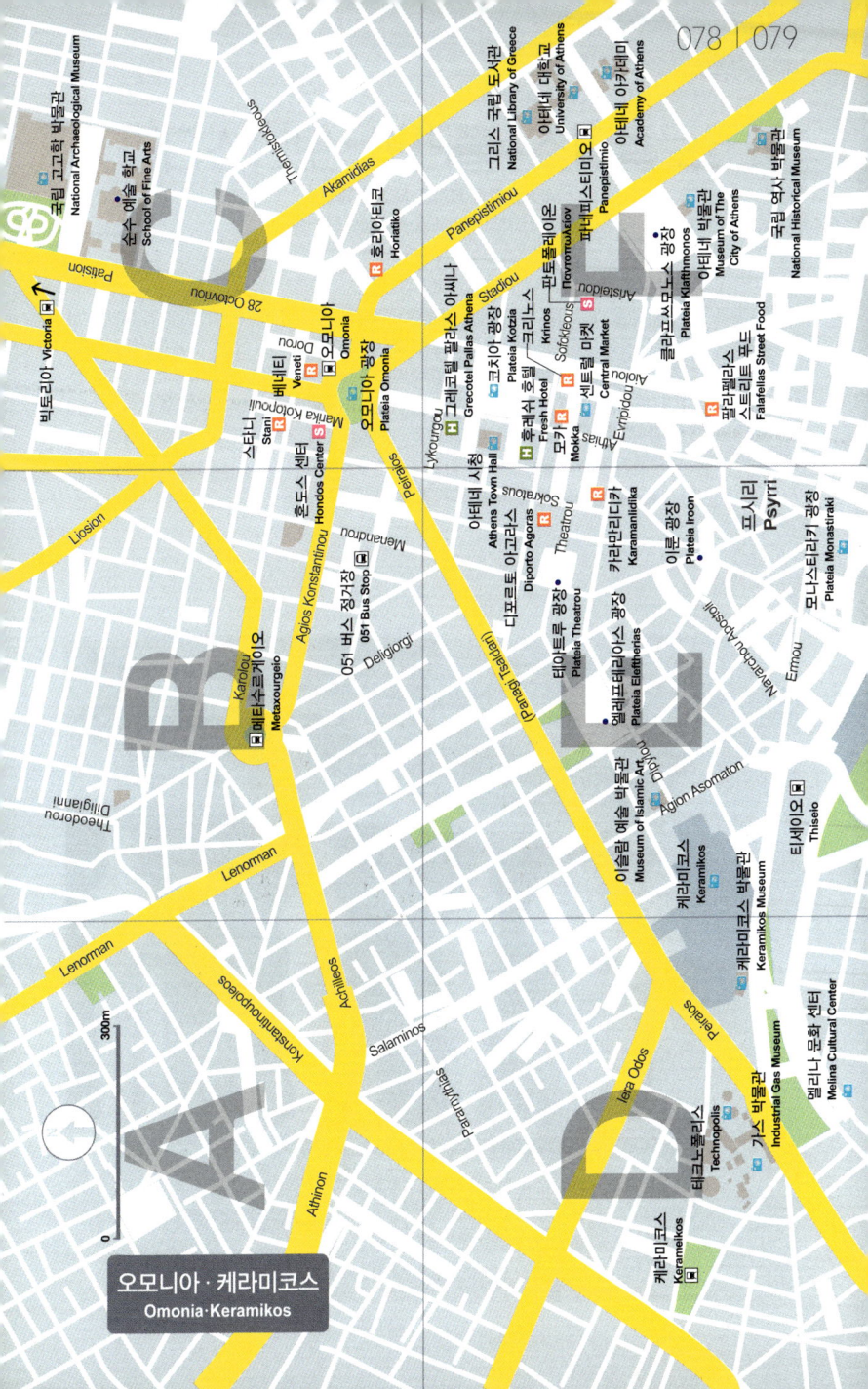

아크로폴리스 · 플라카 · 모나스티라키
ACROPOLIS · PLAKA · MONASTIRAKI
ΑΚΡΟΠΟΛΗ · ΠΛΑΚΑ · ΜΟΝΑΣΤΗΡΑΚΙ

아크로폴리스는 아테네를 대표하는 유적지다. 파르테논, 디오니소스 극장, 에렉테이온 등 아테네 하면 떠오르는 것들이 이곳에 있다. 오죽하면 아크로폴리스를 보면 아테네를 다 본 것이라는 말이 있을까. 플라카는 아직도 땅을 파면 유물이 나와서 집주인도 마음대로 집수리를 하지 못한다고 한다. 모나스티라키는 고대 아테네인들의 광장이자 시장이었던 아고라와 현재의 시장을 모두 품고 있는 곳이다. 모나스티라키 광장에서 아크로폴리스로 올라가는 길에는 카페, 식당, 기념품 가게가 빼곡하고, 중간 중간 거리 악사들의 공연이 펼쳐진다. 무심코 지나친 곳이 수천 년 된 교회이고, 고대 아테네를 지켰던 성벽이니 눈을 크게 뜨고 부지런히 돌아다니자.

일단 한번 가야 하는 곳
아크로폴리스 Acropolis

고대 그리스인들은 도시에서 가장 높은 곳에 요새를 지었다. 그리고 사랑하는 신들을 그곳에 모셨다. 군사적 요새가 정신적 요새이기도 한 이곳이 바로 아크로폴리스다. 그리스어로 아크론Akron은 '가장 높은', 폴리스Polis는 '도시'라는 뜻이다. 가장 높은 곳에 있는 도시, 아크로폴리스는 아테네 시내 웬만한 곳에서 다 보인다. 덕분에 관광하다가 나침반 없이도 방향을 짐작할 수 있다. 아크로코린토스, 아크로나플리오 같이 각 도시의 가장 높은 곳에는 요새가 있다. 아크로폴리스는 아테네에 있지만 아크로아테네라 부르지 않는다. 아크로폴리스는 그리스인들에게 아크로 중에서도 아크로이고, 아테네뿐만 아니라 그리스를 지켜준다고 믿었기 때문일까? 고대 그리스인들을 지켜주고 마음의 길잡이가 됐던 곳. 그곳이 오늘 여행자의 나침반이 되었다. 아크로폴리스의 입구는 세 군데다. 메트로 아크로폴리역에서 가까운 동쪽 입구는 디오니소스 극장으로 가는 지름길이다. 이곳을 지나 서쪽으로 조금 더 가면 주 입구가 나오는데 초행자는 이곳으로 가자. 주 입구까지 가는 길은 차 없는 길이어서 좋고, 파르테논 신전을 끼고 걸을 수 있어 더 좋다. 주말에 벌어지는 거리 음악회는 보너스. 주 입구에서 관람을 시작하면 이름 한 번쯤 들어 본 신전과 음악당을 먼저 만나볼 수 있는 것도 장점이다. 북쪽 입구를 이용하면 파르테논 신전이 있는 언덕 위부터 보고 디오니소스 극장 쪽으로 내려오게 된다. 아무리 기분이 좋아졌어도 아크로폴리스 안에서는 절대 뛰지 말자. 대부분이 대리석 바닥이라 매우 미끄럽다.

Data 지도 077p-G
가는 법 메트로 아크로폴리 역에서 도보 10분
주소 Acropolis, Athens
운영시간 08:00~19:30
요금 아크로폴리스 패스 20유로, 학생 20유로(고대 아고라, 디오니소스 극장, 로만 아고라, 올림피아 제우스 신전, 하드리안 도서관, 케라미코스 입장권 포함. 유효기간 5일)
전화 210-321-4172
홈페이지 odysseus.culture.gr

아테네

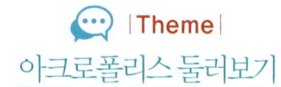

아크로폴리스 둘러보기

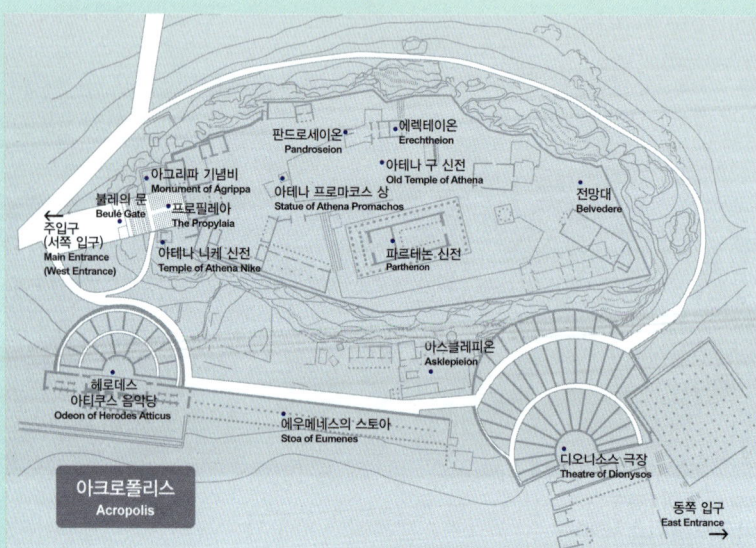

헤로데스 아티쿠스 음악당 Odeon of Herodes Atticus

아크로폴리스 서쪽 정문을 지나 첫 번째 만나는 장소. 1,800년 넘은 세월답게 카리스마가 줄줄 흐른다. 대부호 헤로데스 아티쿠스가 죽은 아내를 기리며 건립해 아테네시에 통 크게 기증한 음악당이다. 현재 남아 있는 고대 극장 중 가장 아름답다. 꽃할배도 인정한 베스트 인증샷 포인트! 실물도 좋지만, 실물보다 사진이 더 멋지게 나오는 곳이니 기념사진을 꼭 찍자. 5,000석이 넘는 이곳에서 엘튼 존, 스팅, 야니부터 세계 3대 테너인 플라시도 도밍고, 호세 카레라스에 이르기까지 내로라하는 음악가들이 공연했다. 2010년에는 안드레아 보첼리가 암 연구 기금 모음을 위한 연주회를 열었다.

불레의 문 Beulé Gate
원래 아크로폴리스는 성의 모습을 하고 있었다. 성안으로 들어가는 문은 두 개. 프로필레아 서남쪽에 하나가 있었으나 지금은 볼 수 없다. 서쪽 벽에 다른 하나의 문이 있는데, 그것이 불레의 문이다. 요새 역할을 했던 아크로폴리스의 서쪽 측면 보안 강화를 위해 만든 문이다. 19세기 초 프랑스 고고학자 에르네스트 불레 Earnest Beulé가 이곳을 발견해 그의 이름을 붙였다.

아그리파 기념비 Monument of Agrippa
불레의 문을 지나 프로필레아로 향하자. 프로필레아의 좌청룡 우백호가 아그리파 기념비와 아테나 니케 신전이다. 아그리파 기념비는 BC 27세기 전 아테나의 축제인 파나테이안 경기에서의 승리를 기념하며 지었다.

페리파토스 Peripatos
페리파토스는 아크로폴리스의 둘레길이다. 파르테논 신전 아래로 여러 가지 작은 길들이 나 있는데 이 길들의 주된 통로라 하겠다. 페리파토스를 따라 걷다 보면 작지만 놓치기 아까운 로마, 비잔틴, 중세시대 유적들을 볼 수 있다. 또한, 아테네 시내를 다양한 방향에서 볼 수 있어서 충분히 시간을 투자해 걸어볼 만하다.

아테나 니케 신전 Temple of Athena Nike

페르시아 전쟁에서 승리한 기념으로 세운 신전이다. 이름에서 승리의 여신 니케가 떠오르지만, 아테나 니케는 아테나 여신의 수많은 별칭 중 하나이다. 니케는 그리스어로 승리라는 뜻. 당시에는 여신상에 날개를 다는 것이 흔한 일이었지만 그리스인들은 아테나 여신이 자신들의 도시를 떠나지 않고 지켜줬으면 하는 바람으로 달지 않았다. 그러나 날개 없이도 아테나 니케상은 사라져 행방을 알 수 없게 됐고, 함께 있었던 올림포스 12신은 그리스를 떠나 대영박물관으로 갔다.

| 고대 그리스의 기둥 양식 알기 |

① **도리아식**: 장식 없이 단순한 기둥. 몸체 격인 주신의 중간은 굵고 위로 갈수록 날씬해진다. 상부인 주두에 사각형 판관이 있다. 파르테논 신전 기둥에 사용된 양식.

② **이오니아식**: 도리아식 기둥과 유사하나 조금 더 날씬하다. 주두에 소용돌이 모양 장식이 있다. 아테네 니케 신전이 대표적인 예다.

③ **코린트식**: 일직선 기둥으로 매우 화려한 상부 장식이 특징이다. 지중해 식물인 아칸서스 잎과 작은 소용돌이로 주두를 꾸몄다. 제우스 신전에서 볼 수 있다.

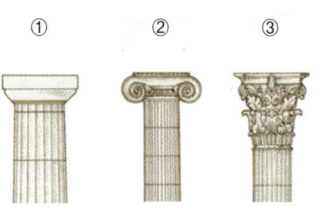

프로필레아 The Propylaia

아크로폴리스의 정문이다. 신들도 신전 대문 앞에서 '이리 오너라'를 외쳤을까. 그들에게만 허락되었던 곳을 지나는 것도 신기하지만, 프로필레아의 기둥은 기적 그 자체다. 기둥은 현재까지 조각조각 맞춰가며 복원되고 있는데, 수평 또는 수직을 맞추지 못한 것이 많다. 금세라도 쓰러질 것 같은 이 모습으로 2,500년을 버티고 있다.

파르테논 신전 Parthenon

아크로폴리스는 유네스코 세계유산이다. 유네스코 세계유산이란 단어는 빨간 밑줄과 같다. 중요한 곳이라는 뜻이다. 유네스코의 공식 마크는 파르테논 신전이다. 파르테논은 분명 세계유산 이상의 의미를 가졌다. 그렇다면 파르테논 신전은 무엇일까? 그리스인들은 그들이 가장 사랑하는 신, 아테나 여신을 위해 아름다운 신전을 짓고 파르테논이라 불렀다. 아테나 여신은 처녀 신이고, 파르테논은 처녀의 집이란 뜻이다. 유네스코는 파르테논 신전이 전 세계 신고전주의 기념물에 영향을 미친 완벽한 건축물이라고 한다. 파르테논은 황금 비율 그 자체다. 어느 방향에서도 5:8의 얼짱 각도를 자랑한다. 구부정한 기둥이 직선으로 보이는 착시 현상도 고려해 셀카에 적합하다. 12톤짜리 주두까지 기계 대신 사람의 손으로 올려 만든 자연 미인이다. 이 완벽한 신전은 1687년 베네치아 군대의 폭격으로 산산조각이 났다. 그리스인들은 죽어가는 애인에게 심폐소생술 하는 심정으로 파편을 주워 맞췄다. 복원은 오늘날까지도 진행 중이다. 아크로폴리스에서 흔해 보이는 돌조각을 자세히 보면 모두 번호가 새겨져 있다. 번호대로 문서를 만들어 관리하고 끊임없이 복구 중이다.

에렉테이온 Erechtheion

이곳에서 아테네의 통치권을 두고 지혜의 여신 아테나와 바다의 신 포세이돈이 내기를 했다. 아테네인들에게 더 필요한 것을 주는 자가 이긴다! 아테나는 올리브 나무를, 포세이돈은 우물을 주었다. 그러나 바다의 신이 만든 우물에서는 바닷물이 나와 식용 불가. 승리한 아테나 여신이 선물한 올리브 나무 덕에 그리스는 올리브와 올리브유가 넘쳐나는 나라가 되었다는 얘기. 에렉테이온 신전 벽면에는 6명의 여인상 기둥Caryatid이 파르테논을 마주하고 서 있다. 이오니아식 기둥에 둘러싸여 아름다움을 뽐내고 있는 여섯 여인은 아쉽게도 위조품이다. 진품 중 5개는 아크로폴리스 박물관에, 1개는 대영박물관에 있다. 여인상 앞쪽 출입 금지 구역은 옛 아테나 신전 자리다.

전망대 Belvedere

아테네 시내를 둘러보기 좋은 곳이다. 올림피아 제우스 신전은 물론 파나티나이코 경기장까지 한눈에 쏙 들어온다. 조금만 부지런히 움직여 보자. 매일 아침 8시 30분, 인물 좋은 군인들의 행진이 아크로폴리스 입구에서 시작된다. 힘 넘치는 구호에 맞춰 전망대에 도착하면 싱싱한 아침 해가 금빛 조명을 쏘고, 로맨틱한 국기 게양식이 진행된다.

디오니소스 극장 Theatre of Dionysos

연극의 신, 술과 축제의 신 디오니소스의 이름을 딴 극장이다. 그리스에서 가장 오래된 야외 원형극장이며 고대 그리스 희곡의 근원지다. 디오니소스에게 바치는 디오니소스 축제가 열렸고 비극이 주를 이뤘다. 그 때문인지 고대 그리스 3대 비극 작가를 탄생시킨 곳이 바로 디오니소스 극장이다. 그리스의 연극은 새벽에 야외에서 상연되는 것이 일반적이었고, 연극제가 열리는 동안에는 대부분 일을 하지 않고 심지어 죄수도 감옥에서 풀어줬다. 진짜 축제였다. 2만여 명의 관객을 수용할 수 있다. 딱히 음향 시설이라 할 것이 없는 이곳에서 2만 명에게 대사를 전달할 수 있었다는 사실이 믿기지 않는다. 돌 벤치 사이사이에는 잡초가 자라났지만, 그 웅장함과 위엄을 가리기에는 역부족이다. 그곳에 앉아 눈을 감아 보자. 2,000년 시간 이동쯤이야 맘먹기 나름. 웅성웅성 관객들의 소리가 들리고, 한쪽에서 시작된 박수 소리가 점점 커지는가. 그렇다면 이런 멋진 공간의 주인인 디오니소스에게 한 번 외쳐보자. 건배!

Data 지도 077p-G 가는 법 메트로 아크로폴리역에서 도보 3분 주소 25 Mitseon St. Athens 운영시간 08:00~20:00 요금 2유로, 학생 1유로, 아크로폴리스 패스 사용가능 전화 201-322-4625

에우메네스의 스토아 Stoa of Eumenes

메트로 아크로폴리역에서 아크로폴리스의 주 입구로 향하는 길엔 항상 관광객이 넘친다. 모두 아크로폴리스로 가는 것처럼 보이지만, 옆길로 새는 사람도 많다. 나무 아래 앉아 쉴 곳이 많아서 그런 것도 있다. 하지만 그보다는 에우메네스의 스토아를 찾아가는 사람들이 가장 많다. 수풀이 우거져 길 안쪽이 잘 보이지 않지만, 관광지에서는 사람이 흐르는 대로 따라가는 것도 좋은 방법. 일단 따라가면 눈앞에 으리으리한 장면이 펼쳐진다. 베를린 장벽보다 웅장한데 나라와 나라 사이를 갈랐던 벽은 아니다. 헤로데스 아티쿠스 음악당과 디오니소스 극장을 연결했던 통로다. 페르가뭄의 왕 에우메네스가 기둥을 세웠고, 기둥이 늘어선 복도를 스토아라 부르기 때문에 에우메네스의 스토아라는 이름이 붙여졌다.

아레오파고스 언덕 Areopagus Hill

여신이 사는 파르테논 신전을 올려다보고, 시민이 사는 아고라를 내려다보는 중간 위치의 바위 언덕이다. 신과 인간의 중간임을 자처했던 귀족들이 살았던 곳이다. 성경에 나오는 사도바울이 아테네인들에게 포교했던 곳이다. 아크로폴리스 서쪽 문에서 티세이오역 방향으로 조금만 걸으면 아레오파고스 언덕 입구가 나온다. 바닥이 매우 미끄러우니 주의하자.

없는 거 빼고 다 있는
모나스티라키 광장 Plateia Monastiraki

모나스티라키 광장은 아테네에서 인구 밀도가 가장 높은 곳 중 하나다. 유명한 식당, 카페, 베이커리, 젤라토 가게들이 모나스티라키 광장을 심장 삼아 혈관처럼 퍼져 있다. 여성 여행자라면 한 번쯤 들르는 종합 화장품 매장도 있고, 다양한 기념품 가게도 포진해 있다. 심지어 환전소도 있으니 모나스티라키 광장에 갈 이유는 계속 늘어난다. 박물관과 그리스 정교회도 있고, 아테네 벼룩시장 입구도 광장에 있다. 하드리안 도서관이나 로만 아고라는 바로 옆이다. 메트로 1호선과 3호선이 모나스티라키역까지 모셔다 주니 접근성도 좋다. 모여드는 사람들은 최고의 관객. 쉴 새 없이 공연이 펼쳐진다. 박수를 치다가 출출해지면 과일 노점상에 가자. 바나나 하나, 딸기 한 줌도 반가운 마음으로 판매한다. 짐이 있어도 걱정하지 말자. 광장 근처에 짐을 맡아 주는 곳들이 있다.

Data 지도 077p-C
가는 법 메트로 모나스티라키역에서 나와 바로 앞

우리도 아담과 이브처럼
치스타라키스 사원 Tzistarakis Mosque

아담은 이브에게 갈비뼈를 주었고, 제우스 신전은 치스타라키스 사원에게 기둥을 주었다. 아름다운 이야기처럼 들리지만, 사실은 1759년 치스타라키스라는 총독이 이 사원을 짓기 위해 올림피아 제우스 신전의 17번째 기둥을 뽑아 사용했다. 그 일로 인해 총독은 퇴임당했지만, 사람들은 모나스티라키 광장 한가운데 아름다운 사원을 갖게 되었다. 아테네에서 유일하게 대중에게 개방된 사원이기도 하다. 1918년부터 전통 도자기, 민속 예술, 민속 악기 등을 전시하는 박물관으로 사용되었으나, 현재는 잠시 운영을 멈춘 상태다.

Data 지도 077p-C
가는 법 메트로 모나스티라키역에서 도보 1분
주소 1 Areos St. Plateia Monastiraki, Athens

모나스티라키의 어원
판타나사 교회 Pantanassa Church

모나스티라키 광장에 치스타라키스 사원과 형제처럼 나란히 서 있는 교회다. 비잔틴 스타일의 10세기 건축물이다. 처음에는 대수도원Great Monastery으로 불리다가 나중에 작은 수도원이란 뜻의 모나스티라키Monastiraki로 불렸다. 덕분에 주변에 있었던 광장이 모나스티라키 광장이란 이름을 갖게 되었다.

Data 지도 077p-C
가는 법 모나스티라키 광장에서 도보 1분
주소 Plateia Monastiraki, Athens

썸 타는 벼룩시장
아테네의 벼룩시장 Flea Markets in Athens

벼룩시장인 듯 벼룩시장 아닌 벼룩시장 같은 너. 아테네 벼룩시장이 썸을 탄다? 임시로 자리를 펴고 물건을 파는 곳도 있지만, 일반 상점도 있다. 중고품도 있고 새 제품도 있다. 우리가 알고 있는 벼룩시장과 다른 면이 있지만, 시간 가는 줄 모르고 돌아다니게 만드는 건 똑같다. 모나스티라키 광장에 있는 아테네 벼룩시장에는 일반 가게가 더 많다. 아드리아누Adrianou 거리를 향해 조금만 걸으면 모나스티라키 벼룩시장을 만난다. 이곳은 주말에 움직이기 힘들 정도로 노점상이 많다. 그리스 전통 문양이 새겨진 장식품부터 박물관에 있어도 좋을 법한 오래된 책, 마트에서 많이 봤던 채칼까지 없는 게 없다. 남대문 시장을 떠오르게 하는 상인의 목소리에 흥이 돋아 사람이 흐르는 대로 가다 보면 길을 잃기 십상이다. 다행인 것은 아테네, 모나스티라키, 아비씨니스 벼룩시장이 삼각형의 꼭짓점 같이 위치해 있다. 이 시장에서 길을 잃으면 어느새 저 시장에 가있고, 저 시장에 있나보다 했는데 이 시장에 있다. 골동품을 좀 볼 줄 안다면 아비씨니스 벼룩시장으로 가자. 아테네에서 가장 오래된 벼룩시장인 만큼 하드코어 물건들이 많다. 아비씨니스 벼룩시장은 사방이 오래된 상점으로 둘러싸여 있다. 어디까지가 물건이고, 어디부터 가게인지 헷갈릴 정도로 모두 오래됐다. 이 중에서 보석을 찾아내기 위해 그리스 전국의 골동품 수집가들이 모인다. 벼룩시장계의 옹달샘이다.

Data 지도 077p-C
(아테네 벼룩시장 입구)
가는 법 모나스티라키 역에서 도보 1분

1800년 전 도서관을 느껴봐
하드리안 도서관 Hadrian's Library

로마 황제 하드리안이 지은 도서관으로 132년 완공됐다. 책과 종이를 보관하고, 공부를 할 수 있었던 것은 물론 콘서트홀, 강의장, 극장으로도 활용됐다. 맨 앞에는 웅장한 기둥들이 서 있다. 코린트 양식으로 조각된 이 기둥의 위쪽은 화려한 장식이 주두를 감싸고 있다. 이 기둥과 벽은 하드리안 도서관의 입구였다. 건립 당시 하드리안 도서관은 입구의 벽과 100개의 기둥이 둘러싼 3면이 건물 중앙에 안뜰을 품고 있었다. 뜰 안에는 수영장이 있었다고 한다. 수영장은 5세기와 7세기에 각각 다른 교회로 변신했다. 현재 뜰 안에는 테트라콘치 교회의 잔재가 남아 있다. 그 옆으로 날씬한 기둥 4개가 서 있는데, 이는 도서관 건물을 떠받치고 있던 100개 기둥 일부다. 입구에서 조금 더 안쪽으로 들어가면 도서관의 동편 룸이 아크로폴리스를 병풍 삼아 자리를 잡고 있다.

Data 지도 077p-C
가는 법 메트로 모나스티라키 역에서 도보 1분 주소 3 Areos St. Manastiraki, Athens
운영시간 08:00~15:00
요금 6유로, 학생 3유로, 18세 이하 무료, 9월~3월까지 매달 첫 번째 일요일 무료, 아크로폴리스 패스 사용 가능
전화 210-324-9350

작은 교회, 큰 울림
아이오스 이오안니스 테올로고스 교회 Agios Ioannis Theologos

그리스 정교를 믿는 그리스인들의 신앙심은 각별하다. 신자들은 가능한 매일 교회에 간다. 1분도 머물고 2분도 머문다. 자신이 믿는 성상에 입을 맞춘 후, 초를 켜고 기도한다. 시간이 모자라면 지나던 걸음을 멈추고 밖에서 짧은 기도를 하기도 한다. 그래서 아테네 구석구석에는 크고 작은 교회가 많다. 맛집이 빼곡한 플라카의 좁은 계단 위에 있는 아이오스 이오안니스 테올로고스 교회도 작다. 하지만 그리스인들의 각별한 신앙심을 느낄 수 있는 좋은 공간이다. 시간이 된다면 현지인처럼 들어가 잠시 머물러 보자. 옆에 있는 카페에서 바라볼 때와는 또 다른 분위기를 체험할 수 있다.

Data 지도 077p-G
가는 법 메트로 모나스티라키 역에서 도보 10분
주소 Erotokritou St. & Erechtheos St. Plaka, Athens

사람 사는 냄새 가득
로만 아고라 Roman Agora

아고라Agora는 '모이다'라는 뜻이다. 사람들이 모이다 보면 친해지는 사람이 생기고, 물건을 사고파는 일도 생긴다. 그러다 보면 잘잘못을 따질 일도 생길 터. 그래서 고대 그리스에서는 사교, 상업, 재판이 이루어지는 장소, 주로 광장을 아고라라고 했다. 로만 아고라에서 80m 떨어진 곳에 고대 아고라가 있다. 고대 아고라는 상업적으로 번성하던 공간이었다. 그러나 로마가 그리스를 점령한 뒤 점차 신전, 제단, 신축 건물들이 자리를 차지했다. 장사꾼들은 설 곳을 잃게 되자 조금 떨어진 곳으로 이동해 새로운 자리를 잡았다. 그것이 로만 아고라다. 장사꾼들이 새롭게 만든 곳이라 자연스레 상업적 성격이 강했다. 로만 아고라의 정문은 '지도자 아테나의 문'Gate of Athena Archegetis이다. 이 문은 정치가 율리우스 카이사르의 기부금으로 만들었으며, 아테나 여신에게 헌납한 것이다. 로만 아고라 안쪽으로 들어가면 건물을 떠받치고 있던 기둥들이 잘 보존되어 있다. 과거 이 광장이 번영을 누리던 장대한 모습이 눈앞에 펼쳐지는 것 같다. 가장 안쪽에는 바람의 탑이 있다. 팔각형 모양의 이 탑은 BC 1세기에 지어져 해시계, 물시계, 풍향계, 나침반 역할을 했던 만능 탑이다.

Data 지도 077p-C
가는 법 메트로 모나스티라키 역에서 도보 3분
주소 Pelopida St. & Aiolou St. Athens
운영시간 08:00~19:30
요금 8유로, 18세 이하 무료, 9월~3월까지 매월 첫 번째 일요일 무료, 아크로폴리스 패스 사용 가능
전화 210-324-5220
홈페이지 odysseus.culture.gr

공중목욕탕의 변신은 무죄

그리스 민속예술 박물관(배스 하우스 오브 더 윈드 / 하맘)

Museum of Greek Folk Art(Bath - House of the Winds / Hammam)

튀르키예식 공중목욕탕 하맘을 개조해 박물관으로 만든 곳이다. 그리스에는 튀르키예의 지배를 받던 시절 하맘이 보급됐는데, 배스 하우스 오브 더 윈드는 아테네에 남아 있는 유일한 하맘이다. 초기에는 목욕탕이 하나뿐이라 남녀가 시간을 달리해 사용했다. 그 후 목욕실이 추가되어 남탕 여탕의 개념을 갖추게 되었다. 개인 욕실이 있는 시설도 생겼는데, 아테네 사람들은 이를 '유러피안 목욕탕'이라고 불렀다. 이 하맘은 1956년까지 공중목욕탕으로 사용되다가 박물관으로 변신했다. 목욕 시설 사이에 민속예술 작품을 전시하고, 목욕탕으로 사용하던 시절을 담은 간단한 동영상도 상영한다. 탈의실에는 민속악기가, 2층 공간에는 회화 작품들이 전시됐다. 출구 쪽 공간은 생존 작가들의 특별전시 공간이다. 작은 공간을 알차게 사용하고 있다. 무료 오디오 가이드가 제공된다.

Data 지도 077p-C
가는 법 메트로 아크로폴리역에서 도보 7분
주소 8 Kyristou St. Plaka, Athens
운영시간 수~월 08:30~15:30
(화요일 휴관)
요금 2유로, 학생 1유로, 19세 미만 무료, 매월 첫째 일요일 무료(7~9월은 제외)
전화 210-324-5957
홈페이지 www.melt.gr

Tip 아테네에는 '그리스 민속예술 박물관'이라 불리는 곳이 치스타리키스 사원을 비롯해 4곳이 있다. 이름이 같다고 혼동하지 말자.

작은 문도 다시 보자, 유적이다
무슬림 신학교 마드라사
Muslim Seminary Madrasah

로만 아고라와 하맘 사이에는 울창한 나무와 벤치가 있다. 이곳에는 제한구역으로 지정된 작은 문이 있는데 얼핏 봐도 꽤 오래됐다. 표지판도 눈에 들어오지 않아 지나치기 십상이다. 하지만 이것은 1721년 지어진 무슬림 신학교의 정문이다. 오토만 양식으로 지어진 이 문을 통해 안으로 들어가면 학교건물과 사원, 기숙사 등의 시설이 있었다. 이곳은 아테네가 그리스의 수도가 된 후 감옥으로 사용되기도 했다. 안타깝게도 20세기 있었던 고고학 발굴로 이 문을 제외한 나머지 건물은 볼 수 없다.

Data 지도 077p-C
가는 법 메트로 모나스티라키역에서 도보 5분
주소 Aiolou St. & Pelopida St. Plaka, Athens

우승의 영광을 그대에게
리시크라테스 기념비 Lysikrates Monument

디오니소스 축제에서 승리한 팀이 기부자에게 수여했던 트로피를 놓기 위해 만든 기념비다. 이 축제는 코레고스라 불리는 부유층 단체의 기부로 진행됐다. 승리한 팀은 지원에 감사하는 뜻으로 기부자에게 트로피를 주었는데, BC 334년 부호 리시크라테스가 뮤지컬 부문 우승을 자축하는 동시에 받은 트로피를 놓고자 기념비를 만들었다. 당시 아크로폴리스를 뒤로하고 세워진 이 기념비 앞으로는 토마토밭이 무성했다고 한다. 토마토밭이 있던 자리는 지금 테라스가 멋진 레스토랑과 카페들이 차지하고 있다. 주변 환경이 좋은 이곳은 1658년 카푸친 수도원이 들어서기도 했다. 영국의 시인 바이런이 그리스를 두 번째 방문했을 때 이곳에 머물렀다.

Data 지도 077p-H **가는 법** 하드리안의 아치에서 도보 2분
주소 Lysikratous St. & Shelly St. Athens

Talk 디오니소스 축제

술과 연극의 신, 디오니소스를 기념하기 위한 축제다. 주요 행사는 비극 연극 공연이며 일주일간의 축제 기간 동안 상점이나 관공서 등이 휴업했을 정도로 큰 행사였다. BC 6세기부터 시작된 것으로 추측되는 디오니소스 축제는 지방과 도시로 나누어 진행됐다. 지방에서 열린 축제는 와인을 만들기 위한 포도를 수확한 직후에 열렸고, 3개월 뒤에 도시에서 축제가 진행됐다.

GREECE BY AREA 01
아테네

듣기만 해도 신바람 나는
일리아스 랄라우니스 보석 박물관 Ilias Lalaounis Jewelry Museum

이름만 들어도 왠지 날아갈 듯 신나고 기분이 좋아지는 박물관이다. 세상에 보석 싫어하는 여인이 있을까? 그 보석을 실컷 볼 수 있는 박물관이니 정말 신나는 이름이 맞다. 디오니소스 극장 건너편에 있는 이 박물관은 보석 세공인이자 예술가인 일리아스 랄라우니스가 본인의 작품과 수집품을 모아서 세웠다. 박물관에는 4,000여 점의 보석과 보디 주얼리들이 전시되어 있다. 본격적인 전시는 1층부터 시작이다. 전시품은 고대 그리스, 자연, 우주 등에서 영감을 받아 현대적 감각을 접목한 것이 특징이다. 신비로우면서도 재치 있는 작품들이 많다. 구석기 시대 유물에서 영감을 받아 디자인한 목걸이가 신전의 벽을 연상시키는 조형물에 걸려 있기도 하다. 2층에는 세공의 재료가 되는 원석들이 전시되어 있다. 박물관에서는 작품 감상과 함께 보석도 살 수 있다. 0층에 작은 매장이 있는데, 10유로 팔찌부터 다양한 종류의 보석을 판매한다. 매장 반대편에는 세공 과정을 직접 볼 수 있는 작은 공간이 있다. 학생들이나 단체가 예약하면 견학이 가능하다. 박물관 내에는 5,000여 권의 보석 관련 서적을 보유한 도서관과 카페가 있다. 블링블링한 보석을 배경 삼고, 파르테논 신전을 바라보며 커피 한잔 마시는 호사도 누려 보자.

Data 지도 077p-G
가는 법 메트로 아크로폴리역에서 도보 5분
주소 12 Karyatidon St. & Kalisperi St. Acropolis, Athens
운영시간 09:00~15:00(일,월 휴관)
요금 5유로, 학생 4유로, 65세 이상 4유로, 매주 수·토 15:00~21:00 무료
전화 210-922-1044
홈페이지 www.lalaounis-jewelrymuseum.gr

이제는 숨통 트이는 언덕
프닉스 언덕 & 뮤즈의 언덕 Hill of Pnyx & Hill of Muse

프닉스 언덕은 BC 6세기에 시민들이 모여 토론과 집회를 했던 곳이다. 작은 언덕에 6,000명에서 많게는 13,000명까지 모였다. 프닉스Pnyx는 '숨막히게 빽빽이 채워졌다'는 뜻이다. 하지만 지금은 숨통 탁 트이는 전망대로 변신했다. 자연이 깎아 놓은 바위 의자에 앉으면 아테네 시내와 아크로폴리스가 파노라마처럼 눈앞에 펼쳐진다. 프닉스 언덕 옆에는 필로파포스 언덕이라 불리는 뮤즈의 언덕이 있다. 사실 이곳이 한국 여행자에게는

Data 지도 076p-F, 076p-J
가는 법 아크로폴리스
서쪽 입구에서 도보 3분
(주입구 기준)
주소 Pnyx Hill, Athens
운영시간 24시간 요금 무료

더 유명하다. 그러나 후미진 구석이 많은 데다 인적도 뜸해 최근에는 불미스러운 일이 꽤 벌어졌다. 입구 안내소에서도 주의를 시킬 정도다. 든든한 일행과 함께 가는 것이 아니라면 아쉽더라도 발길을 돌리자. 언덕 초입에 있는 소크라테스 감옥까지는 안전하다. 소크라테스가 그곳에 머물렀을 가능성은 희박하다. 오히려 조금 더 위쪽에 있는 아고라 법정 근처에 갇혔을 가능성이 더 크다고 한다. 그러나 소크라테스를 사랑했던 아테네인들은 그가 죽기 직전까지 제자들과 토론을 벌였던 장소에 상징적으로 감옥을 만들고 소크라테스가 사형 직전까지 머물던 곳으로 기념하고 있다. 바위를 깎아 만든 감옥 구조가 특이해 한 번쯤 볼 만하다. 프닉스 언덕과 뮤즈의 언덕 사이에는 아이오스 디미트리오스 교회가 있다. 12세기에 비잔틴 양식으로 지어진 이 작은 교회는 우리나라 무당집처럼 생겼다.

날개 달린 아크로폴리스
아크로폴리스 박물관 Acropolis Museum

아크로폴리스에서 발굴한 유물을 보관, 전시하는 공간이다. 박물관은 비행기를 닮았다. 길쭉한 몸체에 웅장한 날개가 붙은 모습이다. 유리 바닥이 하늘과 구름을 머금은 덕에, 박물관은 영락없이 하늘 위를 나는 비행기 같다. 유리 바닥 아래로는 고대 주택가 유적지가 보존되어 있다. 매력적인 아크로폴리스 박물관은 스위스 건축가 베르나르 추미가 지었다. 베르나르 추미는 도살장과 정육점이 밀집해 있던 공간을 획기적으로 변신시킨 파리의 라빌레뜨 공원을 지은 건축가다. 그는 건축이란 표면적으로 보이는 형태가 아닌, 사람의 움직임과 행위를 담은 공간이라는 철학을 가지고 있다. 아크로폴리스 박물관은 또 다른 아크로폴리스다.

Data 지도 077p-K
가는 법 메트로 아크로폴리역에서 도보 3분
주소 15 Dionysiou Areopagitou St. Athens
운영시간 4월~10월 월 09:00~17:00,
화~일 08:00~20:00, 금 08:00~22:00 /
11월~3월 홈페이지 참조
요금 4월~10월 15유로, 6~25세 10유로,
11월~3월 10유로, 6~25세 5유로
전화 210-900-0900
홈페이지 www.theacropolismuseum.gr

0층부터 3층까지 올라가는 공간을 아크로폴리스 입구에서 파르테논 신전에 이르는 과정처럼 꾸며 놓았다. 0층은 아크로폴리스 언덕을, 1층은 프로필레아, 아테나 니케 신전과 에렉테이온 신전, 그리고 3층은 파르테논 신전을 묘사했다. 특히 3층 파르테논 갤러리는 파르테논 신전과 크기와 구조가 유사하다. 파르테논 신전을 장식하고 있던 조각상과 부조들이 실제 크기로 전시되어 있다. 고개를 잠시 돌리면 커다란 유리벽을 통해 약 300m 떨어져 있는 파르테논 신전이 보인다. 파르테논 신전의 잃어버린 조각들이 이 갤러리에서 퍼즐 맞추듯 딱딱 들어맞는 느낌이다. 아크로폴리스 박물관에서는 진짜 퍼즐도 제공한다. 가족 게임 세트다. 가족 당 1세트가 제공되는데, 1층 아르카익 갤러리의 수많은 여신상, 아테나 여신상, 기마상들도 표시된 번호와 사진으로 찾아가 퍼즐이나 스티커 붙이기를 하며 재미있게 관람할 수 있다. 흥미진진한 게임도 에렉테이온 갤러리에 도착하면 저절로 멈추게 된다. 에렉테이온 신전을 지키고 있던 6명의 여인상 기둥 중 5개가 이곳에 있기 때문이다. 현재 에렉테이온 신전에 있는 여인상 기둥은 복제품이고, 이곳에 보관된 것이 진품이다. 2층에 있는 레스토랑도 갤러리만큼 놓쳐서는 안 될 장소. 비행기의 보조 날개같이 낭만적인 테라스에 레스토랑이 있다. 파르테논 신전이 눈앞에 펼쳐지는 것은 기본이다. 0층과 1층은 부분적으로 사진 촬영 금지 구역이 있으니 참고하자.

시민들의 광장
고대 아고라 Ancient Agora

고대 아고라는 사람들이 모여 물건을 사고팔기도 하고, 연설과 토론을 벌였던 곳이다. 이곳에서 제일 화려한 건물은 헤파이스토스 신전이다. 고대 아고라 입구 우측 언덕에 자리 잡고 있다. 그리스에 있는 신전 중 원형이 가장 잘 보존된 곳이기도 하다. 헤파이스토스는 부모님 부부싸움에 눈치 없이 엄마 편만 들다가 아버지 제우스에게 쫓겨났다. 절름발이에다 갑옷이나 무기를 만들어 주는 대장장이가 됐으나 여복은 참 많았다. 가장 아름다운 여신인 아프로디테가 그의 첫 번째 부인이고, 그 유명한 아테나 여신이 그의 두 번째 여자이다. 원조 '미녀와 야수'의 주인공인 셈이다. 헤파이스토스 신전은 아테나 여신의 신전인 파르테논 신전과 비슷한 시기에 지어졌다. 직선거리로는 약 600m 떨어져 있다. 헤파이스토스 신전에서 내려와 아그리파 음악당 기둥을 지나면 아탈로스의 스토아에 이른다. 기둥이 늘어선 복도라는 뜻의 스토아Stoa답게 가로 115m, 세로 20m, 2층 건물의 정면을 두 겹의 기둥이 감싸고 있다. 바깥쪽은 도리아식 기둥, 안쪽에는 이오니아식 기둥이 세워져 있다. 기둥 뒤로 층마다 21개의 상점이 있었던 것으로 추정되는데, 현재는 박물관으로 사용 중이다. 고대 아고라의 안쪽으로 들어가 보면 성도 교회라는 뜻의 아포스틀레스 교회가 있다. 비잔틴 중기의 건축 양식이 잘 투영되어 있으며, 4개의 건물이 모여 십자가 형태를 이루는 구조가 특징이다.

Data 지도 076p-B
가는 법 메트로 모나스티라키 역에서 도보 6분
주소 24 Adrianou St. Athens
운영시간 08:00~19:30
요금 10유로
전화 210-321-0185

프닉스 언덕과 고대 아고라가 만나는 지점
티세이오 Thiseio

아테네의 작은 몽마르트르다. 메트로 티세이오역에서 아크로폴리스 서쪽 입구까지 이어진 언덕길에 화가, 음악가, 공예가들이 다 모였다. 캐리커처를 그려 주기도 하고, 사진인지 착각할 정도로 정밀하게 아크로폴리스를 그려 주기도 한다. 나쁜 기운을 막아 준다는 악마의 눈, 나자르 본주Nazar Boncüğu부터 딱 봐도 그리스가 생각나는 장식용 타일, 깨지지 않고 버텨만 준다면 열 개쯤 한국으로 가져가고 싶은 접시까지 다양하다. 수공예 액세서리는 아예 원재료를 가져와 손님이 원하는 대로 눈앞에서 뚝딱뚝딱 만들어 준다. 그 옆에서 누군가는 기타를 치고, 또 누군가는 색소폰을 분다. 아이는 엉덩이를 흔들고 엄마도 덩달아 신이 난다. 배가 출출해지는데 미리 찜을 해 놓은 식당이 없다고? 걱정할 것 없다. 티세이오 공원부터 레스토랑이 줄지어 있다. 비슷한 메뉴, 비슷한 가격이다. 아크로폴리스를 바라보고 있는 것도 마찬가지. 발길 이끄는 대로 가면 된다. 티세이오 공원은 작지만 프레도 카푸치노 한잔 마시며 잠시 쉬기에 충분하다. **Data** 지도 076p-B

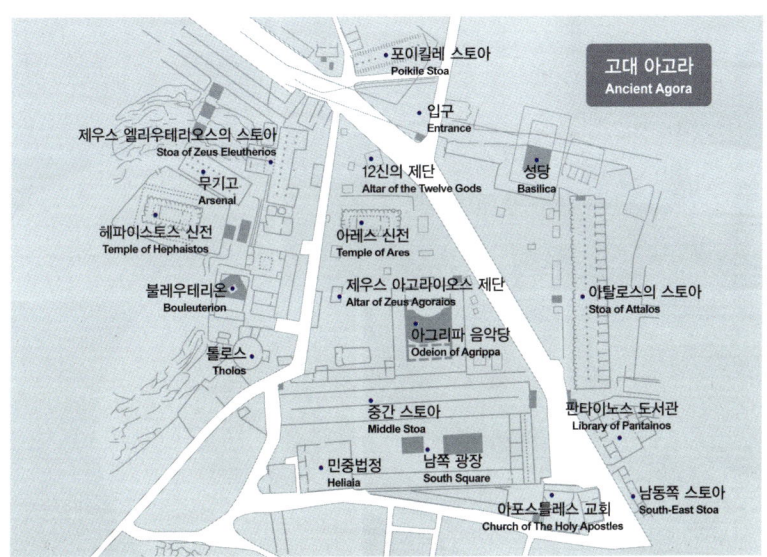

GREECE BY AREA 01
아테네

EAT

반반도 마니마니
마니마니 MANHMANH

한 번만 들어도 머리에 쏙 박히는 이름 마니마니. 사장님 2명이 그리스 펠로폰네소스 반도의 마니 출신이라 붙여진 이름이다. 〈그리스의 끝, 마니〉라는 책에는 마니가 앞은 바다, 뒤에는 산맥이 있어 문명으로부터 단절된 곳이라고 묘사되어 있다. 그만큼 자연은 날것의 상태로 보존되어 있고, 주민들의 생활도 옛 모습을 유지하는 편이다. 조리법도 예외는 아니다. 레스토랑 마니마니에서는 고향의 레시피에 현대적 감각을 솔솔 뿌려 제공한다. 이것이 아테네인들과 관광객의 마음을 사로잡아 10년 넘게 인기몰이 중이다. 뉴욕타임스 아테네판에서도 이곳을 꼭 방문해야 할 레스토랑으로 소개했다. 〈100 레스토랑 그리스〉, 〈FNL 어워드〉 등 다양한 수상 경력을 갖고 있다. 펠로폰네소스에 올리브 오일을 넣어 직접 만든 빵으로 시작해 보자. 그리스의 전통 스프레드인 차지키를 곁들이는 것도 좋다. 마니의 독특한 요리법으로 만든 피스타인 트사웃스Tsouhtes도 놓치면 아까운 메뉴. 소꼬리와 베샤멜 소스를 곁들인 Pastitsio, Mani's Rooster도 추천한다.

Data 지도 077p-K
가는 법 메트로 아크로폴리역에서 도보 7분
주소 10 Falirou St. Acropolis, Athens
운영시간 14:00~23:00
요금 홈메이드 브레드 2.5유로, 차지키 7.5유로, Pastitsio 17.5유로, Mani's Rooster 17.5유로
전화 210-921-8180
홈페이지 www.manimani.com.gr

벼룩시장에 핀 꽃
카페 아비씨니아 Cafe Avissinia

아비씨니아 광장은 아비씨니아 벼룩시장과 동일어다. 작은 광장이 골동품으로 가득 차 있어 걸어 다니기도 힘들 정도이기 때문이다. 이 복잡한 광장 구석을 카페 아비씨니아가 30년 동안 지키고 있다. 그리스 전통요리 책까지 낸 실력파 엄마의 음식을 아들이 판매한다. 순수 예술을 전공한 그의 감각으로 카페 아비씨니아의 1층은 온통 꽃밭이다. 꽃무늬 벽에 꽃병과 꽃이 잔뜩 있다. 정신없는 분위기일 거라는 생각은 접어 두자. 그의 탁월한 감각은 그리스 전역에 있는 골동품 수집가, 실내 장식 전문가들이 혀를 내두를 정도다. 2층은 블루 & 화이트가 콘셉트이다. 1층과는 사뭇 다른 모던한 분위기다. 집안 대대로 내려오는 그리스 전통 레시피에 엄마 손맛이 양념으로 뿌려졌다. 좋은 재료, 건강한 음식이 카페 아비씨니아의 철학이다. 수블라키, 무사카 같은 그리스 전통 메뉴를 가정식 스타일로 맛볼 수 있다. 수블라키 체인 레스토랑과는 사용하는 고기의 질부터 다르다. 유기농 달팽이 요리, 멸칫과의 일종인 가브로스 Γαυρος 절임은 이곳의 대표 메뉴. 겨울에는 정어리 요리를 판매하지 않고, 봄에는 토마토 샐러드를 권하지 않는다. 제철이 아니라 제대로 된 맛을 낼 수 없기 때문이다. 아테네에서 골동품으로 가장 유명한 벼룩시장의 중심답게 유명 수집가, 가수나 예술가들이 단골손님이고, 여름철 토요일 낮에는 다양한 음악가들이 연주회를 갖는다.

Data 지도 077p-C
가는 법 메트로 모나스티라키 역에서 도보 5분
주소 7 Kinetou St. Plateia Avissinia, Athens
운영시간 수~토 12:00~01:00, 일 11:00~19:00 월요일 휴무
요금 유기농 달팽이 17.5유로, 시금치 무사카 13.5유로, 치킨 꼬치구이 14.5유로
전화 210-321-7047

작지만 강하다
리온디 전통 그릭 레스토랑 Liondi Traditional Greek Restaurant

미국의 정치가 패트릭 헨리는 '자유가 아니면 죽음을 달라'고 했고, 아테네의 요리사 스타브로스는 '일등이 아니면 택시 운전대를 달라'고 했다. 손님이 맛없다고 하면 당장 주방장을 그만두고 택시 운전사가 되겠다는 소리이며, 아테네에서 맛으로 일등 하고 싶다는 뜻이다. 리온디가 오픈 1년 만에 확실히 자리를 잡고 명성을 만들어 가는 데는 요리사 스타브로스의 이런 마음가짐이 있기 때문이다. 그는 지난 15년간 미국을 80번 이상 방문하며 셀러브리티들을 위해 요리했다. 신디 크로퍼드, 제레미 아이언스가 그의 단골이었다. 하지만 한 곳에 정착하고 싶어 리온디에 가방을 내려놨다. 리온디는 메트로 아크로폴리역 앞에 있는 작은 레스토랑이다. 맛으로 승부하며 여행객들의 기억 속에 큰 레스토랑으로 자리 잡아가고 있다. 그리스 전통 메뉴를 합리적인 가격에 즐길 수 있고, 다양한 그릴 메뉴도 맛볼 수 있다.

Data 지도 077p-L
가는 법 메트로 아크로폴리 역에서 도보 2분
주소 19~21 Makrygianni St. Acropolis, Athens
운영시간 12:00~24:00
요금 피스티씨오 11유로, 무사카 13유로, 케밥 14유로, 2인용 그릴 플레이트 41.9유로
전화 210-921-9994

위치로는 일등
이드리아 Ydria

아테네 관광을 하다 보면 한 번쯤은 이드리아 앞을 지나가게 된다. 로만 아고라와 플라카 쇼핑 지역 사이에 널찍한 테라스를 가지고 있다. 여유로운 실내 공간도 마련되어 있지만, 아테네의 햇살과 바람을 만끽할 수 있는 테라스 자리가 훨씬 좋다. 쌀, 다진 고기를 포도잎으로 싼 돌마에는 차지키 소스가 곁들여진다. 그릭 요거트에 스피어민트를 넣어 상큼함으로 무장한 차지키는 그냥 먹어도 맛있다. 파스티씨오는 라자냐와 비슷하다. 파스타, 으깬 감자, 다진 고기, 베샤멜 소스, 치즈가 주재료다. 웬만해서는 맛없기 힘들다. 안전한 메뉴이니 만끽해 보자. 몸이 나른한 오후, 커피나 와인 한잔하며 지나가는 사람 구경하기에도 좋다.

Data 지도 077p-C
가는 법 메트로 모나스티라키역에서 도보 7분
주소 68 Adrianou St. & Aiolou St. Plaka, Athens
운영시간 월~일 09:00~01:00
요금 미코노스 미트볼 튀김 12유로, 파스티씨오 11유로, 글래스 와인 5~7유로
전화 210-325-1619
홈페이지 www.ydria.gr

문턱 없는 호텔 레스토랑
피코크 레스토랑 Peacock Restaurant

피코크 레스토랑은 호텔 최고층에 있는 레스토랑이다. 최고층이 5층이다. 예상보다 낮은 층수만큼 가격의 벽도 낮다. 테이블에서 아크로폴리스가 정면으로 보인다는 것과 여름이면 통유리로 된 테라스 문을 활짝 열어 준다는 것이 큰 장점이다. 노을을 온몸으로 만끽하며 와인 한잔하기에 더없이 좋은 곳이다. 아직은 투숙객 이외 여행자들에게 널리 알려지지 않아 커피 한잔 앞에 두고 오래 앉아 있어도 눈치 볼 것 없는 귀한 곳이다. 음식의 양도 충분하고 가격은 착한 편이다. 주요리가 10유로 안팎이고, 가장 비싼 메뉴 중 하나인 소고기 탈리아타가 18유로다. 사프란을 넣은 리소토와 농어구이는 비싸기로 유명하지만 추천 메뉴.

Data 지도 077p-K
가는 법 메트로 아크로폴리역에서 도보 5분
주소 5F Hera Hotel, 9 Falirou St. Acropolis, Athens
요금 프로슈토 링귀니 13유로, 농어구이 16유로, 단호박 리소토 14유로
전화 210-923-6682
홈페이지 www.herahotel.gr

GREECE BY AREA 01
아테네

솜사탕 같은 구름과 건배를
모스트로우 Mostrou

모스트로우는 플라카 지역의 2층 건물 옥상에 있다. 주변에 있는 레스토랑과 카페들이 좀 더 나은 전망을 위해 골목 계단까지 침범하며 경쟁 중인데, 모스트로우는 여유만만이다. 아크로폴리스를 배경 삼고, 아테네의 전경을 볼 수 있는 명당을 차지했기 때문이다. 이곳에서는 뭉게구름과 눈높이가 맞춰지고, 리키비도스 언덕이 말 그대로 그림처럼 펼쳐진다. 햇살 좋은 날 맥주 한잔하기 딱 좋다. 구름 위에 둥둥 뜬 기분을 느끼는 건 시간문제. 맥주를 주문하면 영원한 짝꿍 감자칩을 무한대로 제공한다. 시원하게 프레도 라테를 마셔도 좋다. 조망이 좋다고 커피 가격에 거품을 올리지 않는 착한 가게다.

Data 지도 077p-G
가는 법 메트로 모나스티라키역에서 도보 8분
주소 22 Mnisikleous St. Plaka, Athens
운영시간 월,수 12:00~24:00 화,목 12:00~02:00, 금~일 11:00~02:00
요금 병맥주(500mL) 5유로, 프레도 카푸치노 2.5유로
전화 210-322-5558
홈페이지 www.mostrou.gr

아침부터 냠냠냠
에리스 카페 Eris Cafe

올 데이 다이닝 레스토랑이다. 무사카, 수블라키 같은 그리스 전통 메뉴부터 버거, 클럽 샌드위치, 스테이크 등 다양한 메뉴를 제공한다. 오전 9시부터 정오까지는 오믈렛 및 아메리칸 조식 메뉴를 먹을 수 있다. 옆 건물과의 사이 공간을 안뜰처럼 활용하는데, 은밀한 아지트 분위기가 나서 실내 공간보다 인기가 많다.

Data 지도 077p-H
가는 법 메트로 아크로폴리역에서 도보 5분
주소 1 Lysikratous St. Plaka, Athens
운영시간 09:00~24:00
요금 칼라마리 9.5유로, 소고기 버거 12유로, 로컬 병맥주(330mL) 4.5유로
전화 210-322-3102

느리게 호흡하기 좋은 곳
오이오노스 카페 Oionos Cafe

등나무 소파에 푹신한 녹색 쿠션. 몸을 파묻은 채 햇살을 만끽하기 안성맞춤이다. 추천 메뉴는 그릭 샐러드. 토마토, 오이, 올리브에 올리브유와 소금, 후추만 곁들여 각각의 맛을 최대한 살렸다. 어마어마한 크기의 페타치즈를 인심 좋게 올려주는 게 특징이다. 심지어 크루통도 큼지막하다. 무료로 제공되는 빵에 그릭 샐러드면 든든하고 건강한 한 끼가 된다.

Data 지도 077p-H
가는 법 메트로 아크로폴리역에서 도보 10분
주소 7 Aggelou Geronda St. &31 Kidathineon St. Athens
운영시간 08:00~02:00
요금 그릭 샐러드 6유로, 클럽 샌드위치 6.7유로
전화 210-322-3139

팬시해서 팬이 되는
루크마데스 Lukumades

루크마데스 전문점이니까 이름도 루크마데스. 간단명료하다. 그리스 전통 도넛인 루크마데스는 쫄깃한 반죽을 튀겨 꿀과 계핏가루를 뿌려 먹는 게 기본. 이곳에서는 밀크 초콜릿, 화이트 초콜릿, 견과류 파우더 등 토핑이 다양하다. 비싼 수제버거가 어울릴 것 같은 실내 장식에 루크마데스 튀기는 고소한 냄새와 진한 커피 향이 섞인다. 커피 코너 옆으로 난 창은 바처럼 팔을 괴고 앉아 시간 보내기에 딱 좋다.

Data 지도 077p-C
가는 법 메트로 모나스티라키역에서 도보 3분
주소 21 Aiolou St. & Agias Irinis St. Athens
운영시간 월~목 08:00~01:00, 금~토 08:00~02:00, 일 09:00~01:00
요금 루크마데스 오리지널 3.9유로, 루크마데스&초콜릿 4.9유로
전화 210-321-0880
홈페이지 www.lukumades.com

저도 참 좋아하는데요, 그릭 요거트
프레스코 요거트 바 Fresko Yogurt Bar

하드리안 아치에서 아크로폴리스로 향하는 길 초입에 있다. 산토리니가 떠오르는 흰색과 파란색으로 장식된 곳이다. 그릭 요거트는 라이트, 플레인, 그리고 쌀로 만든 크림이 추가된 리치 & 크림 이렇게 세 가지 종류다. 여기에 블랙 체리, 모과와 비슷한 퀸스, 오렌지, 만다린 등의 스푼스윗을 토핑해 준다. 스푼스윗은 과일 절임으로 잼과 유사하나 스푼으로 떠먹기 때문에 스푼스윗이라 부르는데, 그릭 요거트의 쌉싸름한 맛을 완화해 준다. 요거트 스무디도 좋다. 그릭 요거트에 스푼스윗과 얼음을 추가해 드르륵 갈면, 심장까지 쫀득하게 시원한 스무디가 된다.

Data 지도 077p-H
가는 법 메트로 아크로폴리 역에서 도보 2분
주소 3 Dionysiou Areopagitou St. Athens
운영시간 07:00~22:00
요금 그릭 요거트와 블랙 체리(S) 2.4유로, 아이스 요거트 스무디 4.5유로
전화 210-923-3760
홈페이지 www.freskoyogurtbar.gr

낸시 홈 스위트 홈
세르베토스피토 To Serbetospito Nancy's Sweethome

부인 낸시가 만든 디저트를 남편이 판매한다. 케이크는 물론 곁들여 내는 소스, 아이스크림까지 모두 다 낸시가 직접 만든다. 세르베토스피토는 좁은 골목과 골목이 만나며 생긴 프시리Psyrri 광장에 있다. 진열대에는 무심하다 싶을 정도로 네모난 오븐용 팬만 가득 차 있다. 허리를 굽혀 자세히 들여다보면 '심봤다'라는 소리가 새어 나온다. 알차다. 재료도 정성도 모두 넘치게 쓰였다. 낸시의 스위트 홈, 러브 케이크, 웨딩 케이크 등 메뉴명도 달달하다. 대부분의 케이크는 아이스크림이나 따뜻한 초콜릿 크림을 추가할 수 있다. 러브 케이크에는 아이스크림, 그것도 그리스에서만 먹을 수 있는 마스틱Mastic 맛 아이스크림을 곁들여 보자. 꿀보다 달콤하고 인절미보다 쫀득한 것이 낸시 아이스크림의 특징이다.

Data 지도 077p-C
가는 법 메트로 모나스티라키 역에서 도보 6분
주소 1 Plateia Heroes & Karaiskaki St. Athens
운영시간 08:30~02:30
요금 러브 케이크 4유로, 러브 케이크 & 아이스크림 7유로
전화 210-321-1323

|Theme|
아테네에서 맛보는 별미 프로즌 요거트

프로즌 요거트Frozen Yogurt는 요거트 아이스크림을 말한다. 아테네에서는 프로즌 요거트가 대부분 D.I.Y 방식이다. 기계에서 직접 아이스크림을 담는다. 소프트 아이스크림 기계와 비슷하게 생겼다. 아이스크림의 종류는 플레인, 바닐라, 초콜릿 등 보통 4~6가지다. 토핑도 취향대로 양껏 담고, 전체 무게 당 금액으로 계산하면 된다. 지금도 아테네에는 프로즌 요거트가 유명하다. 크레페Crepe를 같은 공간에서 판매하기도 한다. 아크로폴리스, 플라카, 모나스티라키 지역에는 프로즌 요거트 집이 밀집해 있다.

그리스의 유명한 그릭 요거트와 프로즌 요거트란?

장수의 나라로 알려진 그리스에는 유명한 음식들이 많지만, 요거트는 특히 더 유명하다. 그리스를 비롯한 지중해 연안 지역에서 전통 방식으로 만들어 먹던 요거트를 '그릭 요거트Greek yogurt'라고 한다. 건강한 원유를 사용하며 인공 첨가물 없이 만든 그릭 요거트는 건강식품으로 소문나 세계적으로도 유명하다. 그리스 전통 방식으로 만든 그릭 요거트는 일반 요거트보다 식감이 단단하고 맛이 진한데, 이는 원유를 오래 끓여 농축시킨 다음 유산균을 넣어 일정한 온도에 맞춰 수분을 제거해 가면서 발효시키기 때문이다. 이런 방법이 그리스 일반 가정에서 주로 쓰는 방법이라고 한다.

프로즌 요거트는 요구르트(요거트)로 만든 냉동 디저트다. 미국에서부터 시작되어 지금은 전 세계에서 흔히 볼 수 있는 디저트가 되었다. 요거트와 아이스크림의 특성을 다 가지고 있지만, 소프트 아이스크림과는 다르다. 셔벗(과즙을 넣은 아이스크림)과 아이스크림을 합쳐 놓은 맛이 난다. 크림이 아니라 우유를 사용해 만들기 때문에 지방이 훨씬 적다. 요거트 위에 여러 가지 토핑을 골라 얹어 먹는데, 토핑이 많게는 60가지가 넘는 곳도 있다. 망고나 딸기, 키위, 석류나 베리류 등 신선한 과일과 비스킷, 쿠키 등 다양한 토핑이 있어 선택의 폭이 넓다. 물론 많은 종류의 토핑은 늘 선택을 어렵게 만들지만, 행복한 고민이라고 생각하자. 그리스의 더운 날씨에 유적지를 돌아보고 나와 맛보는 프로즌 요거트는 맛과 건강, 행복한 여행의 시간을 모두 만족하게 해 주는 탁월한 선택이 된다.

핫핑크로 핫해졌다
칠박스 Chillbox

많은 사람들이 핫핑크색 작은 상자를 들고 다니는 걸 볼 수 있다. 그런데 사람들이 상자에 스푼을 넣더니 뭔가를 떠먹는다? 이들은 지금 프로즌 요거트를 먹는 중이다. 칠박스의 프로즌 요거트는 놀랄 만한 맛은 아니다. 하지만 패키지는 놀랄 만하다. 아이스크림을 플라스틱 용기에 담고, 그 용기를 다시 핫핑크색 상자에 넣어준다. 그래서 얼핏 보면 상자에서 무언가를 떠먹는 것처럼 보인다. 이 패키지로 칠박스는 프로즌 요거트계의 패셔니스타가 됐고, 핫핑크색 상자는 인증샷을 부르는 아이템이 됐다. 칠박스는 가게 내부도 외부도 핫핑크색으로 장식되어 있다. 또 가게 앞에 앉은 사람들도 하나같이 핫핑크색 상자에서 아이스크림을 떠먹고 있어, 매장을 못 찾고 지나치기 어렵다.

Data 지도 077p-D
가는 법 메트로 모나스티라키역에서 도보 7분
주소 2 Evangelistrias St. Athens
운영시간 일~목 09:00~23:00, 금 09:00~24:00, 토 10:00~24:00
요금 100g당 1.8유로
전화 213-024-0988
홈페이지 www.chillbox.gr

|Theme|
그리스 국민간식 수블라키 열전!

수블라키Souvlaki는 그리스의 김밥이다. 한 끼 식사도 되고 간식도 된다. 아침, 점심, 저녁, 시도 때도 없이 먹을 수 있다. 테이블에 앉아 먹기도 하지만 급할 땐 서서 후다닥 먹는다. 심지어 걸어 다니며 먹기도 한다. 남녀노소 다 좋아하는 그리스 국민간식이다. 수블라키는 고기 꼬치(다진 것이나 사각형 조각), 얇은 빵(피타Pita), 프렌치프라이, 채소(양상추, 토마토, 양파), 소스(주로 요거트나 겨자 소스)로 만든다. 가격은 3유로 내외. 테이크아웃하면 2유로 정도 한다.

한국 관광객에게 넘버원
타나시스 Thanasis

한국인들에게 가장 인기 있는 수블라키 집. 계산대 옆에 한국 화폐 액자가 있을 정도. 1966년 지금의 자리에서 영업을 시작했다. 수블라키 샌드위치도 평균 이상이지만, 타나시스에서 반드시 맛봐야 하는 건 요거트 수블라키다. 피타, 고기, 프렌치프라이 등 수블라키의 기본 재료를 접시에 담고, 그 위에 요거트 소스를 뿌린 메뉴다. 그릭 요거트의 고소하고 깊은 맛이 제대로 난다. 그리스의 대표 먹거리 수블라키와 요거트를 동시에 먹을 수 있으니, 일석이조 메뉴. 우리에게 알려진 그릭 요거트보다 훨씬 묵직하고 신맛이 덜하다. 맛있다고 처음부터 요거트 소스를 듬뿍듬뿍 찍어 먹으면 느끼할 수 있으니 유의하자.

Data 지도 077p-C
가는 법 메트로 모나스티라키역에서 도보 2분
주소 69 Mitropoleos St. Athens
운영시간 월~일 10:00~02:00
요금 요거트 수블라키 9.9유로, 비프 수블라키(플레이트) 11.5유로, 양고기 수블라키 3유로
(샌드위치, 테이크아웃)
전화 210-324-4705

마약 수블라키라 칭하노라
사바스 Savvas

가게 면적이 어마어마한데, 손님의 수도 어마어마하다. 아침 9시에 문을 열어 클럽도 아니면서 다음날 새벽 2시까지 영업한다. 하지만 자리를 쉽게 차지할 수 있는 건 이른 오전 잠시뿐. 4대째 이렇게 장사를 해오고 있다. 주문이 들어가면 고기를 익히기 시작한다. 육즙이 살아있다. 피타는 아테네 최고다. 찹쌀을 넣었을 리 만무한데, 쫀득거리고 폭신하다. 테이크아웃 코너가 따로 있어 대로변 쪽에서 바로 주문할 수 있고, 쾌적한 실내에서 평화롭게 식사할 수도 있다. 4층짜리 건물 옥상에는 루프 가든이 있다. 아크로폴리스가 바로 보인다. 아테네에서 수블라키를 가장 고급스럽고 로맨틱한 환경에서 먹을 수 있는 곳이다. 바빠도 친절하며 서비스도 만점이다. '마약 수블라키'라 불러도 좋다.

Data 지도 077p-C
가는 법 메트로 모나스티라키 역에서 도보 3분
주소 91 Ermou St. Athens
운영시간 09:00~02:00
요금 오리엔탈 수블라키 9.5유로, 송아지 수블라키 11유로, 사바스 치킨 케밥 7.5유로
전화 210-321-1167
홈페이지 www.savvas-restaurant.com

GREECE BY AREA 01
아테네

손님을 공손하게 만드는 수블라키계의 숨은 고수
코스타스 수블라키 | Kosta's Souvlaki

작은 간판은 그나마 나무에 가려 잘 보이지도 않는다. 그런데도 문턱이 닳도록 사람들이 들락거린다. 순서를 기다리는 공간은 하도 좁아 손님들이 공손해진다. 두 손을 앞으로 모으고 있다는 얘기. 착한 어린이처럼 기다렸다가 순서가 되면 사장님께 비프, 포크 중 한 가지를 말한다. 메뉴는 두 가지뿐이니까. 눈앞에서 고기를 구워 알루미늄 접시에 턱 올려준다. 또다시 공손하게 두 손으로 받아 나온다. 맛을 보면 그럴 만한 가치가 있다. 수십 년간의 내공으로 반죽해 구운 고기와 마성의 토마토 소스가 촉촉하고 감칠맛 나는 수블라키를 만든다. 묽은 소스라 먹을 때 국물을 뚝뚝 흘리게 되는 것이 단점. 오후 5시면 문을 닫고, 국경일은 어김없이 쉬니 유의할 것.

Data 지도 077p-C
가는 법 메트로 모나스티라키 역에서 도보 5분
주소 2 Plateia Agia Irinis, Monastiraki, Athens
운영시간 월~토 10:00~18:00 (일 휴무)
요금 비프 수블라키 2.3유로, 포크 수블라키 2.3유로, 맥주(330ml) 1.7유로
전화 210-322-8502

깔끔하게 한 끼
오 기로스 뿌 기레비스 O Gyros Pou Gyreveis

메트로 아크로폴리역 앞에 있다. 아크로폴리스 박물관을 보기 전이나 아크로폴리스를 둘러보고 출출할 때 가기 좋다. 주방 내부가 한눈에 보이니 청결하게 관리하는 건 기본. 서비스도 깔끔하다. 양파를 넣어도 되는지, 소스는 어느 정도 넣을지를 물어본다.

Data 지도 077P-L
가는 법 메트로 아크로폴리역에서 도보 2분
주소 1 Ath. Diakou St. Athens 운영시간 11:00~24:00
요금 비프 수블라키 샌드위치 2.3 유로, 포크 수블라키 샌드위치 2.1유로, 맥주(330mL) 1.6유로 전화 210-922-0902

Tip 수블라키에 대한 오해와 진실

커다란 고기를 걸어놓고 종이처럼 얇게 썰어 피타와 먹는 것은 기로스Gyros다. 우리가 튀르키예 케밥으로 알고 있는 그것이다. 수블라키와의 차이는 고기다. 수블라키는 꼬치에 끼워 구운 고기를 쓴다. 즉, 꼬치에 끼워 구운 것이냐, 통으로 구운 것을 얇게 썰어 사용하느냐다. 비슷하면서도 다른 메뉴다. 하물며 그리스에서도 혼용될 때가 있다. 또 한가지, 피타에 돌돌 말린 수블라키를 상상하고 주문했는데, 널찍한 접시에 피타 따로, 고기 따로, 채소 따로 나온다면? 그것도 수블라키다. 손에 들고 먹을 수 있도록 피타에 싸여 있는 것을 원한다면 '수블라키 샌드위치'라고 말해야 한다. 접시에 제대로 된 요리처럼 제공되는 수블라키는 물론 수블라키 샌드위치보다 훨씬 비싸고 양도 많다.

신타그마 · 콜로나키

SYNTAGMA · KOLONAKI
ΣΥΝΤΑΓΜΑ · ΚΟΛΩΝΑΚΙ

아테네의 심장은 신타그마다. 국회의사당과 대통령궁이 있어 국민의 시선이 집중된다. 또한 교통의 요충지라 아테네 시민은 물론 여행자의 발걸음이 모이는 곳이다. 국회의사당과 대통령궁에서 진행되는 근위대 교대식은 놓쳐서는 안 될 볼거리. 신타그마 광장은 고급 호텔들이 둘러싸고 있고, 주변 골목에는 새로운 식당들이 재빠르게 둥지를 튼다. 어떤 음식이 유행인지 궁금하면 신타그마 광장 근처를 한 바퀴 돌아보면 된다. 아름다운 석양을 보려면 리카비토스 언덕 위로 가고, 아테네의 패셔니스타를 만나려면 리카비토스 언덕 아래 콜로나키로 가면 된다. 신타그마 광장에서 시작된 쇼핑은 아테네의 청담동으로 불리는 콜로나키에서 정점을 찍는다. 쇼핑의 거리가 끝나면 으리으리한 신고전주의 건축물 행렬이 이어진다. 신타그마와 콜로나키는 보면 볼수록 팔색조의 매력을 가진 곳이다.

신들의 왕은 어떤 집에 살까
올림피아 제우스 신전 & 하드리안 아치 Temple of Olympian Zeus & Hadrian's Arch

올림피아 제우스 신전은 그리스 신전 중 최대 규모이며, 코린트식 기둥으로 지은 최초의 대규모 신전이다. 신들의 왕, 제우스의 집이다. BC 6세기, 지배자 피시스트라우스Pisistraus가 짓기 시작했다. 그의 사망 이후에 이런저런 이유로 공사와 중단을 반복, 결국 약 700년 후인 131년에 완공되었다. 당시에는 높이 17m, 지름 2m의 기둥 104개였다. 현재는 16개만 남아 있고, 그중 하나는 1852년 강풍으로 쓰러진 채 보존되고 있다. 그런데도 올림피아 제우스 신전의 웅장함은 아크로폴리스 파르테논 신전에서 내려다봤을 때도 느껴진다. 아테네 시내 전경을 보다가 올림피아 제우스 신전을 보게 되면 그 카리스마에 눈길이 오래 머물게 된다. 기둥 16개만으로도 압도적인 웅장함을 자랑하는데, 완공 당시는 그야말로 어마어마했으리라. 이 대단한 신전을 완공한 것은 로마 황제 하드리안이다. 그를 기념하며 제우스 신전 서쪽에 커다란 아치를 세웠는데 이것이 바로 하드리안 아치다. 아치는 18m 높이에 폭은 13m다. 아치의 양쪽 면에는 각기 다른 문구가 새겨져 있다. 북서쪽에는 '아테네, 오래된 테세우스의 도시', 남동쪽에는 '테세우스의 도시가 아니라 하드리안의 도시'라고 적혀 있다. 하드리안 아치는 아테네의 구도시와 신도시, 다른 관점에서 보면 그리스인의 마을과 로마인의 마을을 구분 짓는 문이었다.

Data 지도 073P-K
가는 법 메트로 신타그마 역에서 도보 15분
주소 Vasilissis Amalias St. &Vasilissis Olgas St. Athens
운영시간 08:00~15:00 (동절기 기준)
요금 6유로(학생 3유로), 아크로폴리스 패스 사용 가능, 하드리안 아치는 무료
전화 210-322-4625

우아함을 느껴봐
국립정원 National Gardens

국회의사당과 파나티나이코 경기장 사이에 있다. 국회의사당 건물이 예전에는 궁전이었고, 국립정원은 궁원이었다. 1838년 아말리아Amalia 여왕의 지시로 짓기 시작해 2년 만에 완공됐다. 미국 소설가 헨리 밀러는 국립정원을 '한 번도 본 적 없는 완벽한 정원이다. 간절히 꿈꿨으나 결코 발견하지 못했던 그런 곳'이라고 표현했다. 이 아름다운 공원은 아테네 시민들에게 인기 있는 만남의 장소이며 피크닉, 조깅 코스다. 특히 우거진 나무 아래 벤치가 잘 관리되어 있다. 한여름 뙤약볕에 지치면 잠시 들러 쉬기에 안성맞춤이다. 공원 남쪽에는 놀이터가 있어 어린이를 동반한 가족이 시간 보내기에 좋다.

Data 지도 073P-G
가는 법 메트로 신타그마 역에서 도보 2분
주소 1 Vasilissis Amalias St. Athens
운영시간 일출~일몰 30분 전
요금 무료
전화 210-721-5019

중요한 행사는 이곳에서
자피온 Zappeion

국제회의장과 전시장으로 사용되는 건물이다. 덴마크 건축가 테오필 한젠Theophil Hansen의 디자인으로 1874년~1888년에 지어졌다. 노란색 건물, 장중하게 입구를 버티고 있는 8개의 기둥이 시선을 사로잡는다. 제1회 근대올림픽 당시 펜싱 경기장으로 쓰였고, 2004년 아테네 올림픽 때는 프레스센터로 사용되기도 했다. 이 건물은 자피온 정원에 둘러싸여 있다. 국립정원과 더불어 아테네를 푸르게 만드는 데 한몫하고 있다. 근대 올림픽 경기장까지 연결되는 자피온 정원에는 조각상이 많은 것이 특징인데, 지역 발전에 이바지한 이오안니스 바바키스Ioannis Varvakis, 그리스 독립운동가 조르지오 카라이스카키스Georgio Karaiskakis 등이 있다.

Data 지도 073P-K
가는 법 메트로 신타그마 역에서 도보 10분
주소 Vasilissis Amalias St. & Vasilissis Olgas St. Athens
전화 210-322-3509
홈페이지 www.zappeion.gr

교통, 정치만? 쇼핑까지 이곳에서
신타그마 광장 Plateia Syntagma

1843년 그리스 최초의 헌법이 공포된 곳이다. 신타그마는 헌법Constitution이라는 뜻. 국회의사당을 마주하고 있고, 북쪽에는 귀빈들의 호텔로 유명한 그랜드 브로타뉴, 킹 조지 호텔이 있다. 신타그마 광장은 교통의 요충지이기도 하다. 메트로 2호선과 3호선이 교차하고, 트램, 버스, 트롤리를 모두 탈 수 있다. 아테네 국제공항으로 가는 익스프레스 버스와 메트로 공항라인 탑승도 가능하다. 따라서 관광객이 신타그마 광장을 기치지 않고 아테네를 둘러보기란 쉽지 않다. 고급 백화점 아티카Attica, 명품 매장 파텍 필립과 까르띠에부터 여행 중 카메라나 전자기기가 고장 났을 때 달려가야 하는 퍼블릭Public 등 다양한 매장이 밀집해 있다. 서쪽 골목은 맛집이 빼곡히 채우고 있어 관광객뿐만 아니라 현지인들도 모여든다. 광장에서는 때로 침묵시위가 열리기도 하고, 스케이트 보더들의 작은 시합이 펼쳐지기도 한다. 중앙의 분수대 조명처럼 여러 가지 색을 가진 곳, 신타그마 광장이다. `Data` 지도 073p-G 가는 법 메트로 신타그마역

Talk 아테네의 비잔틴 교회

11~12세기는 비잔틴 예술의 황금기다. 아테네에 있는 교회 중 유명한 비잔틴 양식 교회들은 대부분 이즈음에 지어졌다. 바실레이오스 2세Emperor Basil II가 추진한 기독교 부흥 운동이 많은 영향을 미쳤다. 신타그마 광장에서 가까운 아이아 트리아다Agia Triada 교회가 대표적이다. 로마 가톨릭 수도원의 일부였던 것으로 1850년대 알렉산더 2세 황제가 보수했다. 러시아 정교회로 사용 중인데, 작지만 그 아름다움이 시선을 잡는다. 주변 호텔들은 아이아 트리아다 교회가 보이는 쪽 객실에 조금 더 높은 금액을 책정하기도 한다. 또 다른 대표 교회는 아이 테오도로이Agii Theodoroi 교회. 9세기에 지어져 11세기에 개보수 했다. 바로 앞에 메트로와 버스 정거장을 두고 있어, 주민들의 발걸음이 끊이지 않는 곳이다. 마지막으로 눈여겨보아야 할 곳은 아이아 아이카테리니Agia Aikaterini 교회다. 우거진 종려나무를 베일 삼아 숨은 듯 자리해 있다. 하드리안 아치와 리시크라테스 기념비 중간쯤에 있다.

아이아 트리아다 교회 지도 073p-G   **아이 테오도로이 교회** 지도 072p-F   **아이아 아이카테리니 교회** 지도 072p-J

아테네

런던 버킹엄 부럽지 않은
국회의사당과 근위병 교대식 Hellenic Parliament & Changing of the Guard

국회의사당은 신타그마 광장 건너편에 있다. 아테네 중심에 위치해 있어 오다가다 둘러보기에 좋다. 신고전적 건물도 멋스럽다. 하지만 이곳이 관광객들의 인기를 끄는 진짜 이유는 따로 있다. 바로 대통령 근위대의 교대식 때문이다. 근위병은 2인 1팀으로 하루 24시간 이곳을 지키는데 매시 정각 팀을 교체한다. 게이트라 불리는 근위병들의 동작은 매우 독특하다. 팔을 어깨 위로 뻗고 다리를 한껏 앞으로 올린다. 한참을 멈춘 상태로 있다가 천천히 내린다. 느리게 움직이다 또다시 멈춘다. 보는 이의 숨이 넘어갈 때쯤 되면 절도 있는 동작으로 바뀐다. 팀을 이루는 2명은 서로를 쳐다보지도 않고, 신호도 없는데 모든 동작을 똑같이 한다. 근위병으로 선발되면 팀을 정하고 6개월 특별훈련을 통해 호흡을 맞춘다. 이후에도 정기적으로 훈련을 받아 거울처럼 움직이는 팀워크를 자랑하게 된다. 혹시라도 파트너가 아파 근무할 수 없을 때는 다른 한 명도 근무 불가다. 근위병의 복장은 19세기 초 그리스 독립군들의 옷과 신발에서 유래된 것이다. 근위병 교대식은 무명용사의 묘를 배경으로 이루어진다. 그리스 독립 전쟁을 비롯 세계의 수많은 전쟁에서 희생된 무명용사들을 기리기 위해 세워진 곳이다. 벽 한쪽에는 한국전쟁 참전을 기념, 그리스어로 KOPEA(Korea)가 새겨져 있다.

Data 지도 073p-G
가는 법 신타그마 광장에서 도보 1분
주소 Parliament building, Plateia Syntagma, Syntagma, Athens
전화 210-370-7000
홈페이지 www.parliament.gr

|Theme|
바실리시스 소피아스 대로의 박물관 4

신타그마 광장Plateia Syntagma에서 콜로나키Kolonaki까지 이어지는 대로를 바실리시스 소피아스Vasilissis Sofias라고 부른다. 이 대로변에는 좌우로 아테네를 대표하는 박물관들이 있다. 리카비토스 언덕Lykavittos Hill이나 파나티나이코 경기장을 둘러보는 날, 동선과 취향을 고려해 박물관 한두 곳을 방문해 보자.

섬에서는 무슨 일이?
키클라데스 박물관 Museum of Cycladic Art

키클라데스는 에게해의 델로스섬을 중심으로 원을 이루는 섬들을 뜻한다. 산토리니, 델로스, 낙소스 등이 여기에 포함되며, BC 2000년 전까지 독특한 문명을 만들었다. 키클라데스 박물관은 돌리 굴란드리스Dolly Goulandris가 수집한 키클라데스 유물들을 전시하기 위해 설립됐다. 1986년 개관 이후, 신규 수집품 및 기부 작품들을 지속해서 수용하기 위해 규모가 확장됐다. 박물관의 로고인 '굴란드리스 마스터Goulandris Master'는 키클라데스 예술을 대표하는 조각상에 그 기원이 있다. 간단한 묘사와 과감한 생략이 특징. 단순함으로 인간을 얼마나 세련되게 묘사할 수 있는지 보여준다. 밑으로 내려올수록 두꺼워지는 목, 가파르게 떨어지는 어깨선, 팔짱을 끼고 있는 자세 등을 눈여겨보자. 조각상 대부분은 여성상이다. 남성상은 매우 희귀한데 하프나 피리를 연주하고 있는 것이 다수다. 키클라데스 박물관은 좁은 7층 건물이다. 엘리베이터를 타고 7층으로 올라가 내려오면서 전시를 보는 것도 방법이다.

Data 지도 073p-G
가는 법 메트로 에반젤리스모스 역에서 도보 5분
주소 4 Neophytou Douka St. Athens
운영시간 월·수·금·토 10:00~17:00, 목 10:00~20:00, 일 11:00~17:00 화요일 휴관
요금 12유로, 65세 이상, 학생, 19~26세 9유로
전화 210-722-8321
홈페이지 www.cycladic.gr

왕 부럽지 않은 수집품
베나키 박물관 Benaki Museum

부호 안토니스 베나키스Antonis Benakis의 수집품을 볼 수 있는 박물관이다. 아무리 다른 기부자들까지 힘을 보탰다 하더라도 개인 박물관이 대단해 봤자 얼마나 대단하겠나 싶지만, 직접 가 보면 입이 쩍 벌어진다. 선사시대부터 중국, 이슬람 예술까지 4만 점의 작품이 전시되어 있다. 박물관 많은 아테네에서 현지인들도 이곳을 베스트 3 중 하나로 뽑는다. 그리스는 독립 이후 도시발전과 국민 계몽이 빠른 속도로 이루어졌는데, 안토니스 베나키는 그리스 국민이 다양한 문화와 역사를 배울 수 있게 하고자 1931년 개인 소장품을 기부해 박물관을 만들었다. 목요일과 토요일은 자정까지 관람할 수 있는데, 심지어 목요일은 무료다. 목요일 저녁 식사 후 박물관 산책 일정이 가능하다면 최상의 일정이다.

Data 지도 073p-G
가는 법 메트로 신타그마 역에서 도보 10분
주소 1 Koumpari St. & Vasilissis Sofias Ave. Athens
운영시간 월,수,금,토 10:00~18:00, 목 10:00~24:00, 일 10:00~16:00(화 휴관)
요금 12유로, 학생 9유로, 매주 목 18:00~24:00 무료
전화 210-367-1000
홈페이지 www.benaki.gr

퇴역 전투기들이 맞이하는
전쟁박물관 War Museum

그리스 정부가 1975년 국가를 위해 희생한 사람들을 기리기 위해 세운 박물관이다. 현역에서 은퇴한 해군의 무기, 공군의 전투기들이 입구에 배치되었다. 이 무기들은 방문자들의 사진 세례를 받으며 제2의 전성기를 누리고 있다. 위엄이 느껴지는 건물 안으로 들어가면 지하 1층부터 1층 공간에 시대별로 전쟁 관련 자료들이 전시되어 있다. 석기시대부터 2차 세계대전까지의 무기, 전투복은 물론 사진과 회화도 있다. 특히 가족을 전쟁터로 보낼 수밖에 없었고, 전쟁의 후유증으로 어려운 시간을 보내야 했던 시민들의 사진이 인상적이다. 조각상 대부분은 위조품이다. 장엄하기까지 한 박물관의 겉모습에 비해 전시물 구성이 다소 실망스러운 편이다.

Data 지도 073p-H
가는 법 메트로 에반젤리스모스 역에서 도보 2분
주소 2 Rizari St. Athens
운영시간 화~일 09:00~17:00
요금 6유로, 65세 이상 3유로, 18세 이하 3유로
전화 210-725-2974
홈페이지 www.warmuseum.gr

기독교의 그리스 정착기

비잔틴 & 기독교 박물관 Byzantine & Christian Museum

프랑스 공작부인의 저택이었던 건물이 박물관으로 변신한 곳이다. 비밀 통로 같은 아치형 복도를 지나면 안뜰, 그곳을 가로질러 본채로 들어간다. 박물관은 크지 않지만 2층에서 아래층을 한눈에 볼 수 있도록 중앙이 뻥 뚫린 형태. 1914년에 개관했고, 2004년 아테네 올림픽에 맞춰 개보수했다. 초기 교회 건물의 아름다운 모자이크 바닥, 성상이 주인공인 회화, 동방정교와 속세 문화와의 융화 등을 볼 수 있다. 전시품은 약 25,000점으로 큰 규모는 아니지만, 안내서 없이도 눈에 쏙쏙 들어오게 전시되어 있다. 저택의 별관에는 일리씨아 카페가 있어, 관람 후 간단히 샌드위치나 커피 한잔하며 쉬어가기 좋나.

Data 지도 073p-H
가는 법 메트로 에반젤리스모스 역에서 도보 4분
주소 22 Vasilissis Sofias Ave. Athens
운영시간 수~월 08:30~15:30 (화 휴관) 요금 8유로, 학생 4유로, 18세 이하 무료
전화 213-213-9500
홈페이지 www.byzantinemuseum.gr

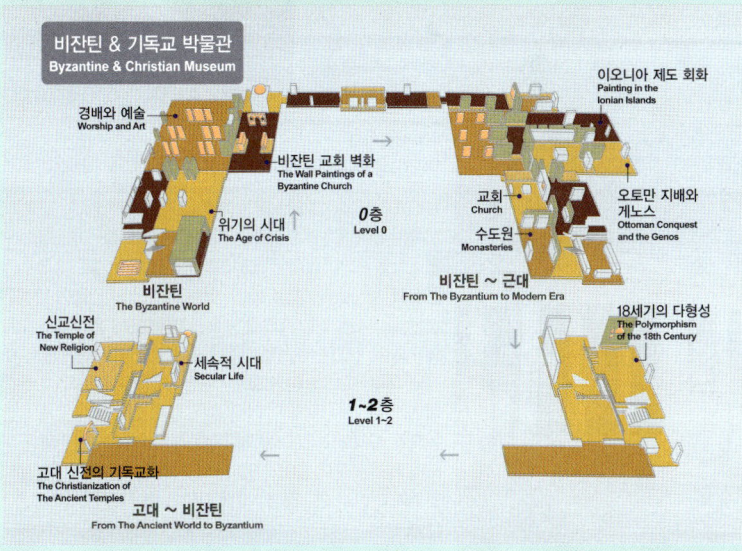

아테네

|Theme|
메트로 파네피스티미오역 근처, 책들의 향연

파네피스티미오Panepistimio역 주변에는 형제처럼 닮은 건물 3개가 있는데 바로 그리스 국립 도서관, 아테네 대학교, 아테네 아카데미이다. 도서관과 아카데미는 덴마크의 건축가 테오필 한센Theophil Hansen, 대학교는 테오필의 형인 크리스티안 한센Christian Hansen의 작품이다. 테오필 한센은 자피온, 아테네 천문대, 그랜드 브로타뉴 호텔을 디자인했다.

잠시 현지인처럼
그리스 국립 도서관 National Library of Greece

1903년에 완공된 신고전주의 건축물이다. 테오필 한센이 설계했으나 그는 완공 전인 1891년에 사망했다. 옆에 있는 아테네 대학이나 아테네 아카데미와 비교하면 작고 단순해 보인다. 이 건물은 발리아노스 가문의 후원으로 지어졌고, 파나기스 발리아노스의 동상이 도서관 입구에 있다. 소용돌이 모양의 계단을 올라가 보자. 무게감이 느껴지는 문을 열면, 높은 천장에 닿은 책장, 숨소리도 죽여가며 책을 읽고 있는 아테네인들이 눈에 들어온다. 도서관에는 230만 장서가 있으며, 9~19세기 그리스 고서 4,500권도 있다. 현재 증가하는 장서에 비해 보관 장소가 협소하여 팔레론만Phaleron Bay으로 이전을 진행 중이다. 현재의 자리는 도서관 일부로 계속 사용될 예정이다.

Data 지도 073p-C **가는 법** 메트로 파네피스티미오역에서 도보 4분 **주소** 32 Panepistimiou St. Athens **운영시간** 월~금 09:00~16:00 (토,일 휴관) **요금** 무료 **전화** 210-338-2601 **홈페이지** www.nlg.gr

※그리스 국립 도서관 내부는 촬영금지이나 도서관측의 협조로 진행함.

최고령 대학교
아테네 대학교 University of Athens

1837년 설립된 그리스에서 가장 오래된 대학교다. 개교 당시에는 주택을 대학 건물로 사용했다. 하지만 이내 장소의 협소함을 느껴 1839년 크리스티안 한센의 설계로 대학 건물 공사를 시작했다. 지금 볼 수 있는 H 모양의 건물이 완공된 것은 1864년이다. 그리스는 독립 이후 초대 왕이었던 오토의 지시로 신고전주의적 건축물들이 앞다투어 지어졌다. 아테네 대학, 아테네 아카데미, 그리스 국립 도서관도 그 흐름에 부응한 건축물이다. 이 건물은 현재 아테네 대학교의 본관으로 사용되고 있으며, 대학생들이 수업을 받는 건물은 아테네 시내 곳곳에 흩어져 있다. 이곳에서는 밤새 학생 밴드의 연주가 이어지기도 하고, 작은 시위가 벌어지기도 한다.

Data 지도 073p-G **가는 법** 메트로 파네피스티미오역에서 도보 2분 **주소** 30 Panepistimiou St. Athens **홈페이지** www.uoa.gr

아테나와 아폴론이 지키는 최고의 학문연구기관
아테네 아카데미 Academy of Athens

아테네 아카데미 입구에는 제자 플라톤, 스승 소크라테스 동상이 나란히 서 있다. 수문장 같은 이들을 지나 계단을 올라가면 학술원이 나온다. 건물은 이오니아식 기둥 6개가 2중으로 건물을 떠받들고 있다. 페디먼트에는 아테나 탄생을 이야기하는 조각이 새겨져 있다. 건물의 우측에는 방패와 창을 든 지혜의 여신 아테나, 좌측에는 하프를 든 음악의 신 아폴론의 기둥이 있다. 이 건물은 그리스 최고의 학문연구기관, 그리스 아카데미의 본관이다. 과학, 인문학, 순수 예술, 정치학의 연구 및 조사를 기본 목적으로 한다. 테오필 한센이 설계했고, 신고전주의 건축물의 걸작이라 칭송받는다. 유난히 깔끔한 외관이 인상적인데, 자세히 올려다보면 아크로테리움이라 불리는 지붕 부분에 촘촘하게 침이 꽂혀 있다. 이것은 비둘기가 접근하지 못하도록 한 것이다.

Data 지도 073p-G 가는 법 메트로 파네피스티미오역에서 도보 3분
주소 28 Panepistimiou St. Athens
홈페이지 www.academyofathens.gr

아테네의 청담동
콜로나키 Kolonaki

뒤로 리카비토스 언덕을, 앞으로는 바실리시스 소피아스 대로 Vasilissis Sofias를 두고 있는 지역이다. 배산임수의 명당자리다. 그래서인지 돈 많고 유명한 사람들의 주거지로 유명하다. 아테네 사람들은 이곳을 귀족동네 Aristocratic Neighbourhood라 부르기도 한다. 콜로나키는 작은 기둥이라는 뜻인데, 콜로나키 광장 가운데 있는 작은 기둥이 그 주인공이다. 이곳은 1880년대 이후 급속히 발전했다. 그 때문에 주변의 공원과 빌딩들이 신고전주의 혹은 현대주의 건축 양식 옷을 입고 있다. 콜로나키 광장 동편에서부터 명품 매장과 핫한 디자이너 매장의 행렬이 시작된다. 조금 럭셔리한 기념품으로 좋은 그리스 디자이너의 소품과 문구류 매장도 있다. 행렬은 바실리시스 소피아스 대로를 따라 쭉 연결되고, 아티카 백화점이 그 종착역이다. 콜로나키 광장을 중심으로 카페, 바, 고급 레스토랑들이 도열해 있다. 원두를 직접 로스팅 하는 카페에서 커피 한잔하는 여유를 놓치지 말 것. **Data** 콜로나키 광장 지도 073p-G

제1회 근대 올림픽이 열렸던 곳
파나티나이코 경기장 Panathenaic Stadium

BC 4세기, 아테나 여신에게 바치는 파나테나이아 제전이 열렸던 곳이다. 이 경기장은 아크로폴리스의 헤로데스 아티쿠스 음악당을 지은 헤로데스 아티쿠스가 대리석으로 재건했다. AD 2세기의 일이다. 언덕의 경사를 그대로 관중석으로 사용하고, 그 공간을 대리석으로 채웠다. 세계 유일한 럭셔리 관중석이다. 등받이가 있는 관중석은 귀족용인데, 같은 칸에 앉은 사람들의 표를 사 주며 노블레스 오블리주를 실행했다고 한다. 맨 앞 좌석은 어깨 높이에 맞춰 만들었는데, 트랙과 좌석 사이에 있는 통로로 사람이 걸어 다녀도 맨 앞좌석 관객이 전혀 방해받지 않도록 한 똑똑한 설계다. 1896년 제1회 근대 올림픽이 이곳에서 개최되었다. 그래서 이곳을 근대 올림픽 경기장이라고 부르기도 하는데 공식 명칭은 파나티나이코 경기장이다. 과거 선수들의 휴식 장소는 지금 올림픽 박물관으로 탈바꿈했다. 이곳에서는 2,300년이 넘는 그리스 역사와 경기장의 변천사를 볼 수 있다. 또 올림픽 개최지와 포스터도 볼 수 있다. 국경일을 제외하고 오전(07:30~09:00)에는 트랙에서 조깅이 가능하다. 여유 있는 여행 중이라면 꼭 한번 도전해 보자. 역사적인 올림픽 스타디움에서 아침 조깅이라니. 멋지지 아니한가. 꽃할배처럼 일행과 달리기 시합을 해 보는 것도 좋겠다. 오디오 가이드가 무료로 제공된다.

Data 지도 073p-K
가는 법 메트로 아크로폴리 역에서 도보 15분
주소 Vasileos Konstantinou Ave. Athens
운영시간 월~일 08:00~19:00
요금 10유로, 65세 이상 5유로, 6세 이하 무료
전화 210-752-2984
홈페이지 www.panathenaicstadium.gr

안 가 보면 섭섭한 곳
리카비토스 언덕 Lykavittos Hill

서울에는 남산, 홍콩에는 빅토리아 피크, 그리고 아테네에는 리카비토스 언덕이 있다. 모두 도시를 한눈에 내려다보기 가장 좋은 곳이다. 야경은 두말하면 잔소리. 리카비토스 언덕은 재미있는 이야기를 가지고 있다. 아테나 여신이 아크로폴리스에 자신의 신전을 짓기 위해 펜텔리 산Mount Penteli에서 열심히 바위를 나르고 있었다. 그때 검은 새 두 마리를 통해 안 좋은 소식을 전해 들은 그녀는 깜짝 놀라 바위를 떨어뜨리고 말았다. 아테네 한가운데 떨어진 그 바위가 바로 리카비토스 언덕이다. 리카비토스는 '늑대들의 언덕'이라는 뜻이다. 언덕 주변에 무성한 소나무 숲이 늑대들의 서식지였기 때문이다. 리카비토스 언덕은 도보 또는 텔레페릭Teleferik(푸니쿨라Funicular 혹은 케이블카라고도 함)으로 올라갈 수 있다. 텔레페릭은 쉽고 빠른 방법이지만, 터널로 이동하기 때문에 바깥 경치를 볼 수 없어 아쉽다. 가장 좋은 방법은 텔레페릭을 타고 올라갔다가 걸어서 내려오는 것이다. 잘 정돈되어 있는 산책로를 따라 내려오며 아테네 시내를 다양한 각도에서 보는 재미가 쏠쏠하다. 소요 시간은 45분 정도. 언덕 정상에는 작고 하얀 아이오스 게오르기오스 교회와 카페, 레스토랑이 있다. 텔레페릭이 새벽 3시까지 운영하는 덕에 밤늦도록 로맨틱한 데이트를 즐기는 커플이나 야경을 안주 삼아 캔 맥주 마시는 사람들이 많다.

Data 지도 073p-D
가는 법 메트로 에반젤리스모스 역에서 텔레페릭 타는 곳까지 도보 15분 **운영시간** 24시간 (텔레페릭 운영시간 09:00~02:30, 30분 간격) **요금** 무료 (텔레페릭 왕복 10유로, 편도 7유로)

대통령과 수상이 머무는 곳
대통령궁과 수상 관저 Presidential Mansion & Maximou Mansion

대통령궁은 왕궁이었던 건물을 1897년 에른스트 질러Ernst Ziller가 현재의 모습으로 개축한 것이다. 공식적으로 대통령 관저가 된 것은 1974년부터다. 대통령궁은 관상목 140그루가 있는 25,000㎡ 정원에 둘러싸여 있는데, 내부를 관람할 수는 없다. 다만, 근위병 교대식을 볼 수 있다. 그리스는 국회의사당과 대통령궁을 24시간 근위병이 지키고 있는데, 이들의 교대식은 관광객들에게 흥미로운 볼거리가 된다. 국회의사당은 신타그마 광장을 둔 대로변에 있어 관광객으로 늘 붐빈다. 하지만 대통령궁은 광장에서 조금 떨어져 있어 상대적으로 관광객이 적다. 이 때문에 근위병 교대식을 좀 더 가까이에서 볼 수 있다. 2인 1조의 근위병은 30분마다 담당 초소 교대식을, 1시간마다 팀 교대식을 한다. 대통령궁 옆에는 수상 관저가 있다. 행정부와 내각 수장의 거처가 이렇게 나란히 있다 보니 취재진이 몰리고 도로가 차단되는 일이 잦다.

Data 지도 073p-G
가는 법 신타그마 광장에서 도보 15분
주소 Irodou Attikou St. Athens
홈페이지 www.presidency.gr

EAT

날씬한 여행을 위한 현명한 선택
아보카도 Avocado

여행에서 빠질 수 없는 것은 맛집 탐방이다. 새로운 음식을 먹는 것은 큰 즐거움이고, 이미 익숙한 음식도 여행 중에 먹으면 더 맛있는 법이다. 그러나 입과 배를 즐겁게 하다 보면 어느덧 허리춤이 답답하게 느껴지고, 큼지막한 티셔츠를 찾게 된다. 여기! 건강하고 날씬한 한 끼로 당신의 여행을 더욱 행복하게 해줄 식당이 있다. 이름도 건강하게 아보카도. 채식주의 레스토랑 & 카페다. 동물과 환경 보호에 관심 많은 이라지 씨와 부인 비비 씨가 운영한다. 작은 공간은 감각 있는 일러스트로 채워져 있다. 입구에서는 비트, 아사이 베리, 생강이 믹서에서 건강 주스로 변신하는 소리가 손님을 맞이한다. 양쪽 벽면을 채운 젠 스타일의 소품을 구경하며 2층으로 향해 보자. 그리스인들이 신발 벗고 방석 위에 앉아 식사하는 모습을 목격하게 될 것이다. 채식주의 레스토랑이라 맛이 없으면 어쩌나 하는 걱정은 신발 벗을 때 함께 벗어 놓자. 직접 운영하는 농장에서 대부분의 재료를 충당하니 품질과 신선도는 기본. 터머릭, 코코넛 밀크, 올리브를 아낌없이 써 조미료 없이도 엄지를 들어 올리는 맛을 낸다. 수프, 샐러드는 물론 롤, 버거, 피자, 파스타 등 선택의 폭이 다양해 더욱 매력적이다.

Data 지도 073p-G
가는 법 신타그마 광장에서 도보 6분
주소 30 Nikis St. Syntagma, Athens
운영시간 월~토 12:00~22:00, 일 12:00~17:00
요금 진저패션 주스 5.2유로, 다히 수프 8.4유로, 러미너스 14.6유로
전화 210-323-7878
홈페이지 www.avocadoathens.com

아테네

믿기지 않는 음식, 믿을 수 없는 가격
스폰디 Spondi

미슐랭 2스타 레스토랑이다. 그리스에서 유일하다. 미슐랭 가이드와 어깨를 나란히 하는 그랑드 따블르 뒤 몽드Grandes Tables du Monde도 2009년부터 스폰디를 리스트에 넣고 있다. 이것 역시 그리스에서 유일하다. 이쯤 되면 드레스나 턱시도를 입은 남녀가 있는 으리으리한 레스토랑이 떠오른다. 하지만 아니다. 여행자가 많은 아테네답게 청바지에 운동화 차림인 관광객도 부담 없이 방문할 수 있다. 스폰디는 한적한 주택가에 작은 집을 고쳐 만들었다. 장미 나무 가득한 정원을 지나 안으로 들어가는데, 아치형 천장과 벽은 흡사 와인 저장 동굴 같다. 레스토랑에 들어서면 흰색 천이 깔린 테이블에 캐주얼한 차림의 사람들이 앉아 있다. 요리 가격은 미슐랭 2스타로는 부담 없는 수준이다. 코스는 65유로부터이고, 단품으로도 주문할 수 있다. 식사가 시작되면 입안은 그야말로 축제다. 페타치즈와 망고 식초가 환상의 조합일 줄 누가 알았을까. 송아지 스테이크가 커피 크림, 송로버섯 소스와 찰떡궁합이라는 것도 깨닫게 된다. 그때그때 가장 신선한 재료를 사용하고, 그래서 자주 메뉴가 교체된다. 스폰디Σπονδη는 신에게 바치는 술, 즉 신주Libation라는 뜻인데, 그래서일까? 와인 리스트도 막강하다. 1,300여 종이 넘는 와인들이 셀러에서 항시 대기 중이다. 음식과 와인을 짝지어 주는 와인 페어링 메뉴도 갖추다. 대중교통으로 가기 힘들다는 것이 유일한 흠이다.

Data 지도 073p-K
가는 법 메트로 아크로폴리역에서 택시로 10분
주소 5 Pyrronos St. Panrati, Athens
운영시간 19:30~24:00
요금 단품요리 50유로~, 코스요리 170유로
전화 210-756-4021
홈페이지 www.spondi.gr

엘레강스한 밤을 원하세요?
투도 홀 레스토랑 Tudor Hall Restaurant

킹 조지 호텔 7층에 있는 레스토랑이다. 5성급 호텔을 책임지고 있는 레스토랑. 발코니쪽 테이블에서는 신타그마 광장부터 아크로폴리스까지 한눈에 쏙 들어온다. 안쪽 테이블은 18세기에 지어진 저택 거실 같다. 절도와 부드러움의 강약조절이 완벽한 서비스를 제공한다. 투도 홀 레스토랑은 코스 메뉴가 없다. 단품 메뉴만 판매한다. 제철 채소와 해산물을 풍성하게 사용하는 것이 특징. 농어 카르파초에는 소량의 라임 주스와 올리브유를 사용해 생선 본연의 맛을 제대로 살렸다. 산토리니에서 공수한 체리 토마토는 오레가노를 넣은 페타치즈를 만나 환상의 샐러드로 변신. 저온으로 장기 조리해 입에서 사르르 녹는 양고기 느와제트 스테이크도 꼭 맛보자.

Data 지도 073p G(킹 조지 호텔)
가는 법 메트로 신타그마역에서 도보 1분
주소 Vas. Georgiou A'St. 3, King George Hotel 7F, Athens
운영시간 06:30~11:00, 18:00~01:00
요금 산토리니 체리토마토 샐러드 21유로, 화이트 아스파라거스 리소토 29유로, 양고기 스테이크 48유로 전화 210-333-0265
홈페이지 www.tudorhall.gr

비가 오면 생각나는
시티 비스트로 City Bistro

비 오는 날 딱! 시티 비스트로는 신타그마 광장 옆 스피로밀리우Spiromiliou 아케이드에 있다. 널찍한 아케이드는 천장이 유리. 비를 피해 밥 먹고 쇼핑할 수 있는 것도 고마운데, 머리 위로 빗방울 떨어지는 운치도 느낄 수 있다. 시티 비스트로의 1층은 세련된 분위기의 바, 0층과 테라스는 캐주얼하다. 사람 구경, 하늘 구경 할 수 있으니 테라스가 명당이다. 아테네에서 쉽게 볼 수 없는 니소스Nissos 맥주는 꼭 마셔 봐야 한다. 유러피안 맥주대회에서 은상을 받은 대단한 녀석이다. 맥주에는 버거가 찰떡궁합. 두툼한 버거 패티는 숯불 향이 가득하고, 육즙이 살아있다. 단, 버거가 조금 짠 편이니 주문할 때 소금을 적게 넣어 달라고 얘기하자. 샐러드, 파스타, 그리고 버거나 스테이크를 먹을 수 있는 런치 세트도 있다.

Data 지도 073p-G
가는 법 메트로 신타그마역에서 도보 2분
주소 Spiromiliou Arcade, Syntagma, Athens
운영시간 월~토 10:30~00:30, 일 10:00~19:00
요금 크레타 스타일 샐러드 10유로, 버거 15유로
전화 210-321-1315

넉넉한 공간, 넉넉한 재료
조나스 카페 Zonar's Cafe

일단 카페 규모로 기선을 제압하는 곳이다. 쇼케이스를 채운 샌드위치와 케이크 종류도 마음을 홀린다. 좋은 위치, 고급스러운 인테리어 때문이기도 하겠지만, 가격은 비싼 편이다. 그래도 찾는 것은 음식 맛이 좋기 때문. 바게트 샌드위치의 바게트는 그야말로 겉은 바삭, 안은 쫄깃해 바게트만 먹어도 맛있다. 거기에 질 좋은 햄과 치즈를 충분히 썼다. 품질에 대한 감동은 헤이즐넛 브라우니를 한입 먹는 순간 절정에 이른다. 초콜릿 가루만 조금 써서 구웠기 때문에 밀가루 맛이 많이 나는 브라우니가 아니다. 초콜릿이 주재료요, 밀가루는 거들 뿐이다. 헤이즐넛 향에 금가루 옷까지 입으니 오감 만족 디저트다. 폭신한 거품 올린 카푸치노를 곁들이면 노곤한 오후가 활기차진다. 조나스 카페는 아티카 백화점 바로 옆에 있다.

Data 지도 073p-G
가는 법 메트로 신타그마역에서 도보 5분
주소 9 Voukourestiou St. & Panepistimiou St. Syntagma, Athens
운영시간 월~일 09:00~02:00
요금 카푸치노 6유로, 스모키햄 샌드위치 8유로, 초콜릿 트리오 9유로
전화 210-321-1318

프랑스의 파리바게트
폴 Paul

1889년에 오픈한 세계적인 체인 베이커리다. 우리나라에서는 떠났지만, 신타그마 광장 가까운 곳에서 폴을 만날 수 있다. 좌석은 내부 15석, 테라스 10석 정도로 아담한 크기다. 로컬 베이커리보다는 우리에게 좀 더 친숙한 메뉴가 많다. 오전 11시까지는 크루아상, 뺑 오 쇼콜라, 바게트 중 한 가지와 커피를 세트로 구성해 실속 있는 가격에 판매한다.

Data 지도 073p-G
가는 법 메트로 신타그마역에서 도보 6분
주소 10 Panepistimiou St. Athens
운영시간 월~토 07:30~21:00 (일 휴무)
요금 크루아상 3유로, 뺑 오 쇼콜라 3.5유로
전화 210-363-2352

다양한 메제를 즐기려면
치치카스 카이 메밍가스 Tzitzikas Kai Mermingas

메제는 스페인의 타파스나 서양의 핑거푸드처럼 식전에 주류와 함께 곁들일 수 있는 작은 양의 음식을 뜻한다. 애피타이저처럼 먹을 수도 있고 메제로 코스를 만들어 즐길 수도 있다. 신타그마 광장 옆 골목길에 있는 이곳은 메제로 유명한 식당이다. 민트와 감자를 넣은 미트볼은 그야말로 맥주를 부르는 메뉴다. 쌀쌀한 날, 걸쭉한 토마토소스 곁들인 새우는 또 어떤가. 그러나 부동의 1위 메뉴는 낙소스 스타일로 튀긴 그뤼에르! 한국인이 모차렐라 치즈 스틱에 익숙하듯, 아테네 사람들은 흔히 페타치즈를 튀겨 먹는다. 이곳의 그뤼에르는 페타치즈보다 조금 더 단단하고 깊은 맛이 난다. 튀겨서 꿀을 바른 것도 모자라 베이컨까지 돌돌 말았다. 달콤하며 짭짤하고, 고소함까지 한꺼번에 느껴져 손을 멈출 수 없게 만든다.

Data 지도 072p-F
가는 법 메트로 신타그마역에서 도보 5분
주소 12~14 Mitropoleos St. Syntagma, Athens
운영시간 화~토 13:00~01:00, 일~월 13:00~23:00
요금 그린 페타치즈 5.1유로, 그뤼에르 치즈 튀김 7.6유로
전화 210-324-7607
홈페이지 www.tzitzikasmermigas.gr

한국 음식이 사무치게 그리울 때
도시락 Dosirak

꽃할배의 삼겹살 파티 장소다. 찌개, 볶음, 불고기와 도시락은 물론 생선초밥과 롤 종류도 판매한다. 2층까지 있어 단체 고객 응대도 문제없다. 최근 들어 이 일대에 중식당, 생선초밥집 등이 생겨나 아시아 음식의 거리 같은 느낌이 든다.

Data 지도 072p-F
가는 법 신타그마 광장에서 도보 6분 주소 33 Voulis St. Syntagma, Athens
운영시간 일~목 12:00~23:00 금,토 12:00~24:00
요금 불고기 13유로, 김치찌개 16유로, 오징어볶음 12유로
전화 210-323-3330

GREECE BY AREA 01
아테네

아테네인들도 애정하는 중식당
징 Jing

아이패드의 사진을 보고 주문하는 신식 중식당이다. 주인장은 유럽에서 사업하던 베이징 출신의 젊은 중국인이다. 도시의 모습과 날씨에 반해 아테네에 정착한 그는 그리스인들에게 중국의 음식, 문화, 역사를 소개하고 싶은 포부를 갖고 2014년 지금의 자리에 오픈했다. '왕의 도시'(Jing, 京)라는 뜻의 가게 이름에서 그의 마음을 읽을 수 있다. 징은 홍콩인 셰프가 사천식에 가까운 매콤한 음식들을 선보인다. 핫 앤 사우어 수프에서 그 진가를 알 수 있다. 그리스인들도 사랑해 마지않는 소고기볶음 쌀국수는 꼭 맛봐야 할 메뉴다. 모던한 분위기의 0층은 2~3명이 식사하기에 좋다.

Data 지도 073p-G
가는 법 신타그마 광장에서 도보 5분 **주소** 13 Nikis St. Syntagma, Athens
운영시간 화~금, 일 12:00~22:00, 토 12:00~21:30(월 휴무)
요금 핫 앤 사우어 수프 7유로, 해산물 쌀국수볶음 9.5유로
전화 211-215-9352

💬 |Theme|
신타그마 광장의 커피 전문점들

그릭 커피는 뚜껑 없이 손잡이만 있는 작은 주전자 체즈베Cezve에 고운 커피 가루와 물을 넣고 넘치기 직전까지 끓인 후, 설탕을 넣어 다시 한 번 끓여낸다. 끓인 커피는 필터에 거르지 않고, 가루가 스스로 가라앉을 때까지 기다렸다 마신다. 에스프레소보다는 연하지만 걸쭉한 질감이다. 폴리페놀 함량이 많은 그릭 커피는 그리스인들의 장수 비결 중 하나라고 한다. 여름에는 냉커피 전쟁이 벌어지는데 크게 두 가지 종류다. 프라페Frappe는 인스턴트 커피에 설탕 녹인 진한 원액을 쉐이커에 넣어 거품을 낸 후 얼음, 물, 우유를 넣는 것이다. 프레도Freddo는 이탈리아 수도승이 전파한 것으로 에스프레소와 우유를 각각 믹서에 넣어 거품 낸 후 섞는 것이다. 우유 대신 크림을 사용하는 곳도 있다. 에스프레소가 익숙한 사람에게는 프레도가 낫다. 우리나라의 일반적인 냉커피에 비해 얼음은 많고 커피는 적은 편이다. 대신 가격도 비교적 저렴하다.

에베레스트 Everest

아테네에 현존하는 커피 전문점 중 최고참이다. 1965년 콜로나키 Kolonaki에 첫 번째 매장을 오픈했다. 커피뿐만 아니라 패스트리, 샌드위치, 크레페, 샐러드 등 먹거리를 가장 다양하게 판매하는 커피 전문점이다. 그리스의 맥도날드인 구디스Goody's와 같은 그룹이다.

Data 지도 073p-G 가는 법 신타그마 광장에서 도보 1분 주소 2 Ermou St. Syntagma, Athens 운영시간 24시간 요금 플랫화이트 2.3유로, 카푸치노 2.7유로 전화 210-331-3034 홈페이지 www.everest.gr

커피 아일랜드 Coffee Island

1999년 전통 그릭 커피집으로 시작했다. 2010년 레노베이션을 거쳐 지금의 모던한 에스프레소 바가 되었다. 이탈리아에서 시설과 기술 자문을 받았다. 그리스와 영국, 불가리 등에 총 256개 매장을 운영 중이다.

Data 지도 073p-G 가는 법 신타그마 광장에서 도보 2분 주소 2~4 Vasilissis Amalias St. Syntagma, Athens 운영시간 월~금 06:00~21:00, 토~일 06:00~20:00 요금 카푸치노 1.9유로, 플랫화이트 2.1유로, 스페니쉬라테 2.4유로 전화 210-325-2855 홈페이지 www.coffeeisland.gr

미켈 커피 컴퍼니 Mikel Coffee Company

매일 커피를 마시는 것은 반복되는 습관일 수도 있다. 미켈 커피는 우리의 이러한 습관을 매일 맛볼 수 있는 행복으로 바꾸는 것이 신조다. 매장 실내 장식은 투박한 편인데, 묵직하게 전문성을 키워 나가고자 하는 운영 철학이 엿보인다.

Data 지도 073p-G 가는 법 메트로 신타그마역에서 도보 4분 주소 3 Mitropoleos St. Syntagma, Athens 운영시간 07:00~22:00 요금 카페라테 2.4유로, 카푸치노 3.8유로 전화 210-323-2101 홈페이지 www.mikelcc.gr

오모니아 · 케라미코스

OMONIA · KERAMIKOS
ΟΜΟΝΟΙΑ · ΚΕΡΑΜΕΙΚΟΣ

오모니아는 아테네 서민들의 터전이다. 사람 냄새 그리울 땐 이곳에 가야 한다. 오모니아 광장에는 예나 지금이나 서민들이 모여든다. 그들의 식탁을 책임지는 시장, 센트럴 마켓도 오모니아에 있다. 또 아테네인들에게만 유명한 벼룩시장이 선다. 간판도 없고 메뉴판 없어도 괜찮은 식당, 할아버지들의 사랑방이 있는 곳이다. 아테네 경제의 중심지였던 전성기는 지나갔지만, 아직까지도 이곳에는 서민들의 땀 냄새 가득하다. 조금 느린 호흡으로 아테네인들의 삶을 느끼기에 아주 좋은 곳이다. 고대 아테네의 변두리였던 케라미코스는 재미있는 이야기와 유적이 잘 보존되어 있다. 바로 옆에는 공장지대가 문화복합단지로 변신한 테크노폴리스가 있어 함께 둘러보기 좋다.

골라~ 골라~
센트럴 마켓 Central Market

현지인들은 바바키오스 아고라Varvakios Agora, 혹은 바바라키Varvaraki라고 부르는 아테네의 재래시장이다. 노량진 수산시장 같이 생긴 건물에서 반은 육류, 반은 어류를 판매한다. 상인들이 흰색 가운을 입고, 우리의 시장 상인처럼 굵고 큰 목소리로 손님을 부른다. 건물 앞 견과류와 향신료 차지. 아테네인들이 사랑하는 해바라기씨는 어느 집에나 등장하는 아이템. 무화과, 마카다미아는 한국보다 훨씬 싸다. 양옆으로는 생활용품 가게가 잔뜩 있다. 재떨이, 칼, 양말부터 바비큐 그릴까지 없는 게 없다. 여행자에게는 1유로 가게가 천국. 챙기는 걸 깜빡한 샴푸, 선물로 좋은 냉장고 자석을 1유로에 살 수 있다. 부담 없이 들고 다닐 수 있는 에코가방은 2유로부터다. 아씨나스 대로 건너편에서는 과일과 채소를 판다. 골목에는 상인들과 그들의 오랜 단골들이 다니는 작은 식당, 타베르나Taverna가 있다. 간판도 없고 제대로 된 메뉴판 없는 곳이 대부분이다. 시장에서 바로바로 좋은 재료를 공수하는 덕에 맛이 좋고, 인심은 더 좋다.

Data 지도 079p-F
가는 법 메트로 오모니아 역에서 도보 8분
주소 42 Athinas St. Athens

Theme
오모니아 광장 도보 여행

모나스티라키 광장에서 남쪽 아크로폴리스까지는 단연 관광지다. 하지만 그 반대 방향, 오모니아 광장 쪽으로 조금만 이동하면 확실히 다른 분위기다. 모나스티라키 광장과 오모니아 광장을 이어주는 길은 아씨나스Athinas 대로다. 이 거리의 길이는 1km 남짓이다. 이곳도 물론 여행자를 위한 숙박 시설 행렬은 이어진다. 그러나 아씨나스 대로를 중심으로 구석구석에 현지인들의 땀 냄새, 웃음소리를 가까이서 느낄 수 있는 공간이 있다. 아테네인들의 삶 속으로 한 걸음 다가가 보자.

코치아 광장 Plateia Kotzia

작지만 쓸모 많은 광장이다. 부활절 행사, 노동절을 기념하는 굿 메이 데이Good May Day 축제도 열리고, 주말에는 벼룩시장이 선다. 광장 동쪽으로는 차 없는 도로, 아이올루Aiolou 거리가 이어진다. 느긋하게 쇼핑하며 걷기 좋다. 코치아 광장은 1874년에 만들어졌다. 당시에는 루도비쿠Loudovikou 광장이라 불렀다. 이곳은 2004년 올림픽 때 자전거 로드 레이스의 출발과 도착 지점이기도 하다. 광장의 한쪽에는 도리아식 기둥과 이오니아식 기둥으로 멋을 낸 멜라스 저택Melas Mansion이 있다. 그 건너편에는 의류, 신발, 생활용품을 주로 판매하는 노토스홈 백화점이 있다.

Data 지도 079p-F
가는 법 메트로 오모니아 역에서 도보 4분

아테네 시청 Athens Town Hall

코치아 광장 바로 건너편에 있다. 19세기에 신고전주의 건축 양식으로 지어진 건물치고는 소박한 외관이다. 여행자는 무심코 지나치기 쉽다. 화려함은 내부에 집중돼 있다. 그리스 역사와 신화가 테마인 벽화, 사도 바울이 아테네 시민들을 전도하는 모습을 그린 유화 등이 있어 미술관 같은 분위기다. 원래 2층 건물이었던 것을 1937년에 3층 건물로 증축했다.

Data 지도 079p-F
가는 법 메트로 오모니아 역에서 도보 4분
주소 63A Athinas St. Athens
전화 210-372-2001
홈페이지 www.cityofathens.gr

오모니아 광장 Plateia Omonia

원래 이름은 궁전 광장Plateia Anaktoron이었다. 1862년 이곳에서 정치적으로 대립 상태의 두 집단이 만나 평화로이 합의를 보았다. 이를 기념하기 위해 화합, 일치라는 뜻의 오모니아Omonia라는 이름을 붙였다. 대형 쇼핑몰인 혼도스 센터부터 할인 마트까지 다양한 상점이 있다. 체인 베이커리, 패스트푸드 음식점, 저렴한 타베르나, 키오스크가 유난히 많다. 20년 전까지는 서민 경제생활의 중심지였다. 지금은 많이 퇴색했고, 오래된 거주자들의 사랑방 같은 분위기가 짙다. 주머니 가벼운 여행자들을 위한 소박한 숙박 시설들이 몰려 있다. 메트로 오모니아역은 1호선과 2호선의 교차점이고, 광장 교차로의 중앙은 대기하는 택시 차지다. 셀 수 없이 많은 버스 노선들이 광장을 지나가고, 특히 시외버스 터미널로 가는 051 버스도 광장 옆 정거장에서 타야 한다. 노동자의 날에는 집회가 열리고, 주말에는 차량을 통제하고 자전거 대회나 걷기 대회가 열리기도 한다.

Data 지도 079p-C
가는 법 메트로 오모니아역

그리스에서 가장 큰 박물관
국립 고고학 박물관 National Archaeological Museum

유물, 유적 하면 그리스 아니던가? 당연히 기대해도 좋다. 국립 고고학 박물관은 일단 생김새로 기선을 제압한다. 루트비히 랑게L.Lange와 파나기스 칼코스P.Kalkos가 설계하고 에른스트 질러E.Ziller가 전면을 완성한 신고전주의 건물이다. 구 국회의사당, 대통령궁, 아테네 시청 등을 설계한 쟁쟁한 실력가들의 합작품이다. 그리스 최초의 고고학 박물관은 에기나섬에 있었다. 1834년 아테네가 그리스의 수도가 되고, 정부는 아테네와 그 주변에서 발굴한 유물을 한곳에 모아 보존할 목적으로 박물관을 건립하게 된다. 이후 그리스 전역의 유적, 유물이 이곳으로 모여, 결국 국립 고고학 박물관은 그리스 최대 규모의 박물관이 됐다. 조각상 컬렉션은 규모가 가장 크다. 박물관 초입에는 나체의 청년들이 차렷 자세로 서 있는 조각상이 관람객을 맞이한다. 쿠로스Kouros라 불리는 이 조각상들은 하나 같이 왼쪽 다리를 앞으로 조금 더 내밀고, 팔은 주먹을 쥔 채 몸 옆에 붙인 자세로 서 있다. 시선은 정면을 보고 있다. 쿠로스는 초기에 작은 조각상만 있었는데, 후에는 죽은 사람의 묘에 세우는 묘상 용도로 커졌다. 쿠로스를 지나면 삼지창을 던질 듯한 자세로 서 있는 근육질의 청동상이 있다. 제우스인지 포세이돈인지 불분명하다고 한다. 조각상 컬렉션이 끝날 즈음에 포세이돈 대리석상이 나타나는데, 이 동상과 근육질의 청동상을 비교해 보며 누구인지 가늠해 보는 것도 재미있다. 말을 타는 소년 청동상도 인기다. 힘차게 달리는 말과 그 위에 올라탄 작은 소년이 이색적이면서도 조화롭다. 디오니소스 극장에서 발견된 아폴로 상도 이곳에 있다. 1층에는 도기 컬렉션이 있다. 기하학적 무늬 도자기가 시선을 잡아끄는데, 백자 레키토스라고 불리는 흰 바탕의 도기는 향유를 넣는 용기로 시작해 점점 크게 변하면서 묘에 두는 피나크스로 발전했다고 한다. 무늬의 주제는 주로 죽음과 관련된 것이다.

Data 지도 079p-C
가는 법 오모니아 광장에서 도보 15분
주소 44 Patision St. Athens
운영시간 수~월 08:00~20:00, 화 13:00~20:00
요금 12유로, 5세 이하 무료, 매월 첫 번째 일요일 무료 (11월~3월)
전화 213-214-4800
홈페이지 www.namuseum.gr

Tip 박물관은 선사시대, 조각상, 도기 등의 컬렉션별로 관람하는 것이 가장 좋다. 입구에서 나누어주는 박물관 지도에 색으로 잘 구분되어 있으니, 지도를 꼭 챙기자.

국립 고고학 박물관
National Archaeological Museum
층별 안내도

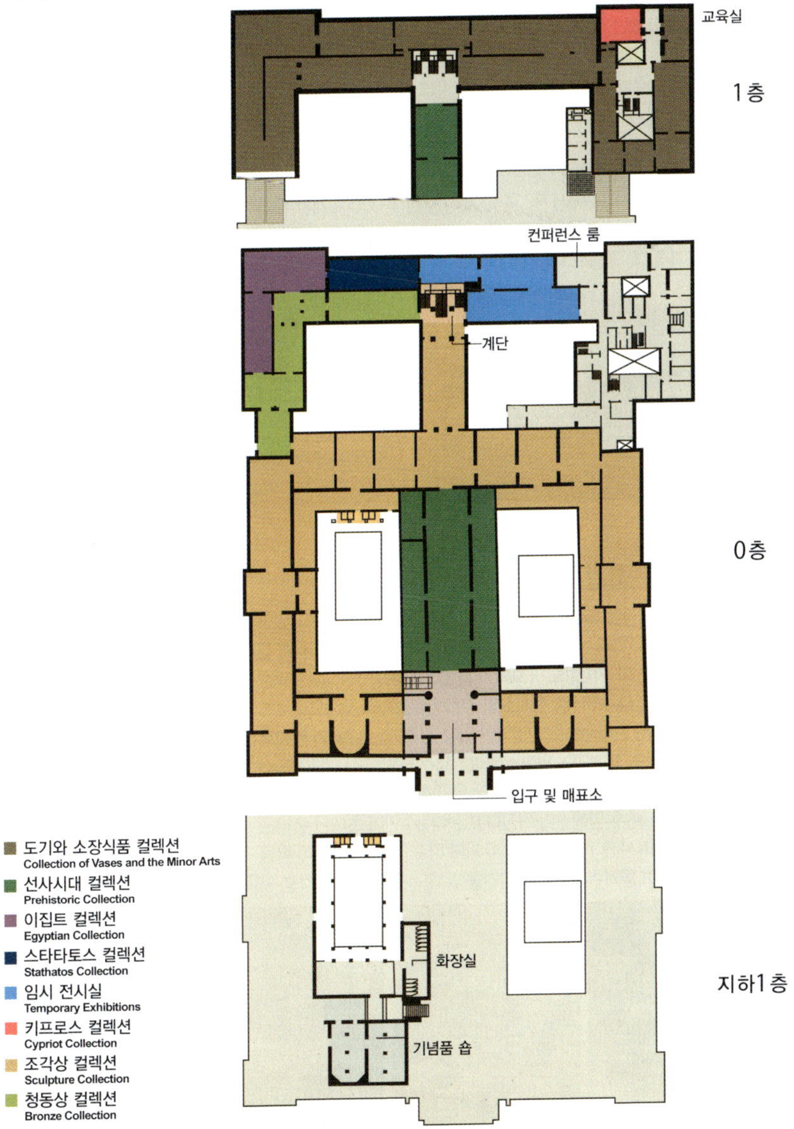

교육실

1층

컨퍼런스 룸

계단

0층

입구 및 매표소

- ■ 도기와 소장식품 컬렉션
  Collection of Vases and the Minor Arts
- ■ 선사시대 컬렉션
  Prehistoric Collection
- ■ 이집트 컬렉션
  Egyptian Collection
- ■ 스타타토스 컬렉션
  Stathatos Collection
- ■ 임시 전시실
  Temporary Exhibitions
- ■ 키프로스 컬렉션
  Cypriot Collection
- ■ 조각상 컬렉션
  Sculpture Collection
- ■ 청동상 컬렉션
  Bronze Collection

화장실

기념품 숍

지하1층

작지만, 이야기 많고 볼 것 많은
케라미코스 Keramikos

유적지로 관리되고 있는 케라미코스는 고대 아테네의 북서쪽 변두리다. 물과 진흙이 필요했던 도자기공들은 에리다노스Eridanos 강이 있는 이 지역에 모여 살았다. 그래서 이곳 이름이 도자기를 뜻하는 그리스어 '케라모스'에서 비롯된 것이라는 설이 있다. 케라미코스에는 도시 아테네로 들어갈 수 있는 성문이 여러 개 있었는데, 디필론의 문과 헤이라 필론 등이 대표적이다. 케라미코스 지역에는 고대 아테네인들의 공동묘지가 있었다. 전사자, 국가와 시민에게 큰 공헌을 한 사람들이 주로 묻혔던 곳이다. 아테네시의 메트로 확장 공사 중 이곳에서 BC 4~5세기 무덤 1,000여 개가 무더기로 발굴되었다고 한다. 케라미코스 유적지 안에서도 그 흔적을 확인할 수 있다. 케라미코스 입구 좌측에는 케라미코스 박물관이 있어 함께 둘러보기 좋다. 공동묘지에서 발굴된 비석, 조각상과 유물이 전시되어 있다.

Data 지도 079p-D
가는 법 메트로 티세이오역에서 도보 11분
주소 148 Ermou St. Keramikos, Athens
운영시간 월~일 08:00~20:00
요금 8유로, 학생 4유로
전화 210-346-3552

부담 없이 둘러보기 좋은
이슬람 예술 박물관 Museum of Islamic Art

케라미코스의 주택가에 있는 박물관이다. 튀지 않는 외관을 하고 있어 모르고 지나칠 수도 있다. 그러나 일단 이곳을 방문하면 생각보다 꽤 괜찮다는 반응을 보인다. 이 정도 규모의 이슬람 예술품을 모아놓은 박물관도 흔치 않다. 전시물은 1층 전시실의 7세기 예술품을 시작으로 4층 19세기 예술품까지 연대순으로 진열되어 있다. 3층에는 17세기 카이의 한 저택 사랑방이 재현되어 있다. 무늬를 새긴 타일, 금사 은사를 섞어 짠 실크 장식, 세상 예쁜 색은 다 모아놓은 듯한 창문 장식이 있다. 이런 사랑방은 주로 분수 옆에 만들어진다고 한다. 주인이 초대한 손님을 대접하며 커피를 마시거나 물담배를 피우기도 하고, 푹신한 쿠션에 몸을 파묻고 이야기꾼이 들려주는 소리에 시간을 맡기던 곳이다. 일주일 중 3일이 휴관일이란 것을 기억할 것.

Data 지도 079p-E
가는 법 메트로 티세이오역에서 도보 5분
주소 22 Agion Asomaton St. & 12 Dipylou St. Keramikos, Athens
운영시간 목~일 10:00~18:00, 월~수요일 휴관
요금 9유로, 학생 7유로
전화 210-325-1311
홈페이지 www.benaki.gr

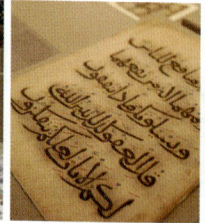

이 정도는 되어야 변신이지
테크노폴리스 Technopolis

베이징 따샨쯔 798, 상하이 모간산루 M50은 버려진 공장 지대를 예술가의 터전으로 변신시킨 곳이다. 아테네에는 테크노폴리스가 있다. 1999년에 가스공장단지였던 이곳을 복합문화공간으로 만들었다. 케라미코스에서 에르무 거리를 따라가다 보면 가지Gazi의 주택가 사이로 화려한 벽화가 나오기 시작한다. 테크노폴리스에 거의 다 왔다는 신호다. 대로변으로 조금만 더 걸어가면 키다리 굴뚝들이 보이고, 벽면에는 직공과 공장 풍경이 그려져 있다. 이곳이 바로 테크노폴리스 입구다. 테크노폴리스의 시작은 그리스의 위대한 작곡가 마노스 하지다키스Manos Hatzidakis를 기념할 공간을 만들기 위해서였다. 그는 그리스 현대 음악을 세상에 알렸다. 〈일요일은 참으세요〉로 아카데미 영화 주제가상을 받았고, 우리나라에서는 〈나의 어머니〉라는 곡으로 인기를 얻었다. 테크노폴리스는 몇몇 건물에 그리스 유명 시인 이름을 붙이기도 하고, 오페라계의 전설 마리아 칼라스를 기념하는 작은 공간도 있다. 위대한 예술가들이 주인인 테크노폴리스에서는 음악 콘서트, 무용 발표회, 전시 등이 진행된다. 특히, 여름에는 서커스, 재즈 축제 등이 바쁘게 열린다. 굴뚝 위까지 올라가는 놀이 기구에서 프러포즈와 로맨틱한 식사를 할 수 있는 이벤트도 있다. 홈페이지를 방문해 미리 행사 일정을 확인하여 이색적인 밤을 보내는 것도 좋겠다. 테크노폴리스 입장은 무료. 단, 테크노폴리스 내 가스 박물관은 별도 입장료(5유로)를 내야 한다.

Data 지도 079p-D
가는 법 메트로 케라미코스 역에서 도보 5분
주소 100 Peiraios St. Gazi, Athens
운영시간 10:00~22:00
요금 무료(가스 박물관 5유로)
전화 210-347-5518
홈페이지 www.technopolis-athens.com ※가스 박물관 수~일 10:00~18:00

처음이지만 익숙한
카라만리디카 Karamanlidika

카라만리디카는 '카라만리즈로부터'라는 뜻이다. 카라만리즈Karamanlides 는 튀르키예의 카라만, 카파도키아 지역에 뿌리를 둔 동방정교인을 뜻한다. 현재 이들의 대다수는 그리스에 거주한다. 이들은 전쟁이나 항해를 하는 동안 육류를 장기간 보관하고 먹어야 했다. 이들은 훈제, 염장, 건조 등의 방법을 적용했고, 파스트라미, 파스티르마, 수죽 같은 육류의 새로운 형태가 탄생했다. 이름은 낯설지만, 살라미, 하몽과 유사한 형태다. 카라만리디카에서는 이 재료들을 사용한 요리를 판매한다. 고기를 공기에 자연 건조한 파스티르마는 낙타, 송아지, 염소 등 그 재료도 다양하다. 본연의 맛을 느끼려면 얇게 썰어 전채요리로 먹어야 한다. 그리스 전통술인 우조에는 더없이 좋은 안주다. 소시지나 그라탱으로 변신하면 훌륭한 한 끼 식사가 된다. 카라만리디카의 주인장은 원래 파스티르마나 수죽을 판매하는 전문점을 운영했다. 그러다 손님들이 이 맛있는 것들을 앉아서 먹을 수 있게 식당을 차려 달라고 요청해 카라만리디카를 오픈했다. 지금도 카라만리디카 옆에는 테이크아웃 판매만 하는 그의 작은 가게가 있다. 생선 카르파초, 숙성 치즈, 가브로스 절임도 낯설지만 시도하면 절대 후회 없는 메뉴다. 카라만리디카는 찾아왔다가 혹시 자리가 없어 돌아가는 사람들에게도 파스티르마, 파스트라미 등의 샘플 메뉴를 제공한다. 시간 들여 찾아온 손님에 대한 카라만리디카의 포근한 배려다.

Data 지도 079p-E
가는 법 메트로 오모니아역에서 도보 10분 주소 1 Sokratous St. & 52 Evripidou St.Athens 운영시간 월~토 12:00~23:00 일요일 휴무
요금 케프테 소시지 6.5유로, 카라만리디카 파스티르마 파이 6.5유로 전화 210-325-4184
홈페이지 www.karamanlidika.gr

하드 코어지만 괜찮아
디포르토 아고라스 Diporto Agoras

맛집 좀 다닌 사람은 꼭 가봐야 한다. 디포르토 아고라스는 시장 골목 안, 간판도 없는 지하에 있다. 메뉴가 단 세 가지라 메뉴판도 없다. 손님이 찾아오는 게 신기할 정도. 더 기가 막힌 건 이 상태로 1875년부터 4대째 운영 중이라는 사실이다. 이유를 알기 위해서는 일단 병아리콩 수프부터 맛봐야 한다. 분명 재료는 병아리콩, 물, 소금, 올리브유뿐인데 한입 먹으면 두 눈이 스르르 감기는 깊은 맛이다. 아테네 북쪽 지역, 최고 품질의 병아리콩을 쓴다. 대부분의 식당이 오랫동안 말린 콩을 물에 불려 사용하니 맛의 차이가 확연하다. 이 병아리콩 수프를 먹고 싶어 멀리서도 일 년에 5~6번씩 오는 단골손님이 있을 정도. 멸치과의 일종인 가브로스는 통통하고 비린 맛이 없다. 청어, 정어리나 앤초비를 좋아한다면 꼭 시도해 봐야 할 메뉴. 접시도 없이 종이 위에 턱 하니 주는 빵은 병아리콩 수프에도 좋고, 가브로스에도 잘 어울린다. 주인 취향대로 만든 와인은 알코올 도수가 일반 하우스 와인보다는 센 편.

Data 지도 079p-E
가는 법 메트로 오모니아역에서 도보 8분 주소 Theatrou St. & Sokratous St. Athens
운영시간 07:00~19:00
요금 수프 5.5유로, 가브로스 8유로, 소고기 스튜 8유로
전화 210-321-1463

건강한 길거리 음식
팔라펠라스 스트리트 푸드 Falafellas Street Food

팔라펠Falafel은 병아리콩을 으깨서 만든 중동의 동그랑땡이다. 팔라펠만 먹기도 하고, 양배추, 오이, 토마토, 가지, 요거트를 곁들여 피타 빵에 싸 먹기도 한다. 간단한 식사로 좋다. 건강한 길거리 음식으로 미국, 프랑스 등지에서는 대중화된 메뉴다. 팔라펠라스는 아테네의 차 없는 쇼핑 거리 아이올루Aiolou 허리춤에 있다. 작은 팔라펠 전문점이다. 좌석도 없이 테이크아웃만 가능하다. 12시에 문을 여는데, 그때 가면 이미 긴 줄 끝에 서야 한다. 이 줄은 온종일 웬만해서는 줄어들지 않는다. 담백하고 고소한 병아리콩 동그랑땡과 아삭한 채소, 그리고 요거트의 조화는 무엇을 상상하든 그 이상이다. 한참을 기다린 후 팔라펠을 받아든 사람들은 서서 먹거나 근처 아무 데나 걸터앉아 먹어야 하지만 불평하지 않는다. 병아리콩을 싫어하는 사람들을 위해 팔라펠 대신 미트볼을 넣은 메뉴도 있다.

Data 지도 079p-F
가는 법 메트로 오모니아역에서 도보 13분
주소 51 Aiolou St. Athens
운영시간 월~토 11:00~24:00, 일요일 휴무 요금 팔라펠 포켓 2.8유로, 미트볼 포켓 3.3유로, 콜라 1.2유로 전화 210-323-9809

추억의 그 빵집
크리노스 Krinos

90살이 넘은 그리스 전통 도넛, 루크마데스 가게다. 루크마데스를 먹으려면 일단 접시를 들고 주문대로 가야 한다. 계산을 마치면 루크마데스 반죽이 튀김 통으로 풍당. 고소한 냄새가 느껴지면 바로 건져진다. 탁탁 두 번 털어 접시에 담는 직원의 리드미컬한 손놀림. 마술사 지팡이 같은 막대기를 꿀단지에 넣었다 빼서 루크마데스 접시 위에서 몇 번 왔다 갔다 하고 나면 계핏가루를 솔솔 뿌려준다. 자! 이것이 1922년부터 이곳을 지키고 있는 크리노스의 루크마데스다. 세월만큼 단골도 많고, 단골의 나이도 많다. 맛있는 루크마데스 구별법은 간단하다. 쫄깃한지, 느끼하지 않은지를 보면 된다. 이것이 반죽의 수준으로 결정되는 것이기 때문이다. 크리노스의 루크마데스는 스펀지 같이 부드러우나 탄력 넘치고, 한 접시를 다 먹어도 느끼하지 않다. 백 점 만점에 백 점!

Data 지도 079p-F
가는 법 메트로 오모니아역에서 도보 9분
주소 87 Aiolou St. Athens
운영시간 월·수·토 08:00~17:00, 화·목·금 08:00~20:30, 일요일 휴무
요금 루크마데스 3.5유로, 루크마데스와 아이스크림 4.5유로
전화 210-321-6852

아테네

들어는 봤나? 양젖 요거트?
스타니 Stani

1931년 에반젤리스모스Evangelismos 근처에서 시작한 그리스 전통 디저트 가게다. 현재 위치로 옮긴 건 1949년. 처음처럼 지금도 가족이 운영한다. 초기에는 우유, 요거트 등의 기본적인 유제품만 판매했는데, 현재는 라이스 푸딩, 아이스크림, 그리스 전통 케이크까지 판매한다. 스타니에서는 양젖으로 만든 요거트를 먹어 보자. 사실 그리스 사람들에게 양젖 요거트는 장수와 건강의 상징이다. 전통적으로 소젖으로 만든 것보다 양젖 요거트를 더 쳐준다. 알부민 단백질, 칼슘 함량이 소젖보다 훨씬 높다. 두부처럼 잘라 주는 양젖 요거트는 그냥 먹어도 맛있지만 타임Thyme 꿀을 곁들이면 환상이다. 향긋한 허브 향이 스며있는 꿀이 요거트의 깊은 맛을 더 풍요롭게 한다. 바로 튀겨주는 그리스 전통 도넛 루크마데스, 견과류를 켜켜이 쌓은 디저트 박라바스는 쌉싸름한 커피와 잘 어울린다. 모든 메뉴는 전통 레시피를 바탕으로 전통 생산 방법을 고수한다. 질 좋은 재료는 기본. 이것이 바로 오모니아의 골목에 있는 작은 스타니가 65년 이상 한자리를 굳건히 지키는 비결이다.

Data 지도 079p-C
가는 법 메트로 오모니아역에서 도보 5분
주소 10 Marika Kotopouli St. Omonia, Athens
운영시간 월~토 07:30~21:00, 일 08:00~21:00
요금 정통 양 요거트 2.6유로, 루크마데스 2.6유로, 박라바스 2.4유로
전화 210-523-3637
홈페이지 www.stani1931.com

아테네 카페의 지존
모카 Mokka

모카 앞은 늘 북적인다. 커피를 마시거나 원두를 사려는 사람들로 이른 아침부터 시끄럽다. 모카는 1922년 첫 문을 열었다. 그리스에서 처음으로 명품 원두를 수입, 로스팅해 판매한 곳이다. 1999년에는 아테네 커피 시장에서 모카의 점유율이 60%가 넘었다. 지금도 아테네 사람들에게 맛있는 커피를 추천해 달라고 하면 머뭇거림 없이 모카를 추천한다. 아테네의 크고 작은 카페들이 지금도 모카의 원두를 사용한다. 순한 맛을 좋아한다면 체즈베(뚜껑 없이 손잡이만 달린 작은 주전자)에 담겨 나오는 그릭 커피를, 진한 맛을 선호한다면 에스프레소를 마시면 된다. 모카의 에스프레소 기계는 이탈리아 명인이 한 대 한 대 손으로 두드려가며 만들었다는 빅토리아 아르두이노Victoria Arduino다. 명품 원두와 명품 기계의 만남이다. 카페 옆은 원두 판매 공간이다. 정면에는 커다란 로스터가 느릿느릿 돌아가며 진한 커피 향을 퍼뜨린다. 마음에 드는 원두를 사보는 것도 여행의 여운을 오래도록 느낄 수 있는 좋은 방법이다.

Data 지도 079p-F
가는 법 메트로 오모니아 역에서 도보 10분
주소 44 Athinas St.Athens
운영시간 07:30~15:30
요금 에스프레소 더블 2유로, 애플파이 3유로
전화 210-321-6892
홈페이지 www.mokka.gr

|Theme|
오모니아 광장에서 만나는 체인 베이커리

약속이라도 한 것처럼 오모니아 광장에는 유명 체인 베이커리가 자리잡고 있다. 멀리서도 감지할 수 있는 갓 구운 빵의 고소한 냄새와 진열대를 가득 채운 빵들을 보면 누구도 그냥 지나치지 못할 것이다. 저마다의 맛과 스타일을 가지고 있는 이곳의 베이커리를 소개한다.

호리아티코 χωριατικο Horiatiko

체인 베이커리 중 가장 다양한 샌드위치와 랩을 판매한다. 입구 진열대부터 치킨, 튀르키예, 햄, 치즈 등 다양한 재료로 만든 화려한 샌드위치가 가득하다. 설탕과 달걀을 사용하는 갸또Gateau에 강하다. 브리오슈는 물론, 쿠키, 머랭 등 색과 모양이 화려한 갸또가 커다란 쟁반에 산처럼 쌓인 채로 손님을 유혹하고 있다.

Data 지도 079p C
가는 법 메트로 오모니아역에서 도보 4분
주소 Panepistimiou St. & Patision St. Athens
운영시간 07:00~22:00 전화 210-380-1633
홈페이지 www.horiatiko.gr

베네티 BENETH Veneti

오모니아 광장에 있는 베이커리 중 가장 세련되고 큰 규모를 가지고 있다. 올해로 65살인 베네티는 아테네와 근교에 70개 매장이 있다. 베네티는 푸드코트도 운영하는데, 그 시너지 효과로 베이커리에서도 수준 높은 피자, 샌드위치, 빵 등을 맛볼 수 있다. 제품이 가득 진열된 0층 중앙에 작업대가 있어 빵을 반죽, 성형하는 모습을 직접 볼 수 있다. 좌석이 있는 1층은 가운데가 뻥 뚫려 0층을 한눈에 볼 수 있는 구조다. 제품이 준비되고, 손님이 오고 가는 생기있는 모습을 보는 재미가 있다.

Data 지도 079p-C
가는 법 메트로 오모니아역에서 도보 1분
주소 1 Dorou St. Plateia Omonia, Athens 운영시간 06:00~22:00
요금 크루아상 1.3유로, 바나나 초콜릿 크림 크루아상 1.75유로, 아메리카노 2.2유로
전화 210-523-0740
홈페이지 www.fournosveneti.gr

GREECE BY AREA 01
아테네

BUY

온리 그리스, 온리 키오스섬
마스티카 숍 Mastiha Shop

마스티카 재배자 조합이 운영하는 전문점이다. 마스티카는 그리스의 작은 섬 키오스에서만 자라는 식물이다. 마스틱, 마스티카, 마스티하 등으로 불린다. 마스티카 나무껍질 부분을 조금 절개한 후 4~5일 기다리면 진득한 수액이 땅에 떨어진다. 햇볕에 자연 건조될 때까지 기다리면 '키오스의 눈물', '마스티카 검'이라 불리는 투명하고 작은 마스티카 결정체가 된다. 수액 또는 결정체의 상태로 사용할 수 있다. 예전에는 민간요법의 하나로 뱀에 물린 상처부터 치아, 소화, 감기 등에 만병통치약처럼 사용됐다. 지금은 의약품은 물론 더욱 다양한 형태로 마스티카를 접할 수 있다. 신타그마에 있는 마스티카 숍에서는 건강 보조 식품, 화장품, 오일, 비누부터 과자, 초콜릿, 술 등 다양한 형태의 마스티카 상품을 판매한다. 특히 치약, 핸드크림, 사탕은 선물용으로 좋다. 마스티카는 박하와 팔각 중간 정도의 맛과 향이 난다. 아테네 국제공항에도 작은 숍이 있으니 참고하자.

Data 지도 073p-G
가는 법 신타그마 광장에서 도보 3분 주소 6 Kriezotou St. Athens
운영시간 월·수 09:00~20:00, 화·목·금 09:00~21:00, 토 09:00~19:00, 일요일 휴무
요금 마스티카 치약 8.4유로, 마스티카 핸드크림 6.15유로, 마스티카 오일 액체비누 5.85유로 전화 210-363-2750
홈페이지 www.mastihashop.com

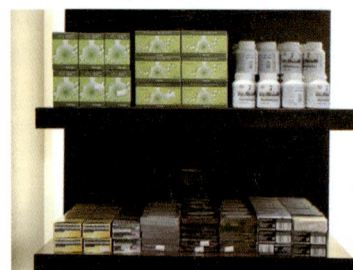

|Theme|
아테네에서 쇼핑하기

아테네에는 유명한 쇼핑 거리가 있다. 우리나라의 명동 같은 에르모우 거리와 여행자 거리 플라카 지구, 그리고 모나스티라키 근처 벼룩시장이 대표적이다. 쇼핑 재미에 흠뻑 빠지거나 노천카페에 앉아 활기찬 아테네 분위기를 만끽하고 싶다면 아테네 3대 쇼핑 거리들을 놓치지 말자.

1. 에르모우 거리 Ermou

에르모우 거리는 신타그마 광장 꼭대기에서 시작한다. 계단을 내려가 분수를 지나면 쇼핑 거리인 에르모우가 시작된다. 아테네에서 가장 번화한 쇼핑 거리다. 우리나라의 명동 같은 곳. 세포라, 자라, H&M, 등 유명한 브랜드들이 입점해 있고, 아테네 최대 규모의 백화점인 아티카 백화점 등 쇼핑몰들이 모여 있다. 주로 의류 쇼핑 거리로 옷이나 신발, 액세서리 등과 화장품 매장을 둘러보기 좋다. 특히 이곳에는 쇼퍼뿐 아니라 거리의 음악가, 마임하는 광대, 상인, 경찰 등 다양한 사람들로 늘 붐빈다. 당연히 소매치기도 많다. 중요한 물품은 반드시 몸 안쪽 깊이 넣어 잃지 않도록 주의해야 한다. 메트로 2호선(빨간색)을 타고 아크로폴리스역에서 내리면 갈 수 있다.

2. 플라카 지구 Plaka

플라카 거리는 아크로폴리스 주변에 있는 쇼핑 거리다. 원래 고대 그리스인들의 거주지였던 이곳은 역사적인 명소도 많지만 좁고 구불구불한 길이 특징이다. 미로처럼 걷는 재미가 있는 보행자 거리다. 수많은 아트 갤러리와 부티크 숍, 기념품 숍, 바, 카페, 레스토랑들이 자리 잡고 있다. 여행자 거리라고 할 수 있는 플라카 거리에는 그리스 패브릭 제품들과 화장품, 비누, 올리브, 해면 스펀지 같은 아이템이 많다. 여행자들이 기념품을 사거나 선물용품을 고르기에 최고다. 밤에는 테라스가 있는 타베르나에서 그리스 요리와 술 한잔 마시며 여유로운 밤 문화를 즐길 수도 있다. 플라카 지구에는 그리스인들이 즐겨 찾는 중앙시장도 있다.

3. 모나스티라키 벼룩시장 Monastiraki FLEA Market

모니스타라키 광장에서부터 아비시니아스 광장까지 이어지는 길을 따라가 보자. 모나스티라키 광장 주변에는 많은 가게와 음식점들이 줄지어 서 있는데, 그 골목 사이에 벼룩시장(플리마켓)이 있다. 이 벼룩시장은 일요일 아침에만 문을 여는데, 고서적이나 고가구, 옷, 인테리어 소품, 그릇, 액세서리, 그림 등 다양한 물건들을 판매한다. 아테네에서 앤틱소품을 사고 싶다면 바로 이곳이 정답이다. 이곳에는 일반 상점들도 있고, 일요일이면 좌판을 벌인 벼룩시장까지 가세해 북적북적 사람 사는 것 같다. 고대 그리스를 연상하게 만드는 샌들이나 튀르키예석으로 만든 목걸이나 팔찌까지, 여성 여행자들이 좋아하는 아이템이 가득하다. 메트로 1·3호선 모나스티라키역에서 내리면 된다.

GREECE BY AREA 01
아테네

기적의 수분 크림이 기적적인 가격에
엘레니 마네리 갤러리 Eleni.Marneri Gallery

여배우의 수분크림으로 유명한 산타 마리아 노벨라 크림을 살 수 있는 곳이다. 산타 마리아 노벨라의 고향 이탈리아와 그리스의 거리가 가까워서인지 한국보다 가격이 놀랍게 싸다. 한국에서 판매하고 있는 제품 라인이 다양하지 않아 속상했다면 더더욱 이곳에 가야 한다. 심지어 비누와 향수도 선택의 폭이 더 다양하다. 산타 마리아 노벨라는 엘레니 마네리 갤러리 내에서 판매되고 있다. 엘레니 마네리는 그리스 내 산타 마리아 노벨라 독점 판매권을 가지고 있다. 갤러리에는 회화 작품을 비롯해 다양한 국가의 핫한 디자이너들의 옷, 액세서리, 신발 등을 전시, 판매하고 있다. 문화생활과 득템을 동시에 할 수 있는 기특한 곳이다.

Data 지도 077p-L
가는 법 아크로폴리역에서 도보 3분
주소 5~7 Lebessi St. & 16 Porinou St. Athens
운영시간 화·목·금 11:00~20:00, 수·토 11:00~16:00, 일·월요일 휴무
전화 210-861-9488
홈페이지 www.elenimarneri.com

이름을 말해 봐!
트리리스 Triiris

부부가 운영하는 기념 티셔츠 가게다. 원단회사에서 잔뼈가 굵은 사장님 덕에 트리리스는 좋은 원단의 옷을 합리적인 가격에 판매한다. 또한, 원하는 티셔츠에 그리스어로 이름을 새겨주는데 10분이면 충분하다. 세상에 단 하나밖에 없는 티셔츠가 되니, 기념품으로는 더할 나위 없이 좋다. 이름을 새겨주는 비용까지 고려하면 트리리스는 주변 상점 중 가장 저렴한 편에 속한다. 조카 선물로 좋은 유아용부터 남성용 XXL까지 다 있다. 주머니 사정이 가벼운 여행자를 위해 10유로 이하 티셔츠도 판매한다.

Data 지도 077p-C
가는 법 메트로 모나스티라키 역에서 도보 3분
주소 16 Aiolou St. Monastiraki, Athens
운영시간 10:30~20:30
요금 로고 티셔츠 10~30유로, 후디 35유로
전화 210-323-1501
홈페이지 www.t-shirtgreece.com

딘 앤 델루카 좋아하시는 분???
판토폴레이온 Παντοπωλεῖον

아테네의 딘 앤 델루카Dean & Deluca다. 최고급 식재료가 다 모여 있다. 서민적인 오모니아 센트럴 마켓 뒷골목에 럭셔리한 식료품점이라니! 하지만 알 만한 아테네 사람들은 다 안다. 최고급 브랜드의 올리브유, 차, 와인, 파스타 등 살림꾼이라면 더 탐나는 아이템들이 있다. 모두 사지 못해 아쉬운 마음은 송로버섯이 들어간 초콜릿이나 사프란을 넣은 파스타로 위로해 보자.

Data 지도 079p-F
가는 법 메트로 오모니아 역에서 도보 10분
주소 1 Sofokleous St. & 11 Aristeidou St. Athens
운영시간 월~일 10:00~22:00
전화 210-323-4612

전자기기 좋아하는 얼리어답터의 놀이터
퍼블릭 Public

컴퓨터, 휴대전화기, 가전제품, CD, DVD 등을 판매한다. 젊은 남성에게는 좋은 놀이터. 관광명소보다 더 먼저 가보고 싶은 곳일 수 있다. 여행 중 카메라나 노트북에 문제가 생겼을 때, 수리 또는 스스로 교체할 부품을 살 수도 있다. 애플 제품 전용 서비스 코너가 있다. 실컷 구경하고 잠시 쉴 수 있는 카페도 건물 안에 있다.

Data 지도 073p-G
가는 법 신타그마 광장에서 도보 1분
주소 1 Karageorgi Servia St. Plateia Syntagma, Athens
운영시간 월~금 09:00~21:00, 토 09:00~20:00, 일요일 휴무
전화 210-818-1333
홈페이지 www.public.gr

알뜰한 쇼핑을 원한다면
혼도스 센터 Hondos Center

의류와 화장품류에 강한 쇼핑몰이다. 백화점이 아니라 센터라는 이름에서도 짐작할 수 있듯 최고급을 지향하는 것이 아니라 합리적인 가격을 제시한다. 가끔은 파격적인 할인으로 인기를 끈다. 그리스에 80여 개의 매장을 가지고 있을 만큼 뛰어난 유통망으로 가격 경쟁력을 유지하고 있다.

Data 지도 079p-C
가는 법 오모니아 광장에서 도보 1분
주소 4 Plateia Omonia, Athens
운영시간 월~금 09:00~21:00, 토 09:00~20:00, 일요일 휴무
전화 210-528-2800
홈페이지 www.hondoscenter.gr

직배송에 울었던가? 직접 쇼핑 한번 해보자
세포라 Sephora

세계적인 화장품 전문 매장이다. 1970년 프랑스에서 태어나 세계 곳곳에 1,600개가 넘는 매장이 있다. 그리스에도 36개가 있는데, 다행스럽게 아테네에 13개가 있다. 한국 여성에게도 사랑을 듬뿍 받는 세포라. 2014년 한국 직배송이 시작되고 얼마나 환호를 질렀던가. 아테네 세포라에서 직접 보고, 만지고, 쇼핑하자.

Data 지도 073p-G 가는 법 골로니키 광장에서 도보 3분 주소 2 Milioni St. Kolonaki, Athens 운영시간 월,수 09:00~19:00, 화,목,금 09:00~21:00, 토 09:00~18:00 전화 210-361-3051 홈페이지 www.sephora.gr

아테네 최고급 백화점
아티카 Attica

아테네에서 가장 럭셔리한 백화점이다. 그리스 전역에 총 5개점이 있는데, 시티링크점은 신타그마 광장에 인접해 있어 접근성이 뛰어나다. 디오르, 라 메르, 에이솝과 같은 고급 화장품 브랜드부터 '세븐포올 맨카인드7 for all mankind', '55 DLSL' 같은 명품 캐주얼 브랜드도 입점해 있다. 케어랩 바이 아티카Carelab by Attica는 '아더마Aderma', '아벤느Avene' 등의 실용주의 화장품 편집 매장으로 전문가가 상주하며 미용 및 건강에 대한 컨설팅을 제공한다.

Data 지도 073p-G 가는 법 신타그마 광장에서 도보 4분 주소 9 Panepistimou St. Plateia Syntagma, Athens 운영시간 월~금 10:00~21:00, 토 10:00~19:00, 일요일 휴무 전화 211-180-2600 홈페이지 www.atticadps.gr

GREECE BY AREA 01
아테네

SLEEP

아테네의 대표 호텔
호텔 그랑드 브로타뉴
Hotel Grande Bretagne

아테네의 랜드마크가 된 호텔이다. 'Great Britain'이란 이름처럼 1874년 품격 있는 영국 왕실의 느낌으로 지어졌다. 외교관, 유명 사업가, 영화배우 등이 즐겨 찾는 이 호텔은 신타그마 광장에 인접해 있어 대부분 관광 명소로 접근이 용이하다. 2003년 1억 달러를 투자해 새 옷으로 갈아입었고, 최근에는 스파와 피트니스를 다시 한 번 최고의 장비와 시설로 교체했다. 24시간 버틀러 서비스를 제공해 모든 고객이 내 집처럼 편안히 머물도록 한다. 8층 루프탑에는 아크로폴리스와 아테네 시내가 내려다보이는 수영장과 바가 있다.

Data 지도 073p-G
가는 법 메트로 신타그마역에서 도보 1분
주소 1 Vasileos Georgiou A' St. Plateia Syntagma, Athens
요금 클래식룸 754유로~, 딜럭스룸 813유로~, 그랜드 스위트룸 1,499유로~
전화 210-333-0000
홈페이지 www.marriott.com

신타그마 광장을 지키는 부티크 호텔
킹 조지 호텔 King George Hotel

호텔 그랑드 브로타뉴과 함께 신타그마 광장에 사이좋게 서 있다. 알고 보니 두 호텔 모두 스타우드 럭셔리 컬렉션 계열이다. 1930년에 개장하여 102개 객실을 보유하고 있으며, 호텔 그랑드 브로타뉴보다는 훨씬 젊은 느낌의 부티크 호텔이다. 객실이나 레스토랑으로 올라가는 엘리베이터가 로비 구석에 숨어 있어 찾기 힘든 것이 단점이지만, 고객의 프라이버시가 보호되는 느낌이 들어 좋다. 아테네 최고의 레스토랑 중 하나인 투도 홀 레스토랑이 이 호텔 7층에 있다. 조식부터 석식까지를 이 레스토랑이 책임진다.

Data 지도 073p-G
가는 법 메트로 신타그마역에서 도보 2분
주소 3 Vasileos Georgiou A' St. Plateia Syntagma, Athens
요금 클래식룸 490유로~, 딜럭스룸 548유로~, 주니어 스위트룸 617유로~
전화 210-322-2210
홈페이지 www.kinggeorgeathens.com

아크로폴리스 아래 아크로폴리스
디바니 팔라스 아크로폴리스
Divani Palace Acropolis

50년 넘게 럭셔리 호텔을 운영해 온 디바니 컬렉션 그룹의 호텔이다. 외관으로는 상상할 수 없었던 고급스럽고 무게감 있는 내부가 인상적이다. 원목과 금색, 그리고 고풍스러운 가구가 그 무게를 더한다. 올 데이 다이닝 레스토랑인 아스파씨나에서는 지중해 및 전통 그리스 메뉴를 맛볼 수 있다. 객실과 아크로폴리스 박물관, 공항까지의 대중교통, 버스 투어 등을 연계한 패키지 상품도 있으니 예약 시 참고하자.

Data 지도 077p-K
가는 법 메트로 아크로폴리역에서 도보 10분
주소 19~25 Parthenonos St. Athens
요금 프리미어 스위트룸 400유로~, 이그제큐티브 스위트룸 550유로~
전화 210-928-0100
홈페이지 www.divaniacropolishotel.com

패셔너블한 공간을 원한다면
뉴호텔 New Hotel

아테네에서 가장 현대적인 부티크 호텔이다. 브라질을 대표하는 디자이너 움베르토와 페르난도 캄파나 형제의 첫 번째 호텔 프로젝트다. 캄파나 형제는 테살리아 대학 건축학과 학생들과 함께 새것과 옛것, 현대와 고대 아테네를 콘셉트로 작업했다. 로비부터 객실은 물론 엘리베이터, 복도 구석구석 그들의 작품이 있다. 갤러리 같은 느낌의 호텔. 객실은 각각 다른 디자인이 적용됐다. 욕실 바닥에는 대나무를 사용해 자연 친화적 느낌을 준다. 국립정원 건너편에 있어 플라카, 신타그마, 아크로폴리스를 도보 10분 정도면 갈 수 있다.

Data 지도 073p-G
가는 법 메트로 신타그마역에서 도보 5분 주소 16 Filellinon St. Plateia Syntagma, Athens
요금 수페리어 323유로~, 수페리어 플러스 371유로~, 스튜디오 442유로~
전화 210-327-3000
홈페이지 www.yeshotels.gr

국립정원을 마당처럼
아말리아 호텔 Amalia Hotel

한국인에게 인기 있는 호텔이다. 교통의 요충지인 신타그마 광장에서 50m 떨어진 대로변에 있어 초행자도 쉽게 찾을 수 있다. 부드러운 색의 원목으로 꾸며진 로비에 들어서면 긴장이 풀리고 편안해진다. 이 느낌은 객실까지 이어진다. 자연광을 최대한 살린 객실 디자인과 테라스에서 보이는 국립정원이 조화롭다.

Data 지도 073p-G
가는 법 메트로 신타그마역에서 도보 2분 주소 10 Vasilissis Amalias St. Athens 요금 클래식룸 170유로~, 슈피리어룸 185유로~, 디럭스룸 200유로~
전화 210-323-7300
홈페이지 www.amaliahotelathens.gr

아테네

다정한 호텔
헤라 호텔 Hera Hotel

1981년부터 가족이 운영하는 호텔이다. 아크로폴리스와 파나티나이코 경기장 사이에 있다. 파나티나이코 경기장은 11월에 열리는 아테네 마라톤 대회의 최종 결승점이자 다양한 행사가 열리는 곳이다. 그 덕분에 대회가 열릴 때면 헤라 호텔도 세계 각국에서 온 마라토너들과 행사를 즐기러 오는 사람들로 활기가 넘친다. 객실은 38개로 아담한 규모다. 직원들은 객실 번호 대신 고객의 이름으로 암기하고, 응대 시 고객의 이름을 부른다. 가족같이 편안하고 친근한 서비스를 제공하는 것이 헤라 호텔의 가장 큰 장점이다. 5층 루프탑 레스토랑인 피코크는 파르테논 신전을 바라보며 칵테일 한잔하기에 좋다.

Data 지도 077p-K
가는 법 메트로 아크로폴리역에서 도보 5분
주소 9 Falirou St. Acropolis, Athens
요금 스탠다드룸 200유로, 주니어스위트룸 320유로
전화 210-923-6682
홈페이지 www.herahotel.gr

오모니아 광장에 이런 호텔이?
후레쉬 호텔 Fresh Hotel

오모니아 광장에 있는 디자인 호텔이다. 주변에서 보기 드문 핫핑크색 외관부터 눈에 띈다. 블랙 & 화이트가 기본이고, 강렬한 핑크, 오렌지, 그린 등을 스타일리쉬하게 사용했다. 로비부터 이어지는 아기자기한 소품 구경도 쏠쏠하다. 해가 지면 옥상으로 가자. 루프탑 바는 바로 옆 야외수영장 조명 덕에 더없이 로맨틱하다.

Data 지도 079p-F
가는 법 메트로 오모니아역에서 도보 6분
주소 26 Sofokleous St. Athens
요금 슈피리어 162유로~, 스위트 274유로~
전화 210-524-8511
홈페이지 www.freshhotel.gr

과거와 미래를 동시에 느껴보자
그레코텔 팔라스 아씨나 Grecotel Pallas Athena

그리스의 유명 휴양지에 럭셔리 리조트 & 호텔을 운영하는 그레코텔의 부티크 호텔이다. 서민들이 주로 찾는 센트럴 마켓 건너편에 자리한 것이 의외이지만 이 지역은 아테네의 경제 중심지이며, 오랜 이야기를 담고 있는 의미있는 곳이다. 호텔은 로비와 모든 객실이 작은 갤러리다. 현대적 디자인과 조각, 회화 작품으로 빈틈없이 꾸며져 있다. 코치아 광장을 지나 호텔 안으로 들어가면 마치 아테네의 과거와 미래를 동시에 보는 듯한 느낌이 든다.

Data 지도 079p-F
가는 법 메트로 오모니아 역에서 도보 4분
주소 65 Athinas St. & Lycourgou St. Athens
요금 팔라스 게스트룸 195유로, 프리미엄 지라피티룸 210유로~
전화 210-325-0900
홈페이지 www.grecotelpallasathena.com

욕실이 넓어 꽃할배도 감동한
사이프리아 호텔 Cypria Hotel

아테네 쇼핑의 거리 에르무Ermou에 있다. 촘촘히 자리 잡은 숍들 사이에 있을뿐더러 대로변에서 1블록 안쪽으로 들어가 정문이 있다. 입구를 찾지 못해 당황스러울 수 있으나 일단 위치를 파악하고 나면 더없이 좋은 주변 환경임을 알게 된다. 호텔 정문부터 신타그마 광장까지 연결되는 길은 볼거리뿐만 아니라 먹을거리로도 가득 차 있다. 트렌디한 바, 카페, 레스토랑이 주변에 포진해 있다. 중식당, 한식당까지 있으니 동양음식을 선호하는 한국인 관광객이라면 매우 좋아할 곳이다. 좁은 로비에 비해 객실은 넓은 편이다. 특히 욕실 공간이 매우 여유로운데, 아테네 도심에 있는 호텔로는 매우 드문 구조다.

Data 지도 072p-F
가는 법 신타그마 광장에서 도보 5분 **주소** 5 Diomias St. Syntagma, Athens
요금 더블 이코노미룸 135유로~, 더블 이그제큐티브룸 150유로~
전화 210-323-8034
홈페이지 www.athenscypria.com

내 집 같은 숙소를 원한다면
아테네 스튜디오 Athens Studios

아테네 백패커스와 같은 회사가 운영한다. 가족이나 다수의 일행과 여행 중이라면 딱 좋다. 스튜디오와 아파트, 두 가지 타입이 있다. 스튜디오는 독립된 작은 아파트에 주방, 소파, 침대, 욕실이 있어 커플에 좋다. 아파트는 2인용부터 6인용까지 있고, 아파트 종류에 따라 2층 침대가 갖춰진 곳도 있다. 여행 중에도 직접 음식을 만들어 먹는 것을 선호하거나 집 같은 분위기에서 머물기를 원한다면 안성맞춤이다.

Data 지도 077p-K
가는 법 메트로 아크로폴리 역에서 도보 5분
주소 3A Veikou St. Makrygianni, Athens
요금 3인 스튜디오 98유로~
전화 210-923-5811
홈페이지 www.athensstudios.gr

합리적 가격, 훌륭한 위치
베스트 웨스턴 아마존 호텔 Best Western Amazon Hotel

우리에게도 잘 알려진 다국적 체인 호텔이다. 아테네에만 9개의 체인이 있다. 베스트 웨스턴 아마존 호텔은 신타그마 광장에 인접해 있고, 모나스티라키 광장까지 거리는 500m 가량 된다. 최근 개보수를 거친 40여 개의 객실은 쾌적한 분위기와 시설을 제공한다. 합리적인 가격과 편리한 위치로 서두르지 않으면 성수기 예약이 매우 어렵다.

Data 지도 072p-F
가는 법 신타그마 광장에서 도보 5분
주소 19 Mitropoleos St. & Pentells St. Athens
요금 더블룸 110유로~, 스위트룸 150유로~
전화 210-323-4002
홈페이지 www.bestwestern.com

위치 좋은 숙소를 찾는다면
바이런 호텔 Byron Hotel

아크로폴리스와 플라카 지역을 관광하기에는 최적의 위치다. 호텔 문을 나서면 대기하고 있는 코끼리 열차를 타도 좋고, 걸어서 갈 경우 디오니소스 극장까지는 3분, 아크로폴리스 주 입구까지는 10분 정도 소요된다. 파노스 미씨오플로스 씨가 가족과 함께 37년째 운영 중이다. 22개의 객실은 가족이 머무는 공간처럼 관리되고 있다. tvN 예능 <꽃보다 할배>를 통해 호텔이 소개된 후, 한국인 투숙객이 늘고 사진 촬영 요청도 생겼다고 한다. 최근에는 옥상을 루프탑 카페로 변신시켰다. 투숙객들은 아크로폴리스를 바라보며 아침 식사를 할 수 있게 됐다.

Data 지도 077p-H
가는 법 메트로 아크로폴리 역에서 도보 1분
주소 19 Vyronos Shelly St. Athens 요금 더블룸 360유로~, 슈피리어룸 444유로~, 패밀리룸 480유로~
전화 210-323-0327
홈페이지 www.hotel-byron.gr

배낭여행객이어도, 배낭여행객이 아니어도 좋은
아테네 백팩커스 Athens Backpackers

배낭여행객을 위한 숙소다. 아크로폴리스와 인접해 있는 위치에 한 번 놀라고, 서비스와 시설에 한 번 더 놀란다. 입구부터 객실 구석구석까지 깔끔하고 잘 정돈되어 있다. 자정이 지난 후 도착하는 경우에는 다음날 오전으로 체크인 시점을 늦출 수 있다. 조금 불편하지만 쉴 수 있는 소파를 휴게실에 비치해 놓았다. 하루 숙박료를 절약하게 되니 주머니 가벼운 배낭여행객에게는 더없이 좋다. 옥상 작은 바에서는 다양한 국적의 젊은이들이 밤마다 맥주 파티를 연다. 셀프 세탁소가 같은 건물에 있다.

Data 지도 077p-L
가는 법 메트로 아크로폴리 역에서 도보 2분
주소 12 Makri St. Makrygianni, Athens
요금 4인실 26.6유로~, 6인실 24.7유로~
전화 210-922-4004
홈페이지 www.backpackers.gr

Greece By Area

02

아테네 근교
AROUND ATHENS

아테네는 '아테네'가 전부가 아니다. 아테네 주위에 놓치면 아쉬울 여행지가 널려 있다. 닥터 피쉬와 함께 수영할 수 있는 불리아메니 호수, 럭셔리 해변의 대명사 아스티르 해변이 아테네에서 한 시간 남짓한 거리다. 피레우스 항구에서 배 타고 가는 이드라섬은 자동차나 스쿠터처럼 엔진 있는 교통수단은 출입금지! 이드라의 도로는 당나귀와 노새 차지다. 좌르르 부서지는 파도, 그 위로 유유자적 돛을 내리는 배들이 하루를 만들어간다. 그리스 본토의 남쪽 끝 수니온곶은 카리스마 넘치는 포세이돈 신전이 있다. 아테네의 북서쪽 펠로폰네소스 반도에는 해상 무역으로 부유했던 코린토스와 그리스의 첫 번째 수도 나플리오가 있다. '그리스의 나폴리'라는 명성답게 이 작은 항구 도시는 골목에서 길을 잃어도 그저 행복하다.

GREECE BY AREA 02
아테네 근교

수니온곶
CAPE SOUNION
ΑΚΡΩΤΗΡΙΟ ΣΟΥΝΙΟ

아테네를 벗어나 한나절 관광하기에 가장 좋은 곳이다. 거침없이 펼쳐진 에게해, 그 바다를 관장하듯 언덕 위에 포세이돈 신전이 있다. 바다의 신 포세이돈이 지키고 있는 바다라니. 이보다 든든할 수 있을까? 바다의 신에게는 노을도 가장 아름다운 모습만 보여준다. 붉은빛이 번진 나오스 카페는 연인들의 데이트 장소로 유명하다. 음식은 기본 수준이지만, 연인의 손을 잡고 서로의 눈을 바라보며 먹는 음식은 죄다 꿀맛인 법. 나오스 카페 우측이 포세이돈 신전이고, 좌측에는 낮은 언덕이 있다. 이 언덕 산책은 강추! 한쪽으로는 해변 마을이 동화 속 그림처럼 펼쳐지고, 반대쪽으로는 절벽 끝에 위풍당당하게 서 있는 포세이돈 신전을 볼 수 있는 명당이다.

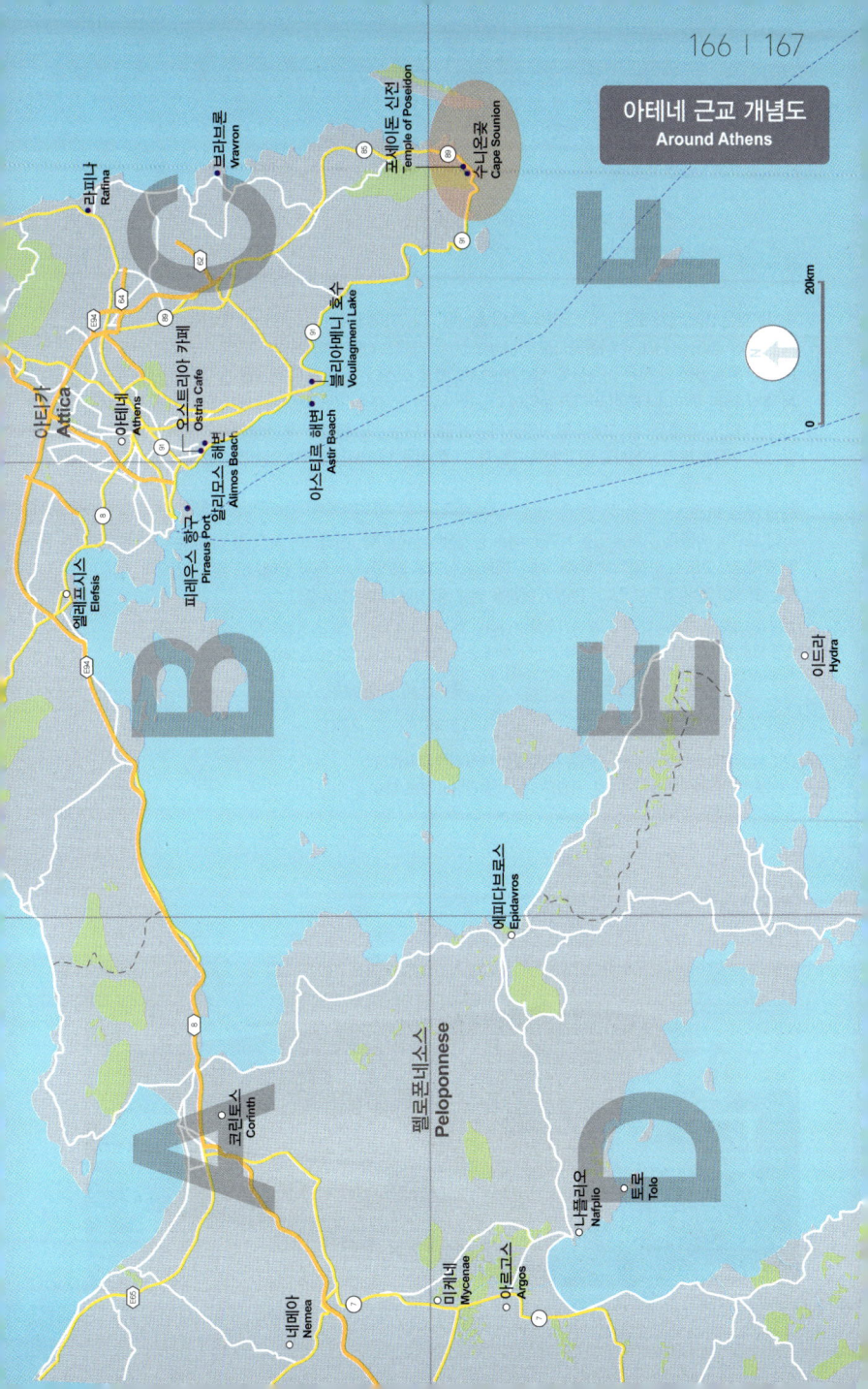

수니온곶 찾아가기

🚗 어떻게 갈까?

수니온곶은 아테네가 포함된 아티카Attica주의 최남단이다. 아테네에서 70km 가량 떨어져 있다. 버스로 1시간 40분 정도 걸린다. 수니온곶으로 가는 버스는 두 가지 노선이 있다. 91번 도로를 따라 해안가로 달리는 해안 루트 버스와 작은 마을들을 지나가는 내륙 루트 버스다. 해안 루트 버스를 탈 경우 아테네 도심에서 출발 15분 후부터 시원한 바다가 눈앞에 파노라마처럼 펼쳐진다. 아테네에서 그리스의 도시를 충분히 즐겼다면 해안 루트를 달리며 그리스의 자연을 마음에 담아 보는 것도 좋겠다. 혹은 부지런을 떨어 아침 일찍 출발하고, 여유롭게 점심 식사도 하고 산책도 하자. 그 후 이른 저녁 시간에 돌아오는 것도 좋은 방법이다.

해안 루트 버스
국립 고고학 박물관 근처에 있는 KTEL 버스 정거장이 종점이다. 신타그마 광장 옆 피렐리논Filellinon 거리 및 클라프쓰모노스 광장Plateia Klafthmonos, 메트로 신그루 픽스Syngrou Fix역 앞에서도 탈 수 있으나, 성수기에는 좌석이 없는 경우도 있다. 편안한 여행을 위해 종점에서 타는 것이 좋다.

요금 6.9유로(종점에서 탈 경우, 운전기사에게 요금을 지급하고 승차한다. 종점 이후의 정거장에서 탑승한 경우 해안 도로 진입 전 담당 직원이 일괄 수거한다. 이때 종점에서 탄 사람은 영수증을 보여주면 된다.)

아테네 → 수니온곶	수니온곶 → 아테네
10:30 14:30 16:30	13:45, 17:30, 20:00

가는 법 알렉산드라스Alexandras 거리와 파티시온Patision 거리 교차점
(메트로 빅토리아역에서 도보 5분, 국립 고고학 박물관에서 도보 4분)
홈페이지 ktelattikis.gr

바다를 잔잔하게 해주세요
포세이돈 신전 Temple of Poseidon

바다의 신 포세이돈을 위한 신전이다. 아티카 반도의 남쪽 끝, 수니온 곶 60m 높이 언덕 위에서 바다를 내려다보듯 서 있다. 고대 아테네인들은 자연도 신이 주관하는 것이라 믿었다. 그들에게 바다는 신이 허락한 삶의 터전인 동시에 신을 노하게 하면 목숨을 뺏길 수도 있는 곳이었다. 또한, 수니온곶은 아테네의 해상 전략상 중요한 위치였다. 그들은 이곳에 바다의 신을 위해 신전을 짓고 제물을 바치며 바닷길의 안녕을 빌었다. 해안 도로에서도 육지와 바다의 경계선에 있는 포세이돈 신전은 카리스마가 느껴진다. 도리아식 기둥 34개가 사면을 둘러싼 모양으로 BC 444~440년에 지어졌다. 현재 남아 있는 기둥 중 하나에는 영국 낭만파 시인 조지 고든 바이런George Gordon Byron의 이름이 새겨져 있다. 바이런은 1810년경 유럽을 여행했는데, 그리스를 처음으로 방문했을 때 수니온곶을 다녀간 것으로 알려졌다. 하지만 그가 직접 새겼다는 증거는 없다. 포세이돈 신전은 아테네 고대 아고라의 헤파이스토스 신전과 비슷한 시기에 지어진 데다 스타일도 비슷해 같은 건축가의 작품이 아닌가 하는 추측이 있다.

Data 지도 167p-F
운영시간 09:30~일몰
요금 10유로, 매월 첫번째 일요일 무료(11월~3월)
전화 229-203-9363

▲ 멀리서 바라본 수니온곶의 포세이돈 신전

포세이돈과 무슨 인연?
아테나 여신 신전터 Sanctuary of Athena

포세이돈 신전에서 북동쪽으로 400m 떨어진 곳에 있으며, BC 5세기에 지어졌다. 아테나 여신 신전은 남쪽과 동쪽에만 기둥이 서 있었던 것으로 추정된다. 신전의 2면에만 기둥이 나열된 것은 고대 그리스 건축에 있어 매우 이례적인 일이다. 안타깝게도 크게 파손된 아테나 여신 신전 일부분은 AD 1세기 아테네의 고대 아고라 건축에 사용되었다. 현재는 터와 기둥 하단 부분만 흔적처럼 남아 있다. 얼핏 보아도 포세이돈 신전보다 훨씬 작은 규모다. 신화에서 아테네의 통치권을 두고 아테나와 포세이돈이 내기를 했고, 포세이돈이 패배했던 것을 생각하면 기분이 묘해진다.

Data 가는 법 포세이돈 신전에서 도보 6분
요금 무료

사랑은 노을을 타고
나오스 카페 레스토랑 Naos Cafe Restaurant

포세이돈 신전 입구에 있다. 그리스의 부호 아리스토틀 오나시스와 재클린 케네디의 단골 카페로 유명하다. 노을로 붉게 물든 에게해와 포세이돈 신전은 모두를 로맨티시스트로 만들기에 충분하다. 스테이크부터 버거, 파스타, 샌드위치까지 다양한 메뉴가 있다. 식사 후에는 포세이돈 신전에서 해안가 마을로 이어진 산책로를 걸어보는 것도 좋겠다.

Data **가는 법** 포세이돈 신전 입구 옆
운영시간 09:00~19:00
요금 그릭 커피 2.9유로, 카푸치노 4.2유로, 햄&치즈 토스트 3.7유로, 송아지 스테이크 14유로
전화 229-203-9190

Tip 곶(Cape)이란?
삼면이 바다인 육지를 말한다. 육지의 약한 부분이 파도에 의해 깎여나갈 때 그것을 견딘 부분이거나, 모래가 쌓이고 쌓여 바다 쪽으로 돌출된 것이다. 크기가 작으면 곶, 크면 반도라고 부른다.

아테네 근교 해변 & 호수

아테네는 유물과 유적의 도시다. 하지만 삼면이 바다로 둘러싸인 덕에 차로 15분만 달리면 해변에 도착한다. 거기서부터 남쪽으로 항구와 해변의 행렬이 이어진다. 남쪽 끝, 아테네가 숨겨 놓은 보석 같은 호수까지, 안 보면 땅을 치고 후회할 아테네 인근 해변과 호수 세 곳을 소개한다.

낭만적이고 또 낭만적인
불리아메니 호수 Vouliagmeni Lake

한겨울에 절벽 아래 호수에서 닥터 피시와 수영을 한다고? 말도 안 되는 것 같지만, 이건 불리아메니 호수 얘기다. 산만큼 큰 돌덩이의 한쪽 끝이 침식으로 깎여나가 절벽과 호수가 생겼다. 절벽 한쪽 면에는 작은 구멍처럼 보이는 동굴이 14개가 있는데, 그중 어떤 것은 길이가 800m나 된다. 호수에는 신비롭게도 해양수와 온천수가 동시에 채워지고, 또 끊임없이 순환하며 한겨울에도 20도 이상의 수온이 유지된다. 물이 돌고 도니 깨끗한 건 당연지사. 이곳에 해면동물과 연체동물이 산다. 생태계의 조화를 대표하듯 이곳은 닥터 피시로 알려진 가라루파 Garra Rufa의 서식지이기도 하다. 이곳에서 수영을 하면 운동과 피부 관리를 동시에 하는 효과가 있다. 현지인들만의 아지트였던 이곳에 최근 유럽과 미국의 관광객들이 서서히 몰려들기 시작했다. 1992년부터는 'Thermal Spa Vouliagmeni'라는 회사가 관리하며 레스토랑과 스파 숍을 함께 운영하고 있다. 요가, 아쿠아로빅, 스노클링 등 다양한 활동이 가능하다. 한여름 밤에 재즈 파티가 열리기도 하고, 다양한 테마로 와인 & 다이닝 행사가 진행되기도 한다.

Data 지도 167p-C
가는 법 메트로 엘리니코역에서 하차-Vouliagmenis Ave. to Glyfada 출구-122번 버스 탑승-림니 정거장에서 하차-도보 2분
주소 Vouliagmeni Lake, Vouliagmeni, Athens
운영시간 08:00~18:00
요금 월~금 15유로, 토~일 18유로
전화 210-896-2237
홈페이지 www.limnivouliagmenis.gr

하루쯤은 호화롭게
아스티르 해변 Astir Beach

아테네 근교의 개인 소유 해변 중 가장 럭셔리하고, 이용료가 비싼 곳이다. 해변이 해변이지, 왜 돈까지 내고 이용해야 하느냐는 생각은 잠시 접어두자. 이 해변은 1959년 오픈 이래 그리스 재벌, 세계 각국의 선박 소유주, 영화스타, 정치인들이 단골이 되었다. 또 아스티르 해변에 있는 비치 발리 코트는 2004년 아테네 올림픽 때 경기장으로 사용되기도 했다. 아스티르 해변은 해변을 끼고 아스티르 팔라스 호텔이 지어져 아테네인들이 선호하는 고급 휴가지로 명성을 떨치고 있다. 그리스의 지리학자 파우사니아스는 제우스의 아이를 가진 레토가 그의 아내 헤라를 피해 이곳으로 도망 왔고, 여기서 아폴로와 아르테미스를 출산했다고 주장한다. 아스티르 해변 안에 있는 아폴로 조스터의 신전이 그 주장을 뒷받침한다. 이곳에서는 다양한 수상 스포츠를 배울 수 있다. 제트스키부터 웨이크보드, 윈드서핑, 플라이 피싱까지 다양하다. 쉬러 와서 운동이 웬 말이냐고 하는 사람들은 선베드에 누워만 있어도 된다. 갈매기와 함께 휴식을 취하고 있으면 푸짐한 버거와 맥주를 해변에 있는 T.G.I.Friday에서 자리로 가져다준다. 혹시 챙기지 못한 자외선 차단제, 모자 등은 아스티르 숍에서 살 수 있다. 탈의실과 샤워실은 넉넉한 규모로 해변에 설치되어 있다.

Data 지도 167p-C
가는 법 메트로 엘리니코역에서 하차-Vouliagmenis Ave. to Glyfada 출구-122번 버스 탑승-라이모스 정거장에서 하차-도보 5분
주소 40 Apollonos, Vouliagmeni, Athens 운영시간 08:00~21:00
요금 성수기 기준 주중 18유로 (12세 이하 10유로), 주말 28유로 (12세 이하 15유로)
전화 210-890-1619
홈페이지 www.astir.gr

아테네에 이런 바다가?
알리모스 해변 & 오스트리아 카페 Alimos Beach & Ostria Cafe

알리모스 해변은 신타그마 광장에서 약 8km 떨어져 있다. 택시로 15분 정도 달리면 도착하고 트램이나 버스를 이용할 경우 해변 바로 앞 정거장에서 내리면 된다. 주차장도 큰 규모인데, 이미 5월이면 아침부터 주차 전쟁이 벌어진다. 아테네 사람들이 아이의 손을 잡고 너도나도 몰려들기 때문이다. 그들이 이곳을 좋아하는 이유는 비단 접근성 때문은 아니다. 크지 않은 규모의 해변이지만 꽤 깨끗하고 부드러운 모래사장이 있고, 선베드, 바, 샤워실, 탈의실 등을 갖췄다. 게다가 이용료도 없으니 금상첨화.
얼핏 봐도 규모가 어마어마해 보이는 오스트리아 카페 Ostria Cafe는 내부에 400명, 외부에 1,400명을 수용할 수 있다. 카페 내에 아이들의 놀이터까지 있다. 여름철 주말에는 이 큰 카페가 손님으로 가득 찬다. 종일 식사가 가능해 편리하고, 해변을 바로 앞에 두고 커피를 마실 수 있는 낭만적인 장소이기 때문이다. 오스트리아 카페를 지나 요트 선착장 쪽으로 가면 조금 한산해진다. 아테네의 해상 관문인 피레우스 Piraeus항구에서부터 시작된 선박과 요트 행렬이 이곳까지 이어진다. 부둣가에 걸터앉아 샌드위치, 맥주 한잔 하는 것도 낭만적이다.

Data 오스트리아 카페
지도 167p-C
주소 10 Poseidonos St. Alimos Beach, Athens
운영시간 08:00~02:00
전화 210-985-0118
홈페이지 www.ostria.gr

Talk 에게해 이름의 유래

그리스와 튀르키예 사이에 있는 바다를 '에게해'라고 부른다. 그리스 신화와 역사의 주 무대이기도 한 이 바다는 이름 유래에 대해 재미있는 이야기가 몇 가지 있다. 그중 아테네 사람들이 가장 신뢰하는 것은 아테네의 왕 아이게우스에 관한 이야기이다. 고대 아테네는 크레타섬에 있는 황소 괴물 미노타우로스에게 매년 소년 7명, 소녀 7명을 제물로 바쳤다. 아이게우스의 아들 테세우스는 이 괴물을 무찌르겠다며 크레타섬으로 떠났다. 그는 무사히 돌아오게 되면 다른 색의 돛을 달겠다고 아버지에게 약속했다. 하지만 테세우스는 괴물을 무찔렀으나 돛의 색을 바꾸는 것을 깜빡했다. 멀리서 돛을 본 아이게우스는 아들이 죽었다고 생각하고 바다에 몸을 던졌다. 이후 사람들은 이 바다를 '아이게우스의 바다'라는 뜻으로 '에게해'라고 부른다.

코린토스

CORINTH
ΚΟΡΙΝΘΟΣ

코린토스는 펠레폰네소스 반도와 아테네를 잇는 길다란 지협에 건설된 고대 도시다. 코린트 도자기의 발상지이기도 한 코린토스는 기원전부터 무역을 통해 부를 축적했던 부자 도시다. 코린토스는 아테네와 펠레폰네소스가 실낱같이 연결된 특수한 지형으로 인해 고대부터 운하를 만들려는 노력이 있었다. 폭군으로 널리 알려진 로마의 황제 네로도 이곳에 운하를 건설하려고 했지만 실패했다. 결국 운하는 19세기 말에 개통이 됐는데, 그리스는 물론 이탈리아를 잇는 교통과 물류에 획기적인 기여를 했다. 지금은 그리스 신화가 깃든 고대 코린토스 유적지와 함께 여행자들이 빠지지 않고 찾는 곳이 됐다.

코린토스 찾아가기

어떻게 갈까?

아테네 키피소우 버스 터미널에서 펠레폰네소스와 테살로니키 방향으로 가는 버스들이 출발한다. 버스표 판매 창구는 목적지별로 되어 있고, 표를 사면 몇 번 플랫폼으로 가야 하는지 알려준다. 펠레폰네소스 방면 버스는 05:50부터 23:30까지 1시간 간격으로 운행된다. 단, 요일과 계절에 따라 변동될 수 있으니 웹사이트를 참고하자. 요금은 편도 6유로다. 버스 앞에 목적지가 쓰여 있는데, 코린토스는 '코린토스 운하' 정거장과 '코린토스 시내' 정거장이 있다. 요금도 같고 표도 구분이 없어 헷갈릴 수 있는데, 탑승 시 기사나 짐을 실어주는 직원에게 말해야 한다. 목적지별로 짐 놓는 위치가 다르기 때문이다. 터미널에서 약 1시간 10분 후면 코린토스 운하에 도착한다. 코린토스 운하 다음 정거장이 코린토스 시내 정거장이다.

키피소우 버스 터미널 Kifissou 1st Bus Station
가는 법 메트로 오모니아역 근처에서 도보 5분, 메난드로우Menandrou 거리에서 051 버스 이용(2유로, 15분마다 운행), 오모니아역에서 택시 이용 시 약 6유로
주소 100 Kifissou St. Athens 전화 210-512-4910 홈페이지 www.ktelattikis.gr

시시포스 신화를 만나러 가는
고대 코린토스 Ancient Corinth

코린토스 시내에서 약 7km 떨어진 곳에 있다. 2,000년 전 세워진 도시의 모습을 느껴볼 수 있다. 유적지에 서면 멀리 코린토스의 창건자 시시포스Sysiphus가 제우스를 속인 죄로 끝없이 굴러 떨어지는 돌을 위로 끌어올려야 하는 벌을 받았다는 산이 보인다. 제우스의 눈 밖에 난 시시포스지만, 강의 신 아소포스에게는 샘물을 선물로 받아 늘 가물었던 코린토스가 윤택하게 되었다는 아름다운 이야기도 있다. 이곳에는 한때 번영을 누리다 지진으로 멸망한 고대 코린토스의 유물이 있다.

Data 지도 177p-A
가는 법 코린토스 운하 버스 터미널과 코린토스 시내에서 마을버스가 매시간 1회 운행 (오후 3시 이후에는 2시간에 1회 운행), 요금 1.6유로(약 20분 소요). 코린토스 시내에서 택시 10유로
주소 Ancient Corinth, Peloponnese
운영시간 08:00~19:00
요금 8유로 **전화** 274-103-1207
홈페이지 www.ancientcorinth.net

1. 아폴로 신전 Temple of Apollo

고대 코린토스 입구에 위풍당당하게 서 있는 아폴로 신전은 BC 6세기에 지어졌다. 당시에는 53m*21m의 대좌를 38개의 기둥이 감싸는 모습이었다. 내부에는 총 16개의 기둥이 신전을 함께 떠받치고 있었다. 지금은 7개의 기둥만 남아 있다. 하지만 지름이 3m가 넘는 도리아식 기둥이 한 덩어리의 돌로 만들어진 것이라 건축학적으로 가치를 인정받는다.

2. 글라우케 우물 Glauke Fountain

귀족과 왕족만 사용했던 우물이다. 4개의 암벽을 깎아 만든 저수지가 우물 안에 있다. 이 우물에도 전설이 스며 있다. 코린토스의 왕 크레온은 자신의 딸 글라우케와 영웅 이아손을 결혼시키려고 한다. 그러나 이아손을 흠모해 조국을 버리고 코린토스로 온 메테이아는 글라우케를 질투해 독이 묻은 옷을 그녀에게 보낸다. 그 옷을 입자마자 글라우케의 몸은 불길에 휩싸였다. 그녀는 너무 괴로운 나머지 신들에게 차라리 우물이 되게 해 달라고 빌었다. 그 우물이 바로 글라우케 우물이라고 한다.

3. 비마 Bema

로마 시대의 토론 연단이다. 이곳에서 로마 총독의 연설 등 다양한 의식이 거행됐다. 사도 바울은 코린토스에서 1년 6개월 동안 머물며 전도 활동을 했는데, 그가 유대인들의 율법과 질서를 파괴한다는 이유로 고소당해 재판을 받았던 곳도 이곳이다. 갈리오 총독은 사도 바울의 행동이 로마의 법에 어긋나지 않는다고 판단하여 무죄로 풀어줬다.

4. 옥타비아 신전 Temple of Octavia

아우구스투스의 누나 옥타비아에게 헌납된 신전이다. 원래는 도리아식으로 지어졌으나 1세기 말경 코린트식 기둥 18개로 둘러싸인 모습으로 변신했다. 도리아식으로 지어진 아폴로 신전이 남성미를 뽐낸다면 코린트식 기둥이 떠받들고 있는 옥타비아 신전은 여성미를 보여준다. 신전은 당시 지면보다 9m 높은 곳에 지어졌다. 그래서인지 아칸서스 잎 장식의 기둥이 더 웅장하고 화려하게 느껴진다.

5. 레헤온 도로
Lecheon Road

고대 코린토스 동편에서 레헤온 항구까지 뻗은 길이다. 상점이 몰려 있던 광장(아고라)에서 레헤온 도로로 진입하는 길에는 정문 역할을 했던 프로필레아가 있다. 레헤온 도로 양쪽으로는 성당, 상점, 목욕탕 등이 있었다. 2,000년 전에 건설된 도시에 이렇게 포장이 잘된 길이 있었다는 게 놀랍기만 하다.

6. 피레네 하부 우물
Lower Peirene Fountain

1세기 이후부터 코린토스의 주요 식수원이었다. 로마 시대 코린토스 사람들은 이 우물이 575m 산꼭대기에 있는 아크로코린토스와 연결되어 있다고 믿었다. 그래서 아크로코린토스의 것을 상부 우물, 그리고 고대 코린토스에 있는 우물을 하부 우물이라 불렀다. 신화에 따르면 강의 신 아소포스의 딸 피레네는 아들을 잃었는데, 너무 슬퍼 눈물을 멈추지 못했다. 결국 그 눈물이 모여 피레네 우물이 되었다고 한다.

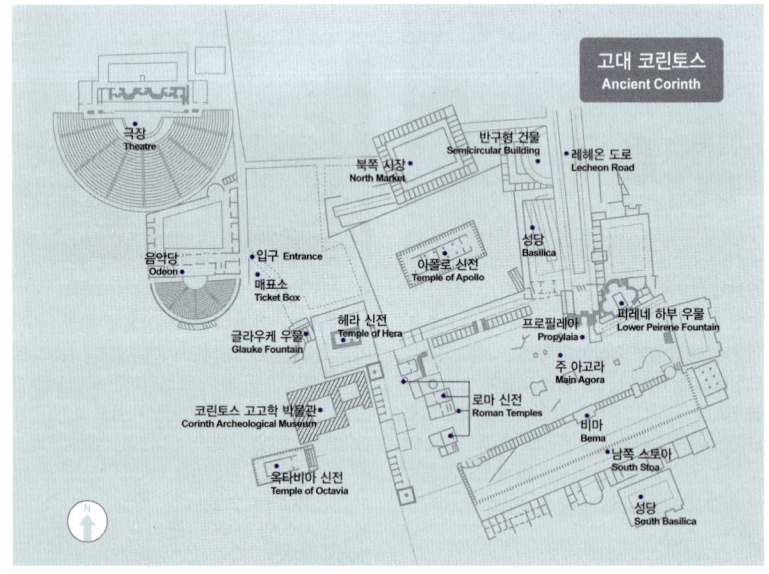

코린트 도자기의 컴백 홈!
코린토스 고고학 박물관 Corinth Archaeological Museum

고대 코린토스 내에 있는 박물관이다. 1932년에 지어졌고, 1950년 저장 공간 확보를 위해 동편 별관이 증축됐다. 아담한 규모지만 코린토스 지역에서 발굴된 신석기 시대부터 로마 시대까지의 다양한 유물이 전시되어 있다. 고대 코린토스에 입장한 사람이라면 무료로 관람할 수 있다. 박물관에 들어서면 목 없는 동상들을 가장 먼저 만나게 된다. 로마 시대 동상들인데, 튀르키예 식민지 시대에 일부러 없앴다고 한다. 또 나중에 얼굴만 붙여 신속하게 사용하기 위해 그렇게 제작했다는 설도 있다. 회랑에는 아프로디테 조각상을 비롯해 코린토스 고대 음악당에서 발굴한 유적들이 있다. 전시실 입구에는 아우구스투스와 손자 2명의 조각상이 서 있다. 코린트 도자기의 고장답게 도자기류가 많은 것이 특징이다. 코린토스 고고학 박물관은 2004년까지 문화부의 고고학 관리 부서가 있었던 곳이다. 이들에게는 가슴 아픈 시간도 있었는데, 1990년 절도범들이 285점의 유물을 훔쳐갔다. 수년에 걸친 조사와 미 연방 수사국의 도움으로 2001년 총 266점이 코린토스로 돌아왔다. 그 덕분에 고향으로 돌아온 도자기, 유리그릇, 보석들을 이곳에서 볼 수 있다.

Data 지도 177p-A
가는 법 고대 코린토스 내 위치
요금 무료

아테네 근교

그리스 남쪽의 마지막 보호벽
아크로코린토스 Acrocorinth

해발 575m에 있는 도시다. 1858년 지진으로 크게 훼손되기 전까지 코린토스인들의 삶의 터전이었다. 아크로코린토스는 길이 2,000m의 성벽이 3중으로 둘러싼 완벽한 요새였다. 수많은 전쟁에 코린토스뿐만 아니라 그리스를 지키는 남쪽의 마지막 방어벽이었다. 아크로코린토스는 고대 아르카익 시대(BC 7~5세기)부터 19세기까지 주인이 계속 바뀌었다. 비잔틴 시대는 군정과 민정을 겸하는 군사령관 스트라테고스가 머무는 곳이었고, 이후 프랑크, 베네치안, 오토만이 번갈아 주인 자리에 앉았다. 덕분에 아크로코린토스에서는 다양한 건축 양식을 볼 수 있다. 가장 높은 곳에는 아프로디테 사원이 있다. 미의 여신 아프로디테는 제우스, 디오니소스, 포세이돈, 헤르메스 등 많은 신들의 정신을 쏙 빼놓았던 여신이다. 염문과 불륜의 중심에 있었던 그녀의 신전에는 창녀이기도 했던 여사제 1,000명이 있었다고 한다. 공동체가 모시는 신에 따라 사회가 달라지는 것이 고대 그리스의 특징이다. 당시 코린토스의 문화가 어땠는지 짐작할 수 있다. 아크로코린토스는 거대한 석회석 산 위에 지어졌다. 바닥이 매우 미끄러우니 신발 선택에 유의하자.

Data 지도 177p-A
가는 법 대중교통 이용 불가, 고대 코린토스에서 택시로 약 10분(8유로), 코린토스 시내에서 택시로 약 15분(10유로)
운영시간 08:30~15:30
요금 무료

반도를 섬으로 만든
코린토스 운하 Corinth Canal

운하는 배의 통행 또는 배수, 용수를 위해 인공적으로 만든 수로다. 코린토스 운하는 길이 6.34km, 상부 폭 24.6m, 하부 폭 21.3m, 해수면부터의 높이 79m다. 이 운하로 인해 펠로폰네소스는 그리스 본토에서 분리되어 더는 반도가 아닌 섬이 되었다. 코린토스 운하에는 연평균 1만 2,500여 척의 선박이 지나다닌다. 코린토스 운하 덕분에 에게해와 아드리아해 사이 뱃길이 약 210km 단축되었다. 또한, 운하 양쪽 항구에서 활발한 무역을 할 수 있게 되어, 결과적으로 코린토스에 큰 부를 안겨주었다. 코린토스 운하를 만들기 위한 노력은 BC 7세기 페리안드로스 왕부터 시작되었다. 이후 수많은 지배자가 공사 계획을 세웠으나 실행에 옮기지 못했다. AD 67년 네로 황제가 첫 번째 삽을 떴는데, 그의 죽음 이후 공사는 중단됐다. 결국 그리스가 독립한 뒤인 1881년부터 1893년까지 공사를 진행해 완공했다. 네로 황제 후 완공되기까지 1820년 넘게 걸린 셈이다. 마치 협곡처럼 파여진 운하의 양쪽 벽은 수십만 년의 세월이 담긴 색과 결을 자랑한다. 운하 위 지상 교통을 위해 설치된 다리는 항상 관광객으로 붐빈다. 운이 좋으면 운하를 지나가는 배를 볼 수 있다. 설령 배를 못 본다 하더라도 70도 경사로 깎은 79m 높이의 벽과 그 아래 눈부시게 푸른 운하를 바라보는 것만으로도 충분한 가치가 있다.

Data 지도 177p-B
가는 법 아테네 키피소우 터미널에서 버스로 1시간 10분
운영시간 24시간 요금 무료

나플리오

NAFPLIO
ΝΑΥΠΛΙΟ

그리스의 나폴리로 불리는 항구 도시다. 이 도시는 포세이돈과 아미노네의 아들인 나우플리오스 Nauplios가 건설했다고 한다. 항해술이 뛰어났던 그는 해상 무역을 통해 나플리오를 부강한 도시로 만들었다. 이후 오랜 세월 베니치아와 오토만이 돌아가며 이곳을 지배했다. 그 후 나플리오는 그리스 독립 전쟁의 진원지로서 역사에 다시 등장한다. 그리스가 독립 전쟁을 공식적으로 선포한 것은 1821년이다. 하지만 펠로폰네소스에서는 1770년경부터 이미 독립운동이 시작되었고, 그 중심에 나플리오가 있었다. 그 후 나플리오는 독립한 그리스의 첫 번째 수도가 되기도 했다. 나플리오는 이런 깊은 역사가 서린 곳이기도 하지만 도시 자체가 오래 머물고 싶을 만큼 아름다운 곳이기도 한다. 작은 도심에는 아기자기한 볼거리만큼 이야깃거리도 많다.

나플리오
찾 아 가 기

어떻게 갈까?

아테네 키피소우 버스 터미널에서 나플리오로 가는 버스는 약 90분 간격으로 운행된다. 요금은 직행 편도 12유로이며, 2시간 10분 소요된다. 펠로폰네소스 반도로 진입하는 길목인 코린토스에서도 나플리오로 갈 수 있다. 코린토스 시외버스 터미널에서 나플리오로 가는 버스도 90분 간격으로 운행된다. 요금은 편도 14유로, 소요시간은 1시간 20분. 코린토스 시외버스 터미널에는 별도의 플랫폼이 없다. 터미널 입구에 모든 버스가 순서대로 정차했다가 출발한다. 버스가 도착하면 안내 방송이 나온다. 버스에 목적지가 적혀 있다. 자세한 운행 일정은 www.ktel-argolidas.gr을 참고하자. 키피소우 버스 터미널 가는 방법은 177p 참조.

> **Tip** **'어부의 이웃동네' 사로마할라스**
> 아크로나플리오 북서쪽에서 스타이코풀루 거리Staikopoulou St.까지를 부르는 이름이다. 이곳은 항구와 인접한 위치 덕에 그리스인 어부나 해상 무역을 하는 상인들이 주로 거주했다. 오토만의 2차 통치 시에는 유일하게 예배가 허락된 성 소피아 교회가 이곳에 있었다. 좁은 골목에는 계단을 따라 집들이 층층이 서 있다. 여러 시대에 걸쳐 다양한 건축 양식의 집을 볼 수 있는 것이 특징이다.

부르치 요새
Boutzi Fortress

펠로폰네소스
전통문화재단 박물관
Peloponnesian Folklore
Foundation Museum

악티 먀올리 항구
Akti Miaouli Port

아라파코스
Arapakos

카카나라키스 1986
Kakanarakis 1986

등대
Light House

피렐리논 광장
Plateia Filelinon

아이올로스
Aiolos

Vas. Olgas
Vas. Alexandrou

안티카 젤라테리아 디 로마
Antica Gelateria di Roma

키포스
Kipos

3 식스티
3 Sixty

입실라두 Ipsiladou

Kotsonopoulou

Sofroni

알라룸
Alaloum

콤니누
Komninou

악티 먀올리
Akti Miaouli

알파은행
Alpha Bank

카바라리스 코너
Kavalaris Corner

아말리아스 Ama

페르가몬토
Pergamonto

신타그마 광장
Plateia Syntagma

콘스타디누 Vas. Kor

쿠스테니스 Kou

Farmakopoulou

Ethnikis Antistasis

스타이코풀루 Staikopoulou

이사보 펜션
Isabo Pension

KTEL

나플리오 고고학 박물관
Nafplio Archaeological Museum

Potamianou

그랜드 사라이 호텔
Grand Sarai Hotel

아크로나플리오
Acronafplio

아르바니치아 산책로 Arvanitia Walk

아르비
A

나플리오
Nafplio

0   200m

스타디움
Stadium

펠로폰네소스 화재단 박물관
nesian Folklore
dation Museum

부불리나스
Bouboulinas

소프로니 Sofroni

오모르피 폴리 펜션
Omorfi Poli Pension

카르푸 익스프레스
Carrefour Express

s. Olgas
xandrou
우 Ipsiladou

Poliziodou

국립 갤러리 & 알렉산드로스 수초스 박물관
National Gallery & Alexandros Soutzos Museum

킬키스 Kilkis

말리아스 Amalias

우체국

시디라스 마히아스 Sidiras Merarhias

3 나바르혼 광장
Plateia 3 Navarhon

Sigrou Andrea

콜로코트로니스 공원
Kolokotronis Park

디누 Vas. Konstadinou

스테니스 Koustenis

시청
Town Hall

카포디스트리아스 광장
Plateia Kapodistrias

플라푸타 Plapouta

택시 승차장
Taxi Stops

펜션
Pension

25 마르티우 25th Martiou

KTEL 버스 정거장
KTEL Bus Station

팔라미디 진입 계단
Stairway to Palamidi

포토마라 Fotomara

게이트 오브 랜드
Gate of Land

다프니 펜션
Dafni Pension

아르바니치아 광장
Plateia Arvanitia

아르바니치아 해변
Arvanitia Beach

팔라미디 요새
The Fortress of Palamidi

카라토나 산책로 방향
To Karathona Walk
↓

카라토나 해변
Karathona Beach

GREECE BY AREA 02
아테네 근교

SEE

그리스의 나폴리가 내 품 안에 쏘옥
팔라미디 요새 The Fortress of Palamidi

220m 높이의 산 위에 있다. 자동차로 요새 입구까지 갈 수 있으나, 주차장 반대편에서 가파른 999개의 계단을 통해 올라가 볼 것을 추천한다. 숨이 턱 끝에 닿을 때쯤 그리스의 나폴리라 불리는 나플리오가 한눈에 들어온다. 시원한 바닷바람에 한 폭의 그림이 좌르륵 펼쳐진다. 아르고스 평원과 에게해가 만나는 곳에 산봉우리가 있고, 그 위에 지어진 것이 팔라미디 요새다. 이곳은 자연스레 도시를 지키는 요새 역할을 했고, 아래로 항구를 따라 도시가 형성됐다. 팔라미디 요새는 1711년부터 1715년까지 베네치아인들이 지었다. 완공 직전 오토만의 손에 넘어간 이 요새에는 18세기 요새 건축의 모든 기술이 집약되어 있다. 요새 내에는 물, 탄약, 음식 저장 공간이 있다. 요새 외벽에는 적의 침입을 초반에 막기 위해 해자를 파 놓았다. 팔라미디 요새 내의 공간은 각각이 높은 벽으로 둘러싸인 방처럼 생겼다. 큰 요새 안에 작은 요새들이 있는 모습인데, 이것은 적의 공격을 차례로 방어하기 위해서다. 또 불이 났을 경우 한 번에 크게 번지는 것을 막기 위한 목적도 있다. 팔라미디 요새로 오르는 계단 초입에 운영 시간과 요금 안내표가 있다. 계단을 다 오른 후에야 매표소와 안내 직원을 만날 수 있는데, 운영 시간은 계절별로 다르니 오르기 전에 꼭 확인하자.

Data 지도 187p-K
가는 법 KTEL 버스 정거장에서 도보 2분 (도보용 계단 입구 기준)
운영시간 08:00~20:00 (5월~8월 기준)
요금 8유로
전화 275-202-8036

도시를 안고, 추억도 안고 있는 요새
아크로나플리오 Acronafplio

나플리오 구시가지 남쪽에 있는 요새다. 마치 아르바니치아 해변과 마을의 경계선 같다. 아크로는 '높은'이라는 뜻. 따라서 아크로나플리오는 '높은 곳에 있는 나플리오'다. 이곳에는 신석기 시대부터 사람이 살았다. BC 7세기에 처음으로 요새 역할을 했고, 13세기 베네치아인들에 의해 그 기능이 강화되었다. 요새 벽에는 베네치아 공국의 문장인 사자상이 남아 있다. 바로 옆에 있는 팔라미디 요새와 비교 해보면 높이 100m로 훨씬 낮고, 도시 방어보다는 상징적 역할이 더 컸다. 나플리오 사람들은 이곳에서 팔라미디 요새로 연결되는 비밀 통로가 있다고 믿는다. 실제로 요새 벽에는 작은 터널 입구처럼 보이는 것이 군데군데 있다. 그중 몇은 바다 쪽에서 마을로 갈 수 있는 통로였다. 몇 년 전부터 안전 문제로 출입이 금지되었지만, 나쁠리오에서 어린 시절을 보낸 사람들은 그 통로 안에서 친구들과 놀던 추억이 있다. 아크로나플리오에서는 도시 서쪽 끝 항구부터 신시가지까지 파노라마 전경을 볼 수 있다. 도시 중앙인 신타그마 광장에서 도보 15분이면 아크로나플리오 정상에 이른다. 팔라미디 요새 계단과는 비교도 안 되는 완만한 길로 말이다. 이 경사도 싫은 사람은 나플리아 팔라스 호텔 Napflia Palace Hotel 지하에서 엘리베이터를 타면 된다. 호텔 로비가 아크로나플리오와 연결되어 있다.

Data 지도 186p-F
가는 법 아르바니치아 광장에서 도보 3분
운영시간 24시간
요금 무료

나플리오 바다는 내가 지킨다
부르치 요새 Bourtzi Fortress

항구에서 600m 떨어진 바다 한가운데 있는 요새다. 1473년 베네치아 인들이 아이오스 테오도로스Agios Theodoros섬 위에 지었다. 좁고 길쭉하게 생긴 섬에 딱 들어맞는 완벽한 요새 디자인은 안토니오 감벨로Antonio Gambello가 담당했다. 나플리오에는 3개의 요새가 있는데, 팔라미디, 아크로나플리오 그리고 부르치. 그중 부르치는 바다에서 도시로 들어오는 침입자를 1차 방어하는 역할을 했다. 부르치 요새는 19세기 이후 감옥으로 사용되기도 했고, 독일 건축가의 손을 빌어 호텔로 변신하기도 했다. 부르치는 탑을 뜻하는 튀르키예어 'Burj'가 어원이다. 현재는 관광객들의 발길이 끊이지 않는 도시의 트레이드마크가 되었다. 여름마다 뮤지컬과 각종 문화 공연이 열린다. 항구에서 1시간마다 부르치 투어 보트가 떠난다. 부르치 요새까지는 5분이면 도착하고, 요새 주변을 돌아볼 수 있다. 단, 보수공사를 하거나 겨울철에는 보트 투어가 중지된다. 이때는 악티 먀올리 해변 서쪽, 방파제 끝에 있는 등대까지 걸어가 보자. 손에 잡힐 듯한 부르치를 볼 수 있다.

Data 지도 186p-A
가는 법 악티 먀올리 항구에서 보트로 5분
요금 무료(보트 투어 4.5유로)

소곤소곤 재미있는 이야기
나플리오 고고학 박물관 Nafplio Archaeological Museum

작지만 알찬 박물관이다. 신타그마 광장에 얼굴처럼 자리 잡고 있는 나플리오 고고학 박물관에는 BC 3만 2,000년부터 AD 600년까지의 다양한 유물이 있다. BC 2만 8,000년구석기 시대 사냥꾼들은 동굴을 거주지로 사용했는데, 그곳에서 발굴한 작은 사냥 도구와 붉은 사슴, 야생소의 뼈를 볼 수 있다. BC 2,700년식 냉장고인 큼지막한 항아리, BC 5세기 여인들이 애지중지했을 청동거울 등이 흥미롭다. BC 3세기 아르테미스 신전에서는 고대 그리스 화폐인 스타테르 Stater가 발견되었는데, 신에게 헌금하는 의식이 이미 존재했음을 알려준다. 학예원이 들려주는 신화와 역사 설명에 발걸음이 느려지는 박물관이다.

Data 지도 186p-F
가는 법 신타그마 광장 내
주소 Ethnikis Antistasis St. Nafplio
운영시간 08:30~15:00(월요일 휴관)
요금 4월~10월 6유로,
11월~3월 3유로,
11월~3월 첫 번째 일요일 무료
전화 275-202-7502

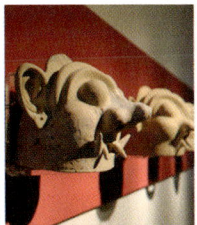

회화로 이해하는 그리스의 독립
국립 갤러리 & 알렉산드로스 수초스 박물관
National Gallery & Alexandros Soutzos Museum

나플리오 신시가지에 있다. 전시물은 그리스 독립 관련 회화가 주를 이룬다. 고즈넉한 건물 외관과는 달리 강한 어투로 메시지를 전달하는 박물관이다. 2004년에 개관한 이곳은 원래 예술 갤러리였다. 이후 알렉산드로 오나시스 공공복지협회의 도움으로 전시품을 보강하고 박물관과 가까운 모습을 갖추게 되었다. 2층 건물은 5구역으로 나뉘어 시대별 회화 작품을 선보인다. 그리스의 독립 역사나 회화에 대한 지식이 없는 사람일지라도 전시품을 둘러보면 그리스인들의 자유에 대한 강한 의지, 투쟁, 노력을 느낄 수 있다. 문명과 야만, 때로는 자유와 억압이 상충하는 이미지들이 작품에 녹아 있다. 독립을 위한 선조들의 희생을 높이 기리고자 하는 것이 국립 갤러리의 운영 목적이다.

Data 지도 187p-C
가는 법 KTEL 버스 정거장에서 도보 8분
주소 23 Sidiras Merarhias St. Nafplio
운영시간 월,목,금,토 10:00~17:00,
수 10:00~21:00, 일 10:00~18:00
(화 휴관) 요금 10유로
전화 275-202-1915

아기자기한 볼거리가 풍성
펠로폰네소스 전통문화재단 박물관 Peloponnesian Folklore Foundation Museum

19세기 나플리오와 주변 지역 시민들의 삶을 한눈에 볼 수 있는 곳이다. 부불리나스Bouboulinas 해변 산책로에서 조금만 걸어 들어오면 카페와 식당 사이에 예쁜 기념품 가게 같은 모습으로 박물관이 서 있다. 박물관 건물은 연 노란색의 신고전주의 빌딩으로 20세기 초에 건축됐다. 200여 년 전 이곳 사람들이 입었던 옷, 그릇, 베틀 등이 있어 실제 집안을 둘러보는 느낌이다. 이곳은 1981년 EMYA(올해의 유럽 박물관) 상을 받았다. 유럽에서는 첫 번째로 자리 잡은 전통문화 박물관이기 때문이다. 회화 작품까지 더해져 현재 2만 7천여 점이 전시되어 있다. 박물관에서는 기념품으로 좋은 엽서, 달력부터 전통문화 관련 도서와 잡지까지 제작하고 판매한다.

Data 지도 186p-B
가는 법 KTEL 버스 정거장에서 도보 4분
주소 Sofroni St. & 1 Vas. Alexandrou St. Nafplio
운영시간 월~토 09:00~14:30, 일 09:30~15:00
요금 5유로, 13세~18세, 65세 이상, 학생 무료
전화 275-202-8379
홈페이지 www.pli.gr

자유를 얻어 사라지게 된 문
게이트 오브 랜드 Gate of Land

나플리오 도시로 들어가는 유일한 문이었다. 1708년 이 문이 건축될 때는 그랬다. 팔라미디 요새 계단 앞에 있는 이 문은 아크로나플리오 요새를 바라보고 있다. 도시의 중심이 되는 것들을 껴안고 있는 느낌이다. 문 주변은 해자가 둘러싸고 있어 작은 다리를 통해서만 건널 수 있었다. 이 다리는 일몰 이후에는 접근이 통제됐다. 일몰 전에 도시 안으로 들어가지 못한 사람은 다음날 해가 뜰 때까지 기다려야 했다. 게이트 오브 랜드는 1894년부터 조금씩 철거되었고, 지금은 예전의 웅장했던 모습을 상상하기 힘들 정도로 조금만 남았다. 베네치아 왕족의 문장인 사자상이 머리, 날개, 꼬리를 잃은 채 처량하게 남아 있는 정도다. 베네치아에 자유를 뺏겼던 시절에 대한 소심한 복수처럼 게이트 오브 랜드 옆에는 그리스 독립운동 영웅 스타이코스 스타이코풀로스Staikos Staikopoulos 조각상이 서 있다.

Data 지도 187p-G
가는 법 KTEL 버스 정거장에서 도보 1분

산책만 해도 기분전환
아르바니치아 해변 & 산책로 Arvanitia Beach & Walk

나플리오 구도시의 삼면을 에워싸고 있는 바다는 두 얼굴을 가졌다. 등대를 중심으로 양쪽의 생김새가 너무나 다르다. 등대부터 북동쪽으로는 항구다. 크고 작은 배가 정박해 있고, 레스토랑과 카페가 화려한 불빛을 더한다. 반대로 등대부터 남쪽은 해변과 산책로다. 여기가 바로 아르바니치아다. 나플리오와 바다 사이를 둘레길처럼 걸을 수 있다. 동쪽 끝에는 아르바니치아 해변도 있다. 아쉽게도 금가루 같은 백사장은 없지만, 예술적으로 깎인 돌산의 한쪽 면이 병풍처럼 둘러있고, 말 그대로 에메랄드빛을 자랑하는 바다가 있다. 몸에 파란물이 들 것 같은 바다는 바닥이 아주 고운 모래다. 산책로 중간에는 바람이 만든 것인지 파도의 솜씨인지 모르지만 아치도 있다. 아르바니치아 산책로는 팔라미디 요새의 서쪽이자 아크로나플리오의 남쪽이다. 걷는 내내 유새를 옆에 두거나 혹은 마주 보게 된다. 태양, 바다, 바람을 만끽하며 산책하거나 기볍게 조깅하는 사람들로 늘 활기차다. 항구 쪽에서 시간 단위로 빌릴 수 있는 자전거로 한번 돌아보는 것도 좋겠다. 아르바니치아 산책로를 걷다 보면 나플리오를 그리스의 나폴리라고 부르는 것에 고개가 끄덕여진다.

Data 지도 186p-J, 186p-I
가는 법 아르바니치아 광장 또는 악티 먀올리 거리에서 진입

나플리오 구도시의 북쪽 산책로
부불리나스 & 악티 먀올리 거리 Bouboulinas & Akti Miaouli St.

부불리나스는 아르바니치아의 반대편에 있는 항구다. 매년 5월 세계요트 박람회 기간이 되면 절정을 이루는 항구다. 항구부터 나플리오 구도시의 서쪽 끝인 등대까지 이르는 길이 악티 먀올리다. 이 거리는 해산물 전문점, 각종 식당, 그리고 카페들이 자리잡고 있다. 아름다운 바다를 곁에 두고 있어 인기가 많지만, 대부분 가격이 비싼 편이다. 부블리나스 거리와 악티 먀올리 거리 사이, 필레리논 광장Plateia Filelinon에서는 나플리오를 편안히 돌아볼 수 있는 자전거, 미니 관광 열차가 출발한다. 부르치 요새로 떠나는 작은 보트도 이곳에서 탈 수 있다.

Data 지도 186p-B, 186p-E
가는 법 신타그마 광장에서 도보 4분 또는 우체국에서 도보 4분

이름도 많고, 사연도 많고
신타그마 광장 Plateia Syntagma

나플리오의 중심에 있는 광장이다. 오토만의 1차 점령 시 총사령관 모라 파샤 Mora Pasha의 궁전이 있던 곳이다. 나플리오의 역사처럼 신타그마 광장도 우여곡절이 많았던 곳이다. 이름의 변천사로도 그것을 짐작할 수 있다. 플라타너스가 많이 자라서 '플라타너스 광장', 오토 황제의 아버지가 나플리오를 다녀간 기념으로 '루트비히 광장', 그리스 독립 이후 헌법 제정이 선포되어 헌법이라는 뜻의 '신타그마'를 이름으로 갖게 되었다. 현재는 신타그마 광장을 중심으로 작은 골목들이 혈관처럼 뻗어 있고, 그 골목을 식당, 카페, 바, 펜션, 여러 가지 숍들이 빈틈없이 채우고 있다.

Data 지도 186p-F
가는 법 KTEL 버스 정거장에서 도보 5분

EAT

나플리오의 이곳을 알라!
알라룸 Alaloum

신선한 생선 그릴 요리와 메제가 유명한 식당이다. 직원들은 편안하면서도 예의 있게 손님을 대한다. 가끔 단체 관광객이 들이닥칠 때도 있지만, 다른 방문객들이 전혀 불편하지 않도록 운영한다. 저녁이면 소규모 밴드의 기타 연주가 펼쳐진다. 바닷가에 바로 인접해 있는 식당은 아니지만, 음식과 음악 덕에 작은 해안 마을 나플리오의 정취를 느끼기에 충분하다. 그리스 정통 메제의 대표 메뉴인 차지키는 그릭 요거트에 딜과 케이퍼를 넉넉히 넣어 다양한 식감과 풍미를 자랑한다. 그날의 생선을 몇 가지 선별해 보여 주고, 숯불에 구워주는 오늘의 생선 그릴 요리는 합리적인 가격에 넘치는 기쁨을 준다. 모둠으로 먹을 수 있는 플라터는 10유로가 약간 넘는 금액으로 누릴 수 있는 가장 맛있는 사치다.

Data 지도 186p-E
가는 법 성 니콜라스 성당에서 도보 1분
주소 3 Ipsiladou St. Nafplio
운영시간 12:00~01:00
요금 크랩 샐러드 5.9유로, 무사카 9.1유로, 오늘의 생선 12유로
전화 275-202-9883

마음 맞춤 메뉴
아이올로스 Aiolos

여행을 사랑해 세계 각지를 돌아다니며 일했던 주인 조가 여행만큼 좋은 여행자들을 만나기 위해 오픈한 식당이다. 아이올로스에서는 5월까지 올리브유, 레몬, 차이브로 간단히 멋을 낸 이리아의 생 아티초크를 맛볼 수 있다. 나플리오에서 20여 km 떨어진 이리아Iria는 그리스에서 가장 유명한 아티초크 생산지다. 주인장은 국적에 따라 어떤 요리를 좋아하는지 탐구하는 것이 취미다. 다양한 메뉴를 가지고 있지만, 더 안성맞춤인 메뉴를 제공하고 싶어 한다. 그가 추천한 치킨 수블라키는 한국인 입맛에 딱 맞는 부드러움, 소금의 양, 굽기의 정도를 보여준다. 어떤 와인을 곁들어야 할지 망설이면 그가 망설임 없이 몇 가지 와인 샘플을 제공해 준다. 맛본 후 입에 맞는 와인을 고르면 된다.

Data 지도 186p-B
가는 법 신타그마 광장에서 도보 3분
주소 30 Vas. Olgas St. Nafplio
운영시간 12:30~24:00
요금 아티초크 3.5유로,
믹스 샐러드 4.5유로,
치킨 수블라키 7.5유로
전화 275-202-6828

매일 한잔하고 싶어지는 곳
카바라리스 코너 Kavalaris Corner

신타그마 광장 옆에 있는 메제 전문점이다. 음식 양이 넉넉해 인심 좋은 해변 마을에 왔음을 실감하게 한다. 꽤 괜찮은 품질의 하우스 와인이 500mL에 고작 3유로다. 딱 한 잔만 마시기에는 마음이 흔들리는 가격이다. 메제를 안주 삼아 술 한잔하기 참 좋은 곳이다. 와인잔을 앞에 놓고 여유로운 시간을 만끽하는 사람들이 자정까지 끊이지 않는다. 메제보다 좀 더 든든한 메뉴를 원한다면 '시크릿 포크'가 좋겠다. 분명 돼지고기에 붉은색 파프리카, 양파를 넣었는데 소스가 주방장만의 비밀이란다. 화들짝 놀랄 만한 맛은 아니지만, 톡톡 튀는 작명 아이디어에 박수를 보낸다.

Data 지도 186p-F
가는 법 신타그마 광장에서 도보 1분
주소 2 Amalias St. Nafplio
운영시간 12:00~00:00
요금 생선구이 13.5유로,
시크릿포크 7.5유로,
파머산 치킨 9.5유로
전화 275-250-0180
홈페이지 www.gwnia-kavalari.gr

모던한 인테리어와 음식
카카나라키스 1986 Kakanarakis 1986

이름에서 알 수 있듯 1986년 지금 자리에 문을 연 레스토랑이다. 모던한 옷으로 갈아입은 것은 2008년. 흰색 인테리어에 블랙 & 레드 포인트로 현대적 감각을 뽐낸다. 높은 층고와 따뜻한 느낌의 조명으로 우아함까지 더했다. 카카나라키스 1986은 입구 좌측 커다란 유리를 통해 주방을 공개한다. 식당에 들어서는 순간, 주방에서 새어 나오는 활기가 손님을 맞는다. 나플리오의 햇살을 머금은 듯 검붉은 선드라이드 토마토, 파마산치즈, 로케트가 만나 건강한 샐러드가 됐다. 그렇지 않아도 부드러운 송아지고기를 완벽하게 구워 송아지 찹스테이크로 변신시켰다. 여기에 미니 양파가 뿜어낸 달콤함이 더해져 입에 착착 달라붙는다.

Data 지도 186p-B
가는 법 신타그마 광장에서 도보 3분
주소 18 Vas. Olgas St. Nafplio
운영시간 목~화 13:00~24:00
(수요일 휴무)
요금 로케트 샐러드 8유로,
송아지 찹스테이크 15유로
전화 275-202-5371
홈페이지 www.kakanarakis.gr

수조에서 골라, 골라
아라파코스 Arapakos

부불리나스 거리 초입에 있다. 항구를 바라보며 신선한 해산물 요리를 먹을 수 있다. 바다가 코앞인 테라스 자리도 좋고, 원목으로 편안한 분위기를 낸 실내도 좋다. 입구에는 큼직한 수조가 있다. 생선을 고르면 곧 숯불 향으로 치장하고 테이블 위에 오른다. 가격대는 높은 편이지만 바닷가에서 먹는 활어구이는 그만한 가치가 있다. 주인장 기분이 좋으면 생선구이에 곁들여지는 채소와 밥이 공짜. 입가심으로 좋은 서양 배와 만다린은 항상 공짜다.

Data 지도 186p-B
가는 법 필레리논 광장에서 도보 2분
주소 81 Bouboulinas St. Nafplio
운영시간 12:00~00:00
요금 오늘의 생선 1kg 41~60유로, 생선 수프 15유로, 오르조와 새우 15유로 전화 275-202-7675
홈페이지 www.arapakos.gr

내가 제일 잘 나가~
페르가몬토 Pergamonto

2010년 오픈한 그리스 정통 도넛 루크마데스Loukoumades 전문점이다. 나플리오에 있는 수백 개의 레스토랑, 카페, 바 중에서 트립어드바이저 순위 1위다. 2015년에는 중국판 미슐랭 탑 초이스Top Choice에도 선정됐다. 부산 해운대에서 전통 유과 집이 음식점 순위 1등을 한 셈이다. 페르가몬토의 주인 볼라는 튀긴 도넛인데도 느끼하지 않고 쫄깃한 식감을 가진 것이 맛의 비결이라고 한다. 아테네 유명 디저트 숍에서 제과사로 쌓은 노하우와 시할머니로부터 전수받은 레시피가 만들어 낸 결과다. 이곳은 두 딸과 함께 운영해 집같이 편안한 분위기가 난다. 튀김기를 들여다봐도, 화장실을 가봐도 깨끗하기는 마찬가지다. 다양한 장식은 없지만 깨끗한 기름에서 도넛 튀겨내는 고소한 냄새가 최고의 장식인 셈이다. 그릭 커피나 아이스크림에 얹어 먹기 좋은 스푼스윗Spoon Sweet도 다양하게 판매한다.

Data 지도 186p-E
가는 법 신타그마 광장에서 도보 5분
주소 1 Komninou St. Nafplio
운영시간 월~금 19:00~01:00, 토~일 12:30~01:00
요금 정통 루크마데스 3.7유로, 루크마데스 & 아이스크림 5.4유로
전화 275-202-4570

불혹을 넘긴 젤라토 숍
쿠스테니스 Koustenis

1972년부터 한자리를 지키고 있는 젤라토 숍이다. 쿠스테니스를 중심으로 반경 50m에 젤라토 숍 네 곳이 있다. 그런데도 유독 쿠스테니스에만 손님이 끊이질 않는다. 규모도 가장 작고 젤라토의 가짓수도 쿠스테니스가 가장 적은데 말이다. 일단 바닐라 젤라토를 먹어 보면 무릎을 탁 치게 된다. 바닐라 빈을 얼마나 넣었는지, 조금 과장해도 좋다면 후춧가루를 뿌린 것 같다. 맛과 향이 끝내주는 것은 당연한 일. 강력 추천 메뉴는 무화과 젤라토다. 절인 무화과가 들어 있다고 하는데, 녹색 아이스크림을 준다. 정확하게 맞는 메뉴가 손에 들린 것이다. 그리스는 붉은색보다 녹색 무화과를 더 많이 사용한다. 캐러멜처럼 쫀득거리는 젤라토에 달콤 상큼한 녹색 무화과라니! 젤라토의 신세계다.

Data 지도 186p-F
가는 법 신타그마 광장에서 도보 2분
주소 16 Konstadinou St. Nafplio
운영시간 월~목 09:00~23:00, 금,일 09:00~24:00, 토 09:00~01:00
요금 1스쿱 1.3유로, 2스쿱 2.5유로
전화 275-202-5301

I'm from ITALY
안티카 젤라테리아 디 로마 Antica Gelateria di Roma

나플리오의 첫 번째 젤라토 숍이다. 이 숍의 주인장 마르첼로는 11살에 젤라토를 배우기 시작한 이탈리아인이다. 로마에서 본인의 숍을 10년 동안 운영하다 14년 전 여동생의 권유로 이곳에 오픈했다. 당시 이탈리아 정통 젤라토는 주민과 관광객들에게 큰 충격이었다. 마르첼로는 매일 손님들이 100m 넘게 줄을 섰다고 기억한다. 지금도 남녀노소 불문하고 손님이 끊이지 않는다. 이 숍은 젤라토가 탄생한 시칠리아의 레시피를 고수한다. 첨가물 없이 신선한 재료만을 사용해 매일 아침 젤라토를 만든다. 이곳의 대표 메뉴인 헤이즐넛 젤라토는 헤이즐넛을 통째로 입에 넣었을 때보다 깊고 풍부한 맛이 난다. 12가지 과일 소르베도 판매하는데 당연히 생과일만을 이용한다. 보기만 해도 입에 침이 고이는 레몬 소르베를 꼭 먹어 보자. 스트레스, 피로, 근심까지 한 방에 날려준다.

Data 지도 186p-E
가는 법 신타그마 광장에서 도보 5분
주소 3 Farmakopoulon St. & Komninou St. Nafplio
운영시간 월~금 09:00~01:00, 토 08:00~01:30, 일 08:00~01:00
요금 1스쿱 12유로
전화 275-202-3520

다재다능, 멀티플레이어
3 식스티 3 Sixty

커피 한잔하기 좋은 카페, 분위기 있는 와인 바, 지중해 음식 잘하는 레스토랑. 이 모두가 3 식스티를 설명하는 말이다. 깔끔한 외관과 높은 층고가 기분까지 업시키는 곳이다. 식사와 함께 제공되는 빵부터 식당의 내공을 보여준다. 셰프가 직접 만든 올리브 잼이 곁들여지는데, 어떻게 만들었는지 주방으로 뛰어가 물어보고 싶을 정도다. 입맛은 물론 주 요리에 대한 기대감을 동시에 증가시킨다. 3 식스티의 샐러드는 샐러드를 싫어하는 사람도 한 접시 뚝딱하게 만든다. 비결은 바로 드레싱. 막대 사탕을 떠올리게 하는 알록달록한 색인데, 막대사탕보다 맛있다. 모차렐라치즈를 듬뿍 올린 피자에 와인 한잔, 분위기 있는 밤을 보내기에 좋다.

Data 지도 186p-B
가는 법 신타그마 광장에서 도보 3분 주소 Vas. Alexandrou St. Nafplio 운영시간 월~금 10:00~01:00, 토~일 10:00~03:00
요금 프레시 샐러드 9.5유로, 시금치 치즈 파이 10.5유로, 비프 필렛 28유로
전화 275-202-8068
홈페이지 www.3sixty.life

최고의 위치
키포스 Kipos

무난한 가격, 무난한 맛이다. 위치는 참 좋다. 등대부터 악티 먀올리 거리를 산책하다 보면 자연스레 키포스 앞을 지나게 된다. 푸짐한 양의 키포스 샐러드에 빵을 곁들여 건강한 식사 한 끼를 해도 좋고, 커피나 맥주 한잔하며 파도 구경을 해도 좋겠다. 무사카와 수블라키 같은 그리스 전통 메뉴도 부담 없이 먹을 수 있다.

Data 지도 186p-A
가는 법 신타그마 광장에서 도보 3분 주소 Plateia Filelinon, Nafplio 운영시간 12:00~00:00
요금 치킨 수블라키 14유로, 감자 샐러드 4유로
전화 275-202-2978

GREECE BY AREA 02
아테네 근교

SLEEP

유적이 아니고 펜션이라고?
다프니 펜션 Dafni Pension

그리스의 시인 스테파노스 다프니가 살았던 집이다. 1600년경부터 200년이 넘도록 재판장으로 사용됐던 건물이기도 하다. 역사를 간직한 이 건물은 2001년 펜션으로 거듭났다. 주인장의 손길이 구석구석 닿아 편안한 숙박 시설이 유서 깊은 건물에 살포시 씌워졌다. 12개의 객실이 있다. 각각 다른 분위기로 연출되어 있으나, 모든 객실에서 항구를 지나 나플리오 신도시까지 볼 수 있다. 4층은 스위트 객실 하나가 다 차지하는데, 어린이용 방까지 있어 가족 고객에게 딱! 이다.

Data 지도 186p-F
가는 법 게이트 오브 랜드에서 도보 2분 주소 10 Fotomara St. Nafplio 요금 더블룸 90유로~, 슈피리어룸 100유로~, 패밀리룸 100유로~, 주니어 스위트룸 110유로~
전화 275-202-9856
홈페이지 www.pensiondafni.gr

멋있고 맛있는
오모르피 폴리 펜션 Omorfi Poli Pension

8살 때부터 호텔에서 일한 그리스인 남편과 독일인 부인이 운영하는 펜션이다. 1870년경 지어진 건물에 객실은 7개다. 여성이라면 마음이 흔들릴 분홍색 외관부터 눈에 띈다. 심플한 리셉션 데스크에서 안주인이 손님을 맞는다. 그녀의 손길은 오모르피 폴리 구석구석을 깔끔하고 현대적인 공간으로 만들었다. 호텔 주방에서 경력을 쌓은 남편이 투숙객의 조식을 책임진다. 펜션 1층에 있는 비스트로에서는 투숙객이 아니더라도 그가 만든 크로크 마담, 버거, 클럽 샌드위치 등을 먹을 수 있다.

Data 지도 186p-B
가는 법 신타그마 광장에서 도보 5분 주소 5 Sofroni St. Nafplio 요금 더블룸 78유로~, 패밀리 스위트룸 140유로~
전화 275-202-1565
홈페이지 www.omorfipoli-pension.com

다락방의 멋진 변신
이사보 펜션 Isabo Pension

180살이 넘은 건물 다락방은 어떨까? 어릴 적 보물 상자 하나쯤 숨겨져 있을 것 같은 운치는 그대로, 안락한 침대와 현대적 욕실이 더해져 이사보 펜션으로 변신했다. 가족이 운영하기 때문인지 여행자도 가족의 일원으로 만드는 마력이 있다. 안주인이 아침에 직접 구운 빵을 식사로 내어놓고, 자식 방 치우는 마음으로 매일 여행자의 방을 정리해 준다. 아크로나플리오가 병풍처럼 둘러싸고 있는 테라스는 이사보 펜션의 화룡점정. 테이블에 앉아 엄마가 만든 것 같은 케이크 한 조각을 맛보면 오후가 달콤해진다. 나플리오 최대 번화가인 신타그마 광장까지 걸어서 3분. 걷는 길에는 젤라토 가게, 카페와 바, 아기자기한 소품 매장들이 밀집해 있다.

Data 지도 186p-F
가는 법 KTEL 버스 정거장에서 도보 3분
주소 2 Plapouta St. & Terzaki St. Nafplio
요금 트윈룸 70유로~, 더블룸 90유로~
전화 275-202-5252
홈페이지 www.isabo.gr

천국 같은 휴식
그랜드 사라이 호텔 Grand Sarai Hotel

그랜드 사라이 호텔이 유명해진 것은 코코매트Cocomat 때문이다. 코코매트는 코코넛 나무 섬유 조직, 천연고무, 면, 해면 식물 등 자연 소재만을 이용해 침구류를 만드는 회사다. 이 호텔의 전 객실에서는 코코매트의 침구류를 사용한다. 구름 위에 누운 것 같은 느낌을 주는 매트리스 때문에 이 호텔 열혈 팬들이 생겨났다. 아크로나플리오 바로 앞에 있어 유난히 공기가 좋게 느껴진다. 파도 소리는 자장가, 새소리는 자명종인 그야말로 휴식다운 휴식을 취할 수 있는 곳이다.

Data 지도 186p-F
가는 법 게이트 오브 랜드에서 도보 4분
주소 Fotomara St. & 3 Potamianou St. Nafplio
요금 스탠더드 더블룸 138유로~, 슈피리어룸 147유로~, 주니어 스위트룸 210유로~
전화 275-202-2563
홈페이지 www.grandsarainafplio.com

이드라

HYDRA
ΥΔΡΑ

사로닉 걸프 아일랜드Saronic Gulf Islands에 속하는 이드라는 고풍스러운 풍경으로 유명한 섬이다. 아테네에서 페리로 두 시간이 채 걸리지 않아 쉽게 방문 가능하다. 이드라에 도착하면 페리가 아닌 타임머신을 타고 온 것 같다. 이드라는 과거에서 시계가 멈춰 있다. 고층 건물도 차도 볼 수 없다. 돌로 된 좁은 골목길에 아름다운 그리스 전통 건물들이 있을 뿐이다. 하지만 19세기 이드라는 작지만 힘 있는 부유한 섬이었다. 당시 이드라는 선박 산업이 크게 활성화됐다. 그리스 독립 전쟁 때는 오토만과 맞서 싸울 150대의 선박을 공급하며 큰 기여를 했다. 이러한 배경으로 한때 이드라는 '작은 영국'이라고 불리며 영광을 누렸다. 인구수는 2만 8천 명 가까이 됐다. 현재는 이드라 타운을 중심으로 2,500여 명의 주민이 살고 있다. 주민이 많지 않아 며칠만 묵어도 길목에서 오가며 마주치는 동네 사람들과 친구가 된다.

이드라 찾아가기

어떻게 갈까?

아테네에서 이드라로 가려면 피레우스 항구에서 페리를 타야 한다. 페리 소요 시간은 2시간, 요금은 40유로다. 이드라는 인근에 있는 포로스Poros와 스페체스Spetses섬에서도 쉽게 갈 수 있다. 아테네에서 이드라로 가는 페리는 포로스를 들렀다가 간다. 포로스에서 이드라까지는 페리로 30분이 걸리고, 요금은 19.5유로다. 스페체스에서 이드라까지는 페리로 1시간이 걸린다. 요금은 16유로. 페리 스케줄은 계절에 따라 바뀌니 웹사이트를 참고하자.
홈페이지 www.hellenicseaways.gr

어떻게 다닐까?

이드라에는 차가 없다. 호텔, 레스토랑, 박물관 등은 대부분 이드라 타운에 있고, 도보로 가능하다. 이드라 타운을 벗어나 다른 지역을 방문하고 싶다면 동키(당나귀) 택시나 씨 택시Sea Taxi를 이용해야 한다. 둘 다 메인 포트 근처에서 탈 수 있다. 동키 택시는 15분에 15유로. 씨 택시는 목적지에 따라 요금이 달라진다. 카미니 17유로, 블리호스 25유로, 플라케스 30유로.

I INFORMATION I

관광경찰서
가는 법 페리 선착장에서 도보 3분
전화 229-805-2205

페리
헬레닉 씨웨이즈Hellenic Seaways
전화 210-891-9800
홈페이지 www.hellenicseaways.gr

여행사
이드레오니키 트래블Hydreoniki Travel
페리 티켓을 살 수 있는 여행사다. 골목길 안쪽에 있으며, 간판이 따로 없기 때문에 잘 살펴보아야 한다.
가는 법 페리 선착장에서 도보 3분
전화 229-805-4007

우체국
가는 법 페리 선착장에서 도보 5분
전화 229-805-3398

은행 & 환전소
하버 프론트를 따라 은행과 ATM이 2개 있다.

병원
가는 법 보치 스퀘어 옆
전화 229-805-3150

약국
라팔리아스 약국Pharmachy Rafalias
가는 법 오를로프 호텔 맞은편
운영시간 월~토 09:00~14:00, 17:00~20:00,
일 11:00~13:00, 18:00~20:00
전화 229-805-2059

그리스 국민의 아버지가 살았던
라자로스 쿤두리오티스 히스토리컬 맨션 Lazaros Koundouriotis Historical Mansion

그리스에서 '국민의 아버지'라 불리는 라자로스 쿤두리오티스가 살았던 곳을 박물관으로 개조했다. 라자로스 쿤두리오티스는 훌륭한 성품과 재력, 정치적 능력까지 겸비한 인물로 근대 그리스에 큰 영향력을 끼쳤다. 특히 그리스 독립 전쟁에서 큰 기여를 해 이드라는 물론 그리스 전역에서 존경을 받고 있다. 1780년 지어진 박물관 건물은 18세기 이드라 주택의 전형적인 표본이다. 어두운 노란색의 외관이 멀리서도 눈에 띈다. 계단을 올라 박물관 입구에 들어서면 루프 테라스를 먼저 마주하게 된다. 이곳에서 보이는 아찔하도록 아름다운 이드라의 전경에 감탄사가 저절로 나온다. 박물관은 잊은 채 잠시 그 앞에 멈추게 된다. 박물관은 0층, 지하, 1층 순서로 관람하면 된다. 0층에는 과거 그리스인의 생활을 엿볼 수 있는 가구와 그리스 독립 전쟁에서 사용했던 무기류 등이 있다. 라자로스 쿤두리오티스의 초상화도 보인다. 지하에는 페리클리스Periklis와 콘스탄티노스 비잔티오스Constantinos Byzantios의 미술 작품이 걸려 있다. 1층에는 이드라를 비롯한 해군의 활동이 활발했던 스페체스, 프사라Psara 등의 전통 의상과 세라믹, 보석 등을 전시한다.

Data 지도 206p-C
가는 법 보치 스퀘어에서 도보 5분
운영시간 3월 말~10월 10:00~16:00
요금 일반 4유로, 학생·65세 이상 2유로
전화 229-805-2421
홈페이지 www.nhmuseum.gr

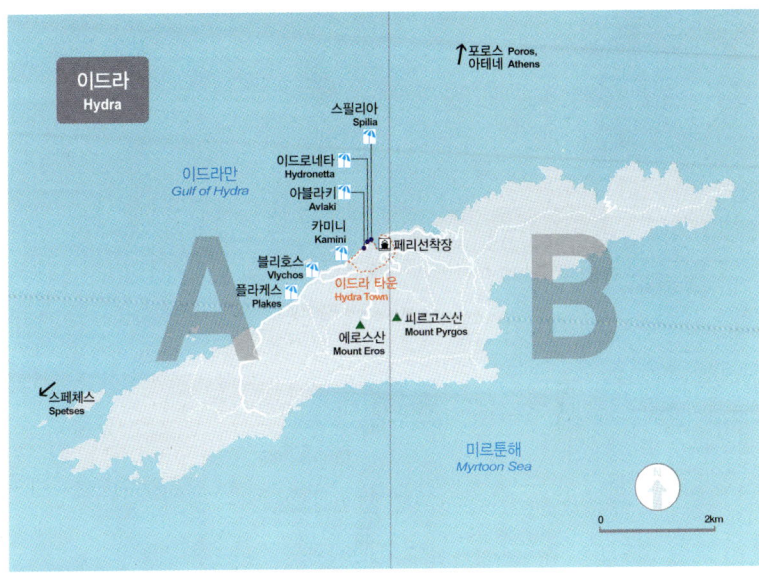

멋진 역사를 뽐내는
이드라 역사 기록 박물관 Historical Archives Museum of Hydra

이드라의 역사, 문화, 전통을 알려 주는 박물관이다. 1918년 설립되어 다른 곳에서 운영되어 오다가 1972년 현재 건물로 옮겨 왔다. 3층으로 이루어진 박물관은 이드라인들이 역사적으로 중요한 전쟁에서 얼마나 공헌했는지 알려주는 전시물로 가득하다. 1층과 2층 전시실에는 독립 전쟁, 발칸 전쟁, 세계 대전에서 사용했던 총기와 무기류가 전시되어 있다. 18~19세기의 해양 지도, 항해 장비, 선박 모형, 제복, 전통 의상도 있다. 디테일이 섬세하게 살아있는 선박 모형이 흥미롭다. 전시품 사이에 걸린 초상화들도 눈에 띈다. 0층과 2층의 일부에는 미술 작품을 전시한 갤러리가 있다. 0층은 이드라인들이 콘테스트에 출품한 그림이 전시되어 있고, 2층에는 이드라의 모습을 표현한 작품이 걸려 있다. 볼거리에 비해 입장료가 조금 비싼 감이 들지만 이드라의 비싼 물가를 생각하면 감안해야 할 부분이다. 가볍게 산책하는 마음으로 항구를 따라 걷다 박물관에 들러보자.

Data 지도 206p-B
가는 법 페리 선착장에서 도보 1분
운영시간 09:00~16:00
(6월~9월 09:00~16:00, 19:30~21:30)
요금 5유로
전화 229-805-2355
홈페이지 www.iamy.gr

이드라 타운
Hydra Town

N
0 — 100m

- 스필리아 Spilia
- 베리프테로 Veriptero
- 이드로네타 Hydronetta
- 아블라키 Avlaki
- 카미니 Kamini
- 블리호스 Vlychos
- 플라케스 Plakes

이드라만 Gulf of Hydra

- 이드라 항만청 Hydra Port Authority
- 이드라 역사 기록 박물관 Historical Archives Museum of Hydra
- 페리선착장
- 더 쿨 뮬 The Cool Mule
- 씨 택시 Sea Taxi
- 스키퍼 카페 Skipper Cafe
- 비치 셔틀 보트 Beach Shuttle Boat
- 동키 택시 Donkey Taxi
- 더 파이렛 바 The Pirate Bar
- 키미시스 티스 테오토쿠 Kimisis Tis Theotokou
- 이드레오니키 트래블 Hydreoniki Travel
- 우체국
- 시네새 Psinesai
- 룰루스 Lulus
- 에로필리 펜션 Pension Erofili
- 보치 스퀘어 Votsi Square
- 아니타 Annita
- 이드루사 호텔 Hydroussa Hotel
- 페드라 호텔 Phaedra Hotel
- 라자로스 쿤두리오티스 히스토리컬 맨션 Lazaros Koundouriotis Historical Mansion
- 라팔리아스 약국 Pharmachy Rafalias
- 셰리 엘리아 두스코스 Xeri Elia Douskos
- 오를로프 부티크 호텔 Orloff Boutique Hotel
- 네레이즈 게스트 하우스 Nereids Guest House
- 코토마테 1810 부티크 호텔 Cotommatae 1810 Boutique Hotel
- 프로피티 일리아 수도원 Monastery of Profiti Ilia

Mandrakiou-Molou, Tombazi, Gkiossi, Papandreou, Voulgari Kountouriotou, Votsi, Miaouli, Lignou, Spillos Haramis

|Theme|
이드라의 마스코트 동키 택시 체험

당나귀는 이드라섬 안을 다니는 유일한 교통수단이며 이드라의 마스코트다. 이드라에 도착했을 때 가장 먼저 반겨주는 것도 항구를 따라 줄지어 서 있는 당나귀다. 마을 골목에서도 임무 완수 후에 휴식을 취하고 있는 당나귀를 자주 만날 수 있다. 당나귀는 방문자들의 관광에 일조할 뿐만 아니라 무거운 짐을 날라주고 몸이 불편한 현지인들을 도와주는 고마운 존재다. 당나귀를 타고 고풍스러운 이드라 타운을 한 바퀴 도는 것은 흥미로운 체험이다. 당나귀 위에서 바라보는 이드라 타운은 다른 느낌으로 다가온다. 이드라 타운 뿐만 아니라 더 멀리 원하는 곳까지도 갈 수 있다. 승차감이 괜찮은 편이라 처음 타 보는 사람도 거부감이 없다. 당나귀를 탈 때는 균형을 잘 잡고 무게를 적절하게 분산시켜 당나귀에게 무리가 없도록 해야 한다. 가격은 꽤 비싼 편이다. 요금은 15분에 15유로부터 시작해 시간에 비례해 올라간다. 현지인 가이드가 함께하기 때문에 안전하게 탈 수 있다. 가이드는 영어에 능숙하지 않을 수도 있지만 별다른 불편함은 없다. 당나귀를 타려면 부지런을 떨어 이른 오전 시간에 이용하는 것이 좋다. 페리가 도착하기 시작하면 당일치기 여행자들로 붐비기 때문에 차례잡기가 쉽지 않다. 또 여름에는 오전 10시가 넘으면 금세 뜨거워진다는 것도 감안해야 한다.

Data 지도 206p-B
가는 법 하버 포트 알파 뱅크 앞
요금 15분 15유로

이드라의 아침을 깨우는
키미시스 티스 테오토쿠
Kimisis Tis Theotokou

이드라 타운의 메인 포트를 바라보고 있는 수도원이다. 17세기에 지어진 건물로 하얀색과 노란색의 조합이 아름답다. 수도원 앞에는 대리석으로 만든 거대한 종탑이 있다. 매일 아침 종소리로 이드라를 깨우는 근원지다. 종소리와 닭 울음소리로 맞는 이드라의 아침은 색다르다. 과거로 돌아간 것 같은 느낌을 준다.

Data 지도 206p-A
가는 법 페리 선착장에서 도보 3분

타운에서 가장 가까운 곳의 해변
스필리아 Spilia

이드라 타운에서 가장 쉽게 찾아갈 수 있는 해변이다. 페리 선착장에서 항구를 따라 오른쪽 방향으로 도보 10분 거리에 있다. 해변은 대포가 남아있는 요새 베리프테로Veriptero 아래쪽에 위치했다. 모래 사장이 펼쳐진 보통의 해변을 상상하지는 말 것! 스필리아는 바위로 이뤄진 해변이다. 규모는 친구들과 함께 가면 꽉 찰 정도로 작다. 하지만 접근성이 좋아 방문자들에게 인기가 많다. 주변에는 괜찮은 레스토랑이 있어 편리하게 이용 가능하다.

Data 지도 206p-A 가는 법 페리 선착장에서 도보 10분

이드라 최고의 선셋을 선사하는
이드로네타 Hydronetta

스필리아 바로 옆에 위치한 해변이다. 베리프테로를 지나 선셋 레스토랑에서 계단 몇 개를 내려가면 햇빛에 빤짝이는 맑고 푸른 바다가 손에 닿는다. 스필리아와 마찬가지로 돌이 깔려 있는 해변으로 수영과 다이빙하기에 좋다. 이드라에서 가장 아름다운 선셋을 볼 수 있는 곳이기도 하다. 충분히 바다를 즐겼다면 근처의 선셋 레스토랑Sunset Restaurant이나 이드로네타 비치 바Hydronetta Beach Bar에서 칵테일 한잔하며 노을이 지기를 기다려보자. 서서히 붉게 물드는 하늘을 보며 이드라에서의 하루를 평온하게 마무리하는 것도 괜찮다.

Data 지도 205p-A
가는 법 스필리아에서 도보 1분

자연 그대로의 모습
아블라키 Avlaki

이드로네타에서 도보로 15분 거리의 해변이다. 아블라키 근처에 도착하면 아래쪽으로 매력적인 에메랄드 빛 해변의 모습이 한눈에 들어온다. 온전히 자연을 만끽할 수 있는 곳이다. 앞에는 잔잔한 바다가 펼쳐지고 뒤로는 나무로 둘러싸인 암벽이 배경처럼 서 있다. 계단을 따라 내려가면 자갈이 펼쳐진 해변을 만날 수 있다. 곳곳에 있는 평평한 바위 위에서 태닝을 하며 휴식을 취하기도 좋다.

Data 지도 205p-A 가는 법 이드로네타에서 도보 15분

흰색 집으로 가득 찬
블리호스 Vlychos

카미니에서 1.5km 정도 떨어진 곳에 있는 마을이다. 블리호스는 흰색의 집들로 가득 찬 동네다. 동네를 둘러싸고 있는 깊고 맑은 해변이 보인다. 짚으로 만든 파라솔이 있어 그늘에서 편하게 쉴 수 있다. 평온한 분위기에 한숨 낮잠이라도 자고 가면 좋을 만한 곳이다. 블리호스에는 19세기에 세워진 인상적인 돌다리가 있다.

Data 지도 205p-A 가는 법 메인 포트에서 씨 택시로 9분

부활절이 되면 바빠지는
카미니 Kamini

항구를 끼고 있는 작은 마을이다. 항구를 따라 보트들이 사이좋게 정박되어 있다. 카미니는 15분이면 동네 한 바퀴를 다 돌 정도의 작은 크기다. 신선한 해산물을 먹을 수 있는 타베르나가 해변 주위에 몇 군데 있다. 항구에서 300m 정도 걸으면 수영을 할 수 있는 미코로 카미니 해변 Mikoro Kamini Beach도 있다. 카미니는 그리스의 큰 명절인 부활절이 되면 전통적인 관습에 따라 바다에서 장례 의식을 치르는 독특한 이벤트가 열려 여행자와 현지인들로 붐빈다.

Data 지도 205p-A 가는 법 메인 포트에서 씨 택시로 5분

탁 트인 전망에 하얀 모래 해변
플라케스 Plakes

포 시즌스 호텔 Four Seasons Hotel에서 운영하는 해변이다. 플라케스 해변은 호텔 앞에 위치해 투숙객들이 쉽게 이용할 수 있고 외부인도 방문 가능하다. 메인 포트에서 포 시즌스 호텔에서 운영하는 셔틀 보트를 타면 10분 정도 소요된다. 요금은 10유로로 씨 택시보다 저렴하다. 탁 트인 전망을 가진 하얀 모래 해변에서 이드라만 특유의 푸른빛 바다를 즐겨보자. 실컷 바다를 만끽한 후 포 시즌스 호텔의 레스토랑에서 근사한 저녁 식사를 즐겨도 좋다.

Data 지도 205p-A 가는 법 메인 포트에서 셔틀 보트로 10분

200년이 넘는 역사를 지닌
셰리 엘리아 두스코스 Xeri Elia Douskos

이드라 타운 골목 안에 한적하게 자리 잡은 레스토랑이다. 거리를 지나다 보면 소나무에 매어 놓은 빨갛고 파란 이드라 깃발 주위로 컬러풀하게 세팅된 야외 테라스가 독특해 한 번쯤 돌아보게 만든다. 봄에는 테라스 주위를 둘러 싼 넝쿨에서 진한 꽃향기가 풍긴다. 문을 연 지 200년이 넘은 이 레스토랑은 현지인과 여행자 모두에게 아직도 사랑받는다. 메뉴는 랍스터부터 새우, 오징어, 도미, 숭어, 농어, 브림 등 다채로운 해산물이 있다. 매일 다른 신선한 생선을 공수해 굽거나 튀겨서 요리한다. 야외에 있는 진열대에서는 얼음으로 곱게 덮어놓은 '오늘의 생선'을 볼 수 있다. 이외에 그리스 전통 음식과 파스타, 버거 종류도 있다. 특히 그리스 전통 음식점 어디에서나 볼 수 있는 그릭 샐러드가 아주 훌륭하다. 아삭한 채소에 올리브를 아낌없이 듬뿍 뿌려준다. 식사가 끝나면 부드러운 식감의 할바스halvas가 디저트로 나온다. 주말 저녁에는 야외에서 그리스 음악을 라이브로 들을 수 있어 한껏 분위기를 살려준다.

Data 지도 206p-D
가는 법 페리 선착장에서 도보 8분
운영시간 12:00~16:00, 18:00~24:00
요금 그릭 샐러드 10유로, 농어 20유로, 랍스터 1kg 120유로
전화 229-805-2886

당나귀도 고양이도 들르는
시네새 Psinesai

이드라 특유의 재미있는 광경이 펼쳐지는 레스토랑이다. 고풍스러운 골목 길에 자리 잡은 테라스에서는 당나귀 무리가 지나가고 개와 고양이가 친근하게 다가오는 풍경이 일상이다. 테이블에서는 차지키Tzaziki, 사가나키 Saganaki, 파바Fava, 그릭 샐러드, 수블라키 등 그리스 음식을 만나볼 수 있다. 메인으로는 육류 요리보다 해산물 요리가 더 괜찮다. 문어, 오징어, 농어, 새우 등을 굽거나 튀겨서 제공한다.

Data 지도 206p-B
가는 법 페리 선착장에서 도보 2분
운영시간 12:00~24:00
요금 메인 요리 10~20유로
전화 229-805-2467

한산한 골목에서 만나는
룰루스 Lulus

메인 포트 근처에 위치한 그리스 전통 타베르나. 룰루스는 흰색 건물에 시원한 하늘색을 더했다. 타베르나 안쪽으로 몇 개의 테이블과 그늘진 공간에 야외 테라스가 있다. 한산한 골목에서 이드라 타운의 오래된 정취를 느끼며 그리스 음식을 만끽하기에 좋다. 수블라키, 그릭 샐러드, 사가나키 등 다양한 종류의 그리스 음식과 육류, 해산물 요리가 있다. 음식 맛은 나쁘지 않지만 가격 대비 조금 부족한 편. 노부부가 운영해 영어로 의사소통하기가 쉽지 않지만 친절하다.

Data 지도 206p-A
가는 법 키미시스 티스 테오토쿠에서 도보 1분
운영시간 11:00~24:00
요금 메인 요리 10유로~
전화 229-805-2018

현지인들이 추천하는
아니타 Annita

현지인들이 추천하는 음식점이다. 가족이 운영하는 작은 규모의 식당으로 소박한 그리스 가정식을 판다. 진열된 음식을 보고 원하는 것을 골라 먹을 수 있고, 메뉴를 보고 주문 가능하다. 무사카, 스터프드 토마토스Stuffed Tomatos, 페타 등 그리스 전통 음식점에서 흔히 볼 수 있는 메뉴들이 있다. 가족이 직접 잡은 신선한 생선을 이용한 요리가 추천 메뉴! 음식의 외관에는 신경을 안 쓰는 편이라 보기에는 별로 일 것 같지만, 막상 먹어 보면 의외로 맛이 괜찮다. 5가지 세트 메뉴가 있으며, 샐러드, 메인 요리, 우조, 디저트 등 다양한 음식을 비싸지 않은 가격에 맛볼 수 있다.

Data 지도 206p-C
가는 법 보치 스퀘어에서 도보 1분
운영시간 10:00~16:00, 17:00~23:00
요금 세트 메뉴 17.5유로~
전화 229-805-4153
홈페이지 www.annitarestauranthydra.gr

낮과 밤이 다른
더 피래트 바 The Pirate Bar

항구를 따라 펼쳐진 카페와 레스토랑 사이에 있다. 낮에는 얌전한 모습이지만 밤이 되면 뜨거워지는 곳이다. 부지런한 가족들이 운영하는 이곳은 아침 8시, 비교적 이른 시간 문을 열어 현지인들의 커피를 담당한다. 오전 9시부터 오후 5시까지는 전 연령대의 손님이 찾는 시간이다. 어린아이들의 사랑을 듬뿍 받는 아이스크림부터 시원하게 마실 수 있는 주스, 맥주 등이 있다. 간단한 아침 식사와 점심 식사도 가능하다. 토스트, 샌드위치, 에그 스크램블 등이 있으며 맛이 꽤 훌륭한 편이다. 해 질 무렵이 되면 카페와 레스토랑의 모습을 버리고 화려한 바로 변신한다. 온전히 어른들을 위한 공간이 된다. 친구, 연인들과 항구를 바라보며 칵테일을 즐기기에 좋다. 이곳에서는 파티도 종종 열려 이드라의 밤을 환하게 밝힌다.

Data 지도 206p-A
가는 법 키미시스 티스 테오토쿠에서 도보 1분
운영시간 08:00~02:00(동절기 휴무)
요금 칵테일 7유로~, 메제 7유로, 샌드위치 5유로~
전화 229-805-2711
홈페이지 piratebar.gr

커피와 분위기가 맛있는
스키퍼 카페 Skipper Cafe

이드라에 가면 꼭 해야 할 것 중 하나가 하버 뷰를 바라보며 느긋하게 페도 카푸치노Feddo Cappuchino를 즐기는 것이다. 스키퍼 카페에서는 아름다운 이드라 항구를 배경으로 거품 가득한 페도 카푸치노를 마실 수 있다. 페도 카푸치노는 그 맛이 예술이라 다시 생각나게 한다. 커피를 주문하면 서비스로 폭신한 레몬 케이크도 준다. 이드라의 고양이처럼 나른하게 카페에 앉아 지나가는 사람을 구경하며 시간을 보내도 좋다. 이곳에서는 간단한 식사도 가능하다. 메뉴에는 파스타, 버거, 피자, 샐러드 등이 있어 현지 음식이 잘 맞지 않는 여행자도 부담 없이 먹을 수 있다.

Data 지도 206p-B
가는 법 페리 선착장 옆
운영시간 07:30~24:00
요금 커피 2.2유로~, 버거 8유로~
전화 229-805-2483

쿨하지만 핫한 곳!
더 쿨 물 The Cool Mule

페리 선착장 근처에 위치한 아이스크림 집이다. 당나귀 친구 노새의 유쾌한 모습을 한 간판이 눈에 띈다. 주 메뉴는 홈메이드 아이스크림이며 커피 등의 음료가 있다. 야외 테라스에 앉아 확 트인 바다 전경을 보며 아이스크림을 한입 베어 물면 그 시원함이 배가 된다. 출발 시간이 일정치 않은 페리를 기다리며 달콤함을 맛보기에 좋다. 테이크아웃을 할 경우 가격은 더 저렴하다.

Data 지도 206p-B
가는 법 페리 선착장 옆
운영시간 06:30~24:00
요금 아이스크림 2.3유로~
전화 229-805-2100
홈페이지 www.thecoolmule.com

박물관에 온 것을 환영합니다
코토마테 1810 부티크 호텔 Cotommatae 1810 Boutique Hotel

박물관을 닮은 부티크 호텔이다. 이드라인 코토마테Cotommate가 살았던 19세기 건물을 호텔로 개조했고, 현재는 코토마테의 두 아들에 의해 운영된다. 선장이었던 코토마테의 흔적이 호텔 구석구석에 배어 있다. 박물관 못지않은 상당한 양의 배 모형, 항해 지도, 그림, 역사의 흔적을 품은 소품들로 호텔을 꾸몄다. 그 모습을 보고 있으면 입장료라도 내야 할 것 같은 기분이 든다. 객실과 키친에 있는 앤티크한 가구, 주방 기구, 접시도 모두 코토마테의 손길이 닿았던 것이다. 이 호텔은 더블룸 2개와 스위트룸 5개를 갖췄다. 각 객실은 특색 있게 디자인되었는데 특히, 아래층에 위치한 스위트룸이 매력적이다. 고급스러운 원목 바닥에 돌로 채워진 벽면이 아늑하면서 독특하다. 객실은 복층 구조로 침실과 거실이 나눠진다. 야외에는 프라이빗 가든과 자쿠지도 있어 제대로 휴식을 취할 수 있다. 연인들이 둘만의 로맨틱한 시간을 보낼 수 있는 최고의 옵션이다. 호텔의 안뜰과 야외 공간에서는 이드라의 매력적인 경관이 펼쳐진다. 여행자들 사이에서 인기 절정인 이 호텔은 객실 수가 많지 않아 서둘러 예약해야 한다.

Data 지도 206p-C
가는 법 오를로프 호텔에서 도보 2분
운영시간 3월 중순~10월
요금 더블룸 185유로~, 스위트룸 253유로~
전화 229-805-3873
홈페이지 www.cotommatae.gr

고풍스러움이 물씬 풍기는
오를로프 부티크 호텔 Orloff Boutique Hotel

고급스러운 빈티지함이 돋보이는 4성급 호텔이다. 호텔 건물은 1796년 오토만에 저항하는 그리스인을 돕기 위해 파견된 러시아 귀족에 의해 지어졌다. 18세기에 일어났던 이 저항은 '오를로피카Orloffika'라고 불렸고 여기서 호텔의 이름이 기원했다. 이곳은 50년 이상 클라다키스Kladakis 가족이 소유하면서 여름 별장으로 사용했다. 1960년부터 개조하기 시작해 1986년 호텔로 오픈했다. 호텔은 아담한 사이즈의 깨끗한 흰색 건물에 파란색으로 포인트를 줬다. 건물의 높은 나무 패널 천장과 안뜰 주위에 위치한 방들을 보면 고대 지중해 건축 양식을 표방하고 있음을 알 수 있다. 아기자기하고 예쁘게 꾸며진 안뜰은 편안한 휴식처의 느낌을 준다. 8개의 객실은 고풍스러운 가구와 소품들로 채워져 클래식함이 묻어난다. 욕실은 투숙객의 편의를 위해 객실과는 상반된 모던한 모습을 하고 있다. 오래된 건물이기 때문에 손님이 머무는 동안 이용에 불편함이 없도록 꼼꼼하게 신경 쓴다. 창밖으로는 한가로운 이드라 타운이 보인다. 아침 식사는 홈메이드 로컬 음식으로 구성된 뷔페로 제공되는데, 클래식 음악을 들으며 우아하게 즐길 수 있다.

Data 지도 206p-C
가는 법 라자로스 쿤두리오티스 히스토리컬 맨션에서 도보 5분
운영시간 4월~10월
요금 더블룸 163유로~, 스위트룸 248유로~
전화 229-805-2564
홈페이지 www.orloff.gr

GREECE BY AREA 02
아테네 근교

소피아 로렌의 흔적이 남아 있는
이드루사 호텔 Hydroussa Hotel

소피아 로렌이 주연한 영화 〈해녀〉의 촬영지로 알려진 호텔이다. 호텔에는 그의 흔적을 간직한 '소피아 로렌 룸Sophia Loren Room'도 있다. 1956년에 제작된 영화 〈검은 옷을 입은 소녀〉도 이곳을 배경으로 했다. 영화의 후광에 힘입어 호텔이 널리 알려지면서 많은 유명 인사들이 머물렀다. 이드루사 호텔은 보치 스퀘어에 위치한다. 아름답고 독특한 이드라의 건물들 사이에서 특별히 눈에 띄는 편은 아니다. 호텔은 더블룸, 트리플룸, 스위트룸을 보유하고 있다. 객실은 깨끗하게 관리되고 있으며 럭셔리보다는 심플에 가깝다. 룸 타입에 따라 산 전경이나 항구 전경이 보인다. 부대시설로는 드로잉룸, 다이닝룸, 가든을 갖췄다. 날씨가 좋은 날에는 가든에서 꽃내음을 맡으며 아침 식사를 즐길 수 있다.

Data 지도 206p-C
가는 법 보치 스퀘어
운영시간 3월 말~10월
요금 더블룸 144유로~, 트리플룸 174유로~, 스위트룸 220유로~
전화 229-805-2400
홈페이지 hotelscheck-in.com/hydroussa-hydra

합리적인 가격이 매력적인
에로필리 펜션 Pension Erofili

페리 선착장에서 도보로 5분 거리. 합리적인 가격이 매력적인 펜션으로 12개의 다양한 타입의 룸을 갖췄다. 기본적인 더블룸과 트리플룸 외에 아파트먼트도 제공한다. 아파트먼트에서는 키친과 프라이빗 테라스를 사용할 수 있어 여럿이 함께 여행 왔다면 더 편안하게 머물 수 있다. 객실 컨디션은 청결하게 유지되고 사이즈도 넉넉하다. 펜션의 아담한 정원에는 테이블과 의자가 있어 식사를 하거나 휴식을 취하기 좋다. 이곳은 친절한 젊은 부부에 의해 운영돼 기분 좋게 머물다 갈 수 있다. 펜션 근처에 레스토랑과 카페도 있어 이용이 편리하다.

Data 지도 206p-B
가는 법 페리 선착장에서 도보 5분
요금 더블룸 70유로~, 트리플룸 100유로~, 아파트먼트 140유로~
전화 229-805-4049
홈페이지 www.pensionerofili.gr

과거는 잊고 근사하게 변신한
페드라 호텔 Phaedra Hotel

이드라 타운의 주거 지역에서 조용히 빛나는 호텔. 이드라의 오래된 건물은 대부분 역사와 사연을 지니고 있다. 이곳은 과거 카페트 공장이었는데 2004년 공장을 개조해 근사한 호텔로 오픈했다. 이곳은 페드라, 아테나 앤 아르테미스, 아프로디테, 안티고니, 엘렉트라, 올림피아 등 총 6개의 객실이 있다. 이름만큼 각 객실도 특색 있게 치장했다. 아테네 앤 아르테미스 스위트는 가장 럭셔리한 객실로 은은한 조명 아래 모던하게 꾸며졌다. 옥상으로 연결되는 아름다운 전경이 보이는 프라이빗 테라스가 있어 호텔 밖으로 나가기가 싫어질 정도다. 유쾌하고 친절한 호텔 오너인 힐다Hilda가 주는 여행 팁은 이드라 여행에 풍성함을 더한다.

Data 지도 206p-D
가는 법 페리 선착장에서 도보 10분
요금 더블 스탠더드 스튜디오 120~145유로, 패밀리 스위트룸 340~395유로
전화 229-805-3330
홈페이지 www.phaedrahotel.com

겉과 속이 같은
네레이즈 게스트 하우스 Nereids Guest House

이드라 전통 건물의 모습을 하고 있는 게스트 하우스다. 건물의 외관과 내부 모두 돌로 지어져 독특한 분위기가 풍긴다. 객실도 이드라풍의 장식을 고수하고 있으며 돌로 된 벽에 나무로 된 천장이 아늑함을 더한다. 테라스와 가든에서는 이드라 항구의 환상적인 파노라마 뷰가 펼쳐진다. 이곳은 이드라 타운 중심부에서는 조금 떨어진 한적한 길에 있다. 만약 페리 선착장부터 캐리어로 끌고 균일하지 않은 돌이 깔린 이드라 타운의 돌길을 따라 게스트 하우스까지 간다면 조금 힘들 수도 있다. 물론 동키 택시를 이용하면 힘들지 않게 간다.

Data 지도 206p-D
가는 법 페리 선착장에서 도보 15분
요금 스탠더드룸 85유로~, 슈피리어룸 90유로~, 주니어 스위트룸 95유로~
전화 229-805-2875
홈페이지 www.nereids-hydra.com

Greece By Area

03

델피
DELPHI ΔΕΛΦΟΙ

델피는 '세계의 중심'이었다. 그리스 신화에 따르면 제우스가 독수리 두 마리를 동쪽과 서쪽에서 세계의 중심을 향해 날렸는데, 그 두 마리가 만난 곳이 바로 델피였다. 이런 신화를 배경으로 델피는 신성한 곳으로 여겨졌다. 델피의 아폴론 신전에서 행해졌던 신탁은 영험하다고 알려져 세계 곳곳에서 많은 사람들이 찾아왔다. 델피는 자연스럽게 신탁뿐만 아니라 고대 그리스 정보, 소통의 공간이자 국제 정치의 장이 되었다. 델피 유적지는 그 역사와 신화의 흔적들이 고스란히 남아 있는 곳이다.

델피

미리보기

델피는 작은 마을이다. 레스토랑, 호텔 등이 몰려 있어 도보로 여행하기 좋다. 주요 유적지도 도보로 접근할 수 있어 여행하기에 불편함이 없다. 델피 고고 유적지에서 성스러운 기를 느껴 보고 파르나소스산의 대자연에서 힐링하는 시간도 가져 보자.

SEE

델피의 하이라이트는 단연 델피 고고 유적지다. 아폴론 성역에서 시작해서 카스탈리아의 샘, 김나지움을 지나 아테나 프로나이아 성역까지, 델피의 신화와 역사 속으로 빠져들어 보자. 유적지로 가는 길 내내 볼 수 있는 올리브 나무로 가득 찬 파르나소스산의 절경은 덤이다.

EAT

델피는 산맥으로 둘러싸여 있는 내륙이다. 생선 요리보다는 고기 요리를 추천한다. 특히, 양고기가 맛있다. 파르나소스산에서 자란 양은 육질이 부드럽고 식감이 훌륭하다. 델피에는 멋진 풍광을 가진 레스토랑과 카페가 많다. 입만 즐거운 게 아니라 눈도 즐겁다.

BUY

델피 고고학 박물관에서 볼 수 있는 신화 속 인물이나 역사 속 인물이 담긴 기념품으로 살 수 있다. 주얼리, 청동 동상, 플레이트, 도자기 등 다양한 형태의 제품 속에서 그리스 신화와 역사를 찾아볼 수 있다. 파르나소스산에서 나온 올리브 제품, 꿀, 와인도 유명하다. 가격도 비싸지 않은 편이다.

SLEEP

호텔은 대부분이 델피 타운 중심에 있다. 중저가에서 중고가의 호텔까지 가격의 폭은 크지 않은 편이다. 대형 체인 호텔은 없고 가족이 운영하는 작은 호텔이 많다. 델피 타운에 있는 몇몇 호텔에서는 코린토스만과 플리스토스 골짜기의 환상적인 조망을 즐길 수 있다.

델피
찾아가기
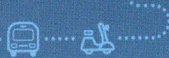

 어떻게 갈까?

델피는 작은 마을이라 교통편이 다양하지 않다. 버스가 다니지만 아테네를 제외한 그리스의 다른 지역을 가려면 대부분 갈아타야 한다.

1. 버스
• 아테네-델피
아테네 리오시온 버스 터미널에서 델피행 버스는 1일 4회, 델피에서 아테네까지는 1일 4회 운행한다. 3시간 소요되며, 가격은 15.1유로다. 버스 시간표는 홈페이지를 참고하자.

• 델피-칼람바카
델피에서 칼람바카(메테오라)로 버스를 타고 가는 방법은 조금 복잡하다. 일단 직행버스는 없다. 라미아 Lamia에서 버스를 갈아타야 한다. 이 버스는 1일 1회(토요일 제외) 운행하며 6시간 정도 소요된다. 버스 티켓은 델피에서 한 번만 구매한다. 요금은 25.4유로다. 갈아타는 곳에서의 대기 시간은 길지 않다.

• 델피-테살로니키
델피와 테살로니키를 오가는 버스는 1일 1회 운행 한다. 소요시간은 4시간 30분, 요금은 34.9유로
델피 버스 터미널 전화 226-508-2317 홈페이지 www.ktel-fokidas.gr

Tip 그리스 버스는 정해진 시간보다 조금 더 일찍 혹은 늦게 출발하는 경우가 있다.
버스 출발 10분 전에는 미리 와서 기다리는 것이 좋다. 버스 운행 시간은 계속 바뀔 수 있으니 웹사이트에서 먼저 확인하자.

---

2. 기차
델피에는 기차역이 없다. 델피에서 칼람바카(메테오라)로 버스를 타고 가는 여정이 번거롭다면 델피에서 40km 떨어진 리바디아Livadia 기차역까지 택시를 타고 간 후 그곳에서 칼람바카로 가는 방법이 있다. 리바디아에서 칼람바카까지 소요 시간은 3시간*이다. 리바디아에서 아테네와 테살로니키로도 갈 수 있다. 요금은 칼람바카 27.8~33.1유로, 아테네 46.4~57.3유로, 테살로니키 3.4~4.8유로. 델피 타운에서 리바디아 기차역까지 택시를 타면 35분 정도 걸린다. 요금은 55유로 내외다. 일행이 여럿이라면 생각해 볼 만한 금액이다. 헬레닉 트레인Hellenic Train 앱을 깔면 기차 시간표 확인에 용이하고 예매도 가능하다.
홈페이지 www.hellenictrain.gr 앱 Hellenic Train

*2023년 기준 그리스 기차 시스템이 원활하지 않아 6시간 30분 이상 소요되며 중간에 기차도 갈아타야 한다.

델피
찾아가기

어떻게 다닐까?

델피는 별다른 교통수단이 필요 없다. 델피 타운에서 델피 고고 유적지까지 모두 도보로 여행할 수 있다. 걷는 것을 피하고 싶다면 라디오 택시를 이용하자. 라디오 택시는 우리나라의 콜택시에 해당하는 것으로 전화를 걸어 택시를 부를 수 있다. 기본요금은 3~4유로다.
라디오 택시 전화 226-508-2752

I INFORMATION I

관광경찰서
가는 법 버스 터미널에서 도보 10분
주소 Aggelou St. Delphi
전화 226-508-2222

은행 & 환전소
호텔과 레스토랑이 모여 있는 파블루 & 프리데리키스 거리에서 24시간 이용 가능한 ATM이 많다.
전화 내셔널 뱅크 226-508-1001

관광안내소
델피에는 관광안내소가 없다. 묵고 있는 숙소에서 그림으로 된 지도와 여행 정보를 얻을 수 있다. 델피는 작은 마을이라 복잡한 것이 없기 때문에 그것만으로도 충분하다.

인터넷
델피에 있는 대부분의 호텔, 레스토랑, 카페들은 무료로 인터넷을 사용할 수 있다. 와이파이는 비밀번호가 설정되어 있는 경우가 많으니 체크인하거나 주문할 때 물어보면 된다.

버스 터미널
가는 법 델피 타운 들어가는 동쪽에 바로 있다. 버스 터미널 건물은 없고 '인 델피' 레스토랑에서 표를 사고 그 옆에 버스 타는 곳이라고 쓰여진 곳에서 버스를 타면 된다.
주소 8 Apollonos St. Delphi
전화 226-508-2230

약국
치오가스 알. 스테리오스 & 코. 이.이
Tsiogkas Al. Stergios & Co. E.E
가는 법 버스 터미널에서 도보 10분
주소 18 Apollonos St. Delphi
전화 226-508-2700

우체국
가는 법 마을 입구에서 파블루 & 프리데리키스 거리로 들어서서 도보 3분
주소 26 Pavlou & Friderikis St. Delphi
운영시간 월~금 07:30~14:45
전화 226-508-2376

델피
📍 추천 코스 📍

이른 아침 사람들로 붐비기 전에 델피 타운을 나서자. 큰 외길을 따라가다 보면 어렵지 않게 아폴론 성역에 도착한다. 아폴론 성역에서 오전 시간을 보낸 후 옆에 있는 델피 고고학 박물관을 살펴보자. 카스탈리아의 샘, 김나지움, 아테나 프로나이아 성역까지 들러 꽉 찬 델피 여행을 만들자.

델피 타운 입구
아침 식사 든든하게 하고 델피 타운에서 출발

→ 도보 15분 →

아폴론 성역
유적지 차례대로 살펴보기

→ 도보 5분 →

델피 고고학 박물관
델피 유적지에서 출토된 유물 감상하기

↓ 도보 8분

아테나 프로나이아 성역
아름다운 톨로스 앞에서 인증샷 남기기

← 도보 5분 ←

김나지움
멀리서부터 바라보기

← 도보 5분 ←

카스탈리아의 샘
지나가는 길에 잠시 둘러보기

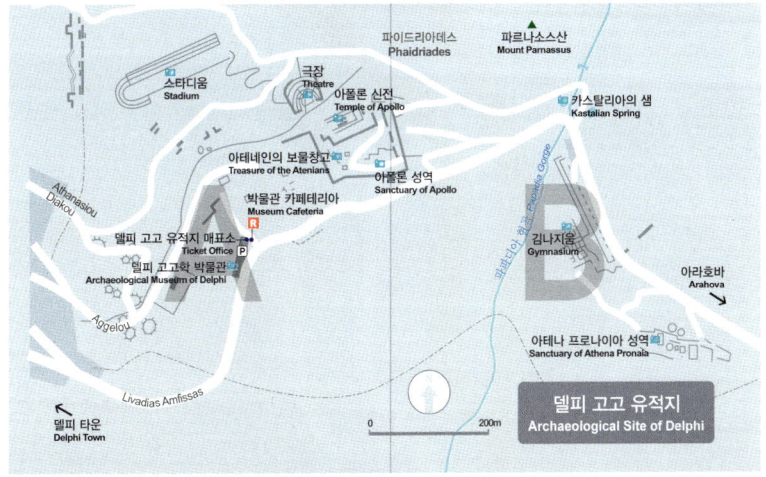

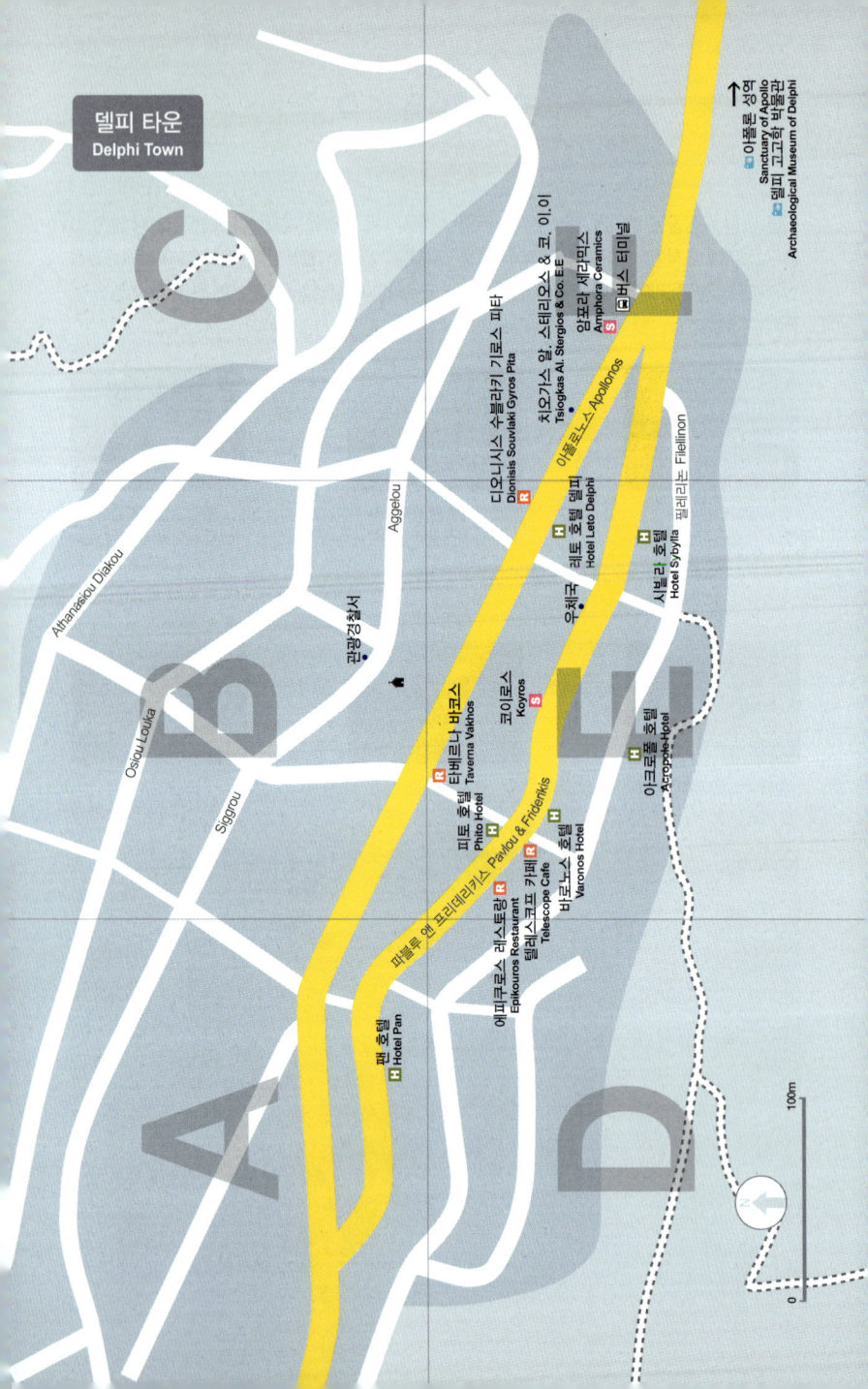

| Theme |

델피 유적을 이해하는 키워드 3

Das Orakel zu Delphi.

델피의 신탁 Delphic Oracle

델피의 신탁은 아폴론의 예언을 매개인 피티아를 통해 전달하는 의식이다. 고대 그리스에서 가장 명성이 높고 권위가 있었던 신탁으로 종교적·정치적으로 중요했다. 많은 사람들이 중요한 결정을 하기 전에 아폴론의 예언을 듣기 위해 델피를 찾았다. 아테네가 페르시아와의 전쟁 전에 신탁을 받았고, 그 내용대로 살라미스 해전에서 수적인 열세에도 승리했다. 스파르타의 레오니다스Leonidas왕도 테르모필레 전투를 치루기 전 델피에서 신탁을 받았다. 영화 〈300〉에서 이 내용을 묘사한 장면이 나온다. 델피의 신탁은 BC 8세기경 시작되어 로마 황제 테오도시우스Theodosius 1세가 신탁 의식을 이교도로 치부하여 금지시켰던 393년까지 계속되었다. 델피의 신탁은 현대에도 영향을 미쳤다. 1964년 미국에서 개발한 '델피 기법'도 델피의 신탁에서 유래했다. 델피 기법은 여러 해당 분야 전문가들의 의견을 조사하여 미래를 예측하는 분석 방법이다.

피티아 Pythia

아폴론의 신탁을 전달하는 여사제다. 피티아라는 이름은 아폴론이 물리친 괴물 피톤Python에서 유래되었다. 신탁을 원하는 사람이 남자 사제에게 질문을 하면 그것을 피티아에게 전달한다. 피티아가 세발의자인 트리푸스Tripus나 아폴론 신전의 밀실에 앉으면 아폴론의 영혼이 깃들어서 아폴론의 예언을 전하고 사제가 그 말을 해석했다. 예언은 다소 은유적이었고 그것을 해석하는 것은 인간의 몫이었다. 피티아는 신전 아래 틈에서 나오는 증기를 마시거나 월계수 잎을 씹음으로 해서 신과 소통할 수 있는 최면 상태로 유도되었다는 설이 있다. 피티아는 신탁 의식이 거행되기 전 카스탈리아의 샘에서 목욕재계를 했는데, 특히 머리를 깨끗이 했다고 한다. 피티아는 본래 어린 처녀였지만 불미스러운 일이 발생한 이후 50세 이상의 여성 중 신전의 사제에 의해 선택되었다. 높은 수준의 가정에서 자란 교육을 잘 받은 여성들이 후보였으며 도덕성 또한 중요한 고려 항목이었다.

피티아 제전 Pythian Games

올림피아 제전, 이스트미아 제전, 네메아 제전과 함께 고대 그리스 4대 제전이다. 아폴론이 델피 사람들을 괴롭히던 피톤을 물리친 것을 기념하기 위해 개최된 것으로 델피 제전Delphic Games으로도 불린다. 체육 경기뿐만 아니라 음악 경연 대회를 포함한 문화 예술 올림픽의 성격을 띠었다. 이것은 아폴론이 음악의 신인 것과 무관하지 않다. 피티아 제전은 BC 582년부터 4세기까지 4년마다 열렸다. 극장, 스타디움 등 아폴론 성역을 중심으로 대회가 치러졌다. 제전의 첫날에는 종교적인 의식이 거행되었으며, 음악 경연, 육상 경기, 전차 경주가 차례로 진행되었다. 우승자에게는 월계관을 수여했다.

고대 그리스의 중심
아폴론 성역 Sanctuary of Apollo

아폴론에게 바치는 건물들이 주를 이루고 있는 고대 유적지다. 이곳에서 신탁이 이뤄지고, 피티아 제전이 열렸다. 아폴론 성역은 파르나소스산이 둘러싸고 있으며, 코린토스만을 바라보는 곳에 자리잡았다. 풍수지리학적으로 봤을 때 명당자리다. 이 유적지는 1893년 프랑스 고고학 연구소에 의해 발견되어 발굴 작업을 시작했다. 1987년에는 유네스코 세계 문화유산으로 등재되었다. 고대 그리스에서는 중요한 사항을 결정하기 전에 신탁(신의 계시)을 받았다. 특히, 당시는 폴리스들 간에 전쟁이 잦았다. 폴리스의 지도자들은 전쟁을 치르기 전 신탁을 받기 위해 아폴론 성역이 있는 델피를 방문했다. 이 때문에 BC 6세기경 델피는 아테네보다 더 중요한 도시로 여겨졌다. 아폴론 성역은 신탁 의식이 치러진 아폴론 신전, 피티아 제전이 열렸던 극장과 스타디움, 전리품들을 보관했던 보물 창고, 상업 활동이 이루어졌던 로만 아고라 등으로 구성되어 있다.

Data 지도 223p-A
가는 법 델피 타운 입구에서 아라호바 방향으로 도보 15분
운영시간 4월~10월 08:00~20:00, 11월~3월 08:30~15:30
요금 델피 박물관 통합 티켓 12유로 (11월~3월 6유로)
전화 226-508-2313
홈페이지 odysseus.culture.gr

> **Tip** 성수기에는 관광객이 아주 많다. 아침 시간부터 유럽에서 투어를 온 관광객들로 북적댄다. 관광객을 피하려면 이른 아침 문 여는 시간에 맞추어 방문하거나 아예 늦은 오후에 가기를 권한다. 봄부터 가을까지는 햇살이 뜨겁다. 선글라스와 모자, 생수를 챙겨가자.

|Theme|
아폴론 성역의 유적 돌아보기

로만 아고라 Roman Agora
4세기 로마 시대에 상업과 만남의 장소였다. 순례자들은 이곳에서 아폴론 신에게 받치는 봉납물을 샀다. 당시 아고라 광장에 세워졌던 3개의 스토아 중 현재는 북쪽 스토아의 흔적만 남아 있다. 스토아는 고대 그리스 도시의 아고라에서 볼 수 있었던 독특한 주랑이다. 건물의 벽과 그 열에 맞춰 기둥을 세워 지붕을 지탱하게 만든 개방된 건물이었다.

옴파로스 Omphalos
원뿔 모양으로 생긴 신성하게 여겨지는 돌이다. 옴파로스는 라틴어로 '배꼽'이라는 뜻으로, '세상의 배꼽', '세상의 중심'을 의미한다. 그리스 신화에 의하면 제우스가 세상의 중심을 향해 서로 다른 방향에서 금 독수리 두 마리를 날렸다. 이 독수리들이 만난 곳이 델피였으며, 그 위치를 표시하기 위해 하늘에서 떨어트린 돌이 옴파로스였다. 델피 고고학 박물관에서는 아폴론 신전에 있던 다른 옴파로스도 볼 수 있다.

아테네인의 보물 창고
Treasure of the Atenians
아폴론과 신탁을 위해 받쳐진 제물을 보관하던 곳이다. 보물 창고 중 가장 인상적이다. 이 보물 창고는 BC 490년 아테네인이 마라톤 전쟁에서 페르시아인을 물리치고 승리한 기념으로 세워졌다. 당시 델피의 정치적인 위상을 드높이고 경제적인 부를 과시하기 위한 상징적인 건물이었다. 건물은 파로스Paros에서 가져온 대리석으로 도리아 건축 양식으로 만들었다.

신성한 길 Sacred Way

메인 입구에서 아폴론 신전 방향으로 뻗어 있는 길이다. 그리스 시대에는 계단으로 이루어졌었는데, 로마 시대 때 지금과 같은 지그재그 모양으로 바뀌었다. 과거에는 폴리스에서 헌납 받은 동상과 보물, 기념비가 길을 따라 놓여 있었다고 한다. 현재는 그 잔해들만 볼 수 있다.

시빌의 바위 Rock of the Sibylle

델피의 신탁을 처음 전달한 장소로 알려졌다. 신화에 따르면 델피의 신탁을 처음 제공한 것은 아폴론이 아니라 대지의 여신 가이아Gaia였다. 시빌Sibylle은 당시 신탁을 전달했던 예언 능력을 가지고 있던 무녀를 말한다. 아폴론의 신탁에서는 피티아가 그 역할을 했다. 아테네의 보물 창고를 지나 바로 볼 수 있는데, 바위가 풀에 뒤덮여 있어 쉽게 지나칠 수 있다.

폴리고날 월 Polygonal Wall

아테네인의 보물 창고에서 아폴론 신전을 향해 가다 보면 보이는, 아폴론 신전을 둘러싸고 있는 벽이다. 폴리고날 월은 BC 548년 두 번째 아폴론 신전 건축을 위해 지어졌다. '폴리고날 월'이란 이름은 다각형 벽돌로 만들었다고 해서 붙여진 이름이다. 이 벽은 석공들이 시멘트를 사용하지 않고 각기 다른 모양의 벽돌을 이가 정확히 맞물리도록 쌓아서 만들었다고 한다. 이러한 벽돌쌓기 기법은 델피 외에 다른 지역에서는 거의 찾아볼 수 없다. 벽에는 BC 200년 이후 아폴론에게 바쳐진 1,000여 명 노예들의 해방 계약서가 새겨져 있다.

극장 Theatre

아폴론 성역에 있는 고대 극장이다. 고대 그리스 극장 중 최고로 꼽는 곳 중 하나다. 원래의 극장은 BC 4세기 파르나소스의 석회암으로 지어졌다. 그 후 몇 번의 보수 공사가 있었다. 현존하는 것은 BC 1세기 페르가몬Pergamon의 에우메네스 2세Eumenes II가 후원해 지었던 것을 복원한 것이다. 극장은 오케스트라, 장식된 무대, 관객석 삼박자를 갖추고 있다. 극장에는 35줄의 객석이 있으며, 5,000여 명의 관객이 앉을 수 있다. 제일 꼭대기 줄에서는 아폴론 신전을 포함한 성역의 환상적인 모습을 볼 수 있다. 이곳에서 연극, 시 낭송, 음악회 등 다양한 축제가 열렸다. 피티아 제전이 시작되면 이 극장에서 음악 경연을 했다.

아폴론 신전 Temple of Apollo

아폴론 성역에서 가장 중요한 유적이다. 아폴론에게 받쳐진 신전으로 델피의 신탁 의식이 치러졌던 곳이다. 아폴론 신전의 역사는 가혹하다. 이 신전은 BC 7세기에 처음 지어졌다. 그러나 월계수 나무로 지어진 첫 신전은 화재로 소실되었다. BC 6세기에 두 번째 신전이 세워졌는데, 이번에는 지진으로 무너졌다. 세 번째 신전은 BC 4세기 코린토스의 건축가 스핀타로스Spintharos, 세노노로스Xenodoros, 아가톤Agathon에 의해 증축되었다. 그러나 이마저도 390년 신탁을 금지한 테오도시우스 1세에 의해 파괴뇌었다. 지금 유적지에 남아 있는 것은 세 번째 지어진 것의 일부다. 아폴론 신전은 높이 21.6m, 폭 58.2m의 규모로, 38개의 도리아식 기둥에 지붕이 덮힌 형태였다. 지금은 6개의 기둥만 남아 있는데, 이것만으로도 당시 웅장했던 신전의 규모를 짐작하게 해 준다. 신전의 서쪽 끝에는 아디톤Adyton이 있었다. 아디톤은 피티아가 아폴론의 신탁을 전하기 위해 사용했던 공간이다. 아디톤에 있던 옴파로스는 델피 고고학 박물관에 전시되어 있다. 당시 그리스 철학자들은 신전의 바위에 격언을 새겨 놓았다. 소크라테스의 '너 자신을 알라'를 비롯해 '참고 견디며 겸손하라' '무엇이든 지나치지 않게' 등이 있었다고 하는데, 현재는 볼 수 없다.

스타디움 Stadium

극장을 지나 언덕으로 올라가면 험준한 산을 배경으로 한 스타디움이 보인다. 스타디움 옆에 위치한 암벽은 웅장함을 넘어서 경건하기까지 하다. 스타디움은 고대 그리스의 체육 경기가 열렸던 경기장이다. 피티아 제전의 육상 경기가 이곳에서 열렸다. 스타디움은 BC 5세기에 지어졌으며, 2세기에 에로데스 아티쿠스Herodes Atticus의 후원으로 아치형 입구와 돌로 된 좌석을 재건했다. 그리스에 현존하는 스타디움 중에 보존이 제일 잘 되어 있다. 트랙은 길이 177m, 폭 25.5m로 규모가 크다. 관람석은 6,500명의 관중을 수용할 수 있다. 지금은 낙석의 위험으로 산 쪽으로는 입장이 제한되어 있다.

230 | 231

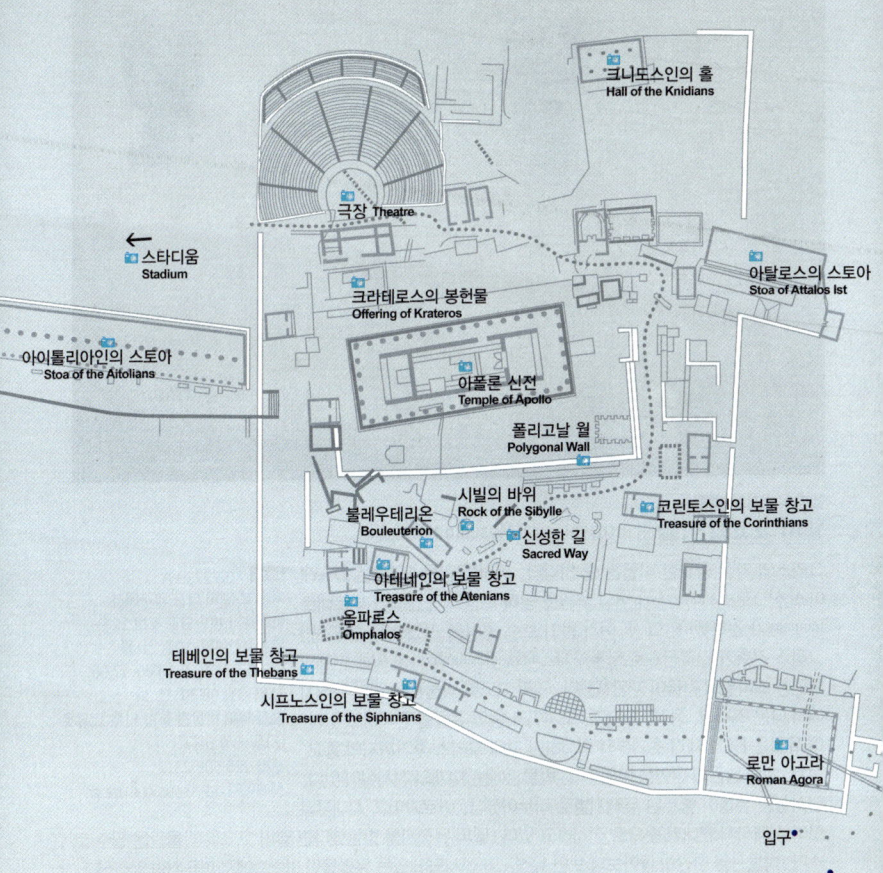

아폴론 성역
Sanctuary of Apollo

델피 유적지의 반쪽
델피 고고학 박물관 Archaeological Museum of Delphi

그리스의 가장 중요한 박물관 중 하나다. 이 박물관은 1903년 안드레아스 신그로스Andreas Syngros의 후원을 받아 프랑스의 건축가 투르내르Tournaire가 건축했다. 그 후 여러 번의 보수 공사를 거쳤으며, 2003년 그리스 건축가 알렉산드로스 톰바지스Alexandros Tombazis에 의해 현재의 모던한 스타일의 건물이 재탄생했다. 델피 고고학 박물관은 델피 유적지에서 나온 조각상, 동상, 도자기, 모자이크 등의 유물을 전시하고 있다. 이 유물은 BC 8세기 초기부터 쇠퇴하던 고대 그리스 후기까지의 종교, 정치, 예술 활동의 단면을 반영한다. 박물관에는 14개의 전시실이 있다. 전시실은 유물이 출토된 유적지별로 나누어졌다. 아르카이크 시대부터 로마 시대까지 연대기 순으로 전시하고 있다. 델피 유적지를 방문했다면 델피 고고학 박물관은 필수 코스다. 박물관을 찬찬히 돌아보다 보면 유적지와 전시되어 있는 유물들이 머릿속에서 퍼즐처럼 맞춰진다.

Data 지도 223p-A
가는 법 델피 타운 입구에서 아라호바 방향으로 도보 12분
운영시간 4월~10월 일~월 08:00~20:00, 화 10:00~17:00, 11월~3월 08:30~15:30
요금 델피 박물관 통합 티켓 12유로 (11월~3월 6유로)
전화 226-508-2312
홈페이지 odysseus.culture.gr

|Theme|
델피 고고학 박물관의 주요 전시물

옴파로스 Omphalos

11전시실에 전시된 '세상의 중심'을 뜻하는 신성한 돌이다. 반구형 모양의 대리석에 그물 모양이 새겨져 있다. 이 옴파로스는 아폴론 신전 북서쪽에서 발견되었다. 피티아가 신탁을 받기 위해 머물던 아디톤에 있던 옴파로스를 복원한 것으로 알려졌다.

낙소스의 스핑크스 Sphinx of Naxos

5전시실에서 가장 눈에 띄는 작품이다. BC 560년 낙소스인들이 아폴론 신전에 바친 조각상으로, 높이는 12.5m다. 이 조각상은 본래 아폴론 성역에서 폴리고날 월 앞에 세워져 있던 것이다. 커다란 크기가 인상적인 이 조각상은 당시 낙소스의 정치적, 경제적인 위상이 높았음을 증명한다.

아르고스의 쌍둥이 Twins of Argos

3전시실을 들어서면 건장한 체격을 가진 클레오비스 Kleobis와 비톤 Biton의 조각상과 마주하게 된다. 아르카이크 시대 초창기 거대 조각상 중 하나다. 이 조각상은 BC 6세기 폴리메데스 Polymedes에 의해 만들어졌다. 델피에 바쳐진 조각상 중 가장 오래된 것이다. 고대 그리스에서는 아르고스의 쌍둥이처럼 두 조각상이 한 쌍을 이룬 작품은 찾아보기 힘들다.

안티누스 Antinoos

12전시실에서 있는 안티누스 동상이다. 안티누스는 비티니아 Bithynia 출신으로 빼어나게 아름다운 청년이었다. 많은 사람들에게 찬양의 대상이었으며, 로마 황제 하드리안 Hadrian의 사랑을 독점하기도 했다. 이 동상은 130년 안티누스가 죽은 뒤 만들어졌다. 동상을 가까이 들여다보면 기울어진 얼굴에 공허한 표정을 하고 있다.

전차를 모는 청동 마부상 Charioteer

13전시실은 온전히 전차를 모는 청동 마부상을 위한 것이다. 이 작품은 이노호스 Heniokhos로도 알려져 있다. 그리스어로 '전차를 모는 사람'이라는 뜻이다. 델피 고고학 박물관에서 가장 중요하고 유명한 작품 중 하나다. 고대 그리스 청동 조각상 중에서도 손꼽히는 작품이다. 이 작품은 BC 5세기 사모스 Samos의 피타고라스 Pythagoras에 의해 만들어진 것으로 추정된다. BC 373년 대지진으로 땅속에 묻혀 있다가 1896년 발견되었다. 이 동상은 높이가 1.8m로 실물 크기로 제작됐다. 마부는 고대 그리스 복장인 발목까지 오는 길이의 튜닉을 입고 있는데, 얼굴과 머리카락, 튜닉의 주름, 발가락까지 디테일이 살아 있다. 고대 그리스인들이 얼마나 인체 묘사에 정확했는지 가감 없이 보여 준다.

몸을 깨끗이 씻던 신성한 샘
카스탈리아의 샘 Kastalian Spring

아폴론이 괴물 피톤을 죽인 곳이라 하여 신성하게 여겨지는 샘이다. 델피를 방문하는 모든 사람들, 특히 피티아 제전의 참가자들과 델피 신탁 의식에 참여하는 피티아, 성직자, 순례자 등이 몸을 깨끗하게 했던 곳이다. 이 샘은 BC 600년경에 지어진 것으로 추정되며 여러 번의 재건축을 거쳤다. 샘의 이름은 이 지역의 영웅 카스탈리오스Kastalios, 혹은 강의 신 아켈로오스Achelous의 딸 요정 카스탈리아Kastalia의 이름에서 비롯되었다고 전해진다. 현재는 낙석의 위험 때문에 폐쇄된 상태로 안쪽으로는 들어갈 수 없다.

Data 지도 223p-B
가는 법 아폴론 성역 입구에서 아라호바 방향으로 큰길 따라 도보 5분

Tip 아폴론 성역에서 카스탈리아의 샘, 김나지움, 아테나 프로나이아 성역으로 가는 길에는 인도가 없다. 차가 다니는 대로변을 따라 걸어야 한다. 이 길이 과연 유적지로 가는 길이 맞는지 의구심이 들 수 있는데, 유적지로 가는 길이 맞다. 단, 지나가는 자동차를 조심할 것!

종합적인 교육의 장
김나지움 Gymnasium

BC 4세기 후반에 지어진 그리스에 있는 가장 오래된 체육관이다. 김나지움은 가파른 비탈에 건물을 짓다 보니 위와 아래를 나누어 설계했다. 위쪽에는 도리아식 지붕의 스토아와 트랙이 있어 야외 활동을 할 수 있는 공간이었다. 아래쪽은 체육관, 수영장, 목욕탕이 있었다. 김나지움은 잦은 지진과 산사태로 인해 많은 부분이 훼손되었다. 그 후 로마 시대 로마인들에 의해 재건되었으며, 찬물 목욕을 했던 목욕탕은 따뜻한 물도 사용할 수 있게 되었다고 한다. 이 밖에도 김나지움은 여러 가지 용도로 이용되었다. 피티아 제전의 참가자들은 이곳에서 훈련했다. 신체적인 활동뿐만 아니라 시, 철학, 문학, 음악 등 다른 교육적인 활동에도 사용되었다. 현재는 문이 닫혀 있어서 관광객들이 입장하지 못한다.

Data 지도 223p-B
가는 법 카스탈리아의 샘에서 아테나 프로나이아 성역 방향으로 도보 5분

엽서 속의 그곳
아테나 프로나이아 성역 Sanctuary of Athena Pronaia

델피 고대 유적지에서 아폴론 성역 다음으로 중요하게 여겨지는 곳이다. 아폴론 신전과 함께 델피를 대표하는 엽서에서 가장 많이 볼 수 있다. 성역은 마르마리아Marmaria라고도 불린다. 아테나 프로나이아 성역은 아테나 신전Temple of Athena, 보물 창고, 톨로스Tholos로 구성되어 있다. 이 성역의 건물들은 고대 그리스 여러 폴리스들의 노력으로 지어졌다. 당시 이곳의 높았던 위상을 짐작하게 만든다. 입구에 들어서면 가장 먼저 볼 수 있

Data 지도 223p-B
가는 법 김나지움에서 아라호바 방향으로 도보 5분
운영시간 4월~10월 08:30~20:00, 11월~3월 08:30~17:00

는 것이 아르카이크 아테나 신전Archaic temple of Athena이다. 아테나에게 받쳐졌던 신전이다. 이 신전은 BC 7세기 중반에 지어진 것이고, BC 4세기 중반에 세워진 후기의 신전은 톨로스 뒤쪽에 있다. 둘 다 훼손이 심해 기둥과 기단의 일부만 남아 있다. 아르카이크 아테나 신전과 톨로스 사이에는 도리아 보물 창고Doric Treasury와 마실리아의 보물 창고Treasury of Massilia가 있다. 그 뒤로 보이는 톨로스는 아테나 프로나이아 성역의 상징적인 건물이다. 톨로스는 '원형 건물'이라는 뜻이다. 고대 그리스 건축물 중 명작으로 알려져 있다. BC 4세기에 지어진 이 건물은 20개의 도리아 양식 기둥에 지붕이 덮여 있었다. 현재는 3개의 기둥만 남아 있다. 기둥의 흰색 부분은 원래 있었던 것이고, 짙은 색 부분은 지진과 낙뢰 등으로 손상된 것을 새로운 재료를 이용해 보수한 것이다. 톨로스가 세워진 목적과 용도는 정확하게 알려지지 않았다.

EAT

눈도 입도 즐거운
에피쿠로스 레스토랑 Epikouros Restaurant

다양한 그리스 요리를 맛볼 수 있는 곳이다. 레스토랑 규모가 꽤 커서 점심때는 단체 관광객이 많다. 레스토랑은 한쪽 면이 트여 있어 플리스토스 골짜기Pleistos Valley와 코린토스 만의 웅장한 풍경이 한눈에 들어온다. 음식을 맛보기도 전에 벌써 그 경관에 매료된다. 특히 선셋이 아름답다. 이곳의 인기 메뉴는 고트 인 더 오븐Goat in the Oven과 루스터 파스티차다 Rooster Pastitsada다. 루스터 파스티차다는 닭고기에 로컬 파스타가 곁들여진다. 닭고기는 육질이 부드럽다. 새콤달콤한 토마토소스도 훌륭하다. 파스타는 쫄깃쫄깃하면서 감칠맛이 있다. 취향에 따라 로컬 파스타 대신 포테이토, 라이스로 바꿀 수 있다. 샐러드는 제철 채소를 이용해 계절마다 추천 샐러드가 다르다. 직원에게 베스트 샐러드를 추천해 달라고 하면 친절하게 안내해 준다. 식사 후에는 달콤한 디저트를 탐미하자. 요거트 위드 허니 앤 월넛Yogurt with Honey & Walnut은 추천 디저트 중 하나다. 그리스 요거트에 달콤한 꿀과 호두가 첨가되어 풍부한 맛을 낸다.

Data 지도 224p-E
가는 법 델피 타운 우체국에서 도보 3분
주소 33 Pavlou & Friderikis St. Delphi
운영시간 11:30~22:30
요금 고트 인 더 오븐 16유로, 루스터 파스티차다 9.6유로, 샐러드 6유로~
전화 226-508-3250
홈페이지 www.epikouros.net

Tip 그리스 전통 음식인 파스티차다는 북서쪽에 위치한 코르푸Corfu섬에서 왔다. 코르푸는 그리스 내륙과 달리 이탈리아의 영향을 많이 받은 곳이라 음식에서도 그 흔적을 찾아볼 수 있다. 대표적인 예가 로컬 파스타인 파스티차다. 오리지널 레시피는 닭고기, 파스타, 토마토소스로 만든다. 고기는 소고기 등 다른 종류로 대체하기도 한다.

델피 타운 최고의 맛집!
타베르나 바코스 Taverna Vakhos

가족이 운영하는 그리스 전통 레스토랑이다. 아폴로노스 거리와 파블루 앤 프리데리키스 거리 사이에 있는 두 번째 경사면 골목에 위치했다. 입구에 들어서면 타베르나 바코스가 새겨진 여러 종류의 로컬 도예품과 와인이 눈에 띈다. 레스토랑이 경사면에 위치해 창가 쪽에 앉으면 멋진 전망을 볼 수 있다. 여름에는 창가 쪽의 문을 열어 놓아 테라스로 변신한다. 메뉴판은 친절하다. 글루틴, 유제품, 육류가 들어가지 않은 음식이 다 표기되어 있다. 손님들의 취향을 배려한 것이다. 이 레스토랑은 현지에서 나오는 최고의 식재료로 요리한다. 추천 메뉴로는 램 인 레몬 소스 프럼 마운틴 파르나소스 Lamb in Lemon Sauce from Mt. Parnassus를 들 수 있다. 델피에서는 단연 양고기가 좋다. 파르나소스산에서 자란 양들은 육질이 부드럽고 맛이 풍부하다. 아테네 사람들이 양고기를 먹기 위해 델피에 온다는 말까지 있을 정도다. 램 인 레몬 소스 프럼 마운틴 파르나소스는 양고기에 레몬 소스가 들어가 상큼하고 풍미를 더한다. 다양한 샐러드도 준비되어 있으니 양고기에 곁들이면 식탁이 더 풍성해진다. 음식과 함께 파르나소스 와인도 즐길 수 있다. 홈메이드 디저트는 서비스로 제공된다. 디저트는 방문해 줘서 감사하다는 인사의 표시다.

Data 지도 224p-E
가는 법 버스 터미널에서 도보 5분
주소 31 Apollonos St. Delphi
운영시간 12:00~16:00, 18:00~22:30
요금 램 인 레몬 소스 프럼 마운틴 파르나소스 11유로, 샐러드 5유로~
전화 226-508-3186
홈페이지 www.vakhos.com

누구에게나 사랑받는
디오니시스 수블라키 기로스 피타 Dionisis Souvlaki Gyros Pita

가볍게 식사를 즐길 수 있는 작은 식당이다. 특별한 것은 없어 보이지만 현지인, 관광객 할 것 없이 손님이 끊이지 않는다. 식당 이름에서 알 수 있듯이 메인 메뉴는 수블라키Souvlaki다. 돼지고기, 소고기, 닭고기, 양고기, 채소 등이 들어간 다양한 수블라키를 판매한다. 빵 안에 들어갈 토핑과 소스는 직접 선택할 수 있다. 토핑은 양파와 토마토 등으로 단출하지만 소스는 케첩, 마요네즈, 머스터드, 스파이시 치즈, 차지키Tzatziki 등 다양한 편이다. 샐러드 하나를 시켜도 양이 푸짐하며 피타빵과 같이 제공된다. 가격도 아주 저렴하다. 음식도 빠르게 나와 바쁜 여행자들에게 추천한다. 테이크아웃도 가능하다.

Data 지도 224p-E
가는 법 레토 호텔 델피 맞은편, 델피 타운 입구에서 도보 3분
주소 28 Apollonos St. Delphi
운영시간 11:00~23:00
요금 수블라키 2.5유로~, 샐러드 7유로~
전화 693-931-0801

카페인지 전망대인지
텔레스코프 카페 Telescope Cafe

코린토스만을 배경으로 한 분위기 좋은 카페다. 멋진 전망을 멀리서 바라보는 것만으로 부족했다면 카페 테라스에 있는 망원경을 이용해 보자. 테라스에는 2개의 망원경이 있는데, 모두 사용 가능한 것이다. 망원경을 보는데 추가 금액은 없다. 망원경으로 코린토스만을 관찰하다 보면 카페가 아니라 전망대에 온 기분이 든다. 커피, 맥주 등을 마실 수 있고, 샌드위치 같은 간단한 식사도 가능하다. 이곳은 특히 생맥주가 맛있다. 맥주 한잔을 시켜도 올리브, 감자칩과 함께 나온다. 테라스에 앉아 확 트인 풍경을 바라보며 마시는 시원한 맥주 한잔은 최고의 기분을 선사한다. 스태프들은 매우 친절하다. 필요한 것이 없는지 수시로 체크한다.

Data 지도 224p-E
가는 법 바로노스 호텔에서 도보 1분
주소 31 Pavlou & Friderikis St. Delphi
운영시간 11:00~23:00
요금 맥주 4유로~
전화 226-508-3123

BUY

올리브의 모든 것
코이로스 Koyros

올리브는 그리스를 떠올리면 생각나는 특산품 중 하나다. 코이로스는 올리브 러버라면 그냥 지나치기 아쉬운 곳이다. 올리브, 올리브 오일, 올리브 비누, 올리브 나무로 만든 목제품 등 다양한 올리브 제품을 취급한다. 파르나소스산은 그리스의 올리브 나무 밀집 지역 중 하나여서 델피에서는 여러 가지 올리브로 만든 제품들을 구매할 수 있다. 파르나소스산에서 나온 꿀도 판매한다. 올리브 제품과 꿀은 모두 가족이 직접 재배하고 만든 것이다. 가게에 들어서면 친절하게 올리브와 꿀을 시식해 보도록 권한다. 델피에서 만들어진 것은 아니지만 그리스 전통주인 우조도 맛볼 수 있다. 이 외에도 작은 액세서리, 세라믹, 기념품 등을 판매한다.

Data 지도 224p-E
가는 법 델피 타운 우체국에서 도보 1분
주소 26 Pavlou & Friderikis St. Delphi
운영시간 월~토 09:30~22:00, 일 11:00~14:00, 18:00~21:00
전화 226-508-3132

그리스 신화에서 툭 튀어나온
암포라 세라믹스 Amphora Ceramics

아폴로노스 길을 지나가다 보면 한 번쯤 구경해 보고 싶은 숍이다. 핸드 메이드 도예품들이 한쪽 벽면을 가득 채우고 있다. 접시, 항아리 등에 고대 그리스 신과 역사 속의 인물을 재현해 놓았다. 마치 박물관을 그대로 옮겨 놓은 듯한 느낌이 들어 델피 고고학 박물관을 관람한 후 남겨진 여운을 이곳에서 이어갈 수 있다. 암포라 세라믹스는 가족이 운영과 제작에 모두 관여한다. 도예품들도 직접 페인팅한 작품들이다. 원하는 그림으로 주문이 가능하며, 주문 제작한 제품은 국제 우편으로 발송도 해 준다. 숍의 다른 한쪽 벽면에는 다양한 색깔의 세라믹과 책, 캘린더, 올리브 비누, 마그네틱 등 아기자기한 기념품이 전시되어 있다. 무거운 도예품을 들고 가기 부담스럽다면 작고 가벼운 기념품으로 만족하자.

Data 지도 224p-F
가는 법 버스 터미널에서 도보 1분
주소 6 Apollonos St. Delphhi
운영시간 09:00~23:00
전화 226-508-2074
홈페이지 amphora-ceramics.com

SLEEP

현지인들도 반한
피토 호텔 Pitho Hotel

델피 타운에 있는 3성급 호텔이다. 객실은 인테리어가 특별히 눈에 띄지는 않지만 넓고 깔끔하다. 모든 객실에는 발코니가 있다. 더블룸은 이코노미와 스탠더드 두 가지 타입이다. 이코노미는 스탠더드와 같은 컨디션에 객실의 면적만 좁다. 방의 크기에 상관하지 않는다면 이코노미 더블룸을 선택하는 것이 경제적이다. 로비에 있는 바도 훌륭하다. 아침 식사가 제공되는 장소지만 아무때나 이용 가능하다. 바에 발코니도 있어 스트리트 뷰를 즐기며 여유롭게 차를 마실 수 있다. 스태프들의 따뜻한 환대는 여행자들 사이에서 평이 좋다. 투숙객의 95%는 그리스인이라고 한다. 델피는 유적지로 유명하지만 그리스 현지인들에게는 겨울철 스키를 즐길 수 있는 곳으로도 알려져 있다. 스키를 타러 온 그리스인들이 피토 호텔을 많이 찾는다. 예약할 때는 숙박 사이트를 이용하는 것보다 호텔에 직접 연락하는 것이 더 저렴하다.

Data 지도 224p-E
가는 법 델피 타운 우체국에서 도보 1분 **주소** 40 Pavlou & Friderikis St. Delphi
요금 더블룸 50유로~, 트리플룸 77유로~, 패밀리룸 103유로~
전화 226-508-2850
홈페이지 www.pithohotel.gr

친절하고 편안한
바로노스 호텔 Hotel Varonos

파블루 앤 프리데리키스 거리 가운데 위치했다. 델피 유적지와 주요 카페, 레스토랑, 마트로의 접근성이 좋다. 아폴론 성역까지는 걸어서 15분 걸린다. 16개의 객실을 보유하고 있다. 객실은 많지 않지만 싱글룸부터 더블룸, 트리플룸, 프리미엄 루프톱, 패밀리룸 등 객실의 종류는 다양하다. 스탠더드룸은 깨끗하고 편안하다. 프리미엄 루프톱은 따뜻한 느낌의 목재 천장으로 꾸며져 있어서 더 아늑한 분위기를 선사한다. 몇몇 객실의 발코니에서는 코린토스만이 보인다. 아침 식사로 제공되는 뷔페는 알차고 맛있다. 그릭 요거트, 우유, 시리얼, 여러 종류의 빵, 치즈, 신선한 과일, 커피, 차 등이 준비된다. 스태프들도 친절하다. 지도와 여행하는데 필요한 정보를 쉽게 얻을 수 있다. 호텔 로비에는 벽난로와 소파가 넓게 펼쳐 있어 편하게 휴식을 취하기 좋다.

Data 지도 224p-E
가는 법 델피 타운 입구에서 도보 5분
주소 25 Pavlou & Friderikis St. Delphi
요금 싱글룸 40유로~, 더블룸 50유로~, 트리플룸 60유로~, 프리미엄 루프톱 80유로~
전화 226-508-2345
홈페이지 www.hotel-delphi.gr

합리적인 가격에 인기 만점!
시빌라 호텔 Hotel Sibylla

가족이 운영하는 작은 호텔로 델피 타운 중앙에 있다. 객실은 심플하면서 깨끗하다. 가격까지 착해 여행자들에게 호평을 받는다. 객실은 8개가 전부다. 싱글룸, 더블룸, 트리플룸 세 가지 타입이 있다. 발코니에서는 코린토스만이나 델피 아고라의 멋진 전망이 보인다. 아침 식사는 제공하지 않지만 호텔에서 바로 인접한 카페와 레스토랑을 이용하면 된다.

Data 지도 224p-E
가는 법 델피 타운 입구에서 도보 3분 주소 9 Pavlou & Friderikis St. Delphi
요금 싱글룸 28유로~, 더블룸 35유로~, 트리플룸 50유로~
전화 226-508-2335
홈페이지 www.sibylla-hotel.gr

가족과 함께 와도 좋은
팬 호텔 Hotel Pan

델피 타운의 번화한 거리에 위치했다. 싱글룸부터 패밀리룸까지 다양한 타입의 객실이 있다. 가족들과 여행을 와도 숙박하기 좋은 곳이다. 객실은 깨끗하고 편안하다. 욕실이 조금 협소한 것은 아쉽다. 발코니에서는 올리브 나무 가득한 플리스토스 골짜기의 멋진 조망을 즐길 수 있다. 제공되는 그리스식 아침 식사는 훌륭하다. 스태프들도 친절하고 협조적이다.

Data 지도 224p-A 가는 법 델피 타운 입구에서 도보 8분 주소 53 Pavlou & Friderikis St. Delphi 요금 싱글룸 34유로~, 더블룸 50유로~, 트리플룸 59유로~, 패밀리룸 78유로~ 전화 226-508-2294

산속의 별장 같은
아크로폴 호텔 Acropole Hotel

델피 타운의 중심지에서 조금 떨어진 필레리논 거리에 있다. 델피 타운 중심에서 멀어진 만큼 코린토스만과는 가까워졌다. 덕분에 주위 환경은 한결 조용하다. 객실은 깨끗하고 아늑하다. 모든 객실이 플리스토스 골짜기를 마주하고 있다. 발코니에서 바라보는 해가 뜨고 지는 광경이 환상적이다. 발코니에 서면 아래가 깊은 골짜기라 마치 산속 별장에 와 있는 기분이 든다.

Data 지도 224p-E 가는 법 델피 타운 입구에서 도보 10분 주소 13 Filellinon St. Delphi 요금 싱글룸 50~55유로, 더블룸 63~71유로, 트리플룸 90~94유로 전화 226-508-2675 홈페이지 www.delphi.com.gr

모던과 심플 사이
레토 호텔 델피 Leto Hotel Delphi

모던하고 깔끔한 호텔이다. 델피 버스 터미널에서 아폴로노스 거리를 따라 올라가면 왼쪽으로 보인다. 객실은 기본적인 컨디션을 갖췄다. 발코니에서는 산 전망과 스트리트 전망을 볼 수 있다. 아침은 뷔페가 제공된다. 부대시설로는 카페와 가든이 있다. 벽난로가 있는 바에서 커피나 차를 마시며 휴식을 취할 수 있다. 가든은 색색의 꽃들로 가꿔져 있어 호텔 분위기에 생기를 더한다.

Data 지도 224p-E 가는 법 버스 터미널에서 도보 3분 주소 15 Apollonos St. Delphi 요금 싱글룸 45유로~, 더블룸 62유로~, 트리플룸 87유로~ 전화 226-5082-302 홈페이지 www.leto-delphi.gr

Greece By Area

04

메테오라
METEORA ΜΕΤΕΩΡΑ

메테오라는 '공중에 매달린 수도원'이라는 뜻이다. 14세기 수도사들이 오토만의 탄압을 피해 험준한 지형의 거대한 바위 위에 수도원을 세웠다. 이 아름다우면서도 기이한 풍경은 여행자들을 매혹시킨다. 멀리 보이는 핀두스산맥의 배경이 메테오라를 더 돋보이게 한다. 종교적인 이유뿐만 아니라 멋진 자연 경관과 건축물을 보기 위해 많은 사람들이 이곳을 방문한다.

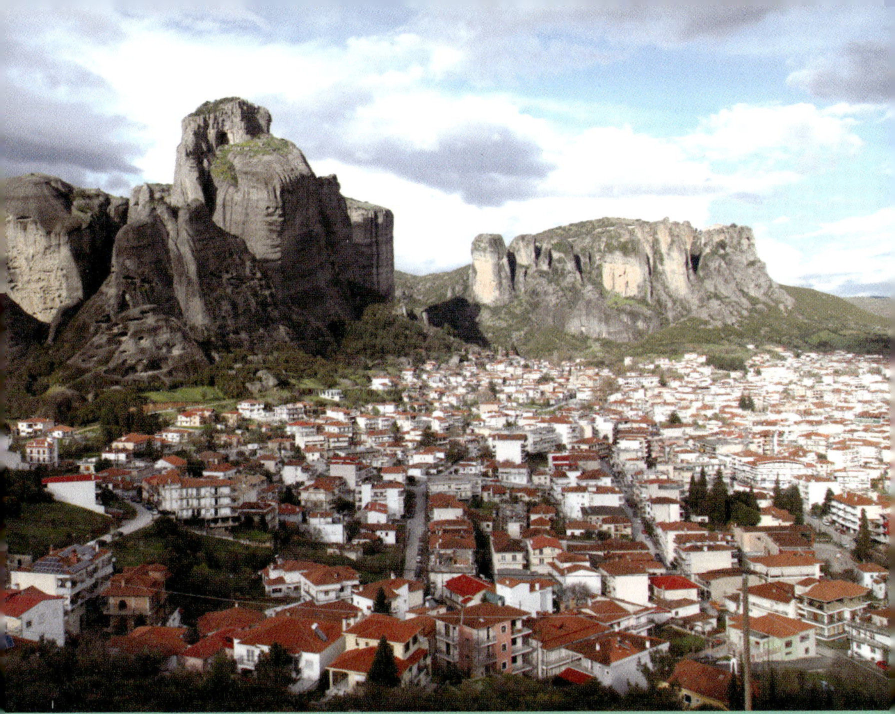

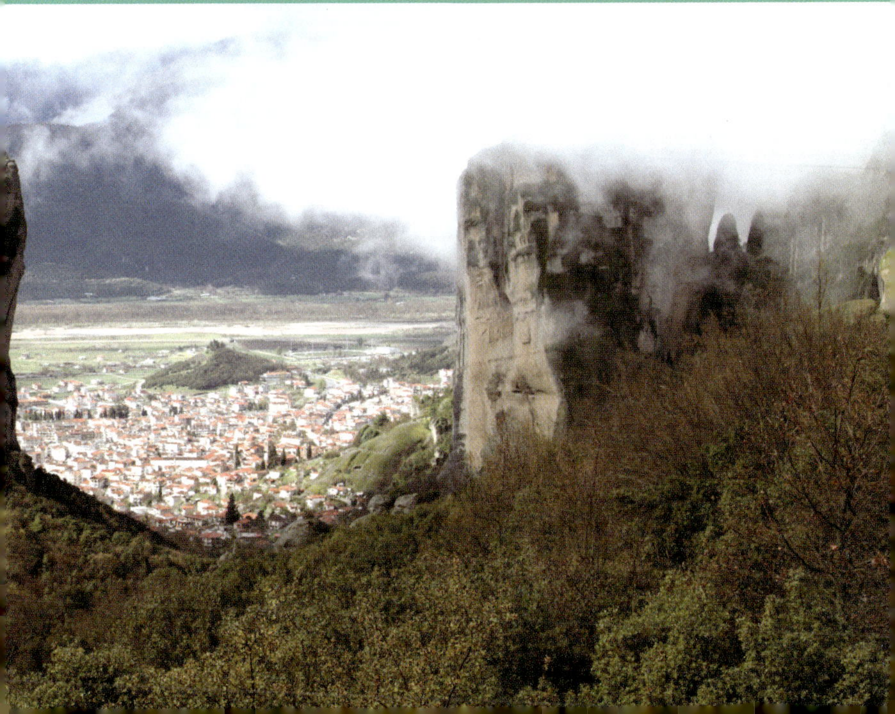

메테오라

미리보기

메테오라는 칼람바카와 카스트라키 두 도시를 둘러싸고 있다. 여행자들은 버스 터미널과 기차역이 있는 칼람바카에서 많이 머무는 편이다. 칼람바카보다 더 조용하고 작은 마을인 카스트라키는 또 다른 매력이 있다. 칼람바카와 카스트라키 모두 작은 도시라 도보로 이동이 가능하다.

SEE

가장 큰 볼거리는 메테오라 수도원이다. 대 메테오론 수도원, 바를람 수도원, 아이아 바바라 루사누 수도원, 아이오스 니콜라오스 아나파프사스 수도원은 카스트라키 쪽에 있고, 아이아 트리아다 수도원과 아이오스 스테파노스 수도원은 칼람바카 쪽에 있다. 두 지역을 나누어서 여행하면 좋다. 거대한 바위를 배경으로 한 칼람바카, 카스트라키의 전경도 예술이니 그냥 지나치지 말자.

EAT

메테오라 수도원 근처에는 레스토랑이 없다. 장시간 하이킹을 한다면 간식거리를 준비해 가는 것이 좋다. 식사를 하려면 칼람바카나 카스트라키로 가야 한다. 칼람바카는 타운 홀 스퀘어를 중심으로 레스토랑, 카페가 몰려 있다. 카스트라키는 칼람바카 보다 선택의 폭이 적다. 카스트라키 센트럴 스퀘어에서 칼람바카 방향으로 레스토랑이 있다.

SLEEP

칼람바카와 카스트라키에는 메테오라 바위의 멋진 풍광을 가진 호텔이 많다. 칼람바카는 메인 거리인 트리칼론부터 올드 타운까지 호텔이 즐비하다. 카스트라키는 칼람바카보다 좀 더 산발적으로 호텔이 분포되어 있다. 몇몇 호텔은 카스트라키 타운에서의 접근성은 떨어지지만 수도원과는 가깝다.

메테오라
📍 추천 코스 📍

카스트라키와 칼람바카의 수도원을 이틀에 나누어 둘러보자. 첫날은 대 메테오론 수도원을 시작으로 아이오스 니콜라오스 아나파프사스 수도원까지 차례로 방문하자. 여유가 있다면 수도원 유적까지 찾아볼 수 있다. 둘째 날은 칼람바카에 위치한 수도원을 여유롭게 살펴보자.

1일차

대 메테오론 수도원
카톨리콘, 박물관까지
꼼꼼하게 살펴보기

→ 도보 10분

바를람 수도원
아름다운 프레스코 감상하기

→ 도보 30분

아이아 바바라 루사누 수도원
멋진 전경 한눈에 넣기

↓ 도보 30분

수도원 유적
거대한 암벽 사이에 남아 있는
수도원의 흔적 찾아보기

← 도보 10분

**아이오스 니콜라오스
아나파프사스 수도원**
전망대에서 카스트라키 내려다보기

2일차

비잔틴 성모 마리아 교회
독특한 교회의 내부
살펴보기

→ 도보 45분

아이아 트리아다 수도원
전망대에서 환상적인
파노라마 뷰 즐기기

→ 도보 20분

아이오스 스테파노스 수도원
편안하게 도착해
여유롭게 둘러보기

메테오라 찾아가기

어떻게 갈까?

메테오라는 칼람바카와 카스트라키 두 도시에 걸쳐 있다. 메테오라를 방문하려면 일단 칼람바카로 가야 한다. 칼람바카는 버스와 기차로 접근이 가능하다. 칼람바카에 도착한 후 카스트라키로 이동할 때는 택시를 이용한다.

1. 버스

• 칼람바카 → 트리칼라

칼람바카에서 다른 도시로 이동하려면 대부분 트리칼라에서 갈아타야 한다. 칼람바카에서 트리칼라까지 가는 버스는 45분~1시간 30분 간격으로 운행한다. 45분 정도 소요되며, 요금은 2.4유로다.

• 아테네 → 칼람바카

아테네의 리오시온 버스 터미널에서 칼람바카행 버스가 1일 6~7회 운행(토 5회, 일 4회)된다. 소요 시간은 5시간 30분, 요금은 편도는 29유로, 왕복 49유로.

• 칼람바카 → 테살로니키

칼람바카에서 테살로니키로 가는 버스는 1일 5회(금 6회, 토 4회) 운행한다. 버스 티켓은 칼람바카에서 1번만 구입하면 된다. 칼람바카–트리칼라행 버스에서는 티켓을 확인만 하고, 티켓을 끊는 것은 트리칼라–테살로니키행 버스에서 한다. 소요 시간은 3시간 30분, 요금은 편도 19.7유로, 왕복 33유로.

칼람바카 버스 터미널
가는 법 관광안내소에서 이코노무 거리 방향으로 내려와서 왼쪽에 위치, 관광안내소에서 도보로 3분
주소 Ikonomou & Averof St. Kalambaka 전화 243-202-2432 홈페이지 ktel-trikala.gr

2. 기차

• 아테네 → 칼람바카

아테네의 라리사 기차역에서 칼람바카까지 직행하는 기차는 1일 1회 운행된다. 소요 시간은 4시간 30분. 기차를 갈아타는 경우 대기시간에 따라 4시간 30분~9시간 30분까지 걸린다. 요금은 30~36.7유로다. 헬레닉 트레인Hellenic Train 앱에서도 예매 가능하다.

• 칼람바카 → 테살로니키

칼람바카에서 테살로니키까지 소요 시간은 4시간 10분~5시간이며, 중간에 기차를 갈아타야 한다. 요금은 24.4~35.1유로다.

칼람바카 기차역
가는 법 핀두 거리 뒤편, 타운 홀 스퀘어에서 도보 10분 전화 243-202-2451 홈페이지 www.hellenictrain.gr

어떻게 다닐까?

| 칼람바카 Kalambaka |

1. 도보

칼람바카 타운은 도보로 이동이 가능한 작은 도시다. 트리칼론 거리에 타운 홀 스퀘어를 중심으로 필요한 것들이 모여 있다. 칼람바카에 위치한 아이아 트리아다 수도원까지는 타운 홀 스퀘어 기준으로 걸어서 1

시간 정도 소요된다. 카스트라키 타운까지도 도보로 접근이 가능하다. 타운 홀 스퀘어에서 카스트라키 센트럴 스퀘어까지 40분 정도 걸린다.

2. 버스

타운 홀 스퀘어 분수대 앞에서 대 메테오론 수도원으로 가는 버스를 탈 수 있다. 요금은 편도 1.6유로다. 티켓은 버스 안에서 구매 가능하다. 버스는 4~11월에만 운행된다. 버스 운행 시간은 계속 바뀌니 관광안내소에서 확인하자.

- **칼람바카 → 메테오라** 1일 4회 운행(09:00, 10:45, 12:00, 14:45)된다. 버스 터미널에서 출발하며 디바나 호텔Hotel Divana, 타운 홀 스퀘어에서 정차한다.
- **메테오라 → 칼람바카** 대 메테오론 수도원 주차장에서 칼람바카로 가는 버스는 11:25, 13:20, 16:00에 출발한다. 버스는 수도원을 다 들른 후 카스트라키와 칼람바카로 향한다.

3. 택시

택시는 택시 정류장을 찾아가거나 전화 혹은 앱을 이용해야 한다. 택시 정류장은 관광안내소에서 버스 터미널 방향으로 내려가면 바로 있다. 카스트라키에 가려면 4유로, 대 메테오론 수도원은 10유로 안팎으로 나온다. 택시로 투어도 할 수 있다. 가격은 시간당 25유로로. 전화 243-202-2310 앱 taxaki

4. 차 & 오토바이

자동차를 렌트하면 좀 더 자유롭게 메테오라를 여행할 수 있다. 오토바이를 타고 다니는 여행자와 현지인들도 많다.

메테오라 카 렌털 Meteora Car Rental 가는 법 관광안내소에서 도보 3분
주소 12 Patriarhou Dimitriou St. Kalambaka 운영시간 09:00~21:00 요금 차 50유로~, 오토바이 20유로~ 전화 694-875-2852 홈페이지 meteora-rent-a-car.gr

5. 자전거

자전거를 렌트해 다녀도 편리하다. 칼람바카 타운에서 카스트라키 타운까지도 쉽게 다닐 수 있다.

하비 숍 Hobby Shop
가는 법 관광안내소에서 카스트라키 방향으로 도보 5분 주소 28 Patriarhou Dimitriou St. Kalambaka
운영시간 08:00~21:00 전화 243-202-5262 홈페이지 www.meteora-bike-rentals.gr

| 카스트라키 Kastraki |

1. 도보

카스트라키 타운과 아이오스 니콜라오스 아나파프사스 수도원은 도보 여행이 가능하다. 수도원까지 센트럴 스퀘어 기준으로 30분 걸린다.

2. 버스

칼람바카에서 메테오라 수도원을 왕복하는 버스가 카스트라키도 지난다. 칼람바카 출발 시간에서 10분 정도를 더하면 카스트라키 출발 시간이 나온다. 캠핑 브라호스Camping Vrachos, 카스트라키 센트럴 스퀘어, 캠핑 더 케이브 Camping the Cave 세 곳에서 버스를 탈 수 있다.

3. 택시

카스트라키에는 택시가 1대 있다. 택시 정류장에 택시가 없다면 그 택시는 지금 운행 중이다. 택시가 언제 올지 모르니 전화를 하는 것이 현명하다. 택시 정류장은 센트럴 스퀘어에서 바로 보인다. 기본 요금은 4유로다. 칼람바카 타운까지는 5유로 정도 든다.

메테오라 트랜스퍼 택시 Meteora Transfer Taxi 전화 694-647-1036 홈페이지 meteorataxi.com

I INFORMATION I

관광안내소
가는 법 타운 홀 스퀘어 맞은편
주소 Patriarhou Dimitriou & Vlachava St. Kalambaka
운영시간 월~금 08:30~20:30, 토·일 09:00~16:00
전화 243-235-0245

관광경찰서
가는 법 관광안내소에서 도보 6분
주소 Pindou & Ioanninon St. Kalambaka
전화 243-207-8516

우체국
가는 법 타운 홀 스퀘어에서 도보 4분
주소 42 Trikalon St. Kalambaka
전화 243-202-2466

은행 & 환전소
메인 거리인 트리칼론의 곳곳에서 환전소와 24시간 ATM을 볼 수 있다. 환전소의 경우 오후 중간에 문 닫는 경우가 있으니 영업시간을 확인하자.

머니 그램 Money Gram
가는 법 관광안내소에서 도보 4분
주소 24 G. Kondyli St. Kalambaka
운영시간 월~금 09:00~14:00, 토 09:00~13:00, 일요일 휴무 전화 243-207-0029

병원
국립 응급 센터 National Emergency Center
전화 166

투어
비지트 메테오라 Visit Meteora
가는 법 관광안내소에서 도보 1분
주소 2 Patriarhou Dimitriou St. Kalambaka
운영시간 08:00~22:00 전화 243-202-3820
홈페이지 www.visitmeteora.travel

메테오라 트론스 Meteora Thrones
가는 법 관광안내소에서 도보 3분
주소 28 Trikalon St. Kalambaka
운영시간 09:00~22:00 전화 243-207-8455
홈페이지 meteora.com

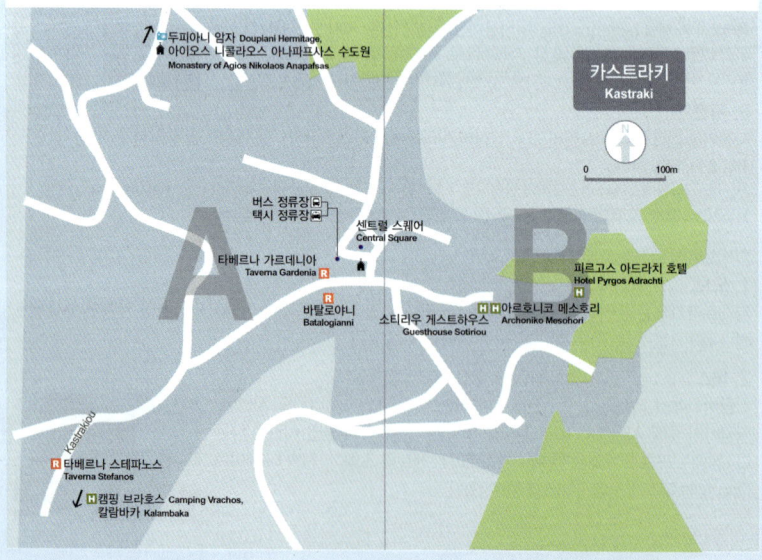

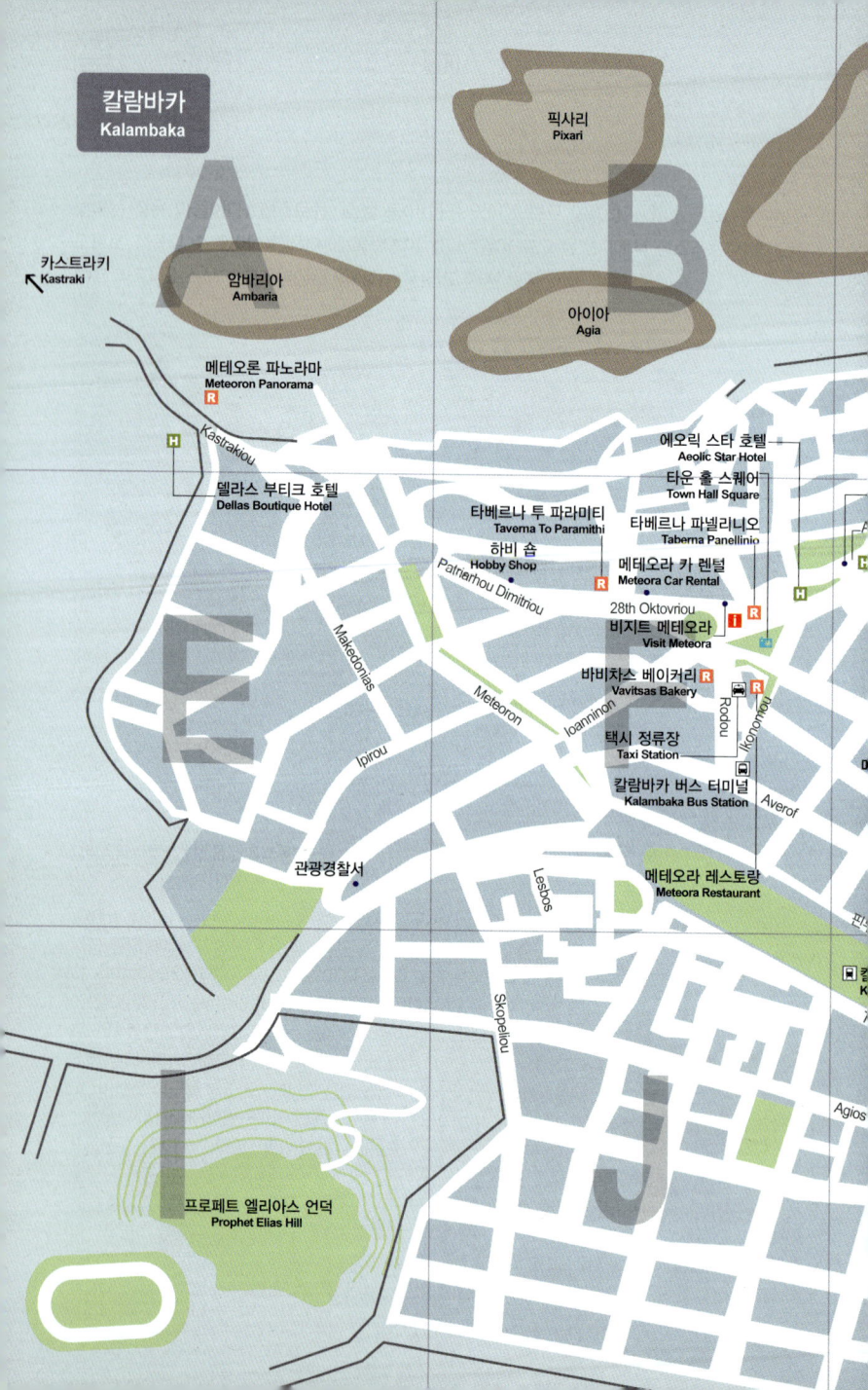

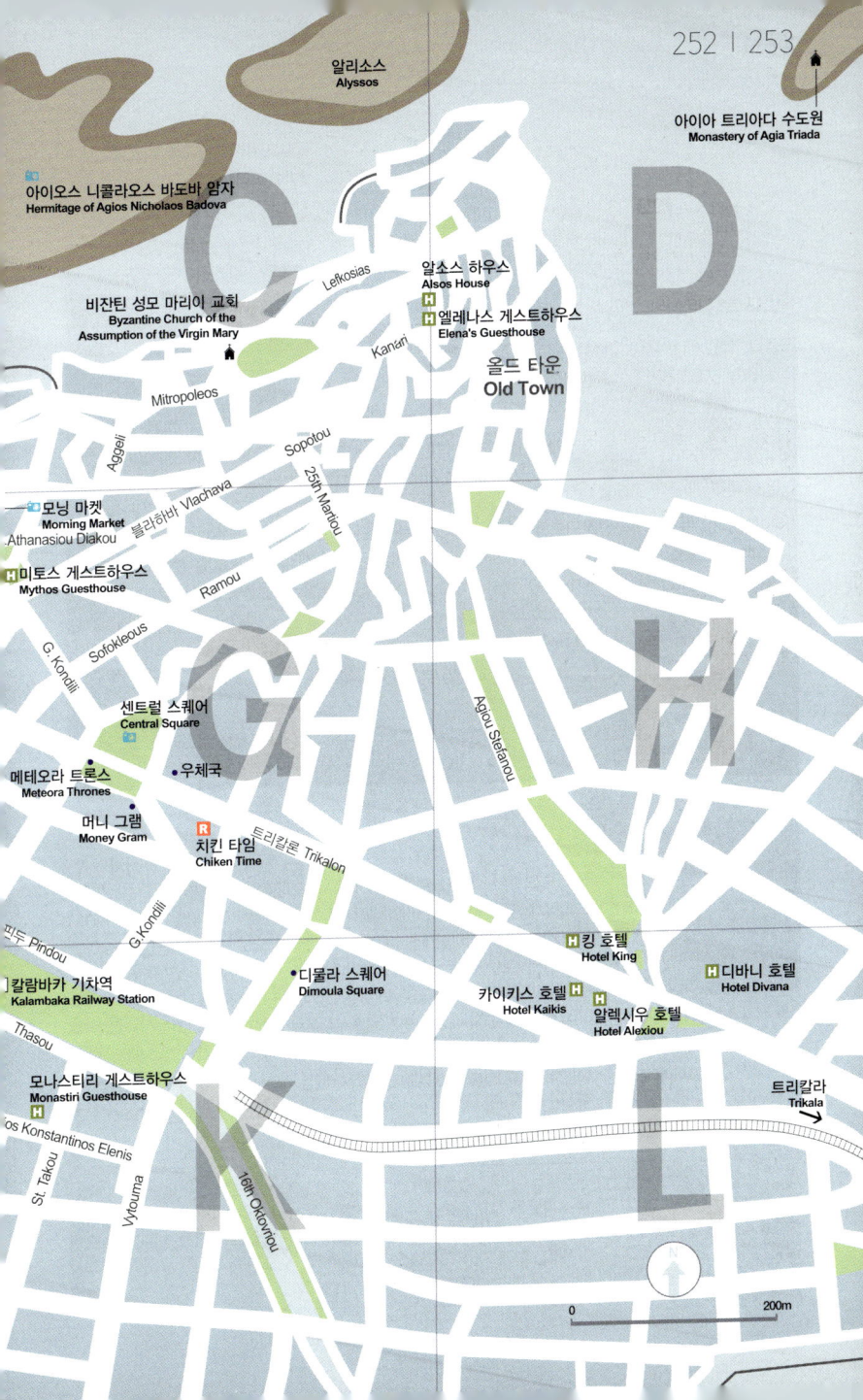

GREECE BY AREA 04
메테오라

SEE

공중에 떠 있는 수도원
메테오라 Meteora

메테오라는 '공중에 떠 있는 수도원'이라는 뜻이다. 그리스 중서부 테살리Thessaly 지방의 수도원을 통칭해서 부르는 이름이다. 이곳의 수도원은 높은 암벽 위에 세워져 있는 게 특징이다. 수도원은 안개가 낀 날이면 공중에 떠 있는 것처럼 보인다. 메테오라는 이런 독특한 건축술과 빼어난 자연과의 조화로 1988년 유네스코 세계 복합 유산으로 지정되었다. 수도사들이 처음 이곳을 찾기 시작한 것은 11세기경이다. 초창기에는 동굴에서 은둔자 생활을 하며 수행했다. 본격적으로 수도원을 짓기 시작한 것은 14세기경이다. 이 시기는 비잔틴 제국이 쇠퇴하고 오토만의 힘이 점점 커지던 때다. 수도사들은 이슬람의 탄압을 피하기 위해 험준한 지형에 수도원을 지은 것이다. 메테오라가 가장 번성했던 때는 16세기로 24개의 수도원이 있었다고 한다. 현재는 수녀원을 포함해 6개가 남았다. 대 메테오론 수도원, 바를람 수도원, 아이아 바바라 루사누 수도원, 아이오스 니콜라오스 아나파프시스 수도원, 아이아 트리아다 수도원, 아이오스 스테파노스 수도원이 그 주인공들이다.

> **Tip** 수도원을 방문하려면 엄격한 복장 규정을 준수해야 한다. 입장 시 남자는 민소매, 반바지가 금지된다. 여자는 민소매, 바지, 짧은 스커트를 입고 들어갈 수 없다. 다만, 복장이 불량한 여행자를 위한 배려를 해 놨다. 매표소 근처에 긴 랩스커트가 준비되어 있어 겉옷 위에 랩스커트를 걸치고 입장하면 된다. 수도원 곳곳은 내부 촬영이 금지된 곳이 많다. 촬영 가능 여부를 먼저 확인하자. 수도원마다 쉬는 요일이 다르다. 모든 수도원을 다 돌아보려면 루트를 잘 짜야 한다.

Talk 메테오라를 둘러싼 기암의 비밀

핀두스산맥Pindos Mountains을 배경으로 피니오스강Pineios River을 향해 바위들이 불쑥불쑥 솟아 있는 메테오라. 메테오라는 일명 '뾰쪽바위'라 불리는 이 독특한 모양의 바위로 유명하다. 꼭대기에 수도원들을 하나씩 이고 있는 이 기묘한 바위들은 높이와 모양이 제각각이다. 바위의 높이는 보통 300m이지만 높은 곳은 600m 가까이 되는 거대한 크기를 자랑한다. 메테오라에 도착하면 세상 어디에서도 볼 수 없는 이 진귀한 풍경에 먼저 취하게 된다. 이 기이한 바위들은 어디에서 온 걸까? 지질학자들은 이 암석들이 약 6,000만 년 전에 있었던 지각 변동을 통해 생성된 것으로 추측한다. 메테오라가 위치한 테살리 평원Thessaly Plain은 한때 바다였다가 지각 변동 시 융기한 것으로, 지금의 바위들은 심해의 퇴적물이 쌓여 만들어진 퇴적암이다. 이 퇴적암이 오랜 세월 풍화 작용과 침식 작용을 거치면서 약한 부분은 깎여 나가고 단단한 부분만 남아서 지금처럼 독특한 바위가 된 것이다. 메테오라의 바위를 자세히 보면 어두운 색의 단층선을 볼 수 있는데, 이것이 바닷물과의 마찰로 인한 해식 작용의 흔적이다.

메테오라의 센터
대 메테오론 수도원 Monastery of Great Meteoron

메테오라를 대표하는 수도원이자 가장 많은 방문자가 찾는 곳이다. 메테오라 수도원 중 제일 크고 오래된 수도원이기도 하다. 대 메테오론 수도원은 14세기 중반, 성 아타나시오스Athanasios에 의해 지어졌다. 수도원이 세워진 암벽은 메테오라에서 가장 높고 큰 바위인 플라티스리토스 Platislithos다. 플라티스리토스는 '넓은 바위'라는 뜻. 해발 613m에 이르는 이 바위의 면적은 20만㎡나 된다. 축구장 3개 크기와 맞먹는다. 대 메테오론 수도원은 1356년 세르비아 황제 시미안 우로스Symeon Uros의 후원으로 카톨리콘Katholikon을 짓고 수도원을 확장했다. 카톨리콘은 그리스정교에 있어서 수도원을 구성하는 3가지 중 하나로 주성당을 뜻한다. 수도원은 16세기에 메테오라의 종교적인 중심 역할을 하며 번영을 누렸다. 당시에 300여 명의 수도사들이 이곳에 머물렀다고 한다. 현재는 3명의 수도사들만이 살고 있다. 수도원에는 카톨리콘, 예배당, 박물관, 주방, 식당 등이 있다. 카톨리콘에서는 인상적 프레스코를 볼 수 있다. 역사민속박물관에는 그리스 전통 의상, 제복, 총기류 등이 전시되어 있다. 수도원의 전망대에 서면 오른쪽으로 카스트라키 타운이, 왼쪽으로는 바를람 수도원의 전경이 펼쳐진다.

Data 지도 251p-A
가는 법 칼람바카 타운에서 버스로 20분, 카스트라키 타운에서 버스로 10분
운영시간 4월~10월 09:30~15:00, 화요일 휴관, 11월~3월 09:30~14:00 화·수·목 휴관
요금 3유로
전화 243-202-2278
홈페이지 www.meteoromonastery.gr

1등 부럽지 않은 2등
바를람 수도원 Monastery of Varlaam

대 메테오론 수도원 다음으로 규모가 큰 수도원이다. 대 메테오론 수도원에서 도보 10분 거리에 있는 이 수도원의 이름은 설립자 성 바를람에서 따온 것이다. 성 바를람은 16세기 동굴에서 수행하며 은둔 생활을 했다. 그는 바위 꼭대기에 올라 작은 예배당과 물탱크를 만들었다. 하지만 그가 죽은 후 이곳은 방치되었다. 그 후 1517년 이오안니나 출신의 수도사 테오파니스Theophanis와 넥타리오스 압차라다스Nektarios Apsaradas 형제가 예배당을 증축하고, 수도원을 세웠다. 수도원은 1518년 프랑고스 카스텔라노스Frangos Kastellanos에 의해 포스트 비잔틴 프레스코로 장식되었다. 바를람 수도원의 프레스코는 아름답기로 유명하다. 카톨리콘은 아토나이트 형식Athonite Style으로 1541년에서 1542년 사이에 지어졌다. 현재 수도원의 오래된 식당은 박물관으로 개조돼 방문자들에게 개방되고 있다. 박물관에는 아이콘, 유물, 나무로 조각된 십자가 등이 전시되어 있다. 당시 수도원으로 물건을 옮기려면 도르래와 그물을 이용했는데, 이것들은 지금도 그대로 사용되고 있다.

Data 지도 251p-D
가는 법 대 메테오론 수도원에서 도보 10분
운영시간 4월~10월 09:00~15:00, 화요일 휴관, 11월~3월 09:00~14:00, 화·수·목 휴관
요금 3유로
전화 243-202-2277

메테오라의 얼짱
아이아 바바라 루사누 수도원 Monastery of Agia Barbara Roussanou

메테오라의 수도원 중 가장 아름답다고 알려진 곳이다. 메테오라를 소개할 때 메인 사진에 단골로 등장하는 게 이 수도원이다. 아이아 바바라 루사누 수도원은 16세기 중반 거대한 암벽 위에 세워졌는데, 수도원의 모습이 매우 인상적이다. 이 수도원은 건물이 바위 면적 전체에 걸쳐 있기 때문에 마치 바위의 일부인 것처럼 보인다. 과거에는 이 수도원에 올라가기 위해서는 밧줄로 된 사다리를 이용했다고 한다. 그러나 1930년 다리와 돌계단이 지어져 지금은 쉽게 수도원에 갈 수 있게 됐다. 수도원 정상에 서면 멋진 경관과 마주한다. 핀두스산맥을 배경으로 한 카스트라키 마을과 아이오스 니콜라오스 아나파프사스 수도원, 바를람 수도원의 모습이 장관이다. 각각의 수도원을 방문했을 때는 느끼지 못했던 웅장함이 이곳에서 느껴진다. 1560년에 지어진 카톨리콘과 나르텍스Narthex는 프레스코로 채워졌다. 나르텍스는 성당의 정면 입구와 본당 사이에 있는 홀 모양의 복도다. 프레스코를 그린 작가는 명시되어 있지 않지만 크레탄 스쿨Cretan School 출신으로 알려졌다. 아이아 바바라 루사누 수도원은 20세기 중반 20년 동안 거의 방치되었었다. 당시에는 카스트라키의 신앙심 깊은 노파 에프세비아Efsevia만이 이곳에 살면서 외롭게 수도원을 지켰다. 그 후 1982년 새롭게 단장하고 수녀원으로 기능을 해오고 있다.

Data 지도 251p-D
가는 법 바를람 수도원에서 도보 20분
운영시간 4월~10월 10:00~16:00, 수요일 휴관, 11월~3월 09:00~14:00, 수요일 휴관
요금 3유로
전화 243-202-2649
홈페이지 www.roussanou.gr

카스트라키에서 가장 가까운
아이오스 니콜라오스 아나파프사스 수도원 Monastery of Agios Nikolaos Anapafsas

아이오스 니콜라오스 아나파프사스 수도원은 카스트라키 타운의 중심부에서 2km 정도 떨어져 있다. 카스트라키 타운에 머물고 있다면 도보로 접근이 가능하다. 메테오라의 수도원 중 가장 낮은 암벽 위에 세워졌다. 수도원이 세워진 암벽은 폭이 아주 좁은데, 이것은 수도원의 건축 구조에 큰 영향을 주었다. 암벽이 좁아 건물을 넓게 지을 수 없으니 위로 올리는 방식을 선택한 것이다. 수도원 1층에는 성 안토니 예배당 Chapel of Saint Antony과 크립트 Crypt가 있다. 크립트는 과거 묘지로 쓰이던 교회의 지하실이다. 이곳의 예배당은 작지만 아주 중요하다. 14세기에 그려진 오래된 그림들이 보존되어 있기 때문이다. 2층에는 카톨리콘이 있다. 1527년 유명한 크레타 화가 테오파네스 스트렐리차스 Theophanes Strelitzas가 카톨리콘의 프레스코를 그렸다. 특히, 프레스코 중에는 '낙원의 동물 이름을 짓는 아담'Adam Naming the Animals of Paradise이 유명하다. 수도원 마지막 층에는 식당과 성 존 예배당 Chapel of Saint John이 있다. 식당은 개조해서 방문자들을 위한 공간으로 사용하고 있다. 수도원 정상에 서면 카스트라키 타운의 전경이 보인다. 아이오스 니콜라오스 아나파프사스 수도원 근처에서는 지금은 닫혀 있거나 폐허가 된 다른 수도원의 유적들도 볼 수 있다.

Data 지도 251p-C
가는 법 아이아 바바라 루사누 수도원에서 도보 30분
운영시간 4월~10월 09:00~17:00, 금요일 휴관, 11월~3월 월~토 09:00~17:00, 일 09:30~16:00
요금 3유로
전화 243-202-2375

험난한 여정, 그만큼의 가치가 있는
아이아 트리아다 수도원 Monastery of Agia Triada

아이아 트리아다 수도원은 영화 〈007 포 유어 아이즈 온리〉의 촬영지로 유명하다. 이 수도원은 칼람바카 타운의 북동쪽 페네아스 골짜기|Peneas Valley에 있는 가파른 절벽 위에 지어졌다. 험준한 지형에 위치해 메테오라 수도원 중 가장 접근하기 어렵다. 그만큼 트레킹하기에는 좋은 곳에 있다는 뜻도 된다. 수도원까지 가장 쉽게 가는 방법은 아이오스 스테파노스 수도원에서 걸어서 가는 것이다. 소요 시간은 20분 정도다. 수도원 입구에서 수도원에 도착하기까지는 140개의 돌계단을 올라가야 한다. 그 험난

Data 지도 251p-F
가는 법 칼람바카 타운에서 도보 1시간
운영시간 4월~10월 09:00~17:00, 목요일 휴관, 11월~3월 10:00~16:00, 목요일 휴관
요금 3유로
전화 243-202-2220

한 여정을 견디고 나면 수도원의 전망대에 서게 된다. 전망대에 서면 멋지다는 표현만으로는 부족한 웅장한 대자연이 파노라마로 펼쳐진다. 수도원 아래로는 칼람바카 타운의 전경이 펼쳐지고, 오른쪽으로 바를람 수도원, 아이아 바바라 루사누 수도원, 아이오스 니콜라오스 아나파프사스 수도원이 한눈에 들어온다. 카톨리콘은 작지만 아름답다. 지금도 카톨리콘이 세워졌던 초기의 모습을 그대로 유지하고 있다. 카톨리콘에는 플라티테르Platyter를 비롯한 여러 개의 프레스코가 벽면을 채우고 있다. 1974년 안토니오스Antonios와 그의 형제 니콜라오스Nicholaos가 그린 작품들로 포스트 비잔틴 양식을 살려서 그렸다.

수녀들이 접수했다!
아이오스 스테파노스 수도원 Monastery of Agios Stefanos

아이오스 스테파노스 수도원은 아이아 트리아다 수도원을 지나 길 끝에 있다. 메테오라 수도원 중 가장 쉽게 갈 수 있는 곳이다. 수도원으로 가는 길에 계단도 없다. 작은 다리만 건너면 수도원 입구에 다다를 수 있다. 아이오스 스테파노스 수도원은 14세기 성 안토니누스 칸타쿠제니Antoninus Cantacuzene에 의해 세워졌다. 이곳에는 2개의 카톨리콘이 있다. 첫 번째 카톨리콘은 이 수도원을 세운 성 스테파노스를 위해 지은 것이다. 1545년 사제인 이오안니스Ioannis가 그린 프레스코로 채워져 있는데, 2차 세계 대전과 그리스 내전으로 인해 많은 부분이 파손되었다. 두 번째 카톨리콘은 18세기에 세워졌다. 성 카랄람보스Charalambos에게 받쳐진 이 카톨리콘에는 성 카랄람보스의 유골도 보관되어 있다. 아이오스 스테파노스 수도원은 2차 세계 대전 당시 독일군의 폭격에 의해 많은 부분이 훼손되었다. 전쟁 당시 이곳을 지키던 수도사들도 떠나고 방치되었다가 1961년 수녀들에 의해 복원되었다. 그 후 수도원에서 수녀원으로 용도가 바뀌었다. 아이오스 스테파노스 수도원은 다른 수도원들과 달리 오후에 2시간 동안 문을 닫는다. 방문하기 전에 시간을 확인하자.

Data 지도 251p-F
가는 법 아이아 트리아다 수도원에서 도보 20분
운영시간 4월~10월 09:00~13:30, 15:30~17:30 월요일 휴관, 11월~3월 09:30~13:00, 15:00~17:00, 월요일 휴관
요금 3유로
전화 243-202-2279

Theme
메테오라의 수도원 유적지들

메테오라는 16세기까지 번영하다 17세기부터 쇠퇴하기 시작했다. 그 후 2세기 동안 많은 수도원과 암자는 오토만에 의해 파괴되거나 수도사들이 떠나면서 방치되었다. 메테오라가 다시 복원된 것은 20세기 초반. 아토스산Mount Athos에서 온 몇몇 수도사들에 의해 복원되기 시작했다. 메테오라에는 온전하게 남아 있는 6개의 수도원 외에도 닫힌 수도원과 암자의 유적이 많다. 이 유적지들을 찾아보는 재미도 쏠쏠하다.

아이오 프네브마 바위
Rock of Aghio Pnevma

카스트라키와 메테오라 사이에 있다. 카스트라키 전경에서 가장 눈에 띄는 인상적인 암벽이다. 왼쪽에 두피아니 바위가 있다. 10세기 이 바위에 성령을 위한 작은 예배당이 지어졌다. 이 지역의 예배당 중에 가장 오래된 것이다. 바위의 중간 부분을 잘 들여다보면 흰색의 십자가가 꽂혀 있다.

Data 지도 251p-C 가는 법 카스트라키 타운 센트럴 스퀘어에서 도보 20분

성 조지 마딜라스 Saint George Madilas

카스트라키에서 가장 유명한 동굴이다. 카스트라키에서 아이오스 니콜라오스 아나파프사스로 향하다 보면 오른쪽으로 까마득한 절벽 중간에 동굴이 있는 모습이 보인다. 이 동굴의 이름은 성 조지와 스카프를 의미한다. 전하는 이야기에 따르면 17세기 무슬림 영주가 성 조지에게 귀속된 신성한 숲에서 나무를 자르다가 손에 마비가 왔는데, 영주가 성 조지에게 아내의 베일(스카프)을 주고 나서야 마비가 없어졌다고 한다. 무슬림에서는 아내의 베일을 주는 것을 가장 가치 있는 선물로 여긴다. 그 후 성 조지 마딜라스를 숭배하는 사람들은 다양한 색깔의 스카프를 동굴 입구 근처에 걸어 두었다. 이곳의 젊은이들은 동굴까지 밧줄을 타고 올라가서 가져온 새 손수건과 걸려 있던 오래된 것을 바꾼다. 스카프를 일종의 행운의 부적으로 여기는 것이다.

Data 지도 251p-C 가는 법 아이오스 니콜라오스 아나파프사스 수도원에서 도보 10분

성 안토니 수도원
Monastery of Saint Antony

픽사리Pixari 바위 가운데 있는 수도원이다. 픽사리 바위는 칼람바카와 카스트라키 사이에 있는 거대 암석 중 하나다. 수도원은 화재로 소실되었던 것을 복원한 것이라 외관은 제법 깔끔하다. 오랫동안 비어 있던 이 수도원에는 몇 년 전부터 한 명의 수도사가 거주하고 있다. 90대의 이 수도사는 평생을 아이아 트리아다 수도원에서 보냈는데, 남은 여생을 조용하게 마무리하고 싶어 이곳을 선택했다고 한다.

Data 지도 251p-E 가는 법 카스트라키 센트럴 스퀘어에서 도보 20분

두피아니 암자 Doupiani Hermitage

아이오스 니콜라오스 아나파프사스 수도원에서 카스트라키로 가는 길에 오른쪽으로 보이는 큰 바위다. 이곳은 암벽 등반으로 인기가 많다. 두피아니 암자는 메테오라 지역의 첫 번째 스케티Skete로 알려졌다. 스케티는 수도사들이 공동생활을 하는 곳이다. 바위 곳곳에 움푹 파인 곳들이 눈에 띄는데, 이곳이 수도사들이 머물렀던 공간이다. 12세기 이곳에 파나이아 두피아니 교회Church of Panagia Doupiani를 지었는데, 수도원이 본격적으로 생기기 시작하는 14세기 전까지 이 지역의 수도사들이 모이던 곳이다.

Data 지도 251p-C 가는 법 아이오스 니콜라오스 아나파프사스 수도원에서 도보 5분

이파판테 수도원
Monastery of Hypapante

일반적으로 바위의 꼭대기에 지어진 다른 수도원과 달리 암벽 중간에 있는 동굴에 지은 수도원이다. 대 메테오론 수도원 소유의 수도원으로 14세기 수도사 닐로스Nilos와 사이프리아누스Cyprianus에 의해 세워졌다. 1809년 오토만에 의해 훼손된 것을 최근에 복원했지만, 아직까지 개장은 하지 않고 있다.

Data 지도 251p-C 가는 법 아이오스 니콜라오스 아나파프사스 수도원에서 도보 3분

성 니콜라오스 바도바 암자
Hermitage of Saint Nicholaos Badova

파나이아Panaghia 골짜기에 있는 암자다. 파나이아는 픽사리 바위와 암바리아Ambaria 바위 사이에 있는 작은 골짜기다. 골짜기의 가운데 파나이아 예배당이 있다. 픽사리는 성 니콜라오스의 스케티(수도처)였다. 예전에는 이 스케티에 나무 사다리를 연결하면 암자 바로 위쪽에 있는 동굴로 갈 수 있었다고 한다.

Data 지도 251p-E 가는 법 카스트라키 센트럴 스퀘어에서 도보 20분

GREECE BY AREA 04
메테오라

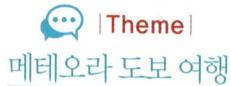
|Theme|
메테오라 도보 여행

루트 1
카스트라키-아이오스 니콜라오스 아나파프사스 수도원-아이아 바바라 루사누수도원-
바를람 수도원-대 메테오론 수도원-카스트라키

카스트라키 타운에서 시작해 다시 카스트라키로 돌아오는 코스다. 카스트라키에서 아이오스 니콜라오스 아나파프사스 수도원까지는 35분 정도 걸린다. 카스트라키 타운 입구에 들어서면 길이 두 갈래로 나뉘고 표지판이 있다. 왼쪽 길을 따라 걷다 보면 왼쪽으로 두피아니 바위가 보인다. 오른쪽으로는 멀리 성 조지 마딜라스가 있다. 그 길을 따라 계속 가면 아이오스 니콜라오스 아나파프사스 수도원에 도착한다. 이곳에서 아이아 바바라 루사누 수도원을 거쳐 대 메테오론 수도원까지는 차도 옆을 따라 걸어야 한다. 큰길이 하나이기 때문에 복잡하지 않다. 아이아 바바라 루사누 수도원으로 향해 가다 보면 거대한 바위들이 모여 있다. 그 바위에 지어진 수도사들의 감옥도 보인다. 30분 정도 걸으면 아이아 바바라 루사누 수도원에 도착한다. 바를람 수도원과 대 메테오론 수도원은 아이아 바바라 루사누 수도원에서 큰길을 따라 올라가 왼쪽 방향에 있다. 아이아 바바라 루사누 수도원에서 바를람 수도원은 30분, 바를람 수도원에서 대 메테오론 수도원까지는 10분 거리다. 대 메테오론 수도원에서 카스트라키는 숲을 지나 1시간쯤 내려가면 된다. 수도원 입구에 아래로 내려가는 길이 있다. 봄에는 색색의 꽃들이 피어 있다. 내려가는 길이 외길이라 쉽게 찾아갈 수 있다. 카스트라키에서 카스트라키 센트럴 스퀘어까지는 다시 도보로 30분 정도 소요된다. 걷는 게 힘들다면 대 메테오론 수도원 주차장에서 버스 시간에 맞춰 버스를 타고 카스트라키나 칼람바카로 가도 된다.

메테오라는 다양한 방법으로 여행할 수 있다. 도보 여행도 좋은 방법이다. 물론 장시간 걷기 위해서는 약간의 체력을 필요로 한다. 도보 여행 시 메테오라는 수도원만 방문하기에는 아쉬운 곳이다. 메테오라를 둘러싸고 있는 아름다우면서 독특한 자연경관 사이를 직접 걸어보기를 권한다. 더 많은 것을 보고, 더 많이 느낄 수 있다. 차로는 지나치기 쉬운 곳곳의 전망 포인트에 서서 메테오라 전경을 감상하자. 지금은 닫혀 있는 수도원의 흔적들도 찾아볼 수 있다. 온전히 걷는 게 부담스럽다면 중간중간 다른 교통편을 이용해도 된다.

루트 2

칼람바카-아이아 트리아다 수도원-아이오스 스테파노스 수도원-칼람바카

칼람바카 타운 홀 스퀘어에서 아이아 트리아다 수도원까지는 1시간 정도 걸린다. 알소스 하우스나 엘레나스 게스트 하우스에 묵고 있다면 더 가깝다. 일단 골짜기 입구에 들어서면 길을 따라 올라가기만 하면 된다. 아이아 트리아다 수도원으로 가는 길은 근사하다. 골짜기 입구에서 얼마 올라가지 않아 칼람바카 전경이 한눈에 들어온다. 걷다 보면 종소리를 들을 수도 있다. 염소가 지나가는 것을 알리는 소리다. 좁게 나 있는 길은 사람과 염소가 같이 이용한다. 주중에는 인적이 드물어 한적하다. 가는 길은 가파른 편이다. 수도원에 도착하면 140개의 계단이 기다리고 있다. 이것이 하이킹의 마지막 난코스다. 아이아 트리아다 수도원에서 아이오스 스테파노스 수도원까지는 위쪽으로 걸어 올라가면 된다. 큰길에서 오른쪽 방향으로 보이는 것이 아이오스 스테파노스 수도원이다. 소요 시간은 20분 정도다. 아이오스 스테파노스 수도원을 둘러보고 올라온 길로 그대로 내려가거나 주차장에서 버스를 이용할 수 있다. 아이오스 스테파노스 수도원에서 아이아 트리아다 수도원 방향으로 가다 보면 칼람바카 이정표가 보인다. 이 이정표를 따라가면 아이아 트리아다 수도원을 다시 거치지 않고 좀 더 빠르게 내려갈 수 있다.

> **Tip** 메테오라는 먹을 것을 살 수 있는 곳이 없다. 성수기인 여름에는 수도원 앞 트럭에서 음식을 팔기도 하지만 확실하지는 않다. 메테오라 트레킹을 하려면 생수와 간식은 챙겨가자.

| Theme |
메테오라를 제대로 즐기는 4가지 투어

메테오라의 감동을 제대로 즐기려면 투어를 신청하는 것도 좋은 방법이다. 시간이 없다면 반나절 투어로 알차게 돌아보자. 아주 특별한 감동을 원한다면 선셋 투어에 참가해 붉은 노을에 물든 메테오라를 만끽하자. 강심장이라면 암벽 등반을 하며 짜릿하게 메테오라를 즐겨 보자.

바쁜 여행자들을 위한
메테오라 반나절 투어 Meteora Half Day Tour

메테오라 반나절 투어는 바쁜 여행자들에게 추천한다. 오전에 시작하는 반나절 투어는 칼람바카와 카스트라키 숙소까지 픽업을 온다. 투어는 3개의 수도원을 방문한다. 수도원마다 쉬는 요일이 달라 방문하는 수도원은 그에 따라 달라진다. 수도원 입장료는 별도(각각 3유로)다. 반나절 투어의 최대 장점은 현지 가이드에게 메테오라의 역사에 대해 들을 수 있는 것이다. 가이드는 궁금한 것을 물어보면 친절하게 대답해 준다. 투어는 영어로 진행된다. 투어가 끝나면 픽업했던 숙소나 원하는 곳에 내려준다.

Data 비지트 메테오라 **운영시간** 09:00~13:00 **요금** 35유로
전화 243-202-3820 **홈페이지** www.visitmeteora.travel

선셋도 놓칠 수 없다!
메테오라 선셋 투어 Meteora Sunset Tour

메테오라의 기암을 물들이는 황홀한 풍경을 볼 수 있는 투어다. 메테오라 선셋 투어는 늦은 오후에 시작해 저녁까지 계속된다. 각각의 숙소에서 픽업해 밴을 타고 편안하게 이동한다. 투어는 성 니콜라오스 바도바 암자, 비잔틴 성모 마리아 교회, 그리고 6개 수도원 모두를 방문한다. 해가 지기 시작하면 전망 포인트에서 메테오라의 일몰을 감상한다. 계곡 위로 봉긋봉긋 솟은 바위 너머로 물드는 황금빛 저녁놀은 메테오라에서 가장 로맨틱한 순간을 안겨준다.

Data 비지트 메테오라
운영시간 15:45~19:45(시즌에 따라 변경 가능) **요금** 35유로
전화 243-202-3820 **홈페이지** www.visitmeteora.travel

메테오라는 걸어야 제 맛
메테오라 하이킹 투어 Hiking Tour of Meteora

메테오라를 걸어서 즐기는 투어다. 하이킹은 카스트라키의 두피아니 바위에서 시작된다. 멀리 핀두스산맥을 배경으로 계곡에 솟은 바위 사이로 난 트레일을 따라 산악 전문 가이드와 함께 걷는다. 트레일을 따라가면 이파판티 수도원과 성 디미트리오스의 유적이 나온다. 가이드는 수도원 유적, 메테오라의 자연, 숲 속에서 볼 수 있는 허브, 꽃, 버섯 등의 생태에 대해서도 자세한 설명을 해 준다. 하이킹의 최종 목적지는 대 메테오론 수도원(휴관일일 경우 바를람 수도원). 수도원에 도착해서 개인 시간을 갖은 뒤 다시 걸어서 카스트라키까지 내려간다. 투어는 5시간 정도 소요된다.

Data 비지트 메테오라
운영시간 08:30~13:30
요금 35유로 전화 243-202-3820
홈페이지 www.visitmeteora.travel

가슴이 찌릿찌릿한
메테오라 암벽 등반 Meteora Rock Climbing

메테오라는 거대한 바위들이 많아 암벽 등반지로 최적인 곳이다. 이곳에서는 바라만 봤던 웅장한 암벽을 직접 오를 수 있다. 숙련된 전문가들이 도와주기 때문에 암벽 등반에 처음 도전하는 사람도 가능하다. 등반장비도 일체 제공한다. 투어 인원은 최대 4명이다. 개인이나 그룹으로도 가능하다. 일단 암벽 등반을 시작하면 일반인은 갈 수 없는 까마득한 바위에 오를 수 있어 대단한 성취감을 느낄 수 있다. 이곳에서 바라보는 경치가 특별한 것은 두말할 필요가 없다. 단, 비가 오면 바위가 미끄러워 등반이 어렵다. 기상 악화로 투어가 취소될 경우 전액 환불해 준다. 암벽 등반에 도전하려면 편안한 복장과 신발을 착용하자. 높은 곳에 올라가기 때문에 바람막이 점퍼를 추천한다. 선글라스, 생수, 간식, 배낭도 준비하자.

Data 비지트 메테오라
운영시간 08:30~11:30
요금 60유로 전화 243-202-3820
홈페이지 www.visitmeteora.travel

| 칼람바카 |

바실리카와 비잔틴이 만났을 때
비잔틴 성모 마리아 교회 Byzantine Church of the Assumption of the Virgin Mary

칼람바카의 올드 타운에 위치한 교회다. 언덕 위에 있어 칼람바카 타운이 내려다보인다. 이 교회는 메테오라의 거대한 수도원들의 명성에 가려져 있지만, 방문할 가치가 충분하다. 10~11세기 세워진 이 교회는 바실리카 교회 유적 위에 지어져 바실리카 양식과 비잔틴 양식이 혼재되어 있다. 교회의 입구에는 거대한 바위를 배경으로 종탑이 있다. 내부로 들어가면 중앙에 계단이 있는 것이 인상적이다. 보통 교회의 중앙은 비워 놓는데, 계단이 있는 것이 독특하다. 이 계단을 세운 이유는 정확히 알려지지 않았지만 누군가를 추앙하기 위한 것으로 짐작된다. 교회 내부에는 12세기와 16세기에 제작된 프레스코가 있다. 16세기의 프레스코는 1573년 키리아지스Kiriazis와 네오피토스Neofytos에 의해 그려졌다. 12세기의 프레스코에는 성인들이 눈을 감고 손을 앞으로 모으고 경건한 분위기다. 반면, 16세기의 프레스코는 모두 눈을 뜨고 있으며 옷차림이 더 화려하다. 성인의 이름도 옆에 쓰여 있다. 교회의 왼편에는 모자이크 바닥의 일부도 보인다. 본래는 교회의 바닥을 모두 모자이크로 만들었는데, 그 후 다른 재질로 덮어버렸다고 한다. 모자이크는 4~13세기 비잔틴 시대 교회에서 많이 볼 수 있는데, 14세기 비잔틴 문화의 몰락과 함께 쇠퇴했다.

Data 지도 253p-C
가는 법 타운 홀 스퀘어에서 도보 15분
운영시간 08:30~13:00, 15:00~20:00 요금 2유로

여유롭게 즐기는
센트럴 스퀘어 Central Square

이름처럼 칼람바카 타운의 한가운데 위치한다. 메테오라의 거대한 바위들을 배경으로 하고 있다. 그저 앉아서 바라만 보고 있어도 시간이 잘 간다. 이곳에서는 어린아이부터 노인들까지 다양한 연령대의 사람들을 볼 수 있다. 만인을 위한 공간이다. 타운 홀 스퀘어보다는 더 크고 덜 붐비는 곳이라 벤치에 앉아 여유를 만끽할 수 있다. 단, 카스트라키에 있는 센트럴 스퀘어와 헷갈리지 말자.

Data 지도 253p-G
가는 법 타운 홀 스퀘어에서 도보 3분

일주일에 한 번
모닝 마켓 Morning Market

매주 금요일에 열리는 마켓이다. 칼람바카 타운에서 몇십 년 가까이 같은 장소에서 열리고 있다. 오전에 오픈해 오후 2시경이 되면 하나둘씩 닫는다. 신선한 과일, 채소, 꽃 등을 판매한다. 마켓을 구경하는 것만으로도 즐겁다. 과일과 채소는 저울에 재서 킬로그램 단위로 판다. 낱개로도 살 수 있다. 수도원에 오르기 전 이곳에서 과일을 사 가는 것도 좋다.

Data 지도 253p-G
가는 법 플라타노스 스퀘어에서 타운 홀 스퀘어 방향

여기가 기준!
타운 홀 스퀘어 Town Hall Square

타운 홀 스퀘어는 칼람바카 타운 중심가에 있다. 이곳을 기준으로 관광안내소, 버스 터미널, 택시 정류장 등 여행에 필요한 곳들이 모여 있다. 스퀘어 앞에 분수대가 있어 쉽게 눈에 띈다. 스퀘어 주변의 레스토랑들이 이 광장에 테이블을 세팅해 놓아서 분수대를 둘러싸고 식사를 할 수 있다. 타운 홀 스퀘어는 버스 터미널의 역할을 하기도 한다. 다른 도시에서 칼람바카로 오는 버스들이 이곳에서 선다. 메테오라로 가는 버스도 이곳에서 탄다.

Data 지도 252p-F
가는 법 관광 안내소 맞은편

| 칼람바카 |

이름값을 하는
메테오라 레스토랑 Meteora Restaurant

1925년 문을 연 칼람바카에서 가장 오래된 레스토랑 중 하나다. 이 레스토랑은 3대에 걸쳐 가족에 의해 운영된다. 테이블은 레스토랑 안쪽과 바깥쪽 두 군데로 나뉘어 있는데, 규모가 상당하다. 레스토랑은 전체적으로 앤티크한 느낌이다. 안쪽으로 들어가면 레스토랑의 역사가 고스란히 묻어나는 인테리어를 볼 수 있다. 1900년대 초반에 찍은 가족사진과 가족의 손때 묻은 물건이 레스토랑 곳곳에 있다. 손님들에게 키친은 오픈되어 있다. 메테오라를 방문하는 여행자들에게 그리스 전통 음식을 소개하고 싶어서 키친을 기꺼이 개방한다고 한다. 준비된 음식을 먼저 보고 선택이 가능하다. 어떤 음식인지 직원들이 친절하게 설명해 준다. 무엇을 먹어야 할지 고민이 된다면 직접 보고 물어보자. 날씨가 좋은 날은 야외에서 식사하기를 권한다. 메테오라를 마주하고 식사할 수 있는 특별한 경험을 할 수 있다. 음식의 맛보다 풍경이 주는 감동이 더 클 정도다. 칼람바카는 내륙 지역이라 생선보다는 육류를 추천한다. 램 위드 와인Lamb with Wine은 양고기에 와인으로 더해진 풍미가 좋다. 디저트는 홈메이드 할바스Halvas가 무료로 제공된다. 할바스는 그리스 전통 디저트로 부드러운 식감을 가지고 있다.

Data 지도 252p-F
가는 법 타운 홀 스퀘어 맞은편
주소 2 Trikalon St. Kalambaka
운영시간 11월~4월 목~화 12:00~22:00
요금 샐러드 4유로~, 램 인 더 오븐 14유로,
전화 243-202-2316
홈페이지 www.meteora-restaurant.gr

음악이 있어 유쾌한
타베르나 투 파라미티 Taverna To Paramithi

칼람바카 타운 중심에 위치한 그리스 전통 타베르나다. 레스토랑의 입구 쪽으로 테이블 하나가 있고, 아치형 문을 지나면 또 다른 공간이 나온다. 마치 동굴 속에 있는 것 같은 아늑한 느낌을 준다. 70년 된 타베르나라는 것을 증명이라도 하듯 오래된 장식들이 곳곳에 보인다. 음악을 좋아하는 단골 현지인들이 자주 이곳에서 부주키Bouzouki를 연주하며 노래를 부른다. 부주키는 기타처럼 생긴 그리스 전통 현악기다. 음악과 함께 흥에 겨우면 춤을 추기도 한다. 이곳을 운영하는 마키Maki는 그들과 어울리며 볼거리를 선사할 때도 있다. 칼람바카 대부분의 레스토랑에서는 육류를 추천하지만, 이곳에서는 해산물을 먹어보는 것도 괜찮다. 신선한 홍합으로 만든 머슬 사가나키Mussels Saganaki는 인기 메뉴 중 하나다. 하우스 로제 와인을 곁들여 먹기를 추천한다. 파라미티 샐러드Paramithi Salad는 신선한 채소들이 어우러져 입맛을 돋운다. 술과 함께 먹을 수 있는 메제는 메뉴판에 없지만 주문 가능하다. 트래디셔널 메제Traditional Meze를 시키면 여러 가지 그리스 전통 음식을 조금씩 맛볼 수 있다. 대체적으로 가격이 저렴한 편이어서 현지인과 여행자 모두에게 사랑받는다.

Data 지도 252p-F
가는 법 타운 홀 스퀘어에서 도보 3분
주소 14 Patriarxou Dimitriou St. Kalambaka
운영시간 12:00~23:00
요금 파라미티 샐러드 7.5유로, 머슬 사가나키 8.9유로
전화 243-202-4441

오래된 역사와 전통을 고수하는
타베르나 파넬리니오 Taberna Panellinio

1950년에 오픈한 오래된 역사를 가지고 있는 레스토랑이다. 타운 홀 스퀘어에 있어 광장을 야외 테라스로 사용한다. 테라스는 분수대가 옆에 있고 메테오라 바위가 맞은편으로 보여 인기가 많다. 그러나 바람이 심하게 불면 분수로 샤워할 수 있으니 참고하자. 레스토랑의 내부는 나무로 된 천장에 아늑한 분위기다. 여러 가지 모양과 사이즈의 전통적인 장식들로 독특하게 꾸며져 있다. 주인장이 전통을 잊지 않고 유지하려고 노력하는 모습이 엿보인다. 메뉴에는 다양한 그리스 전통 음식이 있다. 램 인 더 오븐 Lamb in the Oven은 추천 메뉴 중 하나다. 양고기의 육질이 부드럽고 촉촉하다. 레드 와인과 곁들이면 더 좋다. 음식은 양이 푸짐한 편이다. 스태프들은 친절하고 서비스도 좋다.

Data 지도 252p-F
가는 법 타운 홀 스퀘어
주소 3 Vlachava St. Kalambaka
운영시간 12:00~23:00
요금 램 인 더 오븐 12.5유로, 그릭 샐러드 7유로, 레드 와인 2유로
전화 243-202-4735

근사한 파노라마가 펼쳐지는
메테오론 파노라마 Meteoron Panorama

칼람바카 타운에서 카스트라키 타운 가는 방향에 위치한 분위기 좋은 레스토랑이다. 거대한 암석을 배경으로 하고 있어 놀라운 전망을 선사한다. 특히, 저녁 시간이 멋지다. 야외 테라스에서는 칼람바카 타운이 내려다보인다. 그리스 음식 외에도 파스타, 리조토, 스테이크 등이 있어 선택의 폭이 넓다. 좋은 음악과 함께 로맨틱한 분위기를 연출할 수 있는 곳이다.

Data 지도 252p-A 가는 법 타운 홀 스퀘어에서 도보 15분
주소 54 Patriarchou Dimitriou St. Kalambaka
운영시간 12:00~21:00 요금 파스타 17.5유로,
스테이크 18유로~ 전화 243-207-8128
홈페이지 www.meteoronpanorama.gr

빠르게 먹을 수 있는
치킨 타임 Chiken Time

기로스Gyros를 파는 패스트푸드 레스토랑이다. 현지인들이 많이 찾는다. 메뉴에 영어로도 표기되어 있어 주문하기 편리하다. 기로스는 치킨과 돼지고기 중에 고를 수 있다. 앉아서 먹을 수 있는 테이블은 몇 개 되지 않는다. 주로 테이크아웃을 하는 손님들이 많다. 배달도 가능하다. 저렴한 가격과 빠르게 먹을 수 있는 것이 최대 장점이다.

Data 지도 253p-G
가는 법 센트럴 스퀘어에서 도보 2분
주소 74 Trikalon St. Kalambaka
운영시간 10:00~01:00
요금 기로스 2.8유로~, 클럽 샌드위치 5유로
전화 243-207-5777

현지인들의 인기 베이커리
바비차스 베이커리 Vavitsas Bakery

칼람바카 타운 중심에 있는 베이커리다. 현지인들이 줄을 서서 빵을 사가는 곳이다. 추레키Tsoureki, 스파나코피타Spanakopita 등 다양한 종류의 빵, 쿠키, 파이가 있다. 메테오라 수도원에 가기 전에 들러 간식거리를 사가는 것도 좋다. 메테오라행 버스 타는 곳과 택시 정류장에서도 가깝다. 대부분의 베이커리는 킬로그램 단위로 팔지만, 낱개로도 구매가 가능하다.

Data 지도 252p-F
가는 법 타운 홀 스퀘어에서 도보 1분
주소 2 Rodou St. Kalambaka
운영시간 월~토 06:00~24:00, 일 07:00~24:00 요금 파이 2~3유로
전화 243-207-6944
홈페이지 vavitsasbakery.com

| 카스트라키 |

카스트라키의 맛집
타베르나 가르데니아 Taverna Gardenia

카스트라키 센트럴 스퀘어에서 가까운 타베르나. 가족이 운영하며 그리스 전통 음식을 판다. 날씨가 춥지 않다면 야외의 테라스에서 식사하기를 권한다. 테라스에서 보이는 메테오라 바위의 전경이 멋지다. 해 질 녘에는 분위기가 더 근사하다. 테라스의 한쪽에는 바비큐 공간이 있다. 스테이크, 수블라키, 치킨, 소시지 등 다양한 그릴 요리를 제공하며 포크 찹스Pork Chops를 주문하면 바로 숯불에 구워서 나온다. 바짝 구워진 포크 찹스는 겉은 바삭하고 속은 부드럽다. 그리스에서는 대부분 고기를 웰던으로 굽는다. 주문할 때 소금의 양이나 굽기의 정도를 미리 이야기하자. 에그플랜트 샐러드Eggplant Salald는 차지키Tzatziki와 비슷한 식감으로 더 상큼하다. 빵에 얹어 먹으면 궁합이 좋다. 가정식 냄새가 물씬 풍기는 무사카Moussaka도 인기 메뉴다. 식사가 끝나면 홈메이드 디저트가 제공된다. 디저트는 케이크나, 스위츠, 과일 등 계절에 따라 바뀐다.

Data 지도 250p-A
가는 법 카스트라키 센트럴 스퀘어에서 칼람바카 방향으로 걸으면 오른쪽에 바로 위치
주소 Taverna Gardenia, Kastraki
운영시간 12:00~22:00
요금 그릴 요리 8유로~, 무사카 8.3유로
전화 243-202-2504

최고의 무사카를 맛보려면
바탈로야니 Batalogianni

카스트라키 타운 중심에 있는 소박한 레스토랑이다. 센트럴 스퀘어에서 칼람바카 가는 방향으로 조금 걸어가다 왼쪽 골목 계단으로 내려가면 있다. 레스토랑 내부는 조금 어둡고 평범한 타베르나의 느낌이다. 야외 테라스는 바위를 배경으로 테이블이 세팅되어 있다. 대부분의 요리가 평이 좋다. 특히 무사카가 맛있다. 무사카는 요리하는 데 시간이 오래 걸리는 음식이라 미리 만들어 놓는 경우가 많다. 그래서 종종 윤기 없이 퍽퍽한 무사카를 맛보게 된다. 하지만 이곳의 무사카는 겉이 두툼하면서 매우 부드러워 입에서 살살 녹는다. 가지, 고기, 치즈 등의 모든 재료들의 조합이 좋고 풍부한 맛을 낸다. 양도 푸짐하다. 신선한 재료를 선별해서 만든 샐러드도 훌륭하다. 가격도 저렴한 편이다.

Data 지도 250p-A
가는 법 카스트라키 센트럴 스퀘어에서 도보 1분
주소 Batalogianni, Kastraki
운영시간 12:00~23:00
요금 무사카 8유로, 토마토 올리브 샐러드 5유로
전화 243-202-3253

가볍게 술 한잔하기 좋은
타베르나 스테파노스 Taverna Stefanos

카스트라키에서 칼람바카로 향하는 길에 위치한 타베르나다. 메뉴의 종류가 다양하다. 간단하게 먹을 수 있는 케밥, 햄버거, 수블라키Souvlaki도 있다. 수블라키는 꼬치 단위로 주문해 원하는 만큼 선택할 수 있어서 좋다. 수블라키뿐만 아니라 사이드 디시로 나오는 포테이토도 맛있다. 가볍게 술 한잔을 하기에도 괜찮은 곳이다. 그리스 전통술 우조와 치푸로 모두 한 잔에 2유로밖에 안 한다! 술만 마시기 심심하다면 메제를 곁들이자. 메뉴에는 없지만 주문 가능하다. 치즈, 올리브, 토마토 등 원하는 것을 말하면 그대로 만들어 준다. 저렴한 가격에 친절한 서비스가 더해져 여행자들이 많이 찾는다.

Data 지도 250p-A
가는 법 카스트라키 센트럴 스퀘어에서 도보 3분
주소 Taverna Stefanos, Kastraki
운영시간 13:00~24:00
요금 수블라키 2유로, 우조 2유로, 치푸로 2유로
전화 243-202-3017
홈페이지 www.stefanostavern.gr

SLEEP

| 칼람바카 |

바위 아래 집
알소스 하우스 Alsos House

칼람바카 올드 타운, 알리소스Alyssos 바위 아래 위치한 호텔이다. 알소스 하우스라는 이름도 알리소스 바위에서 비롯됐다. 칼람바카 타운 중심부에서는 조금 떨어져 있지만, 충분히 묵을 만한 가치가 있는 곳이다. 눈앞에서 바로 메테오라를 느낄 수 있다. 비잔틴 성모 마리아 교회도 가깝고, 아이아 트리아다 수도원까지는 도보로 45분 정도 걸린다. 성황리에 방송되었던 tvN 예능 프로그램 <꽃보다 할배 그리스편>에서도 이곳을 찾았다. 발코니에서 보이는 메테오라의 전경이 꽃할배들도 매료시켰다. 객실은 더블룸, 트리플룸, 쿼드러플룸, 패밀리룸, 아파트먼트까지 다양하다. 특이 사항이라면 아파트먼트에서는 키친 사용이 가능하다는 것! 아파트먼트의 키친에서 이서진과 최지우가 알콩달콩 음식을 준비했다. 아침 식사는 계란, 그릭 요거트, 치즈, 빵, 파이, 커피 등 심플하지만 알차다. 아침 식사를 하면서 호텔 스태프나 다른 여행자들과 자연스럽게 이야기할 수 있는 분위기다. 호텔을 운영하는 야니스Yiannis는 매우 유쾌하고 친절하다. 리셉션에서 원하는 지도, 정보를 충분히 얻을 수 있다. 원하는 투어가 있으면 직접 연결도 해 준다.

Data 지도 253p-D
가는 법 타운 홀 스퀘어 도보 15분
주소 5 Kanari St. Kalambaka
요금 더블룸 80유로~,
트리플룸 96유로~,
패밀리룸 106유로~,
아파트먼트 112유로~
전화 243-202-4097
홈페이지 www.alsoshouse.gr

인기도 전망도 최고!
모나스티리 게스트 하우스 Monastiri Guesthouse

칼람바카 기차역 뒤쪽에 위치한 모나스티리 게스트 하우스는 여행자들 사이에서 평이 좋은 곳이다. 이름에 게스트 하우스가 들어가지만 일반적으로 생각하는 도미토리가 있는 게스트 하우스가 아니다. 호텔이라고 생각해도 무방하다. 이곳의 내부는 나무와 돌의 적절한 조합으로 모던함이 풍긴다. 일반 객실 16개와 스위트룸 4개를 갖췄다. 객실은 넓고 깨끗하다. 나무로 된 바닥과 천장은 아늑하게 느껴진다. 방마다 스타일이 달라 보는 재미가 있다. 일부 객실에서는 넓게 펼쳐진 메테오라의 전망을 볼 수 있다. 그리스식 아침 식사가 홈메이드 잼과 함께 제공된다. 스태프들은 친절하고 협조적이다.

Data 지도 253p-K
가는 법 칼람바카 기차역에서 도보 3분
주소 Nea Dimotiki Odos, Kalambaka
요금 더블룸 76유로~, 트리플룸 106유로~, 스위트룸 128유로~ 전화 243-202-3952
홈페이지 www.monastiri-guesthouse.gr

가족적인 분위기의
카이키스 호텔 Hotel Kaikis

칼람바카 타운 입구에 위치한 3성급 호텔이다. 1995년 오픈했으며, 가족에 의해 운영된다. 투숙객들의 편안함과 편리함을 위해 3번 리노베이션을 마쳤다. 18개의 객실은 깨끗하게 관리되고 있다. 트리칼론 거리를 바라보고 있는 객실은 메테오라 전경이 보인다. 반대편 객실은 핀두스산맥을 마주하고 있다. 제공되는 아침 식사는 만족스럽다. 단체 관광객이 투숙할 경우 저녁 식사도 가능하다. 가족 농장에서 가져온 신선한 고기와 채소로 직접 요리한다. 친절한 응대와 가족적인 분위기 때문에 단골손님도 있다. 해마다 부활절 시즌이 되면 수도원 방문을 위해 이 호텔을 찾는 단골손님이 많다고 한다.

Data 지도 253p-L
가는 법 센트럴 스퀘어에서 도보 5분
주소 146 Trikalon St. Kalambaka
요금 더블룸 47유로~, 트리플룸 81유로~ 전화 243-207-5280
홈페이지 www.hotelkaikis.gr

GREECE BY AREA 04
메테오라

럭셔리한 호텔도 부럽지 않은
엘레나스 게스트 하우스 Elena's Guesthouse

칼람바카 올드 타운에 있는 작은 게스트 하우스다. 객실은 5개를 보유하고 있다. 객실의 이름 알리소스, 아이아, 아스트리아, 모디, 픽시리는 메테오라 바위 이름에서 가져왔다. 객실은 가격 대비 매우 훌륭하다. 객실마다 고유의 인테리어로 장식됐다. 대부분 넓은 공간에 모던하면서도 앤티크한 가구들로 단장됐다. 발코니에서는 메테오라 전망이 보인다. 웬만한 럭셔리 호텔 부럽지 않다. 아침 식사는 간단하게 빵과 커피가 준비된다. 커다란 테이블에서 다른 여행자들과 함께 대화하며 식사할 수 있다. 아담하고 아늑한 분위기라 집에서 식사하는 기분이다.

Data 지도 253p-D
가는 법 타운 홀 스퀘어에서 도보 15분
주소 3 Kanari St. Kalambaka
요금 더블룸 106유로~, 스위트룸 138유로~
전화 243-207-7789
홈페이지 www.elenaguesthouse.gr

고객 맞춤형
킹 호텔 Hotel King

칼람바카 타운 입구에 위치한 저가형 호텔이다. 싱글룸과 더블룸 2가지 타입의 객실이 있다. 객실은 심플하고 기본적인 컨디션을 갖췄다. 눈에 띄는 것이라면 저가형 호텔답지 않게 케틀 세트가 마련되어 있다는 점이다. 이는 아시아인들이 이 호텔의 숙박객 가운데 50%를 차지하기 때문이다. 많은 아시아인이 방에서도 따뜻한 차나 커피를 마시고 싶어 한다는 것을 파악해 준비했다고 한다. 호텔 로비에는 바와 소파가 있어 차를 마시며 이야기할 수 있다. 스태프는 친절하고 칼람바카와 메테오라를 여행하는데 필요한 정보들도 제공해 준다.

Data 지도 253L
가는 법 센트럴 스퀘어에서 도보 5분
주소 97 Trikalon St. Kalambaka
요금 싱글룸 40유로~, 더블룸 45유로~
전화 243-230-0619

클래식과 모던함을 겸비한
알렉시우 호텔 Hotel Alexiou

클래식하고 모던한 3성급 호텔이다. '알렉시우'는 호텔을 운영하는 가족의 이름이다. 트리칼론 거리에 위치해 주변에 카페와 레스토랑이 즐비하다. 메테오라행 버스 정류장도 가깝다. 호텔 입구와 로비의 고대 그리스 신 동상과 기둥이 눈에 띈다. 한눈에 그리스의 호텔이라는 느낌을 준다. 객실은 넓고 깨끗하다. 아침 식사는 뷔페를 제공한다. 신선한 로컬 재료로 준비된 음식이 만족스럽다. 겨울에는 벽난로가 있는 호텔의 바에서 아늑한 분위기를 즐길 수 있다.

Data 지도 253p-L
가는 법 센트럴 스퀘어에서 도보 5분
주소 144 Trikalon St. Kalambaka
요금 싱글룸 42유로~, 더블룸 63유로~, 트리플룸 82유로~
전화 243-207-7126
홈페이지 www.hotelalexiou.com

개성이 강한
미토스 게스트 하우스 Mythos Guesthouse

플라타노스 스퀘어에 위치한 게스트 하우스다. 7개의 객실은 인테리어와 가구가 제각각이다. 세련되지는 않았지만 특색 있게 꾸며져 있다. 모든 방에는 발코니가 있고 거대한 암벽의 전경을 볼 수 있다. 특히, 밤에 보는 모습이 멋있다. 호텔 건물 1층에는 호텔에서 운영하고 있는 플라타노스 레스토랑이 있다. 레스토랑 이용 시 투숙객에게는 10% 할인해 준다. 금요일 오전에는 호텔 앞에서 모닝 마켓이 열린다.

Data 지도 253p-G 가는 법 타운 스퀘어에서 도보 5분
주소 20 Vlahava St. Kalambaka
요금 더블룸 52유로~, 트리플룸 68유로~,
스위트룸 71유로~ 전화 243-202-3952
홈페이지 www.mythos-guesthouse.com

위치와 가격이 전부라면!
에오릭 스타 호텔 Aeolic Star Hotel

타운 홀 스퀘어를 마주하고 있어 위치가 좋은 저가형 호텔이다. 버스 터미널, 기차역 모두 가깝다. 칼람바카에는 도미토리가 없다. 에오릭 스타 호텔은 주머니가 가벼운 배낭여행자에게 좋은 옵션이 될 수 있다. 그러나 많은 것을 기대하지는 말 것! 전혀 신경 쓰지 않은 인테리어, 잠자고 씻을 수 있는 기본적인 공간만 있다. 호텔보다는 모텔의 느낌이다. 운이 좋으면 창이나 발코니를 통해 메테오라 전경을 볼 수 있다.

Data 지도 252p-F 가는 법 타운 스퀘어 맞은편
주소 4 Liakata St. Kalambaka
요금 싱글룸 37유로~, 더블룸 48유로~, 쿼드러플룸 65유로~, 패밀리룸 80유로~ 전화 243-240-0184
홈페이지 hotelescon.com.es/aeolic-star-hotel

| 카스트라키 |

최고의 뷰를 선사하는
피르고스 아드라치 호텔 Hotel Pyrgos Adrachti

카스트라키의 아드라치Adrachti 바위 아래에 있는 3성급 호텔이다. 카스트라키 타운에서 떨어진 평화롭고 조용한 곳에 위치했다. 반면 메테오라 수도원과는 더 가깝다. 아이오스 니콜라오스 아나파프사스 수도원은 1km 정도 거리에 있어 쉽게 걸어갈 수 있다. 무료 주차장이 마련되어 있어 차를 가지고 가기도 편리하다. 호텔 라운지는 이용자들이 편안하게 쉴 수 있도록 마련되어 있다. 카스트라키 타운을 내려다보며 커피나 차를 마실 수 있다. 호텔은 거대한 바위와 숲에 둘러싸여 있어 모든 객실의 창이나 발코니를 통해 환상적인 전경이 보인다. 호텔 뒤쪽에 있는 파티오에서는 눈앞에서 메테오라의 바위와 자연 그대로를 만끽할 수 있다. 객실은 충분한 공간에 모던한 가구들로 꾸며졌다. 조식으로 제공되는 뷔페는 매우 만족스럽다. 스태프는 친절하고 여행하는데 필요한 정보들을 제공해 준다. 호텔에 머무는 여행자들에게는 메테오라 수도원뿐만 아니라 이곳도 충분히 기억될 만한 곳이다. 시즌을 가리지 않고 항상 인기가 많으니 예약은 필수다.

Data 지도 250p-B
가는 법 카스트라키 센트럴 스퀘어에서 도보 15분
주소 Hotel Pyrgos Adrachti, Kastraki
요금 더블룸 75유로~, 트리플룸 120유로~, 스위트룸 180유로~
전화 243-202-2275
홈페이지 www.hotel-adrachti.com

그리스 여신의 방에서 아침 맞이하기
아르호니코 메소호리 Archoniko Mesohori

카스트라키 중심에서 조금 떨어진 곳에 있는 부티크 호텔이다. 19세기에 지어진 오래된 건물을 호텔로 개조했다. 호텔의 가든은 꽃으로 예쁘게 꾸어 놓아 들어가는 입구부터 기분 좋게 한다. 호텔은 전반적으로 빈티지함을 유지하면서 모던함을 가미했다. 6개의 객실이 있고, 각 객실은 아테나, 아프로디테, 아리아드네, 안티고네, 아르테미스, 아나스타샤와 같은 고대 그리스 여신의 이름을 가지고 있다. 객실은 여신처럼 은은한 분위기다. 낮에는 메테오라 바위와 수도원의 전경을 볼 수 있고, 밤에는 핀두스 산맥의 붉은 노을을 즐길 수 있다. 카스트라키 타운에서 걸어 들어가야 하는 단점이 있지만 머물기에 충분히 만족스러운 곳이다.

Data 지도 250p-B
가는 법 카스트라키 센트럴 스퀘어에서 도보 10분
주소 Archoniko Mesohori, Kastraki
요금 더블룸 90유로~, 스위트룸 120유로~
전화 243-207-7125
홈페이지 www.archontikomesohori.gr

다락방같이 앤티크한
소티리우 게스트 하우스 Guesthouse Sotiriou

카스트라키 올드 타운에 있는 앤티크한 게스트 하우스다. 센트럴 스퀘어와 교회 사이의 골목에서 표지판을 따라 올라가면 보인다. 흰색과 붉은색의 돌로 지어진 2층 건물이 인상적이다. 1845년 지어진 건물로 양복점, 푸줏간, 이발소였던 공간을 재구성해 게스트 하우스로 오픈했다. 나무로 된 천장과 바닥, 그리고 좁은 계단이 오래된 다락방 같은 느낌이다. 오래된 건물이기 때문에 청결함과 투숙객의 편의에 더 신경 쓰고 있다. 화려하지는 않지만 집 같은 편안함이 느껴지는 곳이다. 발코니에서는 거대한 바위들의 전경이 보인다. 아침 식사는 마말레이드, 치즈, 쿠키 등 홈메이드 가정식이 준비된다. 숙박비는 여러 밤 머물 경우 더 저렴해질 수 있다.

Data 지도 250p-B
가는 법 카스트라키 센트럴 스퀘어에서 도보 10분
주소 Guesthouse Sotiriou, Kastraki
요금 더블룸 120유로~, 패밀리룸 130유로~, 방갈로 130유로~
전화 243-207-8105
홈페이지 petrino.gr

Greece By Area

05

테살로니키
THESSALONIKI ΘΕΣΣΑΛΟΝΙΚΗ

그리스에서 두 번째로 큰 도시다. 그리스 북부에 위치해 발칸반도와 아시아를 잇는 허브 도시로 역사 속에서도 중요한 역할을 했다. 현재는 여러 여행자들이 스쳐가는 곳이다. 여행지로 각광받은 지는 얼마 되지 않았지만 무섭게 매력 발산을 하고 있다. 로마, 비잔틴, 오토만 등 숱한 침략의 역사와 함께 세워진 방대한 유적들이 도심을 채우고, 테살로니키인들의 생활 속에 자연스럽게 스며들었다. 테살로니키는 미식의 도시로도 유명하다. 바다와 육지의 다채로운 식재료에 튀르키예, 아시아의 맛까지 전해져 특별한 미식의 세계를 보여준다.

테살로니키

미리보기

테살로니키는 일부러 애쓰지 않아도 유적들이 보이는 곳이다. 주거 지역 곳곳에 볼거리들이 널려 있다. 다운타운을 천천히 걸으며 테살로니키 역사의 흔적을 살펴보자. 그냥 스치는 돌 하나에도 특별한 의미가 있는지 모른다. 다채롭고 풍미로 가득 찬 테살로니키의 음식은 여행의 즐거움을 더한다.

SEE

시작은 테살로니키의 상징 화이트 타워다. 도시를 가득 채우고 있는 로마, 비잔틴, 그리고 오토만 시대의 유적을 구분해서 둘러보면 더 흥미롭다. 오토만이 세운 화이트 타워와 트리고니우 타워의 닮은 점을 찾아보자. 비잔틴 시대의 유적에는 노란색 비잔틴 제국 깃발이 있어 구별하기 쉽다. 여유가 있다면 하루쯤은 도심을 벗어나 근교의 와이너리와 비치에서 자연과 함께 시간을 보내는 것도 좋다.

EAT

테살로니키는 맛있는 도시다. 테르마이코스만을 끼고 있어 신선한 해산물을 이용한 지중해식 요리를 선보인다. 그리스 고유의 요리에 튀르키예와 아시아의 영향을 받아 테살로니키의 식탁을 풍성하게 한다. 특히 달콤한 디저트가 발달했는데, 레스토랑 수만큼 많은 디저트 숍을 볼 수 있다. 매혹적인 테살로니키 와인 또한 빼놓을 수 없다.

SLEEP

럭셔리한 호텔부터 저렴한 호스텔까지 선택의 폭이 다양하다. 고급 호텔은 대부분 다운타운 중심부인 아리스토텔레스 스퀘어와 라다디카 근처에 몰려 있다. 유적지부터 레스토랑, 타베르나, 펍, 숍과의 접근성이 좋다. 저렴한 호스텔은 아노 폴리, 카마라 등 조금 산발적으로 있다. 아노 폴리의 한적한 곳에 자리 잡은 숙소는 조용하고 평온한 분위기를 느낄 수 있다.

테살로니키 찾아가기

어떻게 갈까?

테살로니키에는 국제공항이 있다. 버스와 기차 시스템도 발달되어 교통의 요충지라 할 만하다. 그리스 주요 도시를 포함하여 그리스 북부에 인접하고 있는 나라를 편리하게 이동할 수 있다.

1. 항공
마케도니아 공항은 테살로니키 중심부에서 남동쪽으로 13km 떨어져 있다. 그리스 지역과 유럽 내를 이동하는 항공편이 운행된다. 아테네에서 테살로니키로 가는 비행기 티켓 가격은 천차만별이다. 에게 항공 이용 시 44~147유로 정도 나온다. 소요 시간은 55분이다. 한편 공항에서 시내로 가려면 버스나 택시를 이용하자. 01번과 01N번 버스를 타면 다운타운으로 이동할 수 있다. 소요 시간은 40~50분이며, 요금은 1.8유로다. 택시를 탈 경우 30분 정도 걸린다. 다운타운까지 요금은 24유로며, 야간에는 (24:00~05:00) 32유로로 올라간다.

에게 항공Aegean Airlines 전화 210-626-1700 홈페이지 en.aegeanair.com
올림픽 항공Olympic Air 전화 210-355-0000 홈페이지 www.olympicair.com

마케도니아 공항Makedonia Airport
지도 288p 가는 법 다운타운에서 버스로 40~50분
주소 EO Aerodromiou, Thessaloniki 전화 231-098-5000 홈페이지 www.skg-airport.gr

2. 국내버스
테살로니키 시외버스 터미널은 메인인 KTEL 마케도니아 버스 터미널 과 모나스트리우 버스 터미널로 나뉘어 있다. 대부분의 버스는 KTEL 마케도니아에서 출발한다. 단, 아테네를 왕복하는 버스는 모나스트리우 버스 터미널을 이용하는 것이 더 편리하고 저렴하다. 아테네에서 테살로니키까지 소요 시간은 6시간, 요금은 편도 39유로, 왕복 59유로다. 한편 마케도니아 버스 터미널에서 12번 버스를 타면 아리스토텔레스 스퀘어를 비롯한 다운타운에 갈 수 있다. 25분 정도 소요되며 요금은 0.9유로다. 택시를 타면 다운타운까지 15분 걸리고, 요금은 10유로 안팎으로 나온다.

KTEL 마케도니아 버스 터미널KTEL Makedonia
지도 288p 가는 법 다운타운에서 버스로 25분
주소 244 Giannitson St. Thessaloniki
전화 231-059-5421 홈페이지 www.ktelmacedonia.gr

모나스트리우 버스 터미널Monastiriou Bus Station
지도 292p-I 가는 법 기차역 맞은편
주소 67 Monastiriou St. Thessaloniki
전화 231-050-0111 홈페이지 www.ktelthes.gr

테살로니키
찾아가기

3. 국외버스
그리스 북부와 인접한 튀르키예, 불가리아, 마케도니아, 알바니아는 테살로니키에서 버스로 연결돼 있다. KTEL과 시메오니디스 투어 Simeonidis Tours, 크레이지 홀리데이즈 Crazy Holidays 등에서 버스를 운행한다.

• 테살로니키-이스탄불
시메오니디스 투어는 기차역 투어 오피스에서 1일 1회(20:00) 이스탄불로 출발하며 10시간 정도 소요된다. 편도는 53.15유로다. 크레이지 홀리데이즈는 1일 2회(10:00, 21:30) 기차역 근처 14 Michail Kalou St에서 출발한다. 소요 시간은 10시간, 요금은 편도 48~88유로, 왕복 60~110유로다.

• 테살로니키-소피아
마케도니아 버스 터미널에서 1일 8회(00:05, 01:00, 01:30, 08:15, 09:30, 14:40, 15:10, 16:00) 출발한다. 5시간 정도 걸리고 티켓 가격은 편도 18.25유로다.

• 테살로니키-스코페
시메오니디스 투어는 스코페행 버스를 1일 1회(15:30) 운행한다. 소요 시간은 4시간 30분이다. 가격은 편도 33.81유로, 왕복 30유로다. 출발은 기차역에 있는 투어 오피스에서 한다.

• 테살로니키-티라나
크레이지 홀리데이즈는 모나스티리우 버스 터미널에서 1일 1회(19:15) 티라나로 출발한다. 13시간 정도 걸리며, 편도 티켓은 35유로다.

시메오니디스 투어
지도 292p-J 가는 법 기차역에서 도보 5분
주소 14 26th Oktovriou St. Thessaloniki
전화 231-054-0970 홈페이지 simeonidistours.gr

크레이지 홀리데이즈
지도 292p-E 가는 법 기차역에서 도보 3분
주소 14 Michail Kalou St. Thessaloniki
전화 231-050-0383 홈페이지 www.crazy-holidays.gr

4. 기차
기차역은 다운타운과 비교적 가까워 도보로 이동 가능하다. 기차역 안에는 짐 보관소가 있다. 이곳에 짐을 보관한 후 가볍게 여행할 수 있다. 테살로니키에서 아테네까지는 4시간 30분 정도 걸린다. 요금은 43~52.5유로. 테살로니키에서 칼람바카까지는 4시간 소요되며 요금은 24.4~28.3유로다. 시간표는 홈페이지를 참고하자.

테살로니키 기차역 지도 292p-I 가는 법 아이온 판톤과 모나스티리우 거리 교차점에서 도보 1분 주소 28 Monastiriou St. Thessaloniki 전화 231-059-9421 홈페이지 www.hellenictrain.gr 앱 Hellenic Train

어떻게 다닐까?

테살로니키는 다운타운에 볼거리들이 모여 있어 도보 여행이 가능하다. 이동 수단으로는 자전거, 버스, 택시, 렌터카가 있다. 주요 관광지를 루트로 하는 버스도 있어 여행자들이 편리하게 이용할 수 있다.

1. 자전거
항구를 따라 자전거를 타고 돌아보는 것도 좋다. 하지만 항구를 제외하고는 자전거 전용 길은 찾아보기 힘들다.

바이크 잇Bike It
지도 293p-L 가는 법 화이트 타워에서 도보 10분 주소 2 Megalou Alexandrou Ave. Thessaloniki 운영시간 10:00~18:00 요금 1시간 3~14유로 전화 231-088-8920 홈페이지 www.bikeitrentals.com

2. 시내버스
테살로니키는 시내버스 시스템이 잘 되어 있는 편이다. 아테네와 달리 다음 정차역이 전광판에 영문으로 표시돼 혹시나 내릴 역을 놓칠까 걱정하지 않아도 된다. 버스 요금은 일종의 노점상인 페리프테라Periptera에서 살 경우 더 저렴하다. 기본 버스 티켓은 0.9유로다. 70분 내에 2번 갈아탈 수 있는 티켓은 1.1유로, 90분 내에 3번 갈아탈 수 있는 티켓은 1.3유로, 120분 내에 4번 갈아탈 수 있는 티켓은 1.8유로다. 그날의 동선을 파악해서 티켓을 구매하면 좋다. 버스 안의 티켓 머신에서 살 경우 0.1유로씩 더 비싸다. 거스름돈을 받을 수도 없으니 미리 잔돈을 준비하자. 50번 버스 '테살로니키 온 더 고Thessaloniki on the Go'는 주요 관광지를 다니는 관광버스로 화이트 타워에서 시작되며 소요 시간은 1시간 정도다. 요금은 1.8유로로. 전화 11085 홈페이지 www.oasth.g 앱 Oasth bus

3. 택시
다운타운 거리에서 손님을 기다리고 있는 택시를 볼 수 있다. 기본요금은 4유로지만 24:00~05:00은 할증이 붙어 2배로 비싸진다.
라디오 택시 전화 231-086-6866 홈페이지 www.taxiway.gr 앱 TAXI 18300

4. 렌터카
테살로니키 시내에서 렌터카를 이용하는 것은 비추다. 교통 체증이 심한 편이고, 주차 공간도 용이하지 않다. 하지만 중심부를 벗어나 주변 지역을 여행할 때는 차를 빌리는 것이 편리하다.
살로니카 카렌털Salonica CarRental 지도 292p-I 가는 법 기차역 내부 주소 28 Monastiriou St. Thessaloniki 전화 231-052-7888 홈페이지 www.salonicarental.gr

테살로니키 찾아가기

| INFORMATION |

관광경찰서
가는 법 기차역에서 도보 10분
주소 4 Dodekanisou St. Thessaloniki
전화 231-055-4871

중앙우체국
가는 법 아리스토텔레스 스퀘어에서 도보 4분
주소 38 Vasileos Irakleiou St. Thessaloniki
운영시간 월~금 07:30~14:45, 토·일 휴무
전화 231-027-7434

은행 & 환전소
모나스티리우와 에그나티아 거리 곳곳에 환전소와 ATM이 있다. 다운타운과 가깝게는 일렉트라 호텔 옆에 있는 환전소를 이용할 수 있다.

Masoutis 마소우티스 마켓
가는 법 아리스토텔레스 스퀘어에서 도보 4분
주소 43 Tsimiski St. Thessaloniki

테살로니키
♀ 추천 코스 ♀

테살로니키는 주요 볼거리가 도보 여행이 가능한 다운타운에 있다. 숙소가 어딘가에 따라 동선을 달리한다. 첫날은 화이트 타워를 시작으로 카마라 지역에 있는 로마 유적까지 살펴보자. 둘째 날은 아노 폴리에서, 셋째 날은 다운타운에서 시간을 보내자. 마지막 날은 도심을 벗어나 에파노미의 와이너리와 해변에서 여유를 만끽하자.

1일차

화이트 타워
테살로니키의 역사 이해하기

→ 도보 5분

테살로니키 고고학 박물관
찬란했던 마케도니아의
과거 추적하기

→ 도보 3분

비잔틴 문화 박물관
비잔틴 작품 감상하기

↓ 도보 10분

로툰다
로마와 오토만의 흔적
동시에 느껴보기

← 도보 3분

갈레리우스 개선문
용맹스러운 갈레리우스의
조각 찾아보기

← 도보 5분

갈레리우스 궁전
궁전 주위 한 바퀴 돌아보기

↓ 도보 3분

아이아 소피아 교회
경건한 마음으로 잠시 쉬어가기

→ 도보 5분

로만 아고라
곳곳에 흩어져 있는
유적들 둘러보기

→ 도보 3분

아이오스 디미트리오스 교회
아름다운 모자이크 감상하기

↓ 도보 1분

예니 하맘
지나가면서 살펴보기

테살로니키
♀ 추천 코스 ♀

2일차

엡타피리온
잔혹한 기억이 서린 감옥의
흔적 살펴보기

→ 도보 10분 →

트리고니우 타워
테살로니키 최고의 전경 만끽하기

→ 도보 3분 →

블라타돈 수도원
울창한 나무 아래로
유유자적하게 걷기

↓ 도보 5분 ↓

니콜라오스 오르파노스 교회
아노 폴리의 한적한 분위기 느껴보기

← 도보 10분 ←

비잔틴 배스 하우스
스쳐 지나가면서 바라보기

← 도보 8분 ←

오시오스 다비드 교회
희귀한 모자이크와 아이콘 감상하기

↓ 도보 5분 ↓

아타튀르크 박물관
튀르키예 근대 역사 알아보기

3일차

메인 포트
항구를 바라보며
여유로움 만끽하기

→ 도보 3분

라다디카 지역
19세기 분위기가 풍기는
골목길 걸어보기

→ 도보 3분

베제스테니
전형적인 오토만 건축
양식 살펴보기

↓ 도보 1분

파자르 하맘
꽃집 사이로 빠끔히 들여다보기

← 도보 1분

아고라 모디아노
로컬 식당에서 맛있는 점심 식사

← 도보 2분

카파니
생동감이 넘치는 전통 시장 체험

↓ 도보 3분

아리스토텔레스 스퀘어
벤치에 앉아 지나가는 사람
구경하기

→ 도보 3분

마케도니아 투쟁 박물관
마케도니아의 역사
조금 더 이해하기

→ 도보 8분

메갈루 알렉산드루 거리
우산 조형물 아래서 사진 찍기

4일차

크티마 예로바실리우 와이너리
풍미 넘치는 테살로니키의
와인 즐기기

→ 자동차 10분

포타모스 비치
맑고 푸른 바다에서 힐링 타임

GREECE BY AREA 05
테살로니키

테살로니키의 랜드마크
화이트 타워 White Tower

화이트 타워는 테살로니키의 랜드마크다. 항구를 끼고 니키스 거리를 걷다 보면 멀리서부터 흰색의 둥근 건물이 눈에 띈다. 15세기 후반 오토만이 테살로니키를 점령한 후에 기존에 있던 비잔틴 타워를 대신해 화이트 타워를 건립했다. 19세기에 이곳은 무기징역을 선고받은 죄수들을 위한 감옥으로 사용되었다. 당시 대량 학살이 일어나 '피로 물든 탑'이라고 불리기도 했다. 1890년 참혹한 역사를 희석시키기 위해 건물을 흰색으로 다시 도색했고, '화이트 타워'라는 이름을 얻었다. 타워 내부의 전시실에서는 테살로니키의 역사를 전반적으로 이해할 수 있는 동영상과 사진을 볼 수 있다. 설명은 그리스어로 되어 있고, 영어 오디오 가이드가 무료로 제공된다. 오디오 가이드를 이용하기 위해서는 신분증 지참이 필수다. 타워의 꼭대기에서는 탁 트인 항구와 도시의 전경이 보인다. 테살로니키의 다른 곳을 둘러보기 전에 일단 화이트 타워를 먼저 방문하기를 권한다. 충분한 시간을 가지고 각 층의 전시실을 둘러보자. 테살로니키에 대한 대략적인 정보를 알고 나면 그냥 스쳐 지나칠 수 있는 거리의 유적도 새롭게 보일 것이다.

Data 지도 293p-L
가는 법 아리스토텔레스 스퀘어에서 도보 10분
운영시간 4월~10월 08:00~20:00, 11월~3월 08:30~15:30
요금 4월~10월 일반 6유로, 6~25세 3유로, 11월~3월 3유로
전화 231-026-7832
홈페이지 www.lpth.gr

광합성하기 좋은
메인 포트 Main Port

테살로니키의 주 항구로 화이트 타워를 마주 보고 있다. 예전에는 기차역으로 사용되었던 곳이라 오래된 철길의 흔적이 남아 있다. 날씨가 좋으면 너 나 할 것 없이 이곳에서 광합성을 즐긴다. 메인 포트 입구 근처에는 자전거를 빌리는 곳도 있다. 이곳에서 니키스 거리를 따라 메갈루 알렉산더 거리까지 자전거 전용 길이 이어져 있다. 자전거를 타고 항구를 따라 한 바퀴 슬쩍 도는 것도 여유롭게 테살로니키를 즐기는 방법 중 하나다. 사람이 많아지는 저녁 시간에는 자전거 전용 길도 걸어가는 사람들로 가득차기도 한다.

Data 지도 292p-J
가는 법 아리스토텔레스 스퀘어에서 도보 3분

대변신에 성공한
라다디카 지역 Ladadika District

메인 포트에서 치미스키 거리 방향에 있는 역사적인 지역이다. '라다디카'는 올리브 오일을 파는 숍이라는 뜻이다. 이 지역은 오토만이 테살로니키를 지배하던 시대 전후에 센트럴 마켓으로 활성화되었던 곳이다. 1917년에 있었던 대화재로 많은 숍들이 문을 닫았고 올리브 오일을 파는 곳만 남았다. 1970년대 후반까지 방치되었다가 1980년대부터 그리스 정부가 이곳의 19세기 고유 건물을 보호하는 데 앞장섰다. 그 후 얼마 지나지 않아 이곳에 레스토랑, 타베르나, 카페, 펍이 들어섰고, 라다디카는 다시 활기를 띠기 시작했다. 작은 골목 사이에 자리잡은 다양한 색감의 오래된 건물들이 인상적이다. 현지인에게 좋은 레스토랑과 카페를 추천해 달라고 하면 이 지역을 꼭 방문해 보라고 한다. 항구를 둘러싸고 있는 모던한 카페, 레스토랑과는 다른 분위기를 느낄 수 있다.

Data 지도 292p-J
가는 법 메인 포트에서 도보 3분

누구나 한 번쯤은 지나가는
아리스토텔레스 스퀘어 Aristotelous Square

테살로니키 중심부에 위치한 광장이다. 아리스토텔레스 스퀘어는 니키스
에서 아리스토텔레스 거리까지 뻗어 있다. 1918년 프랑스 건축가인 에르
네스트 에브라르Ernest Hébrard가 설계했고, 1950년대에 광장의 대부분이
지어졌다. 광장은 테르마이코스만Thermaikos Gulf을 마주하고 있어서 인상적이다. 맑은 날에는 그 너머
로 올림푸스산Mount Olympus의 실루엣이 보인다. 광장의 한편에는 아리스토텔레스 동상이 서 있다. 다
양한 카페, 레스토랑, 숍이 주변에 있어 오가는 사람이 많다. 테살로니키에 방문했다면 누구나 한 번쯤
은 지나가게 되는 곳이다. 어린아이부터 노인까지 다양한 연령대가 이곳을 찾는다. 저녁 무렵에는 길거
리 공연도 종종 볼 수 있다.

Data 지도 294p-J
가는 법 라다디카 지역에서
도보 3분

연인들의 휴식처
메갈루 알렉산드루 거리 Megalou Alexandrou

화이트 타워 뒤편에서 시작해 항구를 따라 뻗어 있는 거리다. 거리 초입에
는 용맹스러운 알렉산더 대왕 동상이 있다. 항상 사람들로 붐비는 곳이다.
거리를 따라 자전거를 타기도 하고 항구 근처에 앉아 있기도 한다. 특히, 연인들에게 인기 있는 데이트
코스다. 노을이 질 즈음 테르마이코스만의 아름다운 모습을 감상할 수 있어 로맨틱하다. 밤에는 은은
한 불빛이 거리를 환하게 비춘다. 거리 곳곳에는 기타 연주를 하는 자유로운 영혼도 종종 볼 수 있다.
항구를 마주하고 있는 우산 조형물은 일종의 포토 존이다. 붕 떠 있는 우산을 잡고 재미있는 사진을 찍
을 수 있다.

Data 지도 293p-L
가는 법 화이트 타워 뒤편

알고 보자! 테살로니키의 역사

테살로니키는 아테네 다음으로 큰 그리스 제2의 도시다. 아시아와 발칸반도를 잇는 교통의 요충지로 상업과 무역이 발달했다. 국제 무역 박람회, 국제 영화제 등의 큰 이벤트들이 많이 열린다. 이 도시는 BC 315년 마케도니아의 왕 카산드로스Kassandros에 의해 건설됐고, 도시의 이름은 그의 아내 테살로니키에서 가져왔다. 테살로니키는 마케도니아의 왕이었던 필립포스 2세Philippos II의 딸이자 알렉산더 대왕의 누이다. BC 168년 마케도니아 왕국은 로마에 의해 멸망한다. 그 후 로마 제국의 지배를 받던 테살로니키는 1420년 다시 오토만에게 정복당했다. 1913년 그리스 독립 전쟁에서 승리하기까지 무려 2,000년 이상 외세의 지배를 받았다. 이런 역사 속에서도 테살로니키는 테르마이코스만을 낀 이상적인 위치에 있어 항상 중심 도시로서 역할을 했다. 도시 곳곳에서 볼 수 있는 로마, 비잔틴, 오토만 시대의 유적은 테살로니키가 겪어 온 역사를 증명한다.

필립포스 2세, 아리스토텔레스, 알렉산더 대왕의 삼각관계

마케도니아 왕국의 절정기를 만든 필립포스 2세와 알렉산더 대왕은 테살로니키에서도 중요한 인물들이다. 아리스토텔레스는 알렉산더 대왕의 스승이었다. 아리스토텔레스의 아버지가 왕실의 의사였던 인연으로 필립포스 2세가 그에게 아들인 알렉산더 대왕을 맡긴 것이다.

홍대 한복판에 경복궁이 있다면
갈레리우스 궁전 Palace of Galerius

4세기 초 로마 황제 갈레리우스Galerius가 지었던 궁전이다. 여기에 정말 궁전이 있을까 하는 의구심을 갖고 디미트리우 구나리 거리를 걷다 보면 눈앞에 나타난다. 한국의 홍대 같은 이 거리의 현대 건물들 가운데 떡하니 버티고 있는 궁전의 터가 주변 환경과 이질감을 주는데 무척 신기하다. 당시 궁전의 일부였던 바실리카Basilica, 북 페리스틸륨North Peristylium, 목욕탕, 옥타곤Octagon이 있었던 곳이다. 궁전의 형태는 온전하지 않은 상태로 모자이크 바닥, 기둥, 벽 등의 흔적만 남았다. 입장료를 내고 들어가지 않아도 밖에서 궁전을 살펴볼 수 있으니 그냥 지나치지는 말자.

Data 지도 295p-H
가는 법 로툰다에서 도보 8분
운영시간 08:30~15:30, 화요일 휴관
요금 4월~10월 8유로, 11월~3월 4유로(로만 아고라 포함)

승리의 상징
갈레리우스 개선문 Arch of Galerius

로마 시대의 유적이다. 페르시아와의 전쟁에서 승리한 갈레리우스 황제를 기념하기 위해 세웠다. 개선문은 303년에 완공됐으며, 대리석으로 조각되었다. 표면에는 페르시아 군에 대항하는 로마 군의 모습이 새겨져 있다. 과거에는 동서를 연결하는 교역의 주요 거리 에그나티아에 위치해 교역문의 역할을 했다. 현재는 현지인들 사이에서 만남의 장소로 통한다. 젊은이들의 거리인 나바리누 스퀘어 근처에 있다. 대학가에서도 가깝다.

Data 지도 295p-D
가는 법 로툰다와 갈레리우스 궁전 사이, 갈레리우스 궁전에서 도보 5분

젊은이들에게 핫한
나바리누 스퀘어 Navarinou Square

갈레리우스 궁전을 둘러싸고 있는 광장이다. 아리스토텔레스 스퀘어와는 분위기가 사뭇 다르다. 아리스토텔레스 스퀘어가 만인을 위한 공간이라면, 나바리누 스퀘어는 젊은이들에게 핫한 곳이다. 비교적 가격이 착하고 가볍게 먹을 수 있는 카페와 레스토랑이 주변에 즐비하다. 음식을 테이크아웃해서 광장의 벤치에 앉아 먹기도 좋다. 밤늦게까지도 불이 환한 곳이다.

Data 지도 295p-H
가는 법 갈레리우스 궁전 옆

갈레리우스 황제가 잠들고 싶었던
로툰다 Rotunda

306년 갈레리우스 황제가 자신의 마우솔레움Mausoleum으로 사용하기 위해 지은 건물이다. 마우솔레움은 중요하고 유명한 인물의 거대한 묘를 말한다. 하지만 안타깝게도 갈레리우스 황제는 이곳에 잠들지 못했다. 311년 갈레리우스가 죽은 후 그는 세르비아 감지그라드Gamzigrad에 묻혔다. 그 후 4세기 테오도시우스Theodosius 황제가 이곳을 교회로 명했다. 로툰다는 테살로니키의 첫 교회라는 타이틀을 가지게 됐다. 교회의 내부는 퀄리티 좋은 모자이크로 장식되었다. 오토만에게 점령을 당하기 전까지 무려 1,200년 동안 교회로서의 임무를 다했다. 1590년 오토만의 지배하에 로툰다는 이슬람 사원인 모스크로 또 한 번 탈바꿈했다. 오토만이 거대한 교회인 로툰다를 그냥 둘리 만무했던 것. 로툰다에 미나레트까지 건축을 더했다. 미나레트는 모스크의 구성 요소 중 하나인 높은 탑이다. 로툰다는 1912년 오토만의 지배에서 벗어나 모스크라는 이름을 떼고 다시 교회로 돌아왔다. 커다란 로마식 원형 건물 앞에 모스크의 흔적인 미나레트가 아직도 있다. 로툰다 내부의 높은 천장과 벽에서는 모자이크의 일부가 보인다.

Data 지도 295p-D
가는 법 갈레리우스 개선문에서 도보 3분 **운영시간** 4월~10월 08:00~20:00, 화요일 휴관, 11월~3월 08:30~15:30, 화요일 휴관 **요금** 4월~10월 6유로, 11월~3월 3유로, 테살로니키 고고학 박물관·비잔틴 문화 박물관·화이트 타워 통합 티켓 15유로
전화 231-020-4868
홈페이지 odysseus.culture.gr

로마 시대의 중심지
로만 아고라 Roman Agora

아리스토텔레스 스퀘어에서 북쪽 방향으로 필립푸와 올림푸 거리 사이에 있다. 고대 아고라Ancient Agora라고 불리기도 하며, 1966년 고고학 발굴 작업을 통해 발견됐다. 지어진 시기는 정확히 알려지지 않았지만 BC 42년에서 AD 138년 사이로 추정한다. 과거 비슷한 방식의 아고라가 많이 지어졌던 때다. 로만 아고라는 테살로니키 주요 거리에 위치해 오랜 시간 동안 경제, 정치, 사회, 종교적인 중심지였다. 146m의 길이에 97m의 폭을 가진 직사각형 모양의 광장에 건물들이 배치되어 있다. 입구에서 오른쪽으로 작은 극장인 오데온Odeon이 있는데, 과거 검투 경기를 할 때 사용했다. 왼쪽으로는 주랑인 크립토포르티쿠스Cryptoporticus와 마켓의 흔적이 있다. 오데온과 크립토포르티쿠스 전면에는 2층으로 된 포르티코Portico가 자리 잡고 있다. 포르티코는 건물 입구에 기둥을 받쳐 만든 현관 지붕이다. 야외의 유적들을 둘러보기 전에 아고라 한쪽에 위치한 박물관을 먼저 방문하자. 발굴 당시의 로만 아고라의 모습과 아고라에서 출토된 유물들이 전시되어 있다.

Data 지도 293p-G
가는 법 아이아 소피아 교회에서 도보 5분
운영시간 08:30~15:30, 화요일 휴관
요금 4월~10월 8유로, 11월~3월 4유로(갈레리우스 궁전 포함)
전화 231-083-6973

테살로니키 역사를 함께 걸어온
아이오스 디미트리오스 교회 Agios Dimitrios Church

테살로니키의 교회 중 역사적, 종교적, 예술적인 이유로 가장 중요한 교회로 손꼽힌다. 이 교회는 4세기 로마인들이 사용했던 목욕탕 터에 작은 예배당을 지어 교회로서 첫발을 내디뎠고, 7세기 바실리카로 화려하게 재탄생했다. 오토만 점령기를 겪으며 교회는 모스크로 바뀌었다. 이때 교회 내부에 있던 상당한 양의 모자이크와 프레스코를 잃었다. 그러나 수난의 역사는 이게 끝이 아니었다. 1917년의 대화재는 남았던 7세기의 모자이크 작품들도 앗아갔다. 현재는 5개의 모자이크만이 교회 내부를 장식한다. 교회 지하에 있는 크립트는 방문자들의 눈길을 끈다. 303년 이곳에서 죽은 로마 군인 디미트리오스의 성골이 크립트에 보관됐다.

Data 지도 293p-G
가는 법 로만 아고라에서 도보 3분
주소 83 Agiou Dimitriou St. Thessaloniki
운영시간 06:00~22:00
전화 231-027-0008
홈페이지 agdimitriosthes.gr

아름다운 장식으로 유명한
아이아 소피아 교회 Agia Sofia Church

테살로니키에서 유서 깊은 비잔틴 교회 중 하나로 다운타운 중심부인 아이아 소피아 스퀘어에 위치했다. 초기의 교회는 3세기에 세워졌고, 현존하는 교회는 8세기의 것이다. 기존에 있던 바실리카 양식에 중기 비잔틴 양식이 더해졌다. 화재와 지진 등을 겪으며 교회의 많은 부분이 훼손되었고, 1980년 이후에 복원되었다. 아이아 소피아 교회는 내부를 장식하고 있는 아름다운 프레스코와 정교한 모자이크로 유명하다. 특히 돔을 둘러싸고 있는 모자이크인 '그리스도의 승천 Ascension of Christ'이 인상적이다.

Data 지도 295p-G
가는 법 로툰다에서 도보 3분
주소 Agia Sofia Square, Thessaloniki
운영시간 08:00~12:00, 17:00~19:00
전화 231-027-0253
홈페이지 www.agiasofia.info

|Theme|
테살로니키의 어퍼 타운 아노 폴리

아노 폴리는 테살로니키 북쪽 높은 언덕에 자리한 마을이다. 이곳에는 비잔틴 성벽을 따라 교회와 수도원이 있다. 높은 곳에 있는 만큼 도심 조망이 특별하다. 특히 일몰과 야경이 아름다워 여행자들의 발길이 끊이지 않는다.

아노 폴리 Ano Poli

다운타운 북쪽에 위치한 올드 타운이다. 아노 폴리는 그리스어로 '윗동네'라는 뜻이다. 1917년 대화재에서 유일하게 소실되지 않은 지역이다. 좁은 골목 사이로 파스텔 톤의 작고 예쁜 집들이 모여 있다. 비잔틴 성벽을 따라 아노 폴리를 걸으면 과거로 회귀한 것 같은 느낌이 든다. 테살로니키의 또 다른 정취를 느낄 수 있다. 아노 폴리 곳곳에는 비잔틴 교회와 수도원이 있다.

Data 지도 292p-F
가는 법 23번 버스, 로툰다에서 도보 15분

비잔틴 배스 하우스 Byzantine Bath House

Data 지도 293p-G
가는 법 오시오스 다비드 교회에서 도보 10분
주소 13 Theotokopoulou & Krispou St. Thessaloniki
운영시간 수·금 10:00~13:00, 월·화·목·토·일 휴관
요금 무료
전화 231-331-0400

그리스에 마지막 남은 비잔틴 목욕탕으로 '쿨레 카페Kule Kafe'라고도 불린다. 1300년경 세워져 7세기 동안 사용되다가 1940년 문을 닫았다. 현재는 마을 한가운데를 덩그러니 지키고 있다. 아노 폴리에서 로툰다가 있는 카마라 지역으로 내려오는 길에 볼 수 있다.

트리고니우 타워 Trigoniou Tower

비잔틴 성벽과 맞닿아 있는 탑이다. 15세기 후반 오토만이 세웠으며, 병기고와 대포를 쏘는 곳으로 사용됐다. 높은 곳에 위치해 테살로니키 최고의 전경을 볼 수 있다. 테르마이코스만, 다운타운, 아노 폴리의 모습이 한눈에 들어온다. 이곳에서 바라보는 일몰과 야경도 아름다워 시간을 불문하고 사람들이 끊이지 않는다. 밤에는 은은한 조명이 비잔틴 성벽과 타워를 비춰 더 운치 있다. 타워 주변의 카페와 레스토랑에서 이 분위기를 좀 더 느껴도 좋다. 입장료를 지불하고 타워에 올라가지 않아도 멋진 풍광을 마주할 수 있으니 꼭 들러보자.

Data 지도 293p-C
가는 법 비잔틴 성벽의 동쪽 끝에 위치
운영시간 4월~11월 10:00~17:00, 화요일 휴관, 11월~3월 08:30~15:30, 화요일 휴관
요금 4월~10월 6유로, 11월~3월 3유로(엡타피리온 포함)

비잔틴 성벽 Byzantine Walls

아노 폴리를 넓게 둘러싼 성벽이다. 올림피아도스 거리에서 아노 폴리 방향으로 7km에 걸쳐 있는 이 성벽은 4세기 후반 테오도시우스 황제가 외부의 침입을 막기 위해 지었다. 14세기 오토만이 통치를 하면서 성벽을 더 견고하게 만들었다. 성벽의 가장 높은 곳은 10m에 이르며, 그 두께는 5m나 된다. 지금은 성벽의 일부가 훼손됐지만 오랜 세월 동안 자리를 지키고 있는 모습이 인상적이다.

Data 지도 293p-C
가는 법 올림피아도스 거리에서 아노 폴리 방향으로 위치

아노 폴리를 지키던 요새
엡타피리온 Heptapyrgion

트리고니우 타워에서 비잔틴 성벽 뒤편을 따라 도보로 10분 정도의 거리에 있다. 엡타피리온은 '예디 쿨레Yedi Kule'라고도 불리는데, '7개 탑을 가진 요새'라는 뜻이다. 하지만 이름과는 다르게 과거에는 10개의 탑이 있었다고 한다. 예디 쿨레는 콘스탄티노플에 있던 요새 이름을 그대로 가져온 것으로 알려졌다. 이 요새는 14세기에 세워진 건물로 군사 방어를 목적으로 지어졌다. 오토만 시대인 1890년대에는 감옥으로 사용되기도 했다. 당시 이 감옥에서 일어났던 일들은 그리스 민속 음악인 레베티코Rebetiko의 단골 소재로 쓰였다. 1989년 감옥은 도시 외부로 옮겨졌고, 그리스 정부에 의해 관리되고 있다. 1978년 지진으로 건물의 일부가 파손된 것을 복원했는데, 지금도 건물의 뒤편에는 보수 공사의 흔적이 있다. 엡타피리온의 입구에는 오토만의 비문이 있다. 오토만이 비잔틴 건물을 접수했다는 표식이다. 건물은 남녀 감옥, 군사 감옥, 위병소, 교회 등으로 나뉘어 있다. 엡타피리온을 둘러본 후 주변의 테살로니키 전경도 놓치지 말자. 적갈색 지붕으로 통일된 정갈한 도시의 모습이 한눈에 들어온다.

Data 지도 293p-C
가는 법 트리고니우 타워에서 도보 10분
운영시간 4월~11월 10:00~17:00, 화요일 휴관, 11월~3월 08:30~15:30, 화요일 휴관
요금 4월~10월 6유로, 11월~3월 3유로(트리고니우 타워 포함)
전화 231-331-0400

홀로 남은 비잔틴 수도원
블라타돈 수도원 Vlatadon Monastery

비잔틴 시대의 수도원 중 유일하게 현존하는 것으로 트리고니우 타워 근처에 위치했다. 1351년 수도사인 블라타돈Vlatadon 형제에 의해 건립됐다. 수도원 이름도 블라타돈 형제의 이름에서 가져왔다. 현재 수도원은 파트리아르할 연구 기관Patriarchal Institution of Studies에 속해 있으며, 수도원 입구에도 연구 기관이라는 표시가 눈에 띈다. 수도원은 카톨리콘, 박물관, 기프트숍, 안뜰 등으로 구성되어 있다. 카톨리콘은 수도원이 세워지기 이전의 것으로 11세기와 14세기의 프레스코가 장식되어 있다. 작은 박물관은 일요일에만 오픈한다. 안뜰은 나무들과 적당히 빈 공간이 어우러져 평화로운 분위기다. 항구를 끼고 있는 테살로니키의 전경도 감상할 수 있다.

Data 지도 293p-C
가는 법 트리고니우 타워에서 도보 5분
주소 64 Eptapyrgiou St. Thessaloniki
운영시간 07:30~11:00, 17:30~20:00
전화 231-020-9913

작은 정원 같은
오시오스 다비드 교회 Osios David Church

블라타돈 수도원에서 아래쪽으로 내려가면 오시오스 다비드 교회가 있다. 작은 골목들 사이에 가정집처럼 쏙 들어가 있어 찾기가 쉽지 않다. 5세기 후반 로마 양식으로 지어진 이곳은 비잔틴 시대에 라토무 수도원Latomou Monastery의 카톨리콘이었다. 교회 입구에 들어서면 꽃들과 나무를 잘 가꾸어 놓아 작은 정원에 온 것 같다. 높은 언덕에 위치해 아래로는 아노 폴리가 내려다보인다. 교회의 내부에는 12세기의 희귀한 모자이크와 프레스코가 보존되어 있다. 한눈에 다 보일 만큼 작은 규모의 교회지만 방문할 만한 가치가 있다.

Data 지도 293p-C
가는 법 블라타돈 수도원에서 도보 10분
운영시간 월~토 09:00~15:30, 일 10:00~13:00

예쁜 마을 한가운데
니콜라오스 오르파노스 교회 Nikolaos Orfanos Church

동쪽의 비잔틴 성벽이 시작하는 곳에서 도보로 약 5분 거리에 있다. 니콜라오스 오르파노스 교회는 14세기에 지어진 비잔틴 교회로 17세기에는 블라타돈 수도원에 속하기도 했다. 오토만의 지배를 받으며 많은 교회가 모스크로 바뀌었지만 꿋꿋하게 교회로 남았던 곳이다. 교회로 가는 길에는 골목마다 다양한 색깔의 예쁜 집들이 눈을 즐겁게 한다. 교회는 넓은 정원 가운데 자리 잡고 있다. 한적한 분위기에 방문하는 사람도 많지 않다. 정원의 벤치에 앉아 잠시 여유를 만끽하기도 좋다. 교회의 문이 닫혀 있다면 문 앞의 줄을 살짝 잡아당겨야 열린다. 교회의 외관은 심플하지만 내부를 장식하고 있는 프레스코는 화려하다.

Data 지도 293p-G
가는 법 동쪽의 비잔틴 성벽 시작하는 곳에서 도보로 5분
주소 1 Irodotou St. Thessaloniki
운영시간 월·목 10:00~13:00, 수·금 개별 예약, 목·토·일 휴관
전화 231-021-3627

잠시 들르기 좋은
아타튀르키예 박물관 Atatürk Museum

'튀르키예의 아버지'라고 불리는 무스타파 케말 아타튀르크 Mustafa Kemal Atatürk가 태어난 집을 박물관으로 개조한 곳이다. 무스타파 케말은 튀르키예 공화국의 초대 대통령으로 튀르키예의 근대화에 앞장섰던 인물이다. 이곳은 1870년 이전에 지어진 3층 건물로 안뜰을 포함하고 있다. 1층에는 무스타파 케말의 어머니 방, 키친, 그리고 가구들이 있다. 가장 흥미로운 곳은 2층의 무스타파 케말이 태어난 방이다. 그의 모습을 본 딴 모형과 앙카라에서의 업적이 전시되어 있다. 그가 사용했던 물품들도 눈에 띈다. 볼거리가 많은 곳은 아니지만 흘러나오는 튀르키예 음악을 들으며 잠시 안뜰에서 쉬어가기 좋다. 아타튀르크 박물관은 가정집의 외관에 박물관이라는 표식도 없어 그냥 지나치기 쉽다. 박물관의 문도 닫혀 있어서 벨을 눌러야 열어 준다. 로툰다에서 아나 폴리로 가는 길에 시간적 여유가 있다면 들러도 괜찮다.

Data 지도 293p-G
가는 법 로툰다에서 도보 5분
주소 17 Apostolou Pavlou St. Thessaloniki
운영시간 10:00~17:00, 월요일 휴관
요금 무료 전화 231-024-8452

|Theme|
하맘, 오토만의 흔적

테살로니키 중심 거리를 걷다 보면 둥근 지붕을 한 하맘을 자주 마주하게 된다. 하맘은 튀르키예식 목욕탕으로 한때 테살로니키를 지배했던 오토만의 흔적 중 하나다. 현재 하맘은 다른 용도로 사용되거나 닫혀 있는 경우가 대부분이다.

베이 하맘 Bey Hamam

1444년 술탄 무라트 2세Sultan Murat II에 의해 지어졌다. 테살로니키에 있는 하맘 중 가장 오래되었다. 베이 하맘은 번화가인 에그나티아 거리에 위치해 일부러 찾아가지 않아도 오고 가며 보이는 곳이다. 1968년까지는 파라다이스 배스Paradise Baths라는 이름으로 목욕을 할 수 있었다. 이후에는 문화 이벤트나 전시를 위한 공간으로 사용됐다. 지금은 문이 닫힌 상태다. 베이 하맘 주변은 펜스를 비롯해 잘 관리되어 있지 않은 모습이다.

Data 지도 294p-F 가는 법 파나이아 할케온 교회 맞은편

예니 하맘 Yeni Hamam

아이오스 디미트리오스 교회에서 아이우 니콜라우 거리를 따라 걸으면 보인다. 16세기 후반에 지어진 하맘으로 붉은색의 둥근 지붕 두 개가 인상적이다. 여탕과 남탕을 구분하여 지었고, 그것을 하나의 건물로 합쳐 놓았다. 테살로니키가 오토만의 지배에서 해방되던 1912년까지 하맘의 역할을 했다. 그 후 예니 하맘은 개인 소유가 되어 창고, 영화관 등으로 사용되었다. 현재에는 아이글리Aigli라는 이름의 음악 극장으로 이용되고 있다.

Data 지도 293p-G 가는 법 아이오스 디미트리오스 교회에서 도보 1분 주소 3 Agiou Nikolaou St. Thessaloniki

파자르 하맘 Pazar Hamam

16세기에 지어졌으며, '야호디 하맘Yahoudi Hamam'으로도 불린다. 파자르 하맘은 아고라 모디아노에서 도보 1분 거리에 있다. 하맘 주변으로는 꽃 가게인 룰루다디카Louloudadika가 형성되어 있다. 근처에 있는 카페, 레스토랑들은 하맘 주위를 야외 테라스로 사용한다.

Data 지도 294p-J 가는 법 아고라 모디아노에서 도보 1분

테살로니키의 필수코스
테살로니키 고고학 박물관 Archaeological Museum of Thessaloniki

테살로니키의 박물관 중 1순위로 둘러봐야 하는 곳이다. 1962년 개관한 박물관으로 여러 차례 확장 공사를 거쳤다. 박물관은 일자로 길게 뻗어 있는 모던한 외관이 독특하다. 테살로니키를 포함한 마케도니아 지역에서 출토된 유물을 전시한다. 아르카이크 시대에서 로마 시대까지의 모자이크, 도예품, 금 장식품, 무덤 부장품, 조각상 등 다양한 전시품이 있다. 마케도니아의 금관은 흥미로운 전시물 중 하나다. 섬세하게 디테일이 살아있는 모습에서 과거 마케도니아인의 뛰어난 금세공 수준이 짐작된다. 금 장식품은 고대 마케도니아의 황금기를 상징한다. 마케도니아 왕국은 알렉산더 대왕 전후로 절정기였다. 그 토대를 마련한 것은 알렉산더 대왕의 아버지인 필립포스 2세다. 거대한 금광을 발견하여 나온 수익으로 군사 개혁을 했고, 아테네와 스파르타의 군사력을 뛰어넘는 쾌거를 이뤘다. 이를 바탕으로 마케도니아 지역의 영토를 넓혀 갔다. 전시실에서는 필립포스 2세의 딸인 테살로니키의 비문과 아들인 알렉산더 대왕의 두상도 볼 수 있다.

Data 지도293p-L
가는 법 화이트 타워에서 도보 5분
주소 6 Andronikou St. Thessaloniki
운영시간 4월~10월 08:00~20:00, 11월~3월 08:30~15:30
요금 4월~10월 일반 8유로, 6~25세 4유로, 11월~3월 4유로, 비잔틴 문화 박물관·화이트 타워·로툰다 통합 티켓 15유로
전화 231-331-0201
홈페이지 www.amth.gr

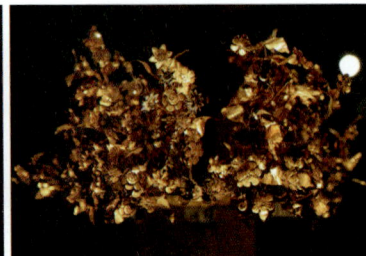

비잔틴 시대에는 무슨 일이?
비잔틴 문화 박물관 Museum of Byzantine Culture

비잔틴과 포스트 비잔틴 시대의 흔적을 한눈에 볼 수 있는 박물관이다. 아테네의 비잔틴 앤 기독교 박물관Byzantine & Christian Museum의 소장품을 이곳으로 옮겨와 1994년 개관했다. 박물관 건물은 재능 있는 그리스 건축가 키리아코스 크로코스Kyriakos Krokos에 의해 1만 1,500m²의 넓은 공간에 지어졌다. 모더니즘과 그리스 건축 유산의 요소를 결합해 지은 이 박물관은 최근 수십 년 동안 그리스에 지어진 공공 건축물 중 최고의 작품으로 손꼽힌다. 박물관은 외관뿐만 아니라 내부의 내용물도 훌륭하다. 그 우수성을 인정받아 2005 유럽 박물관 상 협의회2005 Council of Europe's Museum Prize에서 상을 수여했다. 전시실은 비잔틴 초기부터 포스트 비잔틴 시대까지 연대기별로 나누어져 있어 역사를 이해하기에 편리하다. 3,000여 점 이상의 모자이크, 아이콘, 프레스코, 도예품, 비문 등 다채로운 전시품을 감상할 수 있다. 박물관에는 주요 전시실 외에도 단기 전시실, 원형 극장, 레스토랑 등이 있다. 박물관의 레스토랑은 여행자들 사이에서 평이 꽤 좋은 곳이다. 박물관을 둘러본 후 레스토랑에서 여유롭게 식사를 하는 것도 좋다.

Data 지도 293p-L
가는 법 테살로니키 고고학 박물관 맞은편, 도보 3분 주소 2 Stratou Ave. Thessaloniki 운영시간 4월~10월 08:00~20:00, 11월~3월 08:30~15:30 요금 4월~10월 일반 8유로, 6~25세 4유로, 11월~3월 4유로, 테살로니키 고고학 박물관·화이트 타워·로툰다 통합 티켓 15유로
전화 231-330-6400
홈페이지 www.mbp.gr

| Theme |

현지인처럼 즐기는 트래디셔널 마켓

여행을 할 때 현지인들의 삶을 들여다볼 수 있는 방법 중 하나는 전통 시장을 방문하는 것이다. 흥미로운 구경도 하고 운이 좋으면 괜찮은 것을 득템할 수도 있다.

아고라 모디아노 Agora Modiano

바실레오스 이라클리우와 에르무 거리 사이에 있는 시장이다. 모디아노 건물은 1930년 건축가 엘리 모디아노Eli Modiano에 의해 세워졌다. 100년이 가까운 시간 동안 테살로니키인들의 삶을 함께 해 왔던 곳이다. 주로 신선한 고기, 생선 등을 팔았고, 사람들로 북적거렸다. 옛 영광을 뒤로하고 재정적인 이유로 한때는 방치된 상태였으나 최근에 새 주인인 패 그룹 Fais Group을 만나 2022년 세련되고 근사한 모습으로 다시 태어났다. 75개 상점이 들어섰고 각종 식재료와 생활용품을 판매한다. 세계 각국의 요리를 선보이는 레스토랑도 있다.

Data 지도 294p-F
가는 법 아리스토텔레스 스퀘어에서 도보 3분
주소 24 Ermou St. 33 Vasileos Irakleiou St. Thessaloniki
운영시간 월~금 08:00~02:00, 토 10:00~02:00, 일 11:00~02:00
전화 211-108-8972

베제스테니 Bezesteni

마켓보다는 건물 자체가 더 의미 있는 곳이다. 15세기에 세워진 건물로 전형적인 오토만 스타일을 하고 있다. 테살로니키 중심부에 남아 있는 오래된 오토만 건물 중 하나다. 베제스테니는 튀르키예어로 '원단 시장'이라는 뜻이다. 현재는 원단을 파는 몇몇 숍들만 베제스테니 안에 남아 있고 전반적으로 생기를 잃은 상태다.

Data 지도 294p-E
가는 법 아고라 모디아노에서 도보 1분

카파니 Kapani

베제스테니 맞은편에 있는 오픈 마켓이다. 마트보다 저렴한 가격에 신선한 식재료를 살 수 있다. 육류, 생선, 과일, 치즈, 올리브, 견과류, 향신료, 델리카시 등의 먹거리부터 주방용품, 기념품, 의류까지 다채로운 아이템을 판매한다. 활기찬 에너지가 감돌아 시장을 한 바퀴 천천히 둘러보는 것만으로도 충분히 흥미로운 곳이다. 한국에서는 쉽게 볼 수 없는 다양한 종류의 치즈와 올리브가 눈을 사로잡는다. 지중해 햇살을 듬뿍 받아 선명한 색감을 띠는 과일도 탐스럽다. 조금씩 구매해서 맛보는 것도 가능하다.

Data 지도 294p-F
가는 법 베제스테니 맞은편
운영시간 08:00~17:00, 일요일 휴무

비트 바자르 Bit Bazar

앤티크한 숍이 모여 있는 거리다. 다운타운 중심부에서도 조금 떨어져 있고, 여행자들에게는 잘 알려지지 않은 곳이다. 빈티지한 의류, 카펫, 사진, 책, 악기, 그릇, 가구 등을 볼 수 있다. 손때 묻은 물건을 하나씩 살펴보는 재미가 꽤 쏠쏠하다. 비트 바자르를 구경한 후에 주변에 즐비한 타베르나에 들러 치푸로나 레치나를 한잔하는 것도 좋다. 상점에 따라 일찍(15:00) 닫는 곳도 있다.

Data 지도 294p-A
가는 법 필립푸 거리와 올림푸 거리 사이에 삼각형 모양으로 위치
운영시간 08:30~20:00

용감했던 마케도니아인의 초상
마케도니아 투쟁 박물관 Museum for the Macedonian Struggle

테살로니키를 포함한 마케도니아 지방의 불가리아와 오토만에 대항하는 투쟁의 역사가 남겨진 박물관이다. 박물관 건물은 역사적으로 중요한 의미를 가지고 있다. 1894년에 세워진 이 건물은 1912년 마케도니아가 해방되기까지 독립 투쟁의 작전 본부이자 그리스 총영사관으로 쓰였다. 박물관으로 개장한 것은 1980년이다. 박물관에 들어서면 먼저 다큐멘터리를 볼 것인지 물어본다. 20분 정도 되는 다큐멘터리는 박물관을 전반적으로 이해하는 데 도움이 된다. 영어로 된 버전을 선택할 수 있다. 7개의 전시실에는 투쟁 시 사용했던 무기류와 제복 외에도 실생활에 쓰였던 물품들도 전시되어 있다. C 전시실에서는 총영사의 공간도 엿볼 수 있다.

Data 지도 295p-K
가는 법 아리스토텔레스 스퀘어에서 도보 3분
주소 23 Proxenou Koromila St. Thessaniki
운영시간 월·화·목·금 09:00~14:00, 수 09:00~20:00, 토 10:00~14:00, 일요일 휴관
요금 일반 4유로, 학생 2유로
전화 231-022-9778
홈페이지 www.imma.edu.gr

Tip | 먹고 걷고 즐기는 잇 앤 워크 Eat & Walk |

그리스 전통 음식을 이해하고 숨겨진 이야기까지 들을 수 있는 흥미로운 투어다. 투어는 영어로 진행되며 총 6가지 타입이 있다. 쇼트 워크와 트래디션에서는 테살로니키의 역사에 대한 간략한 설명과 함께 전통 시장을 방문하여 로컬 음식을 맛볼 수 있다. 트래디션 코스를 선택할 경우 시식할 수 있는 음식들이 어마어마하기 때문에 공복 상태로 갈 것! 그리스 음식을 맛보는 것만으로도 부족하다면 런 투 쿡 그릭을 고려해 보자. 런 투 쿡 그릭은 요리 연구실에서 그리스 요리를 배우는 프로그램이다. 메뉴에 들어가는 재료는 마켓에서 직접 구매하게 된다. 투어 가격은 35유로부터 시작된다. 개인적으로 여행을 할 때 경험하기 어렵고 알지 못했던 것들을 얻게 되는 것이 투어의 장점이다. 현지인의 추천 레스토랑 리스트는 남은 여행을 하는데도 참고할 수 있다.

Data 지도 295p-K
가는 법 아리스토텔레스 스퀘어에서 도보 3분
주소 53 Mitropoleos St. Thessaloniki **요금** 35유로~
전화 231-027-8027 **홈페이지** www.eatandwalk.gr

테살로니키 역사의 일부
테살로니키 유대인 박물관 Jewish Museum of Thessaloniki

테살로니키에 거주하던 유대인들의 모습을 보여 주는 박물관이다. 아이우 미나 거리에 위치한 이 박물관은 오렌지 나무에 가려져 눈에 잘 띄지 않는다. 15세기 오토만의 지배를 받았던 시절 이베리아 반도에 뿌리를 내렸던 세파르디Sephardi 유대인들이 테살로니키로 대거 유입되었는데, 1917년 대화재로 유대인들의 주 활동 지역이 큰 피해를 입었다. 이 박물관은 얼마 남지 않은 유대식 건물을 개조한 것이다. 박물관의 입장 절차는 까다롭다. 벨을 누르면 확인 후에 문을 열어 주고, 들어가기에 앞서 가방까지 검사한다. 외부인을 경계하는 삼엄한 분위기가 느껴진다. 박물관 내에는 BC 3세기부터 2차 세계대전까지의 역사적인 비문, 의복, 사진 등이 전시되어 있다. 볼거리가 풍성하지는 않은 편이다. 테살로니키의 작은 역사 하나도 놓칠 수 없다면 들러보자.

Data 지도 294p-I
가는 법 아리스토텔레스 스퀘어에서 도보 3분
주소 11 Agiou Mina St. Thessaloniki
운영시간 월·화·목·금 09:00~14:00, 수 09:00~14:00, 17:00~20:00, 일 10:00~14:00, 토요일 휴관
요금 7유로
전화 231-025-0406
홈페이지 www.jmth.gr

Tip | 짧은 시간에 둘러보기 좋은 사이트 싱 테살로니키 SightSeeing Thessaloniki I

버스를 타고 테살로니키 주요 관광지를 돌아볼 수 있는 투어다. 화이트 타워에서 출발하며 관광지를 안내해 줄 가이드가 제공된다. 지붕이 오픈된 새빨간 버스 위에서 테살로니키를 시원하게 내려다 볼 수 있다. 소요 시간은 70분 정도다. 홉온-홉오프Hop on·Hop off 티켓을 구매하면 8개 역 중 원하는 곳에서 타고 내릴 수 있다. 테살로니키 고고학 박물관, 아이아 소피아 교회, 아리스토텔레스 스퀘어 등을 지나간다. 성수기에는 배차 간격이 30분, 비수기에는 60분이다. 짧은 시간 동안 알차게 테살로니키의 핵심 코스를 둘러보기에 좋다.

Data 가는 법 화이트 타워
요금 16세 이상 16유로, 18~25세 학생·4~15세 10유로
전화 231-051-5944
홈페이지 www.thessaloniki-sightseeing.com

테살로니키 와이너리 투어 & 비치

테살로니키는 그리스 와인 산지로도 유명하다. 그중에서도 크티마 예로바실리우는 세계가 주목하는 와이너리다. 코르크를 비롯한 그리스 와인 관련 특별한 전시물을 볼 수 있는 와인 박물관과 파인 다이닝 레스토랑까지 있다. 와이너리에서 가까운 포타모스 비치까지 찾아가면 알찬 하루 일정 완성!

크티마 예로바실리우 Ktima Gerovassiliou

테살로니키 중심부에서 남동쪽으로 25km 떨어진 에파노미Epanomi에 있는 와이너리다. 와이너리는 넓게 펼쳐진 푸른 들판과 멀리 보이는 바다를 배경으로 하고 있어 매우 근사하다. 도심 속을 벗어나 휴양하는 기분이 든다. 크티마 예로바실리우는 1981년 와인 연구가 반젤리스 예로바실리우Vangelis Gerovassiliou에 의해 조성됐다. 그리스 고유의 화이트 와인 품종인 말라구시아Malagousia는 이곳에서 처음 생산됐다. 이 와이너리는 미국의 저명한 와인 잡지인 와인 앤 스피릿Wine & Spirits이 선정한 '와이너리 톱 100'에 5년 연속 들 정도로 맛을 인정받고 있다. 이 와이너리는 와인 애호가와 여행자를 위한 투어를 운영한다. 투어는 포도밭에서 시작해 와인이 생산, 포장, 보관되는 곳을 둘러본 후 와인 박물관에 들른다. 투어는 1시간 정도 걸린다. 투어 후에는 원하는 와인을 골라 테이스팅 할 수 있으며 요금이 추가된다. 테살로니키의 풍미 넘치는 와인이 어디서 왔는지 궁금하다면 하루쯤 시간을 내어 방문해 보자. 크티마 예로바실리우의 와인은 2015년부터 한국으로 와인 수출을 시작해 한국에서도 맛볼 수 있다.

Data 가는 법 테살로니키 다운타운에서 차로 1시간
주소 57 Epanomi, Thessaloniki
운영시간 월·목·금 10:00~16:00, 수 13:00~19:00, 토·일 11:00~17:00, 화요일 휴관
요금 5유로
전화 239-204-4567
홈페이지 www.gerovassiliou.gr

Tip 어떻게 갈까?

크티마 예로바실리우는 렌터카를 이용해 당일여행으로 갔다 오는 것이 편리하다. 테살로니키 중심부에서 와이너리까지는 자동차로 1시간 정도 걸린다. 대중교통을 이용하면 조금 복잡하다. 다운타운에서 02K번, 03K번 버스를 타고 이케아 역Ikea Station까지 간다. 이곳에서 69번 버스로 갈아탄 후 와이너리 근처에 내려 라디오 택시를 타고 2km 정도 간다. 다운타운에서 이케아역까지는 45분, 이케아역에서 와이너리 근처까지는 30분쯤 걸린다. 일행이 2~3명 이상이면 와이너리에서 버스 승강장까지 픽업하러 온다. 라디오 택시 전화 231-086-6866

와인 박물관 Wine Museum

와이너리 투어의 흥미로운 곳 중 하나다. 반젤리스 예로바실리우가 1976년부터 수집한 코르크, 와인병, 와인 제조 기구 등이 박물관을 채우고 있다. 와인의 역사에 대한 설명과 고대 그리스인들이 와인을 담기 위해 사용했던 항아리들도 있다. 특히 방대한 양의 다채로운 모습을 뽐내고 있는 코르크가 눈길을 끈다. 반젤리스 예로바실리우는 세계에서 손꼽히는 와인 코르크 수집가로 18세기부터 현재 사용되는 것까지 3,000여 개 가까이 보유하고 있다.

더 뮤지엄 레스토랑 The Museum Restaurant

와이너리 안에 자리 잡은 레스토랑이다. 레스토랑의 내부와 야외 테라스에서는 포도밭 전경이 한눈에 들어온다. 내부는 세련된 감각의 브라운과 레드 컬러로 꾸며졌다. 와이너리 투어 전후로 차를 한 잔 마셔도 좋고 식사를 할 수도 있다. 두 젊은 남녀 셰프의 감각은 음식으로도 그대로 전해진다. 멋진 플레이팅에 맛도 훌륭하다. 간단하게 먹을 수 있는 샌드위치나 버거뿐만 아니라 와인과 곁들이기 좋은 음식들이 있다. 추천 메뉴로는 가든 샐러드, 문어를 곁들인 파바Fava with Octupus, 게레메지 치즈를 곁들인 버섯Mushrrom with Geremezi Cheese이 있다. 가든 샐러드는 와이너리의 가든에서 직접 재배한 신선한 채소로 만들어 아삭함이 살아있다. 문어를 곁들인 파바는 문어의 쫄깃함에 파바의 부드러움이 더해져 입안의 행복감을 선사한다. 게레메지치즈를 곁들인 버섯은 와인과 호흡이 잘 맞는다. 테이스팅만으로 부족하다면 이곳에 들려 훌륭한 식사와 함께 와인을 더 즐겨 보자.

Data 가는 법 크티마 예로바실리우
주소 57 Epanomi, Thessaloniki
운영시간 월·목·금 10:00~16:00, 수 13:00~19:00, 토·일 11:00~17:00, 화요일 휴무
요금 메인 요리 10유로 안팎
전화 239-204-4567

포타모스 비치 Potamos Beach

크티마 예로바실리우 와이너리만 둘러보기 아쉽다면 근처의 포타모스 비치에 들러보자. 에파노미에서 4km쯤 떨어진 이 해변에는 부드러운 모래사장이 있고, 맑고 푸른 바다가 눈앞에 펼쳐진다. 유럽에서 깨끗하고 안전한 해변에 주는 상인 블루 플래그Blue Flag를 수상한 곳이다. 여름철에는 사람들로 붐비고 주변의 카페와 레스토랑도 활성화된다. 또 해변에서 비치 발리볼을 즐기는 사람들도 쉽게 볼 수 있다. 포타모스 비치까지는 라디오 택시를 이용한다.

Data 지도 286p
가는 법 크티마 예로바실리우에서 자동차로 10분

GREECE BY AREA 05
테살로니키

EAT

한껏 분위기를 내고 싶다면
그라다 누에보 Grada Nuevo

한껏 분위기를 내고 싶은 날 방문할 만한 파인 다이닝 레스토랑이다. 그라다 누에보는 아리스토텔레스 스퀘어에서 2블록 떨어져 있는 안드로메다 부티크 호텔Andromeda Boutique Hotel 1층에 자리 잡았다. 레스토랑의 내부는 은은한 조명에 세련되게 꾸며져 있으며, 조용한 분위기에 식사를 할 수 있다. 스트리트 뷰를 바라보고 있는 야외 테라스도 선택 가능하다. 이 레스토랑은 음료를 차갑게 하기 위한 아이스 통 하나부터 럭셔리함이 느껴진다. 주 메뉴는 지중해식 요리와 스테이크, 파스타다. 신선한 해산물로 요리한 지중해식 요리가 인기가 많은 편이다. 순무, 셀러리, 베이컨이 곁들어진 농어Sea Bass with Turnips, Celery Root and Bacon 는 적당히 구워져 부드럽게 넘어간다. 깔끔하게 딱 떨어지는 맛이다. 스타터로 나오는 바삭한 빵과 베지터블 스프도 훌륭하다. 애피타이저, 샐러드, 디저트 모두 양이 많은 편이라 2인 이상이 함께 먹기에 적당하다. 식사와 함께 음식의 풍미를 더 돋우어 주는 와인을 곁들여도 좋다. 레스토랑은 품질 좋고 다채로운 와인 셀렉션을 보유하고 있어 선택의 폭이 넓다.

Data 지도 294p-J
가는 법 아리스토텔레스 스퀘어에서 도보 3분
주소 14 Kalapothaki St. Thessaloniki
운영시간 13:00~01:00
요금 메인 요리 18유로~
전화 231-027-1074
홈페이지 www.gradanuevo.gr

머리부터 발끝까지 다 그리스
루가 Rouga

카리피 골목에 화려한 컬러로 장식된 타베르나 사이에 있다.. 이 집은 머리부터 발끝까지 모두 그리스다. 전통 타베르나의 모습을 한 레스토랑의 내부는 앤티크한 스피커와 부주키가 눈에 띈다. 이곳에서는 항상 그리스 음악이 나온다. 늦은 저녁 9시쯤 루가에 방문하면 라이브 음악을 들으며 식사할 수 있다. 월요일을 제외하고는 매일 그리스 전통 음악을 연주한다. 새벽까지 계속되는 음악에 흥이 많은 현지인들은 테이블을 옆으로 치우고 춤을 춘다. 그리스 전통 음식이 주 종목이며 여행자들에게는 무사카와 쉬림프 사가나키가 인기 있다. 사가나키는 페타 치즈에 고기나 해산물을 튀겨서 만든 그리스 음식으로, 쉬림프 사가나키는 새우와 페타치즈가 결합한 것이다. 지중해 음식도 추천할 만하다. 레몬과 올리브 오일을 곁들인 구운 문어Grilled Octopus with Lemon and Olive 야는 잘 구워진 통통한 문어에 상큼한 레몬이 곁들어져 나오는데 그 맛이 근사하다. 샐러드는 2~3인용으로 양이 많으니 혼자 방문할 경우 작게 만들어 달라고 하자. 제공되는 달콤한 디저트는 깔끔하게 식사를 마무리하기에 좋다.

Data 지도 294p-E
가는 법 베제스테니에서 도보 1분
주소 28 Karipi St. Thessaloniki
운영시간 월·화·목·일 12:30~24:00, 수 12:30~01:00, 금·토 12:30~24:30
요금 쉬림프 사가나키 13.9유로, 레몬과 올리브 오일을 곁들인 구운 문어 12.9유로
전화 231-024-1727

신선함이 가득한 지중해식 레스토랑
타 쿰파라키아 Ta Koumparakia

신선한 생선 요리를 맛볼 수 있는 지중해식 레스토랑이다. 갈레리우스 개선문에서 도보로 1분 거리에 있다. 메타모르포시 소티로스 교회 Metamorfosi Sotiros Church에 가려져 간판이 쉽게 눈에 띄지 않는다. 레스토랑의 내부는 아담한 사이즈에 아늑하다. 튀긴 대구Fried Cod, 새우 사가나키 Saganaki Shrimps with Tomato & Feta, 오징어 스튜Cuttlefish Stew 등이 인기 메뉴다. 메뉴에는 없지만 '오늘의 신선한 생선'을 주문할 수도 있다. 생선은 키친에서 직접 보고 고를 수 있고 원하는 방식으로 요리해 준다. 대부분 굽지만 종류에 따라 오븐에 익히거나 튀길 수 있다. 가격은 무게에 따라 달라진다. 참치도 추천하는 생선 중 하나다. 참치는 테살로니키 근처에서 잡히지만 그리스인들은 부드럽지 않은 식감 때문에 참치를 선호하지 않아 상대적으로 가격이 저렴하다. 잘 구워진 생선 요리에 테살로니키의 화이트 와인이나 로제 와인을 곁들이면 근사한 식사가 완성된다. 이곳에서는 주문배달 서비스도 제공한다. 레스토랑 반경 5km 안에서 주문 가능하며 가격 차이는 없다.

Data **지도** 295p-H
가는 법 갈레리우스 개선문에서 도보 1분
주소 140 Egnatia St. Thessaloniki
운영시간 수~토 12:00~22:00, 일 12:00~18:00, 월·화 휴무
요금 튀긴 대구 7.5유로, 새우 사가나키 11유로, 오징어 스튜 11유로
전화 231-027-1905

여기가 어디?
타카둠 Takadum

가족이 운영하는 독특한 레스토랑이다. 골목에 위치했지만 화려한 컬러가 멀리서도 눈에 띈다. 레스토랑은 2층과 야외 테라스가 있다. 그리스부터 튀르키예, 모로코, 태국까지 여러 나라에서 온 소품들로 꾸며졌다. 여행을 좋아하는 가족이 직접 공수해 온 것이다. 심지어 직접 장식을 만들기도 한다. 과하다 싶을 정도로 많은 장식이 레스토랑 곳곳에 걸려 있다. 메뉴를 고르는 것보다 레스토랑을 둘러보는 데 시간이 더 걸린다. 추천 메뉴인 타카둠Takadum은 이곳을 쏙 빼닮았다. 정체불명이다. 믹스드 샐러드로 유럽인들이 즐기지 않는 배추가 포함되어 있다. 과일 젤리 같은 것도 장식으로 들어간다. 그리스 샐러드 같지 않은 퓨전의 맛이다. 해산물 요리가 인기 있지만 키친에서는 육류를 더 권한다. 스테이크를 제외한 미트볼, 케밥은 낱개로 판매해서 골라 먹기 좋다. 소고기, 양고기, 돼지고기, 닭고기를 한 번에 맛볼 수 있다. 특히 양고기 미트볼Lamb Meatballs이 훌륭하다. 식사가 끝나면 달달한 디저트인 홈메이드 코르모스Kormos가 제공된다. 캐주얼한 분위기에서 캐주얼한 맛을 즐기고 싶다면 들러보자.

Data 지도 294p-I
가는 법
주소 1 Agiou Mina St. Thessaloniki
운영시간 12:00~02:00
요금 타카둠 5.5유로, 미트볼(개당) 0.6유로, 포크 스테이크 6유로
전화 231-051-2079

Tip 코르모스는 그리스의 클래식한 디저트다. 그리스어로 '나무줄기'라는 뜻으로, 케이크의 모양이 나무줄기를 닮았다고 해서 지어진 이름이다. 비스킷, 크림, 초콜릿 등을 넣어 만든다. 주로 얼려서 먹기도 하며 여름에 인기 있다.

분위기 있는 라다디카의 맛집
로디 앤 멜리 Rodi & Meli

라다디카 지역에 위치한 분위기 좋은 레스토랑이다. 가족에 의해 운영되는 곳으로 아늑한 분위기에 훌륭한 서비스를 제공한다. 그리스 전통 음식에서 지중해 음식, 파스타까지 커버한다. 모든 메뉴 골고루 사랑받고 있으며 음식의 만족도도 높은 편이다. 메인 요리는 7.5~22유로 정도다. 식사와 곁들일 와인 셀렉션이 조금 약한 것이 아쉽다.

Data 지도 294p-I 가는 법 라다디카 지역 주소 5 Aigyptou St. Thessaloniki 운영시간 월~토 13:00~24:00, 일 13:00~18:00 요금 파스타 7유로~, 구운 정어리 7.5유로, 비프 필레 20유로 전화 231-052-1952 홈페이지 rodimeli.business.site

골라 먹는 재미가 있는
투 브라스토 To Vrasto

테이크아웃 해서 먹는 샐러드 숍이다. 나바리누 스퀘어에 위치한 이곳은 항상 문전성시를 이룬다. 주문을 받으면 바로 신선한 재료로 샐러드를 만들어 준다. 꾹꾹 눌러 담아주기 때문에 그 양이 엄청나다. 메뉴는 그리스어로 표기되어 있지만 영어 메뉴판도 구비하고 있다. 테살로니카Thessalonikian, 크레탄Cretan, 산토리니, 아보카도, 투나 샐러드 등 총 20여 가지의 샐러드가 있어 골라 먹는 재미가 있다. 샐러드에 들어가는 재료들이 친절하게 설명되어 있으니 살펴본 후 취향에 맞는 것을 선택하자. 샐러드로 부족하다면 파스타를 추가해도 좋겠다.

Data 지도 295p-L 가는 법 나바리누 스퀘어 입구에서 도보 1분 주소 17 Dimitriou Gounari St. Thessaloniki 운영시간 월~금 13:30~23:00, 토·일 휴무 요금 샐러드 5유로~, 파스타 4유로~ 전화 697-880-0333

고기가 당기는 날엔
타 아델피아 Ta Adelfia

아고라 모디아노에 위치한 허름한 맛집이다. 타 아델피아는 고기 전문점으로 양고기, 소고기, 돼지고기, 닭고기를 스테이크 혹은 수블라키로 먹을 수 있다. 대부분의 고기는 무게를 재서 가격을 측정한다. 포크 수블라키는 가볍게 먹을 수 있는 추천 메뉴다. 방금 구워서 나온 돼지고기의 속살이 소고기처럼 부드럽다. 함께 나오는 얇은 피타빵은 다른 곳보다 월등히 맛있다. 메뉴에는 고기와 곁들일 수 있는 술 종류도 있다. 우조나 치푸로 외에 다른 그리스 술이 마시고 싶다면 레치나Retsina에 도전해 보자. 레치나는 그리스 전통 와인으로 화이트나 로제 와인을 베이스로 하여 송진향을 첨가한 것이다. 독특한 향 때문에 호불호가 갈리지만 시도해 볼 만하다.

Data 지도 294p-F
가는 법 아고라 모디아노 입구
주소 33 Vasileos Irakleiou St.Thessaloniki
운영시간 월~금 12:00~22:30, 토 12:00~18:00, 일요일 휴무
요금 송아지 스테이크 1kg당 35유로, 포크 수블라키 2유로~, 레치나 3.5유로
전화 231-025-0760

맛있는 폭탄
봄비디아 Bombidia

현지인들 사이에서 맛집으로 소문난 레스토랑이다. '봄비디아'는 그리스어로 '작은 폭탄'이라는 뜻. 이곳에서 파는 '고기 폭탄'인 미트볼을 연상시킨다. 주 메뉴 역시 식당 이름과 같은 봄비디아다. 봄비디아를 주문하면 얇은 종이 위에 빵과 함께 5개 수추카키아Soutzoukakia가 나온다. 수추카키아는 튀르키예에서 유래한 요리로 소고기나 돼지고기 다진 것을 굽거나 토마토소스에 넣어 만든다. 미트볼과 소시지의 중간쯤 되는 음식이다. 약간 짭조름하지만 감칠맛이 난다. 우조와 함께 메제로 먹어도 괜찮다.

Data 지도 294p-F
가는 법 아고라 모디아노 입구
주소 35-37 Vasileos Irakleiou St. Thessaloniki
운영시간 11:00~17:30, 일요일 휴무
요금 봄비디아 7유로~, 우조 2.5유로~
전화 231-028-1939

페타치즈의 모든 것
미아 페타 Mia Feta

바에서 술이 아닌 치즈를 먹는다? 페타는 그리스인의 가장 열렬한 지지를 받고 있는 치즈다. 미아 페타는 각양각색의 페타치즈를 이용한 요리를 우아하게 바에 앉아 먹을 수 있는 곳이다. 일단 시작은 초코 크림 Choco Kpema이다. 이곳에서 제공하는 웰컴 스위츠로 입을 달달하게 적신 후 메인 요리를 기다린다. 치즈를 이용한 기발함이 돋보이는 음식들이 메뉴판을 채우고 있다. 페타와 트러플을 곁들인 라비올리Ravioles , 안토티로anthotyro가 들어간 버섯 리조토Mushroom Risotto , 안토티로와 새우로 채운 수제 카넬로니Handmade Cannelloni with Fresh Shrimp 등이 있다. 이곳의 요리는 맛도 좋으면서 모양도 예쁘다. 커피와 함께 홈메이드 치즈 파이로 간단한 아침 식사도 할 수 있다. 바의 한쪽 면에는 트러플 페타Feta with Truffle를 비롯한 진귀한 종류의 치즈들이 진열되어 있다. 구경하는 재미가 있고, 구입도 가능하다. 지하에는 거대한 크기의 치즈 저장고가 있다. 미아 페타는 자체 치즈 공장을 가지고 아시아, 유럽 등지로 수출도 한다. 치즈 애호가라면 한 번쯤 들러봐야 하는 곳이다.

Data 지도 295p-L
가는 법 화이트 타워에서 도보 5분
주소 14 Pavlou Mela St. Thessaloniki
운영시간 월~토 09:00~24:00, 일요일 휴무
요금 홈메이드 파이 0.8유로~, 카푸치노 2.4유로, 리조토 11.5유로
전화 231-022-1120
홈페이지 www.miafetafetabar.gr

현지인들의 아침 식사
반디스 부가차 Bandis Bougatsa

테살로니키를 대표하는 파이 중 하나인 부가차로 유명한 맛집. 부가차는 얇은 밀가루 피들이 겹겹이 쌓여 겉은 바삭하고 속은 부드럽다. 현지인들이 아침 식사로 즐겨 먹는다. 이곳은 중심에서 조금 떨어진 작은 골목에 있지만, 테살로니키 최고의 부가차를 맛보고 싶다면 꼭 방문해 보자. 아침 시간에는 동네 주민들이 계속 줄을 잇는데, 대부분 포장 손님들이다. 이 집은 1969년부터 3대째 같은 레시피를 고수하고 있다. 겉은 밀가루와 베지터블 오일, 옥수수 오일을 반죽해 만든다. 밀가루를 여러 번 치대어 최대한 피를 얇게 만드는 것이 특징이다. 속재료에 따라 치즈, 크림, 미트, 베이컨, 치킨, 시금치, 호박 등 여러 종류의 부가차가 있다. 크림 부가차는 부드러운 맛이 일품이다. 치즈 부가차는 깊은 맛이 나며, 미트 부가차는 고기와 파이가 어우러진 식감이 좋다. 입맛에 맞는 부가차와 함께 그릭 커피 또는 프라페를 곁들이면 최고의 아침 식사가 된다. 오후 3시면 문을 닫는다. 서두르자.

Data 지도 292p-E
가는 법 파나이아스 파네로메니스와 실리스 거리 교차점에서 도보 1분
주소 33 Panagias Faneromenis St. Thessaloniki
운영시간 월~토 06:30~15:00, 일 06:30~13:00
요금 부가차 2.5유로~, 그릭 커피 1.3유로, 프라페 1.6유로
전화 231-051-0355
홈페이지 bougatsa-bantis.business.site

입안의 기쁨
플레지르 Plaisir

프랑스어로 기쁨이라는 뜻을 한 '플레지르'는 럭셔리한 디저트 카페다. 프랑스 요리의 기교와 섬세함, 그리고 고급스러움이 그리스 요리와 만났다. 매장에 가득 찬 화려한 색깔과 모양의 디저트 컬렉션은 일단 눈길을 사로 잡는다. 프로피터롤Profiterole, 밀푀유, 에클레르, 브라우니 등 다양한 디저트와 커피가 있다. 프로피터롤 클래식은 초코크림을 아낌없이 가득 채운 슈크림의 일종이다. 본래 프랑스 디저트이지만 그리스의 디저트 숍에서도 자주 볼 수 있다. 프로피터롤을 한 입 먹으면 달콤함이 입안 전체로 퍼지며 환호하게 만든다. 쌉쌀한 맛의 커피와도 잘 어울린다. 플레지르는 아리스토텔레스 스퀘어에 있는 일렉트라 호텔에 자리 잡아 찾아가기도 편리하다. 달콤함이 당기는 날 카페에 들려 입안의 호사스러움을 느껴 보자.

Data 지도 294p-J
가는 법 일렉트라 호텔
주소 9 Mitropoleos St. Thessaloniki
운영시간 07:00~24:00
요금 프로피터롤 5유로
전화 231-027-7444
홈페이지 www.plaisirbrasserie.gr

달콤함이 한가득
블레 Blé

달콤함으로 무장한 디저트 카페다. 카페는 꽤 규모가 큰 편이며 넓은 야외 테라스까지 있다. 내부 인테리어는 카페의 정체성을 확실히 말해 준다. 12m 가까이 되는 거대한 오븐이 카페 한쪽에 있고, 또 다른 벽면은 빵모양의 장식으로 꾸며졌다. 메뉴에는 판나 코타Panna Cotta, 티라미수, 과일 타르트, 추레키Tsoureki, 프로피터롤 등 국적을 불문한 디저트가 모두 모여 있다. 그리스 명절빵인 추레키는 부드러운 텍스처에 달콤한 맛이 특징이다. 디저트에 곁들일 커피도 있다. 좋은 콩을 사용하여 퀄리티 높은 커피를 제공한다는 이곳의 바리스타는 자부심이 대단하다. 달달한 디저트와 쌉쌀한 커피를 음미하며 잠시 여행에 쉼표를 찍어 보자.

Data 지도 295p-G
가는 법 아이아 소피아 교회에서 도보 1분
주소 19 Agias Sofias, Thessaloniki
운영시간 월~목 08:00~01:00, 금~일 08:00~02:00
요금 커피 1.7유로~, 타르트 5.5유로~, 추레키 14.9유로~
전화 231-022-0008
홈페이지 www.bletastegallery.com

오가며 먹을 수 있는
스트리트 푸드 Street Food

테살로니키의 번화한 거리를 걷다 보면 길거리에서 둥근 모양의 빵인 쿨루리 Koulouri를 파는 것을 자주 볼 수 있다. 쿨루리의 고향은 테살로니키로 튀르키예의 영향을 받아 탄생했다. 지금은 아테네를 비롯해 그리스 전역 어디를 가든 볼 수 있는 대중적인 빵이다. 베이글보다는 조금 더 큰 사이즈에 바삭한 식감이 특징이다. 빵 표면에 뿌려진 참깨가 담백한 맛에 고소함을 더한다. 주로 아침 시간에 볼 수 있으며 늦게는 오후까지도 판매한다. 출근하는 현지인과 바쁘게 움직이는 여행자에게 고마운 음식이다. 저렴한 가격에 손쉽게 구입하여 든든하게 먹을 수 있다.

Data 지도 295p-G 가는 법 치미스키 거리, 아리스토텔레스 스퀘어 요금 1유로 안팎

트리고나로 승부하는
트리고나 엘레니디 Trigona Elenidi

트리고나로 유명한 베이커리다. 트리고나는 테살로니키의 시그니처 디저트 중 하나로 바삭한 삼각형 모양의 페스트리에 커스터드 크림을 채운 것이다. 트리고나의 작은 사이즈인 트리고나키아Trigonakia도 있다. 트리고나 엘레니디는 1960년 요르고스 엘레니디스Giorgos Elenidis가 설립하여 트리고나 레시피를 고안했고, 한결같이 그 맛을 유지해 왔다. 바클라바Baklava, 프로피테롤, 카타이피Kataifi 등 다른 디저트도 판매한다. 대부분 무게 단위로 가격이 책정된다. 붉은색 간판에 그리스어인 'Γ. Ελενίδη'로 쓰여 있어 자칫 지나치기 쉽다.

Data 지도 295p-L 가는 법 나바리누 스퀘어에서 도보 3분 주소 13 Dimitriou Gounari St. Thessaloniki 운영시간 09:00~22:00 요금 트리고나 3유로 전화 231-025-7510 홈페이지 elenidis.gr

나는 맛있어요!
투데이스 딜리셔스 스토어스 Today's Delicious Stores

테살로니키 어디를 가든 가장 많이 볼 수 있는 프랜차이즈 카페다. 가격이 저렴하고 24시간 오픈해서 대중적인 사랑을 받고 있다. 그릭 커피, 프라페, 에스프레소 등 각종 커피를 판매한다. 쿨루리, 부가차, 핫도그, 샌드위치, 버거 등 빵 종류도 다양하다. 쿨루리는 추천 메뉴로 담백한 오리지널부터 토마토, 올리브, 햄, 치즈, 칠면조 등이 들어간 쿨루리까지 선택의 폭이 넓다. 매장마다 메뉴는 조금씩 다르다. 간단하게 식사하기에 딱 좋다. 프라페와 쿨루리를 먹어도 2~4유로로 식사가 해결된다. 맛도 만족스럽다.

Data 지도 295p-G 가는 법 아이아 소피아 교회에서 도보 3분 주소 52 Agias Sofias St. Thessaloniki 운영시간 24시간 요금 프라페 1.4유로~, 쿨루리 0.8유로~ 전화 231-026-0900 홈페이지 todays.gr

그리스에서 느끼는 이탈리아의 맛
프레기오 Fregio

이탈리아 아이스크림인 젤라토Gelato를 파는 곳으로 아리스토텔레스 스퀘어 근처에 있다. 프레기오는 이탈리아어로 '장식'이라는 뜻. 2층 건물과 야외 테라스로 이루어진 이곳은 항상 사람들로 붐빈다. 달콤한 아이스크림은 남녀노소를 막론하고 인기다. 젤라토는 컵보다는 콘에 먹기를 추천한다. 아낌없이 세 스쿱의 젤라토를 퍼 준다. 세 종류 아이스크림을 한 번에 맛볼 수 있다. 콘에서 느껴지는 바삭함과 부드럽게 녹아드는 젤라토의 만남이 훌륭하다. 예쁘게 장식된 베이커리도 있다. 젤라토를 큼지막하게 얹어서 나오는 와플은 인기 메뉴 중 하나다.

Data 지도 294p-J 가는 법 아리스토텔레스 스퀘어 맞은편 주소 3 Aristotelous, Thessaloniki 운영시간 08:00~02:00 요금 젤라토 컵 2.4유로~, 콘 2.3유로~, 와플 5.5유로~ 전화 231-026-3302 홈페이지 www.fregio.gr

어린아이의 눈도 시로잡는
요고 Yogo

아리스토텔레스 스퀘어에서 미트로폴레오스 거리로 들어서면 마주하게 되는 아이스크림 집이다. 앙증맞은 캔디 컬러의 아이스크림 모형이 지나가는 아이의 눈을 사로잡는다. 이 집은 프로즌 요거트에 토핑을 고를 수 있는데, 무게로 판매하기 때문에 양 조절을 잘 해야 한다. 요거트는 100g에 1.9유로로 비싸지는 않다. 하지만 무심코 토핑을 담다 보면 어마어마한 가격이 나올 수 있다. 내부에는 앉을 곳이 없다. 야외에 있는 테이블은 차들이 바로 옆으로 지나가기 때문에 비추다. 테이크아웃해서 아리스토텔레스 스퀘어로 자리를 옮겨 보자. 지나가는 사람들을 구경하며 달콤한 시간을 만끽할 수 있다.

Data 지도 294p-J
가는 법 아리스토텔레스 스퀘어에서 도보 1분
주소 28 Mitropoleos St. Thessaloniki
운영시간 월~금 09:00~02:00, 토 10:00~02:00, 일 16:00~01:00
요금 프로즌 요거트 100g 1.9유로
전화 231-027-1271
홈페이지 yogo.business.site

신선한 주스가 마시고 싶다면
블렌드 에어 주스 앤 커피 BLEND air Juice & Coffee

커피보다는 주스가 돋보이는 카페다. 신선한 과일을 바로 갈아서 만들어 준다. 원하는 과일을 2~3개 섞는 것도 가능하다. 과일은 딸기, 오렌지, 키위, 바나나, 파인애플 등 다양하게 준비되어 있다. 테이블은 야외 테라스에만 몇 개 있다. 갈레리우스 궁전을 코앞에서 바라보며 마실 수 있다. 테이크아웃 할 경우 가격은 더 저렴하다.

Data 지도 295p-H
가는 법 갈레리우스 궁전 맞은편
주소 18 Plateia Navarinou St. Thessaloniki
운영시간 09:00~22:00
요금 주스 3~4유로
전화 231-022-2960

테살로니키의 야경이 궁금하다면
카페 카스트라 Cafe Castra

테살로니키가 내려다보이는 명당에 위치한 카페다. 카페의 한쪽에서는 비잔틴 성벽이, 다른 한쪽에서는 항구 전경이 보인다. 특히, 야경이 근사하다. 어두운 카페 내부가 테살로니키 야경을 더 빛나게 한다. 날씨가 춥지 않다면 테라스 오른쪽 코너에 있는 테이블에 앉기를 추천한다. 양쪽으로 비잔틴 성벽과 항구 전경을 동시에 즐길 수 있다. 훌륭한 전망을 제공하지만 가격이 특별히 비싸지는 않다. 메뉴에는 커피, 차, 와인, 칵테일 등이 있다. 상큼한 레모네이드로 여행의 피로를 날려 버리는 것도 괜찮다. 트리고니우 타워 근처에 바로 위치해 아노 폴리의 선셋을 감상한 후 들르기 좋다.

Data 지도 293p-C
가는 법 트리고니우 타워에서 도보 1분
주소 122 Eptapyrgiou St. Thessaloniki
운영시간 10:00~01:00
요금 커피 4유로~, 칵테일 10유로
전화 231-020-7277

생생한 음악을 눈앞에서
미노이 Minoui

갈레리우스 개선문 맞은편에 있는 라이브 클럽이다. 술이나 음료를 마시며 라이브 음악을 즐길 수 있다. 그리스 음악부터 팝, 락, 메탈, 포크까지 다채로운 연주가 펼쳐진다. 관객들은 흥이 나면 음악에 맞춰 춤을 추기도 한다. 공연 시간과 입장료는 공연에 따라서 달라진다.

Data 지도 295p-D
가는 법 갈레리우스 개선문에서 도보 1분
주소 119 Egnatia St. Thessaloniki
운영시간 금·토 23:00~05:00
요금 공연에 따라 달라짐
전화 231-020-6078

배 위에서 한잔?
아라벨라 Arabella

화이트 타워 뒤쪽에 정박해 있는 크루즈 바 중 하나다. 크루즈 바는 배를 타고 가면서 음료나 술을 마실 수 있는 곳. 크루즈 바라는 특성 때문에 날씨가 좋을 때만 운행한다. 입장료 5유로를 지불하거나 음료를 주문해야 한다. 음료는 커피, 맥주, 와인 등이 있다. 마르가리타, 마티니, 모히토 등 칵테일도 판매한다. 보트는 1시간 30분마다 출발된다. 운행 시간은 30분이지만 그전에 탑승하여 보트 위에서 즐길 수 있다. 보트에 들어서면 신나는 록 음악이 마음을 들뜨게 한다. 화이트 타워에서 출발하여 항구를 따라 한 바퀴 돈다. 메인 포트까지 가서 아리스토텔레스 스퀘어를 지나 돌아온다. 짧은 크루즈 여행을 하는 기분이다. 로맨틱한 분위기를 원한다면 낮보다는 밤을 추천한다. 화려한 야경은 아니지만 은은하게 빛나는 테살로니키를 볼 수 있다.

Data 지도 293p-L
가는 법 화이트 타워 뒤편
운영시간 10:30~22:00, 동절기 휴무
요금 커피 7.5유로~, 맥주 8유로~, 와인 8.5유로, 칵테일 12유로~
전화 694-152-7747
홈페이지 arabellaship.gr

우조가 꿀떡 꿀떡 넘어가는
우제리 루트로스 Ouzeri Loutros

비트 바자르 근처에 위치한 우제리다. 우제리는 그리스 타베르나의 일종으로 우조에 메제와 핑거 푸드를 곁들일 수 있는 곳이다. 이곳의 담백하고 소박한 메제는 우조를 꿀떡꿀떡 넘어가게 한다. 노란 완두콩으로 만든 퓨레인 파바는 부드럽게 입안에 스며들어 빵과 함께 먹기 훌륭하다. 신선한 생선 요리도 맛볼 수 있다.

Data 지도 294p-A 가는 법 비트 바자르에서 도보 1분 주소 55 Eleftheriou Venizelou St. Thessaloniki
운영시간 11:00~01:00 요금 우조 6유로~, 해산물 요리 7유로~ 전화 231-022-8895

럭셔리한 호텔의 정석
일렉트라 팰리스 호텔 Electra Palace Hotel

아리스토텔레스 스퀘어에 우아한 자태를 뽐내며 서 있는 5성급 호텔이다. 그리스의 고품격 호텔 그룹인 일렉트라 호텔 앤 리조트Electra Hotels & Resorts가 테살로니키에 선보인 곳이다. 1972년 지어진 호텔 건물은 비잔틴 건축 양식의 영향을 받았다. 이 아름다운 호텔은 아리스토텔레스 스퀘어의 전경에도 근사함을 더한다. 객실은 130개의 일반 객실과 8개의 스위트룸을 보유했다. 모든 객실은 네오 클래식 스타일에 고급스러운 패브릭과 가구를 갖췄다. 프리미엄룸, 스위트룸에서는 멋진 전경도 볼 수 있다. 바, 루프 가든, 수영장, 자쿠지, 사우나, 컨퍼런스룸 등의 다양한 부대시설이 있어 럭셔리한 호텔의 정석을 보여 준다. 아메리칸 스타일의 아침 식사가 제공되는 루프 가든에서는 아리스토텔레스 스퀘어가 내려다보인다. 멀리는 테르마이코스만에 아노 폴리의 전경까지 눈에 들어온다. 자쿠지는 모자이크로 장식되었고, 사우나는 고대 목욕탕의 모습을 재현했다. 호텔의 외관뿐만 아니라 내부의 세심한 곳까지 고대 양식을 따랐다. 컨퍼런스룸에서는 테살로니키의 큰 축제 중 하나인 '테살로니키 푸드 페스티벌'을 비롯한 소셜, 비즈니스 이벤트가 열린다.

Data 지도 294p-J
가는 법 아리스토텔레스 스퀘어 맞은편
주소 9 Aristotelous St. Thessaloniki
요금 더블룸 198유로~, 스위트룸 342유로~
전화 231-029-4000
홈페이지 www.electrahotels.gr

클래식하고 스타일리시한
더 엑셀시어 The Excelsior

클래식하고 스타일리시한 부티크 호텔이다. 1924년에 지어진 건물을 5성급 호텔로 근사하게 개조했다. 호텔 내부에 들어서면 따뜻한 조명이 우아하게 빛난다. 고전적인 양식으로 디자인된 대리석 계단부터 모던한 엘리베이터까지 호텔 구석구석에 심혈을 기울인 흔적이 보인다. 객실은 더블룸과 스위트룸 타입이 있다. 밝은 베이지 톤의 객실은 환하고 편안한 분위기를 연출한다. 선별된 디자이너 가구들이 객실 내부를 채우고 있다. 네오클래식 양식으로 꾸며진 창과 발코니에서는 멋진 전망이 보인다. 레스토랑, 라운지, 컨퍼런스룸 등 부대시설이 있다. 호텔 건너편에 위치한 시티 호텔과는 같은 계열로 그곳의 짐과 스파도 무료로 이용 가능하다. 아메리칸 스타일과 지중해식으로 제공하는 뷔페는 퀄리티가 놀랍다. 더 엑셀시어는 아리스토텔레스 스퀘어에서 도보로 1분 거리에 있어 위치도 만족스럽다. 호텔 주변에는 카페, 레스토랑, 숍이 즐비해 편리하게 이용할 수 있다. 주요 유적지와 박물관도 가깝다.

Data 지도 294p-J
가는 법 아리스토텔레스 스퀘어에서 도보 1분
주소 10 Komninon St. & 23 Mitropoleos St. Thessaloniki
요금 더블룸 164유로~, 스위트룸 325유로~
전화 231-002-1020
홈페이지 www.excelsiorhotel.gr

자연이 느껴지는
시티 호텔 City Hotel

더 엑셀시어와 같은 계열사의 호텔로 좀 더 경제적인 버전이다. 4성급 호텔로 스탠다드룸, 슈페리어룸, 주니어 스위트룸, 그린 스위트룸이 있다. 시티 호텔은 자연 친화적인 분위기를 추구하며 그런 노력이 객실에서도 여실히 보인다. 자연을 느끼게 해 주는 디자인과 소품들이 객실을 장식하고 있다. 평화롭고 평온한 분위기다. 회의실을 보유해 미팅, 세미나 등 사업차 방문하기에도 적합하다. 그 외 부대시설로는 스파, 짐, 바가 있다. 스파와 짐은 무료로 사용 가능하고 추가 비용을 지불할 경우 네일과 마사지도 받을 수 있다. 1층에 있는 바에서 아침 식사가 뷔페로 제공되고 이후에는 차나 와인을 마시는 공간으로 사용된다.

Data 지도 294p-J
가는 법 더 엑셀시어 맞은편
주소 11 Komninon St. Thessaloniki
요금 더블룸 114유로~, 스위트룸 164유로~
전화 231-026-9421
홈페이지 www.cityhotel.gr

가족 여행에 적합한
르 팰리스 아트 호텔 Le Palace Art Hotel

다운타운의 중심 거리 치미스키에 위치했다. 1929년에 지어진 네오클래식 빌딩으로 리노베이션을 통해 전통과 모던함이 적절히 혼합된 호텔로 거듭났다. 싱글룸에서 패밀리룸까지 다양한 타입의 객실을 보유했고 가족 친화적인 성격을 띤다. 어린아이를 위한 작은 침대, 장난감 등이 준비되어 있다. 이 호텔은 편하게 숙면을 취하는 것을 중요한 가치로 여긴다. 천연 재료로 매트리스를 만드는 회사인 코코-매트Coco-Mat와 제휴하여 퀄리티 높은 침대와 저자극의 6가지 종류의 베개를 제공한다. 아침 식사로는 그리스 전통 음식을 뷔페로 맛볼 수 있다. 아리스토텔레스 스퀘어에서도 도보 3분 거리로 가깝고, 호텔 주위에 숍들이 많아 쇼핑하기도 좋다.

Data 지도 294p-I
가는 법 아리스토텔레스 스퀘어에서 도보 3분
주소 12 Tsimiski St. Thessaloniki
요금 싱글룸 65유로~, 더블룸 72유로~, 이그제큐티브룸 83유로~, 패밀리룸 83유로~
전화 231-025-7400
홈페이지 www.lepalace.gr

합리적인 가격의
플라자 호텔 Hotel Plaza

합리적인 가격에 적당히 괜찮은 호텔이다. 필리안 호텔 앤 리조트 그룹 Philian Hotels & Resorts Group에 속한 호텔로 메인 포트에서 가까운 라다디카에 자리 잡았다. 비즈니스호텔 분위기가 물씬 풍기는 이곳은 실제로도 사업차 들리는 그리스인들이 손님의 대부분이다. 객실은 평균적인 컨디션을 갖췄고 시티 뷰가 보인다. 일부의 스위트룸은 하버 뷰를 선사한다. 아침 식사로 푸짐한 뷔페가 제공되며 메뉴는 날마다 달라진다. 호텔은 젊은 스태프들로 이뤄졌고 매우 친절하다. 호텔 주변에는 펍과 레스토랑이 즐비하여 약간의 소음이 들릴 수 있다.

Data 지도 294p-I
가는 법 메인 포트에서 도보 3분
주소 5 Paggeou St. Thessaloniki
요금 더블룸 86유로~, 스위트룸 128유로~
전화 231-052-0120
홈페이지 www.hotelplaza.gr

역사와 품격이 있는
더 브리스톨 호텔 The Bristol Hotel

라다디카 지역에 위치한 역사 깊은 5성급 호텔이다. 호텔 건물은 1860년에 지어져 우체국으로 사용됐던 곳이다. 1917년 대화재로 테살로니키의 많은 건물들이 훼손됐지만 이곳은 기적적으로 살아남아 현재에도 19세기 고유의 건축 양식을 유지하고 있다. 호텔은 16개의 일반 객실과 4개의 스위트룸을 갖췄다. 객실은 넉넉한 크기에 우아하게 꾸며졌다. 나무 바닥에 앤티크한 원목 가구와 페르시안 카펫이 자리 잡아 집 같은 아늑함을 더한다. 아침 식사는 호텔 로비에서 제공된다. 로비에서 라다디카를 바라보며 여유로운 아침을 맞이할 수 있다.

Data 지도 294p-I
가는 법 라다디카 지역
주소 2 Oplopiou & Katouni St. Thessaloniki
요금 더블룸 121유로~,
패밀리룸 191유로~,
스위트룸 154유로~
전화 231-050-6500
홈페이지 www.bristol.gr

다양한 컬러가 돋보이는
컬러스 라다디카 센트럴 Colos Ladadika Central

컬러스 룸스 앤 아파트먼츠의 라다디카 지점으로 2013년 지어졌다. 4개의 객실이 있으며, 이곳의 이름처럼 객실마다 다양한 컬러로 모던하게 디자인 됐다. 아침 식사는 원하는 시간에 룸서비스로 제공돼 절대 놓칠 일이 없다. 좋은 위치에 청결도나 친절도 모두 가격 대비 훌륭하다.

Data 지도 294p-I
가는 법 라다디카 지역
주소 1 Oplopiou St. Thessaloniki
요금 더블룸 73유로~
전화 231-600-7676
홈페이지 colorscentral.gr

여행하기 최상의 위치
렌트 룸스 테살로니키 Rent Rooms Thessaloniki

카마라 지역에 있는 숙소다. 도미토리부터 아파트먼트까지 다양한 타입의 객실이 있다. 객실은 전반적으로 깨끗하고 심플하다. 일부 객실의 발코니에서는 로툰다의 경관이 보인다. 무료로 제공되는 아침 식사는 6가지 중에 고를 수 있으며 채식주의자를 위한 식단도 준비되어 있다. 양이 푸짐하지는 않은 편이다. 아노 폴리와 아리스토텔레스 스퀘어 모두 도보로 여행하기 좋다.

Data 지도 295p-D
가는 법 로툰다에서 도보 1분
주소 9 Melenikou St. Thessaloniki
요금 도미토리 19.5유로, 싱글룸 49.5유로, 더블룸 60유로, 트리플룸 74.5유로, 쿼드러플룸 83유로
전화 231-020-4080
홈페이지 www.rentrooms-thessaloniki.com

떠나고 싶지 않은
스튜디오스 아라바스 Studios Arabas

아노 폴리에 위치한 유쾌한 유스호스텔이다. 다운타운에서는 조금 떨어져 있고 찾기도 쉽지 않다. 그러나 일단 이곳에 도착하면 떠나고 싶지 않게 만드는 매력이 있다. 때로는 집같이 편안하게, 때로는 펍 같이 신나게 느껴진다. 객실은 5인실 도미토리, 더블룸, 트리플룸, 쿼드러플룸이 있고, 기본적인 컨디션을 갖췄다. 스튜디오스 아라바스의 가장 흥미로운 공간은 리셉션 겸 바다.

Data 지도 292p-F
가는 법 기차역에서 도보 15분
주소 28 Sachtouri St. Thessaloniki
요금 도미토리 15유로~, 더블룸 45유로~, 트리플룸 50유로~, 쿼드러플룸 65유로~
전화 694-446-6897
홈페이지 arabas.gr

세계 각국에서 가져온 소품들로 꾸며진 캐주얼한 이 공간은 다른 여행자와 소통할 수 있는 곳이다. 신나는 음악에 매료되신 스태프가 따라주는 맥주를 마시며 즐길 수 있다. 호스텔 입구에 있는 가든은 휴식을 취하기에 좋다.

착한 가격에 버스 터미널, 기차역과도 가까운
테스 룸스 Thess Rooms

모나스티리우 버스 터미널과 테살로니키 기차역 근처에 있는 숙소다. 주변에는 튀르키예, 불가리아, 알바니아 등으로 향하는 여행사도 즐비하다. 다른 도시, 혹은 나라로의 이동을 계획하는 사람에게 추천한다. 매우 저렴한 가격에 숙소도 청결한 편이다. 세 명의 여자 스태프도 친절하다. 테살로니키 교환 학생을 대상으로 한 장기 렌트와 여행자를 대상으로 한 단기 렌트가 동시에 이루어

Data 지도 292p-E
가는 법 기차역에서 도보 3분
주소 12 Agion Panton St. Thessaloniki
요금 아파트먼트 47유로~
전화 231-055-4120
홈페이지 thessrooms.gr

진다. 라운지에서는 항상 커피와 차가 준비되어 있어 편하게 대화하며 쉴 수 있다. 스태프들에게 현지 정보를 생생하게 들을 수 있고, 오래 머물렀던 타지인의 시선에서 정보를 얻기도 좋다. 근처에는 24시간 운영하는 레스토랑, 마트들이 있다. 한 마디로 젊고 쾌활한 분위기의 숙소이다.

Greece By Area

06

크레타
CRETE KPHTH

그리스에서 가장 큰 섬이자 지중해에서는 다섯 번째로 큰 섬이다. 동서로 길게 뻗어 있는 모습의 크레타는 고대 그리스 문명의 뿌리를 품은 곳이다. 서양 문명의 근간인 미노아 문명이 이 섬에서 시작되었고, 신들의 아버지 제우스 또한 이 땅에서 탄생했다. 영광스러웠던 미노아 문명이 지문 뒤 크레타는 오랫동안 주변국의 지배를 받으며 수난의 역사를 겪는다. 크레타는 5,000년이 넘는 시간 동안 서양과 동양의 물결이 맞물리는 지중해의 거친 파도를 견뎌냈다. 전설보다 오래된 역사, 신이 내린 자연, 크레타만의 독특한 문화와 아름다운 사람들까지. 세상에서 완벽한 섬이 존재한다면, 그곳은 바로 크레타일지도 모른다.

그리스 홀리데이
MAP BOOK

아테네 지하철 노선도/아테네 전도/아크로폴리스 • 플라카 • 모나스티라키 상세 지도 1/
아크로폴리스 • 플라카 • 모나스Tl라키 상세 지도 2/오모니아 • 케라미코스/아테네 근교/
코린토스/이드라 타운/나플리오/델피 타운/메테오라/칼람바카/테살로니키 전도/
테살로니키 타운 상세도/하니아/헤라클리온/산토리니/피라/이아/미코노스/
미코노스 디운

꿈의지도

최고의 휴가를 꿈꾸는 여행자들을 위한

홀리데이
시리즈

발리
홍콩 · 마카오
방콕
샌프란시스코
뉴욕
오사카
바르셀로나
타이완
말레이시아
이스탄불
홋카이도
괌
싱가포르
후쿠오카 · 사가 · 나가사키
라스베이거스
오키나와

프라하
캐나다 로키
칸쿤
파리
그리스
보라카이 · 세부 · 보홀
포르투갈
하와이
오스트리아
런던
앙코르와트
쿠바
다낭
베를린
남프랑스
크로아티아

라오스
뮌헨
호치민
모로코
로마
아일랜드
부다페스트
모리셔스
페루
도호쿠
슬로베니아
스코틀랜드
조지아
치앙마이

홈페이지 blog.naver.com/mountainfire
페이스북 dreammap0402
인스타그램 @dream__map

GREECE MAP BOOK
CONTENTS

아테네 지하철 노선도	02	메테오라	15
아테네 전도	04	칼람바카	16
아크로폴리스 · 플라카 ·		테살로니키 타운	18
모나스티라키 상세 지도 1	06	테살로니키 타운 부분 확대 지도	20
아크로폴리스 · 플라카 ·		하니아 타운	22
모나스티라키 상세 지도 2	08	헤라클리온(이라클리온) 타운	24
오모니아 · 케라미코스	09	산토리니	26
아테네 근교	10	피라	27
코린토스	10	이아	28
이드라 타운	11	미코노스	29
나플리오	12	미코노스 타운	30
델피 타운	14		

GREECE MAP BOOK

ATTIKO METRO OPERATION COMPANY S.A.

아테네 지하철 노선도

SUBURBAN RAILWAY

- 1 Kifissia
- KAT
- Maroussi
- Neratziotissa
- Kifisias
- Pentelis
- Doukissis Plakentias
- Halandri
- Aghia Paraskevi
- Nomismatokopio
- Holargos
- Ethniki Amyna
- Katehaki
- Panormou
- Ambelokipi
- Megara Moussikis
- Pallini
- Paiania - Kantza
- Koropi
- Airport 아테네 국제공항

- Iraklio
- Irini
- Nea Ionia
- Pefkakia
- Perissos
- Ano Patissia
- Aghios Eleftherios
- Kato Patissia
- Aghios Nikolaos
- Attiki
- Victoria
- Omonia 오모니아
- Panepistimio 파네피스티미오
- Syntagma 신타그마
- Akropoli 아크로폴리
- Sygrou - Fix
- Neos Kosmos
- Aghios Ioannis
- Dafni
- Aghios Dimitrios • Alexandros Panagoulis

- 2 Aghios Antonios
- Sepolia
- Larissa Station
- Metaxourghio

- 3 Egaleo
- Eleonas
- 케라미코스 Keramelkos
- 모나스티라키 Monastiraki
- 티세이오 Thissio
- Petralona
- Tavros
- Kallithea
- Moschato
- Piraeus
- Faliro

- Evangelismos

Legend:
- 1 ISAP LINE 1
- 2 METRO LINE 2
- 3 METRO LINE 3
- SUBURBAN RAILWAY
- NATIONAL RAILWAY STATION
- P PARKING

출처: 주그리스 대한민국 대사관

아테네 시내 교통

아테네의 대중교통은 지하철, 트램, 통근열차, 버스, 택시를 이용할 수 있다. 아테네의 지하철은 계속 발굴되는 유적들로 노선이 많지 않지만 원활하게 잘 운행되고 있다. 지하철은 3개의 노선을 2개 회사가 운영하고 있지만, 요금과 승차권은 같이 사용할 수 있다.

1. 지하철(metro)
아테네 지하철 노선은 아래와 같다. 현재 4호선(주황색)은 공사 중으로, 페트루폴리에서 에트니키 오도스까지 이어지며 2026년에 개통 예정이다.

- 1호선(초록색) : Piraeus – Kifissia
- 2호선(빨간색) : Elliniko – Anthoupoli
- 3호선(파란색) : Ag.Marina – Doukisis Plakentias – Airport

※ 공항행 지하철은 30분에 한 번씩 운행하며, 별도의 티켓을 구매해야 한다.
○ 운행시간 : 05:30~24:00(금·토 : 05:30~02:00)

2. 지상 경전철(TRAM)
- 1호선 : Syntagma – Voula
- 2호선 : Syntagma – S.E.F(Stadium of Peace & Frendship)
- 3호선 : S.E.F – Voula

3. 버스
전동차(Trollei)와 일반버스 두 종류

4. 택시
택시는 합승이 보편화되어 있고, 요금은 시간, 거리 병산제, 심야할증이 부과된다.

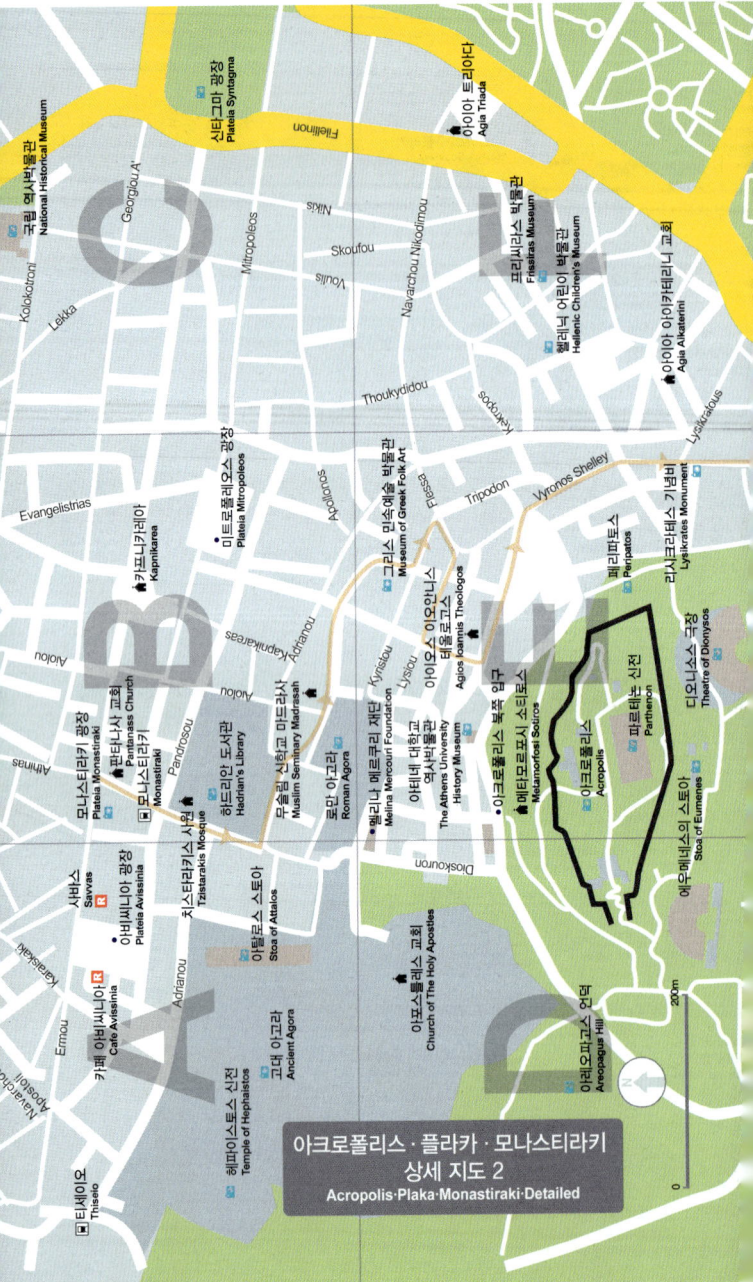

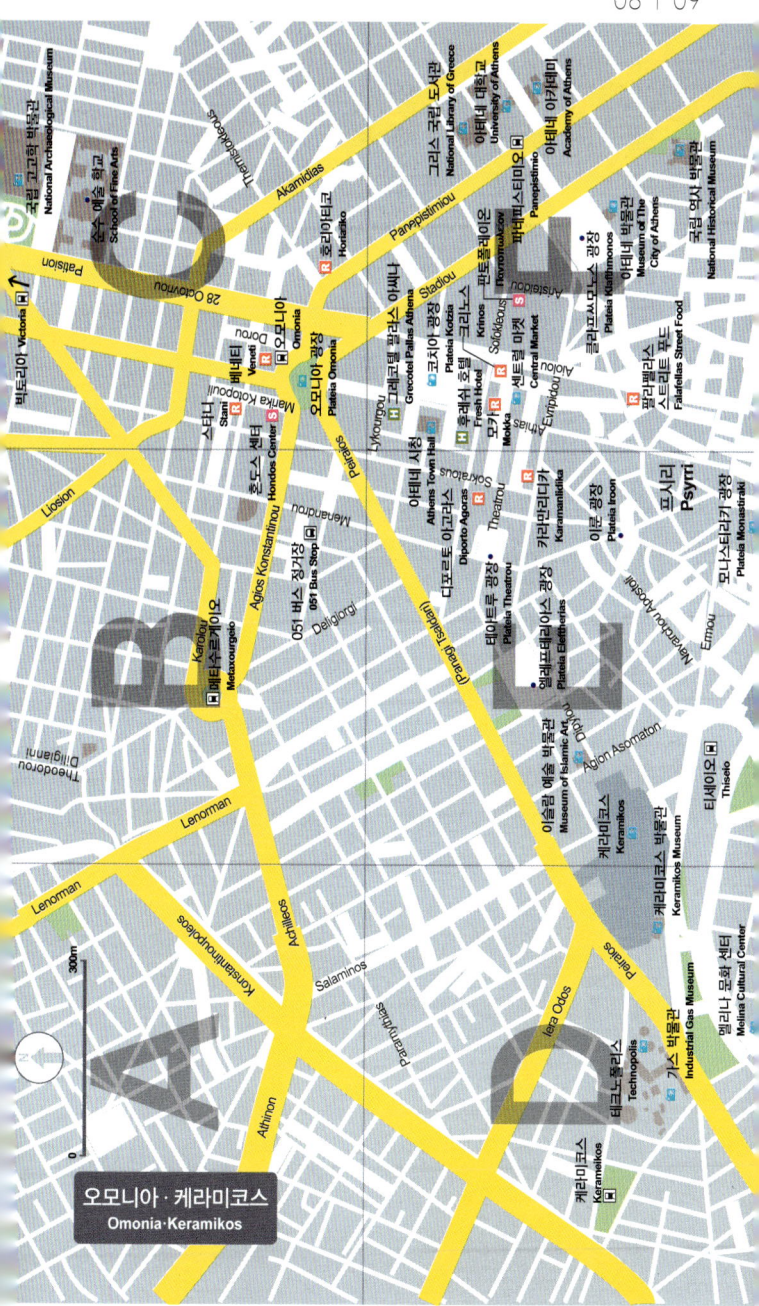

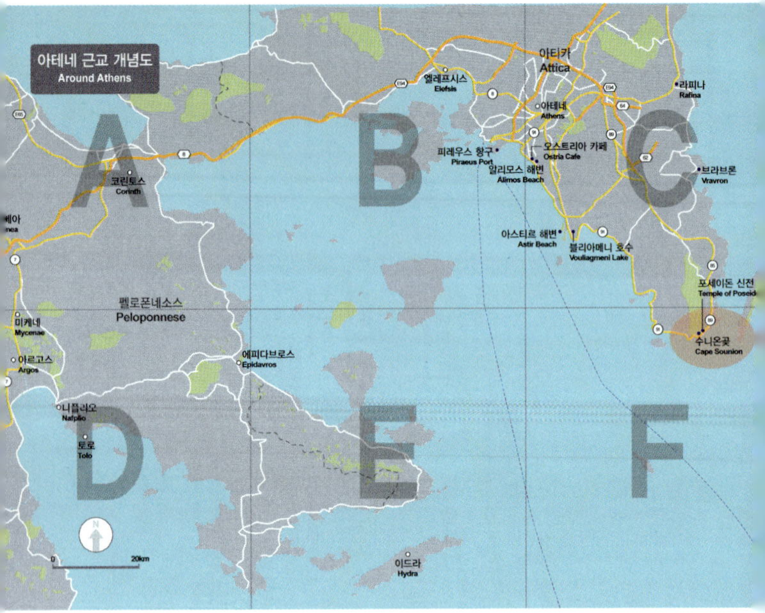

GREECE MAP BOOK

아테네 근교 개념도
Around Athens

- 엘레프시스 Elefsis
- 아티카 Attica
- 아테네 Athens
- 라피나 Rafina
- 피레우스 항구 Piraeus Port
- 오스트리아 카페 Ostria Cafe
- 알리모스 해변 Alimos Beach
- 브라브론 Vravron
- 코린토스 Corinth
- 아스티르 해변 Astir Beach
- 블리아그메니 호수 Vouliagmeni Lake
- 펠로폰네소스 Peloponnese
- 포세이돈 신전 Temple of Poseidon
- 미케네 Mycenae
- 에피다브로스 Epidavros
- 수니온곶 Cape Sounion
- 아르고스 Argos
- 나플리오 Nafplio
- 토로 Tolo
- 이드라 Hydra

A | B | C
D | E | F

0 20km

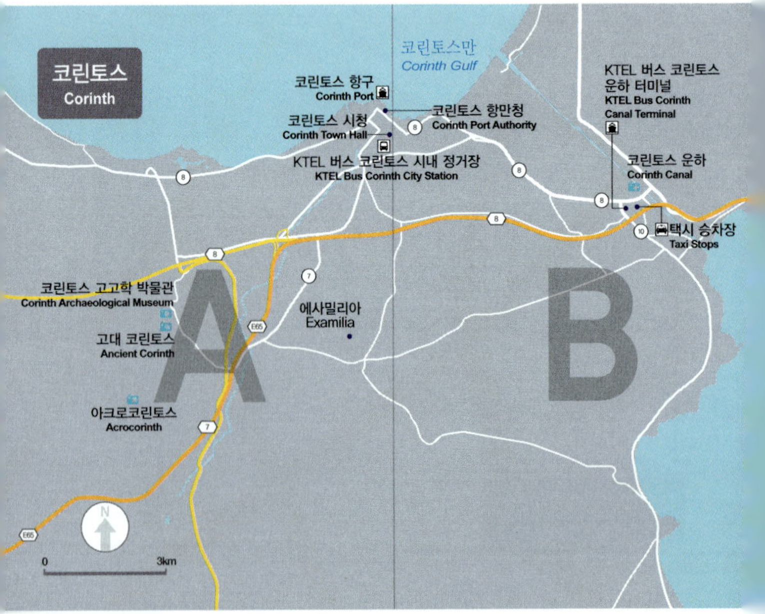

코린토스
Corinth

- 코린토스만 Corinth Gulf
- 코린토스 항구 Corinth Port
- KTEL 버스 코린토스 운하 터미널 KTEL Bus Corinth Canal Terminal
- 코린토스 시청 Corinth Town Hall
- 코린토스 항만청 Corinth Port Authority
- KTEL 버스 코린토스 시내 정거장 KTEL Bus Corinth City Station
- 코린토스 운하 Corinth Canal
- 택시 승차장 Taxi Stops
- 코린토스 고고학 박물관 Corinth Archaeological Museum
- 에사밀리아 Examilia
- 고대 코린토스 Ancient Corinth
- 아크로코린토스 Acrocorinth

A | B

0 3km

GREECE MAP BOOK

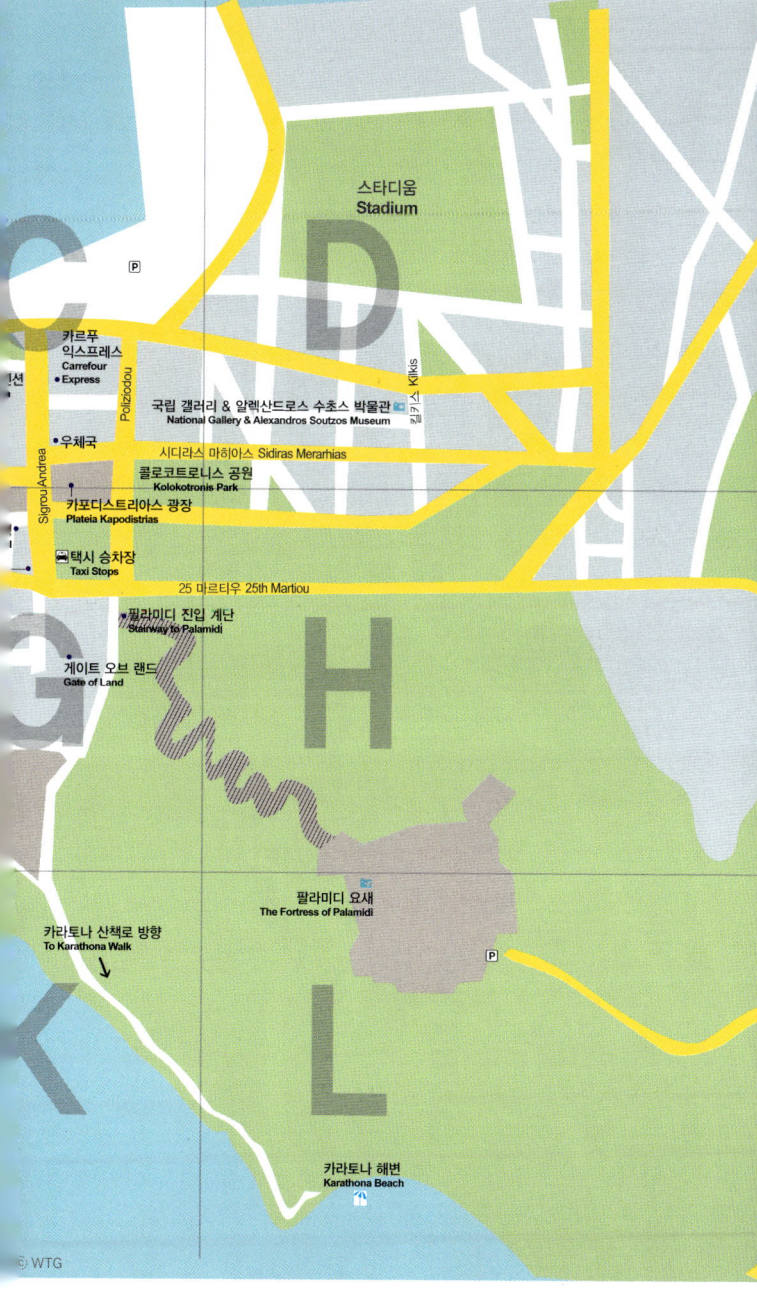

GREECE MAP BOOK

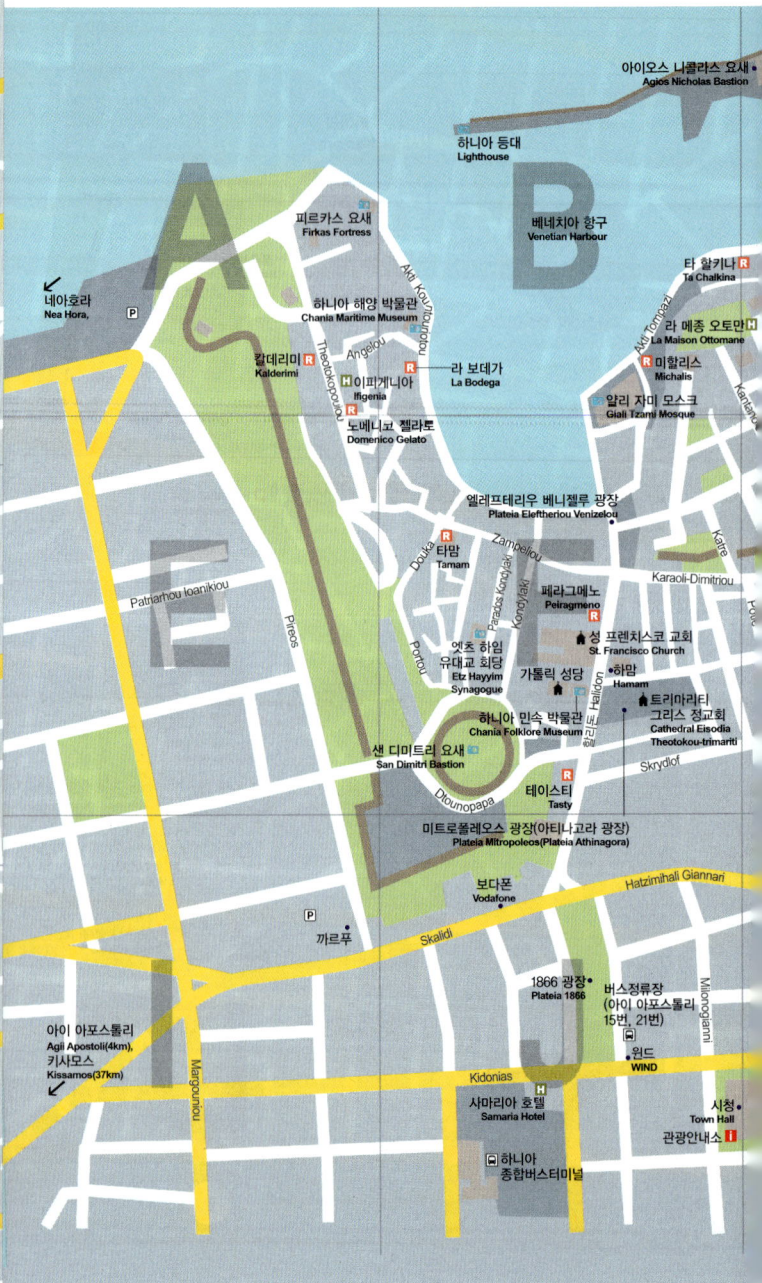

GREECE MAP BOOK

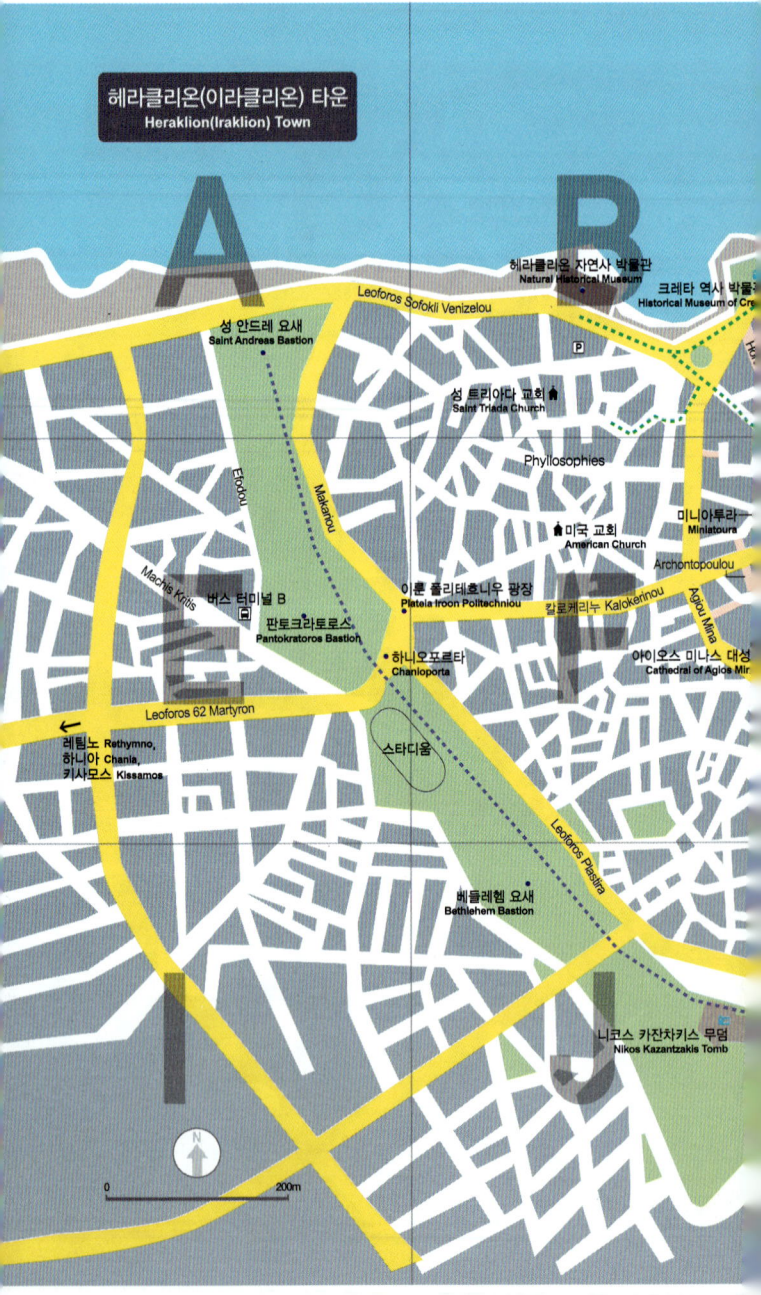

꿈의 여행지로 안내하는 친절한 길잡이

최고의 휴가는 **홀리데이 가이드북 시리즈**와 함께~

내 생애 최고의 휴가
Holiday

자르는선

GREECE

크레타 찾아가기

 어떻게 갈까?

1. 비행기
한국에서 가는 직항은 없다. 크레타에는 헤라클리온 국제공항Nikos Kazantzakis Airport, 하니아 국제공항 Ioannis Daskalogiannis Airport, 시티아 공항Sitia Airport 총 3개의 국제공항이 있다. 이 가운데 가장 많이 이용되는 것은 헤라클리온 국제공항과 하니아 국제공항이다. 크레타로 들어오는 대부분의 항공편은 전세기로 유럽의 많은 국가들과 크레타를 잇고 있다. 성수기에 해당하는 4월 말부터 10월까지는 그 수가 급격히 증가한다. 대부분의 정규 항공편은 아테네 공항을 통해 들어오기 때문에 아테네에서 크레타로 가는 국내선으로 갈아타야 한다. 아테네에서 헤라클리온와 하니아로 가는 비행기는 각각 하루에 평균 6~10대가 운행되며, 소요 시간은 45분~1시간이다.

2. 페리
페리 스케줄은 날씨, 수요, 공휴일 등과 같은 외부 요인에 의해 변경, 취소될 수 있으니 여행 전 반드시 체크하는 것이 좋다. 겨울철에는 궂은 바다 날씨의 영향을 받아 취소되는 일이 빈번하다. 시간적인 여유가 없다면 비행기를 이용하는 것이 편리하다. 페리 예약은 각 회사의 웹사이트나 대행사에서 할 수 있다. 자세한 스케줄과 가격, 다른 도시로의 운항편은 웹사이트를 참고하도록 하자.
아넥 라인 Anek Lines www.anek.gr
블루 스타 페리 Blue Star Ferries www.bluestarferries.com(크레타-아테네 라인 아넥 라인과 공동운항)
미노안 라인 Minoan Lines www.minoan.gr
헬레닉 씨웨이즈 Hellenic Seaways www.hellenicseaways.gr
씨 제트 Sea Jets www.seajets.gr

• 아테네-크레타
아테네에서 매일 운행되는 정기 운항편이 헤라클리온와 하니아를 오간다. 보통 저녁 늦게 출발해 아침에 도착하는 스케줄이다. 일주일에 1~2회 정도 서부 크레타에 위치한 키사모스와도 연결된다.(시즌별로 스케줄이 조금씩 달라진다. 예약 전 반드시 웹사이트를 확인하자.)
아넥 라인, 미노안 라인(헤라클리온에서만 출발).

• 키클라데스 제도-크레타
4월부터 10월까지 헤라클리온와 산토리니, 미코노스, 이오스와 같은 키클라데스 제도의 섬들을 잇는 페리가 운행된다.
아넥 라인, 씨 제트

• 펠로폰네소스-크레타
키사모스 항구를 통해 펠로폰네소스의 지티온Gythion과 칼라마타Kalamata 등지로 1주일에 한 번꼴로 페리가 운행된다.
씨 제트

어떻게 다닐까?

1. 버스
크레타를 여행하는 주된 방법 중 하나가 버스다. 크레타의 버스는 KTEL(Kino Tamio Eispraxeon Leoforon)에 의해 운영되며 노선은 매우 잘 구축된 편이다. 헤라클리온-레팀노-하니아를 잇는 메인 라인을 기준으로 각 도시에서 크레타 전체를 연결하는 버스들이 운행된다. 버스 스케줄은 주기적으로 업데이트 되며 비수기에는 운행이 제한되는 노선이 있으니 웹사이트www.e-ktel.com를 확인하는 것이 좋다.

하니아-레팀노-헤라클리온(소요 시간 2시간 40분, 13.8유로)

05:15	06:30*	07:30*	08:30*	09:30	10:30
11:30*	12:30	13:30*	14:30	15:30*	16:30
17:45^	18:30	19:30	20:30*	21:45*	

- 주말: 06:30* 07:30* 08:30* 10:30 11:30* 12:30* 13:30* 14:30 15:30* 16:30 17:30 18:30* 19:30* 20:30*

헤라클리온-레팀노-하니아(2시간 45분 소요, 13,8유로)

05:30*	06:30*	07:30*	8:30	09:30*	10:30
11:30*	12:30*	13:30*	14:30	15:30	16:30*
17:30^	18:30	19:30	20:30		

- 주말: 06:30* 07:30* 08:30 10:30 11:30* 12:30* 13:30* 14:30 15:30 16:30* 17:30 18:30* 19:30 20:30

레팀노-하니아(1시간 15분 소요, 6.2유로)

06:00*	07:00*	08:00*	09:00*	10:00	11:00*
12:00*	13:00*	14:00*	15:00*	16:00	17:00
18:00*	19:00	20:00*	21:00	22:00	

- 주말: 08:00* 09:00* 10:00 12:00 13:00* 14:00* 15:00*1 6:00 17:00 18:00* 19:00 20:00* 21:00 22:00

레팀노-헤라클리온(1시간 30분 소요, 7.6유로)

06:30	07:45	08:45	09:45	10:45	11:45
12:45	13:45	14:45	15:45	16:45	17:45
19:00	19:45	20:45	21:45		

- 주말: 07:45 08:45 09:45 11:45 12:45 13:45 14:45 15:45 16:45 17:45 18:45 19:45 20:45 21:45

※^표시: 레팀노에서 버스 환승, *구길이용(Vrysses마을 통과)

2. 렌터카

크레타섬은 볼거리가 섬 전체에 골고루 분포되어 있다. 따라서 렌터카를 이용하는 것이 가장 편리하며 효율적이다. 실제 렌터카 여행의 비율이 높기 때문에 공항, 항구, 주요 도시, 시내 등지에서 렌터카 회사를 쉽게 찾을 수 있다. 여행 전 예약을 하면 픽업장소를 미리 정해 도착 후 바로 사용할 수 있다. 렌터카 비용은 성수기와 비수기, 차의 종류, 대여기간에 따라 천차만별이다. 보통 하루 기준 4인승 승용차는 약 50유로 부터 시작한다. 내비게이션은 별도 비용(약 5~15유로)을 지불해야 한다. 차를 대여하기 위해서는 국제 운전 면허증, 신용카드, 여권이 필요하다. 그리스의 상점들은 우리나라처럼 항상 열려 있지 않다. 거래하는 회사의 영업시간을 항상 확인하고 비상 연락처를 알아두는 것이 좋다.

크레타의 도로 상태는 지역에 따라 상이하다. 주요 도시들이 모여 있는 크레타 북부는 고속도로(아기오스 니콜라오스-헤라클리온-레팀노-하니아-키사모스)가 깔려 있어 운전하는 데 별 어려움이 없다. 크레타 대부분 지역의 도로는 그리 넓지 않은 편이다. 산지가 많아 경사길과 커브길이 흔하니 운전에 각별한 주의가 필요하다.

> **Tip**
> - 운전석은 왼쪽으로 우리나라와 똑같다.
> - 긴급전화번호는 112
> - 교통 표지판은 영어와 그리스어로 표기 되어 있다.
> - 로드킬이 많은 편이다. 고양이, 개, 염소, 양 등이 갑자기 튀어나오는 경우가 흔하니 도로의 주의 표지판을 잘 확인하자.
> - 대부분의 명소로 가는 길은 복잡하지 않아서 내비게이션이 필요 없다.

크레타
Crete

크레타
♀ 추천 코스 ♀

사람들은 말한다. 크레타섬을 제대로 느끼기 위해서는 최소 한 달은 있어야 한다고. 크레타는 결코 작은 섬이 아니다. 제주도 면적의 4.5배에 이른다. 〈그리스인 조르바〉의 주인공 조르바처럼 자유롭게 떠돌아다닐 수 있다면 더할 나위 없이 좋겠지만, 여행자에게 허락된 시간은 한정되어 있다. 최적의 동선과 교통편을 이용해 여행하자. 크레타의 주요 도시들을 잇는 버스 노선은 잘 구축되어 있다. 그러나 도시 주변의 명소들을 잇는 교통편은 다소 미비한 편이니 스케줄을 잘 확인해야 한다. 특히, 비수기에 크레타를 방문할 계획이라면 시간을 넉넉히 잡는 것이 좋다.

[1박 2일]
헤라클리온 타운 – 크노소스 궁전 – 헤라클리온 와이너리

헤라클리온을 통해 크레타를 들어오는 여행객에게 적합하다. 크노소스 궁전을 먼저 방문한 뒤 헤라클리온 타운을 둘러볼 것을 추천한다. 크노소스 궁전에서 발견된 실제 유적들이 헤라클리온 고고학 박물관에 보관되어 있으므로 궁전을 먼저 둘러보며 대략적인 틀을 파악한 뒤, 박물관에서 더 깊은 정보를 얻는 것이 효과적이다. 헤라클리온 타운 자체는 반나절이면 둘러볼 수 있다. 헤라클리온 와이너리는 크노소스 궁전과 같은 방향에 있으니 크노소스 궁전을 오전에 둘러본 후 오후에 와이너리 투어를 하는 것이 효율적이다. 여기에 하루를 더 투자한다면 아기오스 니콜라오스 당일 여행이나 가깝고도 매력적인 작은 마을 아르하네스를 가면 된다.

[2박 3일]
하니아 – 사마리아 협곡 트레킹

하니아를 통해 들어오는 여행객에게 적합하다. 사마리아 협곡 트레킹은 하루가 꼬박 소요되는 종일 투어이다. 체력 소모가 크기 때문에 여행의 둘째 날 할 것을 추천한다. 첫째 날 하니아 타운을 둘러본 뒤 다음날 사마리아 협곡 트레킹을 한다. 마지막 날에는 하니아에서 놓친 부분을 보충하거나 네아 호라 Nea Hora, 아이 아포스톨리 Agii Apostoli 같은 주변 해변을 방문해도 좋다.

[4박 5일 서부 크레타 투어]
키사모스 – 발로스·그람부사 – 팔라사르나(엘라포니시) – 하니아

서부 크레타를 여행할 계획이라면 키사모스에서 시작하는 것이 좋다. 키사모스 타운 사제는 볼거리가 그리 많지 않아 반나절이면 충분하다. 발로스·그람부사는 하루 일정으로 잡는 것이 좋다. 서부 크레타의 주요 여행지인 엘라포니시 또한 하루 일정으로 잡는 것이 편리하다. 혹은 팔라사르나 같은 다른 해변으로 대체해도 괜찮다. 키사모스를 거점으로 한 여행이 끝나면 하니아로 이동한다. 시간적 여유가 있다면 사마리아 협곡을 추가해도 좋다.

[4박 5일 북부 크레타 투어]
하니아 – 레팀노 – 헤라클리온(크노소스) – 아이오스 니콜라오스

크레타를 이루는 4개 현(하니아, 레팀노, 헤라클리온, 라시티)의 주요 도시를 돌아보는 일정이다. 교통 여건이 가장 좋은 루트이기도 하다. 각 도시들은 하루면 충분히 돌아볼 수 있다. 보통 아이오스 니콜라오스는 헤라클리온에서 당일 투어로 방문한다.

[6박 7일 크레타 투어]
키사모스 – 발로스·그람부사 – 팔라사르나(엘라포니시) – 하니아 – 헤라클리온 – 크노소스

하니아현과 헤라클리온현을 방문하는 일정이다. 아웃하는 도시가 어디냐에 따라 시작점은 달라진다. 보통 헤라클리온에서 인·아웃 하는 경우가 많으므로 키사모스에서 시작해 동쪽으로 쭉쭉 올라오는 것이 효율적이다. 이동이 번거롭다면 키사모스 대신 하니아를 거점으로 삼고 서부 크레타의 명소들을 방문해도 괜찮다. 렌터카 여행자라면 6박 7일 코스에 사마리아 협곡과 레팀노를 추가하면 9박10일 일정이 된다. 단 버스 여행자라면 조금 빡빡한 일정일 수 있다. 이 일정도 마찬가지로 키사모스까지 이동이 번거롭다면 하니아를 거점으로 삼고 서부 크레타를 여행해도 괜찮다.

GREECE BY AREA 06
크레타

| Theme |

크레타 음식의 모든 것

크레타를 이야기할 때 절대 빠질 수 없는 것이 바로 크레타 음식이다. 크레타는 세계적인 장수 지역이며 그들의 음식은 신의 밥상이라고 불릴 정도로 명성이 자자하다. 청정 자연에서 채취한 신선한 재료들을 자연과 가장 가까운 방법으로 조리해 먹는 것이 핵심! 100가지가 넘는 나물과 허브, 올리브 오일, 신선한 채소와 과일, 갓 잡아 올린 생선과 해산물, 자연에서 건강하게 자란 동물들까지. 크레타 음식은 자연 그 자체이다. 크레타인들에게 먹는다는 것은 배를 채우기 위한 행위를 넘어 신성한 의식이며 축제에 가깝다. 신이 내린 땅 크레타에서 세계 최고의 건강식을 즐겨 보자.

1. 라키 Raki(치쿠디아Tsikoudia)

크레타 전통술. 그리스어로는 치쿠디아Tsikoudia, 튀르키예어로는 라키라고 불린다. 와인을 만들고 난 포도 찌꺼기를 증류해서 만든 술로 도수는 40~50%이다. 크레타 대부분의 레스토랑에서는 식사 후에 디저트와 라키를 무료로 내온다.

2. 크레타 와인 Cretan Wine

크레타는 와인으로도 유명하다. 질 좋고 맛좋은 와인을 저렴한 가격에 맛볼 수 있다. 크레타 토종 품종인 다프니Dafni, 플리토Plyto, 빌라나Vilana는 꼭 맛보자.

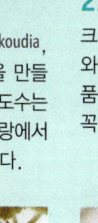

3. 야생 허브차 Mountain Tea

크레타는 유럽에서도 가장 많은 허브 종을 보유한 곳 중 하나다. '마운틴 티'라고 불리는 야생 허브차를 어디서든 맛볼 수 있다. 마로티라Malotira와 딕타모Diktamo는 만병통치약으로 불릴 정도! 따뜻한 차 안에 꿀을 넣어 먹는 것이 일반적이다.

4. 다코스 Dakos

크레타의 소울 푸드. 딱딱한 러스크 위에 토마토, 페타Feta 혹은 미지트라Myzithra 치즈, 올리브, 오레가노 등을 올려 먹는다. 크레타에서 가장 인기 있는 애피타이저이기도 하다.

5. 필라피 Pilafi

크레타의 결혼식 전통 음식이다. 소나 닭을 우려낸 육수에 쌀을 넣고 뭉근하게 끓인 음식이다. 이탈리아의 리조토 혹은 우리의 죽과 식감이 비슷하다.

6. 야생 양·염소고기 Wild Lamp and Goat

한국에 토종닭이 있다면 크레타에는 토종 양과 염소가 있다. 양과 염소는 크레타에서 가장 흔히 볼 수 있는 동물. 청정 자연에서 뛰놀며 자란 탓에 질 좋기로 유명하다.

7. 칼리추니아 Kalitsunia

크레타 치즈로 속을 채운 치즈 파이. 겉은 바삭하고 속은 부드럽다. 만드는 이에 따라 치즈 외에 다른 부재료로 속을 채워 넣기도 한다. 뜨거울 때 먹는 것이 최고!

8. 야생 나물 Wild Green

크레타인들은 나물을 많이 먹는다. 먹을 수 있는 야생 나물의 종류가 백 가지가 넘는다. 조리법은 간단하다. 산에서 자란 야생 나물을 푹 삶은 후 올리브유와 소금만 뿌려 본연의 맛을 살리는 것이 특징.

9. 스타카 Staka

염소의 젖에서 나온 지방에 밀가루와 버터를 섞어 만든 루Roux이다. 스테이크나 계란과 함께 곁들여 먹는 것이 일반적이다.

10. 호흘리 Chochli

크레타식 달팽이 요리다. 미노안 시대부터 전해져 내려오는 음식 중 하나. 오동통한 야생 달팽이를 기름에 익힌 후 로즈마리, 소금, 후추, 와인을 넣어 조리해 먹는다.

11. 힐로피타 Chylopita

크레타식 파스타. 주로 봄과 가을에 현지에서 나는 신선한 우유와 달걀을 이용해 반죽을 만든 뒤 건조시켜 만든다. 주로 양, 염소, 닭고기와 육즙을 곁들여 먹는다.

12. 그라비에라 Graviera

양의 젖을 최소 5개월 동안 숙성시켜 만든 크레타 전통 치즈이다. 약간 달짝지근한 맛이 나며 풍미가 좋은 경질 치즈로 페타 만큼이나 그리스에서 인기가 좋다. 얇게 썰어 그냥 먹기도 하고 파스타 혹은 샐러드와 곁들여 먹는다.

13. 미지트라 Myzithra
양이나 염소의 젖으로 만든 생 치즈. 시큼한 맛을 살리기 위해 살짝 발효시켜 먹기도 한다. 부드럽고 크리미한 맛이 흔히 먹는 리코타 치즈와 비슷하다. 샐러드에 올려 먹거나 칼리추니아, 다코스를 만드는 데 사용된다.

14. 아토티로 Athotyro
양이나 젖소의 유장에 다시 우유를 넣어 끓여 만든 크레타 전통 치즈. 입에서 살살 녹아내리는 부드러운 식감과 섬세한 맛이 일품이다.

15. 올리브 & 올리브 오일 Olive&Olive Oil
크레타는 올리브의 땅이다. 3,500여 년 전부터 올리브를 재배했다. 비옥한 토양과 충분한 일조량, 에게해의 시원한 바람은 최상급의 올리브를 만들어 낸다. 거의 모든 음식에 올리브와 올리브 오일이 들어간다. 식초에 절인 올리브는 반드시 먹어 보자.

16. 타임 꿀 Thyme honey
타임 꿀로 유명한 그리스. 허브의 천국인 크레타와 만났다. 달콤한 꿀과 타임향의 어우러짐은 그야말로 예술. 그릭 요거트에 뿌려 먹거나 마운틴 티와 곁들어 먹어 보자.

하니아

CHANIA
XANIA

하니아는 크레타섬의 진주라 불린다. 과거 미노아 문명의 중심이자 서부 크레타를 호령했던 고대 도시 키도니아의 초석 위에 건설되었다. 크레타섬에서는 헤라클리온에 이어 두 번째로 큰 도시다. 북쪽은 크레타해, 오른쪽은 레팀노와 맞닿아 있는 하니아는 크레타에서 가장 인기 좋은 여행지이기도 하다. 매력이 넘치는 하니아 올드 타운 뒤편에는 수천 년간 크레타섬을 지배했던 여러 정복자들이 남긴 상처와 흔적이 있어 역사 여행을 이끈다. 하니아를 대표하는 베네치아 항구에서 보는 화이트 마운틴과 그 아래로 펼쳐진 오래된 도시의 전경은 숨이 벚을 만큼 아름답다.

하니아
미리보기

하니아의 주요 관광지는 올드 타운에 밀집해 있어 하루면 충분히 돌아볼 수 있다. 구불구불한 구시가지 골목을 걷는 것이 하니아 타운 여행의 하이라이트! 시간적인 여유가 있다면 하니아 타운에 위치한 네아 호라 해변이나 로컬들이 사랑하는 옆 동네 휴양지 아이 아포스톨리를 방문해도 좋다.

SEE

하니아 여행은 아고라Agora 혹은 할리돈Halidon 거리에서 시작하는 것이 좋다. 올드 타운 구석구석을 천천히 걷다 보면 발걸음은 자연스레 베네치아 항구로 향하게 된다. 타운에서 그리 멀지 않은 곳에 있는 네아 호라Nea Hora 해변에서 수영을 즐겨도 좋다. 현지인들이 많이 찾는 아이 아포스톨리Agii Apostoli는 하니아의 숨겨진 명소.

EAT

대부분의 맛집은 베네치아 항구와 올드 타운에 몰려 있다. 하니아 등대를 기준으로 항구 오른편에 있는 레스토랑들은 로컬에게, 왼편은 관광객들에게 인기가 좋다. 음식 맛좋기로 유명한 크레타섬답게 대부분의 식당에서 수준급의 전통 음식을 맛볼 수 있다. 바삭한 껍질과 치즈의 풍미가 가득한 하니아식 부레키Chaniotiko Boureki, 스타카 버터가 가미된 필라피Pilafi with Staka Butter, 부드러운 목 넘김이 일품인 하니아 맥주 하르마Harma는 꼭 맛보자.

SLEEP

이름 대면 알만한 대형 체인 호텔은 없다. 그러나 오래된 도시의 매력을 그대로 간직한 작은 호텔들이 즐비하다. 럭셔리한 부티크 호텔들은 베네치아 항구와 구시가지를 중심으로 밀집해 있다. 도시 자체가 그리 크지 않아 어느 곳에서 묵더라도 여행에 큰 문제는 되지 않는다. 크레타 최고의 인기 도시인 만큼 성수기에는 숙소 잡기가 쉽지 않으니 미리 예약하는 것이 좋다.

하니아 찾아가기

어떻게 갈까?

1. 비행기

하니아 국제공항Ioannis Daskalogianni International Airport은 시내에서 15km 떨어진 곳에 있다. 아테네는 1일 6~10회 운항되며 약 45분~1시간이 소요된다. 테살로니키는 1일 1~2회 운행되며, 소요 시간은 1시간 20분 정도다. 단, 운행하지 않는 요일이 있으니 반드시 미리 확인해야 한다. 항공사는 에게 항공Aegean Air, 올림픽 항공Olympic Air, 라이언 에어Ryan Air, 스카이 익스프레스 Sky Express 등이다. 성수기인 4월부터 10월까지는 유  럽의 주요 도시에서 하니아를 잇는 전세기가 수시로 운행된다. 단, 비수기인 11월부터 3월까지는 그 수가 급격히 감소하니 참고할 것.

공항에서 도심까지

공항에서 도심까지는 버스, 택시, 렌터카를 이용할 수 있다. 택시 요금은 시티 센터까지 25~30유로 정도가 일반적이다. 공항버스는 성수기 기준 매일 30분에서 1시간 간격으로 운행된다(표 참조). 단, 비성수기에는 운행 횟수가 제한되며, 매달 시간표가 미세하게 바뀌니 웹사이트를 확인하자.

하니아 타운 – 하니아국제공항							하니아 공항 – 하니아 타운						
월	화	수	목	금	토	일	월	화	수	목	금	토	일
05:00	05:00	05:00	05:00	05:00	05:00	05:00	06:00	06:00	06:00	06:00	06:00	06:00	06:00
06:45	06:45	06:45	06:45	06:45	06:45	06:45	08:15	08:15	08:15	08:15	08:15	08:15	08:15
08:00	07:30	08:00	08:00	07:30	08:00	08:00	09:30	09:00	09:30	09:30	09:00	09:30	09:30
09:00	08:00	09:00	13:00	08:00	09:00	10:00	10:30	09:30	10:30	14:30	09:30	14:30	11:30
10:00	11:00	10:00	13:30	13:00	13:30	12:00	11:00	12:30	11:30	15:00	14:30	15:00	13:30
10:30	12:00	11:00	15:00	13:30	16:00	13:00	11:30	13:30	12:30	16:30	15:00	17:30	14:30
11:30	13:30	13:30	16:45	14:00	17:15	13:30	12:30	14:30	14:30	18:15	15:30	19:20	15:00
12:00	15:30	14:00	17:15	14:30	18:00	14:30	13:00	15:00	15:00	18:45	16:00	20:00	16:00
12:30	17:15	14:30	18:00	17:15	18:30	15:00	13:30	17:00	15:30	19:20	18:45	21:00	16:30
13:00	18:00	16:00	18:30	19:00	19:30	17:15	14:30	18:45	16:00	20:00	19:20	21:30	18:45
13:30	20:00	17:15	21:00	19:30	20:00	18:00	14:30	19:00	17:30	22:40	21:00	22:00	19:20
14:00	21:00	18:00	23:00	20:30	21:00	19:00	15:00	21:30	18:45	24:00	22:00	22:40	20:30
16:00	23:00	19:30		21:00	21:30	20:00	17:30	22:40	19:20		22:40	24:00	21:30
16:45		20:00		22:00	23:00	21:00	18:15	24:00	21:00		23:15		
17:15		21:00		23:00			18:45		21:30		24:00		
18:00		21:30					19:20		22:00				
19:30		23:00					21:00		22:40				
20:30							21:30		24:00				
21:30							22:50						
23:00							24:00						

요금 2.3유로(약 30분 소요) **홈페이지** www.e-ktel.com

2. 페리
아테네로 가는 페리와 크루즈 모두 도심에서 6.5km 떨어진 수다 항구 Souda Port에서 출발한다. 아테네행 페리는 매일 밤 10시에 출발하여 다음날 오전 6시에 도착한다. 7, 8월에는 수요에 따라 하루에 두 대의 페리가 운행되기도 한다. 더 자세한 정보는 홈페이지를 참고하도록 하자. 하니아에서 수다 항구까지는 시내버스를 이용해 갈 수 있다. 하니아-레팀노-헤라클리온 라인 버스를 이용하면 되고, 평일은 05:15, 주말은 6:30부터 오후 8:30까지 1시간에서 1시간 30분 간격으로 운행된다. 소요 시간은 15분, 아고라 앞 버스 정류장에서 탈 수 있다.
홈페이지 www.anek.gr

 어떻게 다닐까?

하니아의 볼거리는 대부분 도보로 가능하다. 주변 마을들을 방문하고 싶다면 시내버스를 이용하면 된다. 주요 시내버스는 1866 광장1866 Plateia이나 아고라 앞 버스 정류장에서 탈 수 있다. 요금은 목적지에 따라 1.1유로부터 1.5유로 정도다. 정류장 앞에 있는 판매기에서 살 수 있다. 버스 안에서 구매할 경우 각각 2유로, 2.5유로로 조금 비싸다. 시내버스에 대한 정보는 웹사이트에서 확인 가능하다.

홈페이지 www.chaniabus.gr

I INFORMATION I
은행과 사설 환전소, 여행사를 포함한 대부분의 편의 시설이 할리돈 거리와 1866 광장 주변에 밀집되어 있다.

하니아 버스 터미널
주소 73-77 Kidonias St. Chania
전화 282-109-3502
요금 짐 보관 2유로

관광 안내소
주소 53 Milonogianni St. Chania
전화 282-104-1665
운영시간 09:00~14:00

우체국
주소 10 Peridou St. Chania
전화 282-102-8444
운영시간 월~금 07:30~20:30,
토 07:30~14:30, 일요일 휴무

대형마트
스크라베니티스(Sklavenitis, 구 까르푸)
주소 Pireos St.Chania(자라ZARA 맞은편 골목)
전화 282-109-3951

병원
세인트 조지 병원 ST.GEORGE
주소 Moyrnies, Chania
전화 282-102-2000(일반전화),
282-102-2256(응급실)
홈페이지 www.chaniahospital.gr

하니아
📍 추천 코스 📍

하니아는 역사와 낭만이 함께하는 아기자기한 도시다. 세월이 고스란히 느껴지는 올드 타운을 자박자박 걷다 보면 베네치아 항구에 도달한다. 등대까지 이어지는 방파제길을 걸으면 더욱 운치가 있다. 타운 옆에 펼쳐진 네아 호라 해변에서는 비치 라이프까지 즐길 수 있어 일석이조다.

아고라
생동감 넘치는 하니아 시장에서
활기찬 아침 열기

→ 도보 10분 →

아이오스 니콜라오스 교회
모스크 첨탑과 우아한 시계탑의
오묘한 조화 감상

→ 도보 5분 →

트리마리티 그리스 정교회
정교회를 시작으로
할리돈 거리 관광

↓ 도보 3분

하니아 등대
등대까지 여유롭게 산책하고,
알록달록한 올드 타운 풍경도 즐기고

← 도보 10분 ←

베네치아 항구
동쪽부터 서쪽까지 걸으며 항구
도시의 낭만 즐기기

← 도보 5분 ←

엣츠 하임 유대교 회당
크레타 유대인 역사의
발자취를 따라서

↓ 도보 15분

네아 호라
시원하게 수영한 후 해변
시푸드 레스토랑에서 식사하기

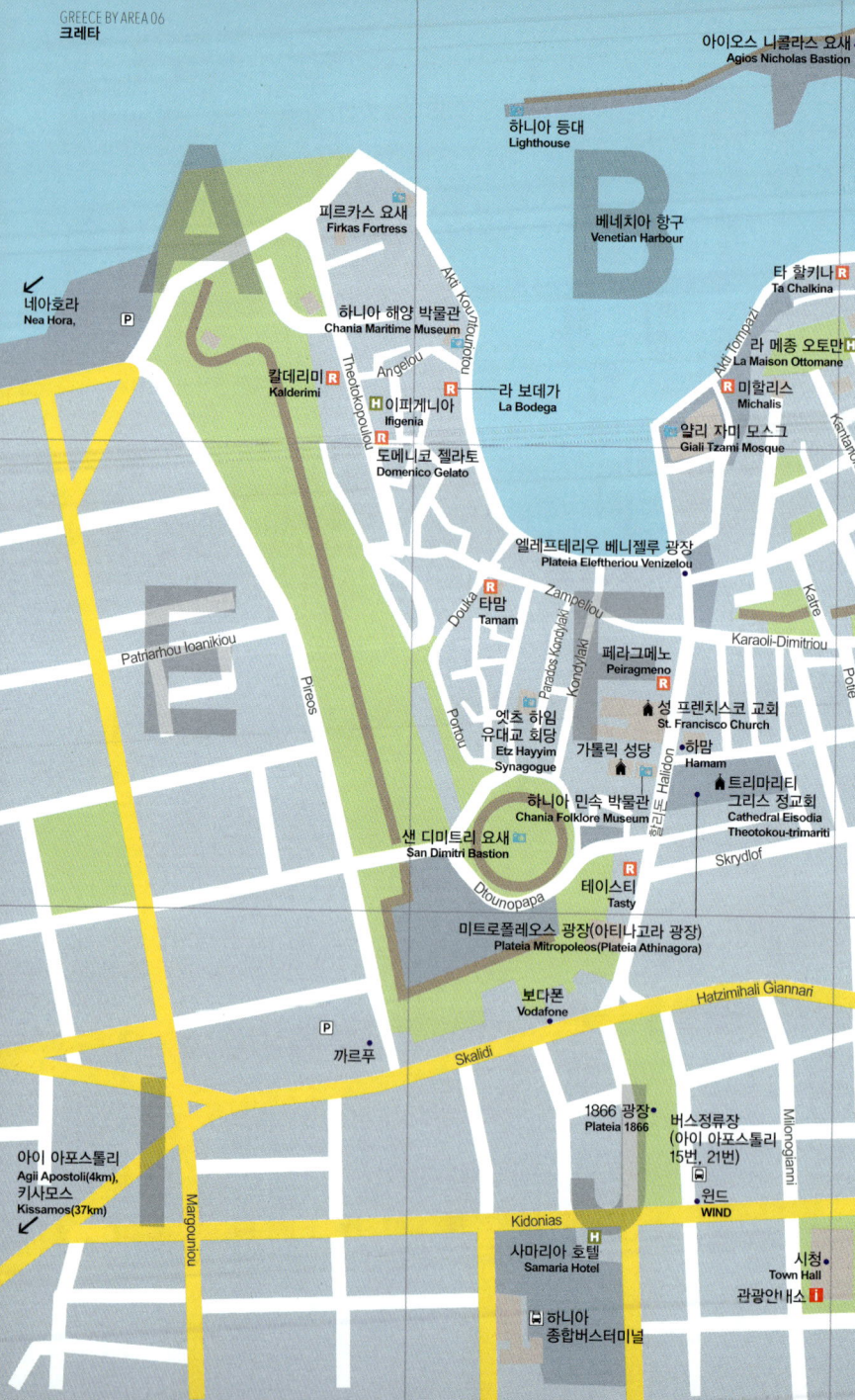

GREECE BY AREA 06
크레타

SEE

고대 베네치아의 정취를 느끼며
베네치아 항구 Venetian Harbour

과거 지중해 해상 교역의 중심지였던 하니아 항구. 지금은 항구의 기능이 거의 소실되었지만 찬란했던 영광이 지나간 자리에는 옛 항구의 정취를 느끼려는 사람들로 가득하다. 1320년에서 1356년까지 베네치아인들에 의해 지어진 이 항구는 크게 동쪽과 서쪽으로 구역이 나뉜다. 동쪽 구역은 선박을 제조·수리하는 목적으로, 서쪽 구역은 배가 오가는 항구 본래 기능을 위해 설계되었다. 항만을 따라 즐비한 레스토랑과 카페에 앉아 뜨거운 태양에 반짝이는 에게해를 바라보자. 하니아에 스며 있는 아름답고도 오래된 베네치아의 향기에 흠뻑 빠진 자신을 발견하게 될 것이다.

Data 지도 356p-B
가는 법 하니아 종합버스 터미널에서 할리돈 거리를 따라 도보 약 10분
주소 Akti Kountouriotou St. Venetian Harbour, Chania

하니아 타운의 상징
하니아 등대 Lighthouse

매력적인 하니아의 풍경을 더 빛나게 하는 등대다. 지금은 더 이상 등대로서의 역할을 하지 않지만, 밤마다 도시를 은은하게 비추는 불빛이 눈부시게 아름답다. 본래 베네치아인들에 의해 건설되었던 하니아 등대는 1824년~1832년 이집트인들에 의해 재건되었다. 등대 모습이 이슬람 모스크의 첨탑을 연상시키는 것도 이 때문이다. 항구에서 등대까지 이어진 방파제를 따라 걸어보자. 왼편으로는 화이트 마운틴을 배경으로 알록달록하게 펼쳐진 올드 타운의 전경이 시선을 압도한다. 오른쪽으로는 끝없이 펼쳐진 에게해의 파도 소리가 귀를 간지럽힌다.

Data 지도 356p-B
가는 법 베네치아 항구 내에 위치
주소 Akti Kountouriotou St. Venetian Harbour, Chania

크레타에 그리스의 국기가 펄럭
피르카스 요새 Firkas Fortress

베네치아 식민지 시절 하니아를 보호하기 위해 만들어진 요새다. '피르카스'는 튀르키예어로 '군단'을 의미한다. 이름에서 볼 수 있듯 피르카스 요새는 베네치아 해군의 주둔지로 사용되었다. 그 후 오토만 제국의 식민 시절에는 독립을 위해 싸우던 크레타인들의 감옥으로 이용되기도 했다. 1913년 12월 1일 크레타가 그리스의 영토로 귀속되던 날, 크레타섬에 최초로 그리스 국기가 게양된 곳이 바로 피르카스 요새다. 이것을 기념해 매년 12월 1일 이곳에서 독립을 기념하는 행사를 연다.

Data 지도 356p-A 가는 법 베네치아 항구 내에 위치, 하니아 해양 박물관과 동일한 입구 주소 Akti Koundourioti St. Venetian Harbour, Chania 운영시간 08:00~14:00 또는 14:30, 주말 휴관 요금 무료

크레타의 바다 역사는 곧 크레타의 역사
하니아 해양 박물관
Chania Maritime Museum

1973년 설립된 박물관으로 피르카스 요새 안에 있다. 미노아 시대부터 근대에 이르기까지의 해전의 역사를 포함한 크레타 해양 활동의 모든 것을 집대성해 놓았다. 총 13개의 전시관이 시대별로 구성되어 있다. 규모는 그리 크지 않은 편. 하지만 수많은 군함 모델과 사진 자료들이 알차다. 관람 시간을 넉넉하게 잡는 것이 좋다. 특히 2차 세계 대전과 크레타 전투 전시관이 인상 깊다.

Data 지도 356p-B 가는 법 피르카스 요새 가는 법과 동일 주소 Akti Kountouriotou St. Venetian Harbour, Chania 전화 282-109-1875 운영시간 11월 1일~4월 30일 09:00~15:40, 5월 1일~10월 31일 09:00~16:00(일요일 및 공휴일 휴관) 요금 성인 4유로, 아동 및 학생 3유로 *고대 조선소 전시관 09:00~15:40(일요일 및 공휴일 휴관), 요금 3유로 홈페이지 www.mar-mus-crete.gr

크레타섬 최초의 모스크
얄리 자미 모스크 Giali Tzami Mosque

1649년 오토만 제국이 하니아를 점령한 후 최초로 세운 모스크다. 입방 모양의 건물에 돔을 올린 형태로 미국 건축가에 의해 지어졌다. 얄리 자미 모스크는 해안가에 있는 모스크라는 의미다. 베네치아 항구 한가운데 덩그러니 서 있는 모습이 조금은 외로워 보이지만 하니아에서 이슬람 건축 양식을 볼 수 있는 대표적인 건물로 꼽힌다.

Data 지도 356p-B 가는 법 베네치아 항구 내에 위치 주소 Venetian Harbour, Chania

잊지 않으려는 노력의 결실
엣츠 하임 유대교 회당 Etz Hayyim Synagogue

2차 세계대전 당시 독일 나치군에 의한 유대인 핍박의 역사가 서린 곳이다. 1944년 하니아에 살던 270명의 유대인은 나치군에 의해 강제 수용소로 향하는 배에 오른다. 하지만 이 배는 출발 다음 날 영국군이 쏜 어뢰에 맞아 침몰하고, 배에 타고 있던 유대인 전원이 사망했다. 그 후 엣츠 하임 유대교 회당은 사람들의 기억 속에서 점점 잊혔다. 설상가상 대지진으로 인해 완전 붕괴 직전까지 이르게 됐는데, 다행히 크레타에 뿌리를 두고 있는 유대인 니코스 스타브루라키스Nikos Stavroulakis씨의 노력으로 1999년 10월 다시 문을 열었다. 지금은 이 굴곡 많은 역사의 장소를 찾는 방문객들의 발길이 끊이지 않고 있다.

Data 지도 356p-F
주소 Parados Kondylaki, Chania
전화 282-108-6286
운영시간 월~목 10:00~16:00, 금 10:00~15:00 주말 및 공휴일 휴관(단, 상황에 따라 매년 개방일이 달라지므로 방문전 미리 확인 필수)
요금 도네이션
홈페이지 www.etz-hayyim-hania.org

서부 크레타의 역사를 한눈에
하니아 고고학 박물관 Chania Archaeological Museum

하니아 구시가지 프란치스코 베네치아 수도원에서 60년간 자리를 지켜오던 하니아 고고학 박물관이 2020년 문을 닫고, 2021년 할리파 구역에 다시 문을 열었다. 전형적인 그리스 저택의 특징과 에게해로 뻗어나가는 크레타적 상징을 직선과 곡선을 이용해 현대적 감각이 돋보이는 건물로 구현해냈다. 내부 또한 기하학적 구성이 매우 아름답게 표현되어 있고, 채광과 조명 또한 훌륭하다. 어퍼 플로어에서는 에게해를 한눈에 조망할 수 있다는 것도 장점. 박물관 구성도 전보다 훨씬 전문적이고 다채로워졌다. 선사시대 토기부터 미노안 문명을 거쳐 로마제국 시대에 이르기까지, 하니아 전역에서 발굴된 유물을 전시하고 있는 상설전시관과 특별 전시를 통해 보다 풍부하고 다차원적인 컬렉션을 제공한다. 서부 크레타의 역사를 이해할 수 있는 최적의 장소이자 하니아의 새로운 랜드마크 역할이 기대된다.

Data 주소 25 Skra 15, Chania
전화 282-102-3315
운영시간 매일 09:00~17:00 (화요일 휴관) 요금 6유로(학생 3유로), 무료 개방일은 홈페이지 참조 (청소년 및 학생 할인은 여권제시 필수)
홈페이지 www.amch.gr
(현재 그리스어만 지원)

그 옛날 크레타인들의 삶이 궁금하다면?
하니아 민속 박물관
Chania Folklore Museum

17~18세기 크레타인들의 생활상을 알 수 있는 박물관이다. 거실에 놓인 오래된 베틀, 아궁이 앞에 앉아 밀가루 반죽을 부풀리는 할머니, 전통 주방 기구들로 세심하게 꾸며진 주방, 알록달록 꾸며진 신부의 침실과 민속 의상 등이 시간여행을 이끈다. 박물관을 이리저리 구경하다 보면 마치 타임머신을 타고 과거 크레타의 가정집을 방문한 기분이 든다.

Data 지도 356p-F 가는 법 가톨릭 성당으로 이어지는 마당 왼편 주소 46B Halidon St. Chania
전화 282-109-0816 운영시간 평일 및 일요일 09:00~18:00(여름철 ~21:00), 토요일 09:00~18:00
요금 3유로

그리스 정교회의 화려한 내부 장식이 볼 만한
트리마리티 그리스 정교회
Cathedral Eisodia Theotokou-trimartiri

할리돈 거리의 중앙, 미트로폴레오스 광장Plateia Mitropoleos(Plateia Athinagora)에 있다. 하니아 타운을 돌아다니다 보면 가장 많이 눈에 띄는 건물 중 하나이다. 이 건물은 3개의 측랑으로 이루어진 바실리카 양식으로 지어졌다. 북쪽에는 커다란 종탑이 세워져 있다. 유럽에서 흔히 볼 수 있는 가톨릭 성당과는 사뭇 다른 그리스 정교회만의 화려한 내부 장식이 시선을 사로잡는다.

Data 지도 356p-F
가는 법 할리돈 거리 중앙 오른편, 하맘 바로 옆
주소 Plateia Mitropoleos, Halidon, Chania

교회의 종탑과 모스크의 첨탑이 함께
아이오스 니콜라오스 교회 The Church of Agios Nicholaos

멋들어진 카페들이 가득한 1821 광장1821 Plateia 뒤편에 있는 교회다. 베네치아의 지배를 받던 시기인 1205년에 짓기 시작해 1320년에 완성되었다. 이 교회는 본래 도미니칸 수도원의 일부였으나 오토만의 침략 후에는 모스크로 사용되기도 했다. 이슬람 건축에서 볼 수 있는 첨탑Minaret도 바로 이때 건설된 것. 두 개의 원형 발코니가 설치된 높이 솟은 첨탑과 그 옆에 솟은 바실리카 양식의 종탑의 조화가 눈길을 끈다. 크레타의 독립 이후인 1918년부터 그리스 정교회가 이곳의 주인이 되면서 성 니콜라오스에게 다시 봉헌되었다. 세월의 풍파에 본래 모습과는 많이 달라졌지만 독특한 모양새 때문에 많은 사람들이 찾고 있다.

Data 지도 357p-G
가는 법 1821 광장 안에 위치
주소 Rousou Vourdoumpa St. Chania

시장 구경하는 즐거움이 가득
아고라 Agora

하니아 타운 정중앙에 십자 모양으로 생긴 시장이다. 생동감 넘치는 하니아를 보기 좋은 곳이다. 아고라 내부로 들어서면 시장 구경 나온 사람들로 인산인해를 이룬다. 빛깔 좋은 과일과 생선, 큼직하게 썰어 놓은 고기 등을 파는데, 우리나라 재래시장과 분위기가 비슷하다. 올리브유, 치즈, 허브 같은 로컬 제품이나 간단한 기념품 쇼핑을 원한다면 이곳이 안성맞춤이다. 시장 안에는 식당과 카페도 있다. 소박하지만 저렴하면서 맛도 괜찮아 출출한 배를 채우기에 좋다. 단, 혼잡한 것을 싫어한다면 아침 일찍 방문할 것을 추천!

Data 지도 357p-G
가는 법 하니아 종합버스 터미널에서 도보 5분
주소 Plateia Agoras, Chania
전화 211-800-4143
운영시간 현재 재건 공사 진행중이며, 2023년 말 오픈 예정

바다에 풍덩 뛰어들고 싶다면?
네아 호라 Nea Hora

하니아 타운에서 가장 가까운 해변이다. 베네치아 항구에서 도보로 15분 거리다. 해변에는 1km에 달하는 금빛 모래 사장이 시원하게 펼쳐져 있다. 수심도 얕은 편이라 아이들이 놀기에도 적합하다. 해안가를 따라 많은 레스토랑과 카페들이 밀집해 있다. 특히 해물 요리를 취급하는 타베르나들이 인기가 좋다. 매년 9월 초에는 정어리 축제가 열리니 참고하자.

Data 지도 356p-A
가는 법 하니아 타운 베네치아 항구에서 서쪽으로 도보 15분
주소 Nea Hora, Chania

하니아 타운을 한 눈에!
샌 디미트리요새 San Dimitri Bastion

하니아의 거리를 걷다 보면 카메라를 손에서 놓기가 쉽지 않다. 스치는 장면 하나하나가 놓치기 싫은 그림이다. 이 아름다운 도시 전체를 한눈에 담을 수 있는 장소가 있다. 샌 디미트리 요새San Dimitri Bastion가 바로 그곳. 둥근 언덕에 올라서면 이름 모를 꽃들이 무성하게 자란 풀밭이 펼쳐진다. 낡은 돌담을 따라 한 바퀴 쭉 돌아보자. 구불구불한 올드 타운의 골목부터 알록달록 낮은 지붕 사이 솟아 있는 성 니콜라오스 교회의 첨탑까지 다 볼 수 있다. 마치 하니아를 품에 안은 느낌이 들 것이다.

Data 지도 356p-F
가는 법 엣츠 하임 유대교 회당에서 나와 우회전, 콘디라키 거리를 따라 도보 3분
주소 Dtounopapa St, Chania

요일마다 다르다!
하니아 스트리트 마켓 Chania Street Market

하니에서는 일주일에 4번, 각기 다른 거리에서 장이 열린다. 하니아에서 생산된 치즈, 과일, 야채, 육류와 생선은 물론 크레타 전통주인 라키까지 판다. 장은 월요일은 크리토불리두Kritovoulidou, 수요일 마르구니우Margouniou, 목요일 파트리아루 이오아니키우Patriarhou Ioanikiou, 토요일 미누스Minoos 거리에서 열린다. 이 가운데 토요일에 미누스 스트리트에서 열리는 마켓이 가장 인기가 좋다. 장을 보러 나온 현지인들과 뒤섞여 그들의 활기찬 일상을 찬찬히 들여다보자. 장은 아침 일찍 열리고 오후 2시 정도가 되면 슬슬 문을 닫는다. 공휴일에는 열지 않거나 다른 요일로 대체되는 경우가 있으니 염두에 두자. 묵고 있는 숙소 주인장이나 로컬에게 물어보는 것도 현명한 방법!

|Theme|
하니아의 걷고 싶은 거리 BEST 6

카라올리 디미트리우 & 시파카
Karaoli-Dimitriou & Sifaka

과거 하니아를 방어하던 벽 남쪽에 난 거리다. '칼의 거리'라는 애칭을 가지고 있다. 크레타 정통 검과 화려한 자수, 구리로 만들어진 제품 등을 판매하는 상점들로 가득하기 때문에 얻은 애칭이다. 거리의 풍경도 아기자기하면서 고풍스럽다. 색이 바랜 건물의 외벽은 마치 필름 카메라로 찍은 사진처럼 보인다.

스크리드로프
Skrydlof(스티바나디카 Stivanadika)

가죽 제품을 파는 거리로 유명하다. 크레타 전통 의복인 브라카Vraka, 크레타 남성들의 전통 신발인 스티바니아Stivania 등도 볼 수 있다. 과거에는 이곳에서 직접 만들었으나 현재는 하니아 외부에서 들여오는 경우가 많다. 따라서 모든 상점이 질 좋은 제품을 가지고 있는 것은 아니니 신중히 구매하는 것이 좋다.

카네바로 Kanevaro

선사시대부터 사람이 정착해 살았던 카스텔리 구역에 위치. 미노아 시대 키도니아의 유적들을 곳곳에서 발견할 수 있다. 베네치아, 오토만의 지배 기간 통틀어 가장 중요한 역할을 했던 거리로 꼽는다. 이 거리는 아름다운 베네치아풍의 맨션으로 가득했지만 대부분 2차 세계대전 당시 독일의 폭격으로 파괴되었다.

하치미할리 달리아니
Chatzimichali Daliani

하니아의 오래된 무슬림 구역이다. 옷가게, 상점, 보석 가게는 물론 세련된 카페들과 레스토랑들이 즐비한 곳으로도 유명하다. 거리 가운데 우뚝 솟은 첨탑이 인상 깊다.

콘디라키 | Kondylaki

포르투Portou, 잠펠리우Zampeliou와 함께 유대인 구역이었던 곳이다. 콘디라키는 다른 거리에 비해 넓다. 그 이유는 베네치아 시절 물자들을 수송하는 당나귀들이 지나갈 수 있도록 설계했기 때문. 하니아의 유일한 유대교 회당인 엣츠 하임도 이 구역에 있다. 바닥에 수놓인 코블 스톤을 따라 쭉 가다 보면 도시 전체를 조망할 수 있는 샌 디미트리스 요새에 도달한다. 고풍스러운 올드 타운의 느낌이 가장 잘 살아있는 거리 중 하나로 꼽힌다.

테오토코풀루 & 안젤루
Theotokopoulou & Angelou

토파나스 구역에 있다. 16~17세기의 느낌을 고스란히 간직한 베네치아풍 건물을 볼 수 있다. 테오토코플루 거리 사이에 난 작은 샛길 안젤루의 16~18번 건물이 가장 좋은 예로 꼽힌다. 주변에는 오토만 제국의 영향을 받은 건물도 볼 수 있다. 테오토코플루를 중심으로 난 옆 골목들을 하나하나 살펴보자. 중후하고 고즈넉한 분위기는 마치 중세시대로 돌아간 듯한 착각이 들게 한다.

| 올드 타운 도보여행 가이드 |

하니아의 올드 타운은 크지 않다. 반나절만 부지런히 돌아다니면 대부분의 명소를 둘러볼 수 있다. 발길 닿는 대로 걷는 것이 하니아 구시가지 도보 여행의 진정한 매력! 하지만 일정이 바쁜 여행자들을 위한 알짜배기 도보 여행 루트를 준비했다.

1. 아고라에서 출발 – 2. 스크리드로프 거리Skridlof St. – 3. 할리돈 거리Halidon St. : 하니아 고고학 박물관, 하니아 민속 박물관, 트리마리티 그리스 정교회 – 4. 카라올리 디미트리우 거리Karaoil dimitriou St. : 키도니아의 비잔틴 성벽 – 5. 카트레 거리 & 카네바로 거리kastre St. & Kanevaro St. : 카스텔리 구역 – 6. 다스칼 오기아니 거리Daskal Ogianni St. : 성 니콜라오스 교회가 보고 싶다면 올라갔다 오자. – 7. 베네치아 항구Venetian Harbour : 베네치아 조선소Venetian shipyard(Neoria)와 등대 등을 본 뒤 항구의 서쪽으로 향하자. – 8. 아크티 쿤도리오투Akti Kountouriotou St. : 얄리 자미 모스크를 지나 하니아 해양 박물관, 피르카스 요새 등을 관광 – 9. 테오토코풀로 거리Theotokoupoulou St. : 피르카스 뒤쪽으로 올라가 토파나스Topanas 구역 구경 – 10. 잠펠리우 거리zampeliou St. – 11. 콘디라키 거리Kondylaki St. : 엣츠 하임 유대교 회당 – 12. 샌 디미트리 요새San Dimitri Bastion : 파노라믹 뷰 포인트 – 13. 두노파파Dtounopapa St.를 따라 다시 할리돈 거리 도착.

하니아의 숨겨진 오아시스
아이 아포스톨리 | Agii Apostoili

하니아 타운에서 서쪽으로 약 4km 떨어진 곳에 위치한 작은 마을이다. 독특한 삼지창 모양의 만과 그 사이로 펼쳐진 부드러운 모래 해변으로 로컬들에게 사랑받는 곳이다. 특히, 발굽 모양으로 움푹 들어간 만 안에 형성된 바닷가의 모습이 매우 아름답다. 여전히 야생의 냄새를 풍기는 거친 절벽 아래 수정보다 맑은 물이 찰랑거린다. 지리적 특성으로 바람의 영향을 덜 받기 때문에 수심이 비교적 낮고 파도도 잔잔하다. 수영을 즐기기에 최적의 조건을 갖추고 있다. 해변 그 자체로도 멋지지만 하니아까지 이어지는 해안선의 풍경은 그야말로 환상이다. 아이 아포스톨리의 독특한 지형을 한눈에 볼 수 있을 뿐만 아니라 인간의 손길이 덜 닿은 자연의 모습을 만끽할 수 있다. 아이 아포스톨리에서 하니아까지 가는 트레킹은 약 1시간 30분 정도 걸린다. 정해진 시작점은 없다. 아이 아포스톨리 해변에서 동쪽으로 해안선을 따라 걸으면 된다. 걷다 보면 황금 해변Golden beach이라고도 불리는 흐리시 아크티Chrissi Akti 해변이 나온다. 크레타에서 아름답기로 소문난 해변 중의 한 곳이니 잠시 멈춰 수영을 즐겨도 좋다. 모래사장을 따라 계속 걸으면 하니아 타운 비치인 네아 호라Nea Hora, 그리고 하니아 타운에 도착하게 된다.

Data 지도 355p-B 가는 법 하니아 타운 1866 광장에서 아이 아포스톨리행 15번, 21번 버스를 이용한다. 버스 티켓은 정류장 옆 키오스크에서 구매할 수 있으며 가격은 1.1유로. 택시 이용 시 하니아 타운에서 약 10분 걸리며, 요금은 10유로 내외다.

Tip 아이 아포스톨리에서 하기아로 가는 트레킹 코스는 가로등이나 정돈된 길이 있는 것은 아니라서 낮에만 할 것을 권장한다. 비수기에는 인적이 매우 드물다. 가급적이면 혼자 트레킹 하지 말자. 트레킹 코스는 짧지만 그늘이 없고, 길이 평탄한 편이 아니라서 물과 트레킹화를 준비하는 것이 좋다.

EAT

고풍스러운 분위기 속에서 즐기는 지중해·중동의 맛
타맘 Tamam

튀르키예식 목욕탕 하맘을 개조해 만든 레스토랑이다. 세월의 흔적을 고스란히 담은 외부만큼이나 내부 인테리어와 조명도 고풍스럽다. 1982년 어머니가 레스토랑을 열었고, 현재는 아들이 이어받아 운영 중이다. 그리스 전통 음식은 물론 튀르키예, 중동 퓨전 음식을 내놓는다. 음식재료의 85%는 크레타 현지에서 조달하며, 거래처들과 20년 이상 끈끈한 관계를 맺고 있다. 아보카도와 호두가 곁들여진 타맘 샐러드와 이란식 밥 요리는 이 집의 베스트셀러. 스타카Staka나 아파키아Apakia 같은 크레타 전통 음식이나 로컬 치즈도 인기가 좋다. 겨울에는 하니아 타운에서 가장 고급스러운 와인 리스트를 선보인다.

Data 지도 356p-F
주소 49 Zampeliou St. Chania
운영시간 12:00~24:30
요금 타맘 샐러드 9.9 유로, 다코스 5.1유로, 크레탄 소세지 7.2유로, 이라니안 라이스 9.9유로
전화 282-109-6080
홈페이지 www.tamamrestaurant.com

석양과 함께하는 만찬
미할리스 Michalis

수공예 전문점으로 이용되던 19세기 건물을 레스토랑으로 개조했다. 그리스 음식은 물론 샤토브리앙과 같은 스테이크부터 피자·파스타까지 다채로운 메뉴를 보유하고 있다. 올드 하버를 따라 줄지은 레스토랑 중에서도 규모가 꽤 큰 편이라 단체 고객에게도 적합하다. 야외 테이블은 일몰을 감상하기에 최적의 장소다. 하니아 등대 뒤로 하늘이 붉게 물드는 광경은 완벽 그 자체다.

Data 지도 356p-B
가는 법 베네치아 항구 알리 자미 모스크 근처
주소 Akti Tompazi St. and 54~56 Sourmelis St. Venetian Harbour, Chania
전화 282-105-8330
운영시간 3월~10월 11:00~23:00
요금 1인 10~15유로
홈페이지 www.facebook.com/michalis.restaurantchania.5

크레타 바다의 맛이 입에 한가득
글로시테스 Glossitses

크레타 바다가 한눈에 보이는 올드 하버에 위치한 이 레스토랑은 수준급의 해산물 요리를 선보인다. 모든 재료는 어부에게 직접 공급받아 신선하며 깨끗하다. 유기농 제품 심사기관인 바이오 헬라스Bio Hellas에도 등록되어 있어 더욱더 믿음직스럽다. 계절에 따라 부득이하게 냉동 해산물을 사용할 경우에는 메뉴에 따로 표시한다. 유기농 러스크와 페타치즈로 만든 크레타 전통 음식 다코스Dakos, 화이트 와인으로 조린 홍합 스튜Mussels Steamed in Wine with Garic and Herbs, 칼라마리 등이 추천 메뉴. 밥이 그립다면 오징어 먹물 필라피Cuttlefish Pilafi는 탁월한 선택이 될 것! 와인도 좋지만 로컬 맥주인 하르마를 마셔 보자. 탁 트인 바다 풍경을 바라보며 넘기는 맥주 한 모금, 이보다 더 좋을 순 없다.

Data 지도 357p-C
가는 법 베네치아 항구 바다를 마주보고 오른편, 베네시안 조선소 근처
주소 4 Akti Enoseos St. Venetian Harbour, Chania
전화 282-105-9074
운영시간 12:00~밤 늦게, 부활절 기간과 크리스마스 연휴 제외
요금 1인 15~20유로
홈페이지 www.facebook.com/glossitses

하니아 타운 최고의 와인 비스트로
라 보데가 La Bodega

로맨틱한 항구 도시의 밤을 더 아름답게 보내기 위해서는 와인이 빠질 수 없다. 베네치아 항구 왼쪽 끝자락에 있는 이 와인 바는 이탈리안 비스트로를 표방한다. 와인 바 하면 떠오르는 딱딱한 분위기와는 사뭇 다르나. 혼자와도 좋고 여럿이 와서 수다를 떨어도 좋다. 한편에선 시끌벅적한 생일 파티가, 다른 한편에선 조용히 책을 읽으며 와인을 음미한다. 오픈키친이라 요리가 준비되는 과정을 지켜보는 재미도 쏠쏠하다. 라보데가는 크레타 와인을 포함한 다양한 와인 컬렉션을 보유하고 있다. 햄과 치즈는 이탈리아 현지에서 직접 공수해 온다. 특히, 신선함과 풍미가 가득한 프로슈토 샌드위치와 와인의 궁합이 일품이다. 친절한 스태프들이 취향에 따른 최고의 와인을 추천해 줄 것이다.

Data 지도 356p-B
가는 법 베네치아 항구 하니아 해양 박물관 옆
주소 59,60 Akti Kountouriotou St. Chania
전화 282-103-6011
운영시간 매일 10:00~01:00
요금 와인 보틀 당 26유로~, 글라스 6.5유로~, 부르스케타 4.9유로~, 프로슈토 14.5유로~, 메인디시 15유로~
홈페이지 www.facebook.com/labodegachania

이름처럼 맛있다!
테이스티 Tasty

수블라키Souvlaki, 기로스Gyros와 같은 스낵을 파는 곳이다. 저렴하고 맛있게 한 끼를 해결하고 싶다면 이곳이 정답. 수블라키에 질렸다면 클럽 샌드위치도 괜찮은 선택이다. 작렬하는 태양에 지칠 때쯤 잠시 앉아 프레도 에스프레소Freddo Espresso를 홀짝여도 좋다. 할리돈 거리 한가운데 앉아 사람 구경하는 즐거움은 덤이다.

Data 지도 356p-F
주소 78 Halidon St. Chania
전화 282-107-6644
운영시간 3월 초~12월 중순 09:00~01:00(성수기~03:00)
요금 기로스 피타 3.5유로~, 수블라키 8유로~, 샐러드 6유로~, 피자 8유로~, 아침 식사 5.5유로~
홈페이지 www.facebook.com/TastyGrillhouse

단골집에 들른 기분이 나는
칼데리미 Kalderimi

피르카스 요새 뒤편 토파나스Topanas는 올드 타운에서도 가장 매력적인 구역 중 한 곳으로 꼽힌다. 칼데리미는 이 구역의 중심도로인 테오토코풀루Theotokopoulou 거리에 있다. 레스토랑 입구부터 풍기는 맛있는 냄새가 식욕을 자극한다. 투박하고 정겨운 인테리어는 단골집에 온 것 같은 기분을 들게 한다. 대부분의 타베르나들은 그리스 음식만을 판매하는 경우가 많다. 하지만 이곳은 인도 코르마 커리나 독일의 슈니첼 같은 인터네셔널 메뉴도 있다. 식전에 제공되는 구운 빵과 토마토 디핑 소스는 훌륭한 애피타이저다. 해산물 요리와 육류 요리 모두 만족스럽다. 귓가를 울리는 크레타 전통음악은 사람들의 어깨를 들썩이게 만든다. 겨울에는 라이브 공연도 진행하니 참고하자.

Data 지도 356p-A
주소 53 Theotokopoulou St. Chania
전화 282-107-6741
운영시간 10:00~23:50
요금 미노아스 샐러드 9.4유로, 크레탄 샐러드 9.4유로, 부레키 파이 9.8유로, 치킨커리 14유로, 생선 요리 17유로~, 와인 보틀당 19유로~
홈페이지 www.kalderimichania.gr

저렴하게 즐기는 로컬의 맛
아가피니스 Agapinis

아고라 내부 동쪽에 있는 로컬 맛집이다. 1965년 문을 열어 50년째 내려오고 있다. 자그마한 공간이지만 전통 홈메이드 크레타 음식을 맛보려는 사람들로 가득하다. 메뉴판은 따로 없다. 식당 입구에 있는 진열대로 가서 먹고 싶은 음식을 골라 주문하면 된다. 남유럽에서 많이 나는 아티초크가 곁들여진 양고기에 오크라Okras, 껍질콩Greenbeans 볶음과 같은 사이드 메뉴를 곁들이면 저렴하고도 푸짐한 한 끼가 완성된다.

Data 지도 357p-G
가는 법 아고라 내부 동쪽에 위치
주소 No. 47 Municipal Market, Chania 전화 282-105-6820
운영시간 월·화·목 07:00~16:00, 수·금 07:00~17:00, 토 06:00~17:00, 일 휴무
홈페이지 www.agapinis.gr

그리스 젊은이들은 어디서 놀까?
타 할키나 Ta Chalkina

하니아에서 제일 유명한 메제Meze 플레이스. 그리어스 어로 메제란 '작은 접시에 담겨 나오는 소량의 음식' 혹은 그러한 음식들을 파는 장소를 의미한다. 즉, 여럿이 모여 안줏거리와 술을 시켜 나누어 먹는 장소인 셈. 서녁이 되면 레스토랑은 삼삼오오 모여 술잔을 기울이는 그리스 젊은이들로 활기를 띤다. 꿀이 들어간 따뜻한 라키Creta Raki Meli에 치킨 티가니아Chiken Tigania 같은 육류 메제와 함께 먹는 것이 일반적. 저녁에는 라이브 음악 콘서트가 열린다. 흥겨운 노랫가락에 한 번, 달큰한 라키에 두 번 취한 사람들은 베네치아 항구를 무대 삼아 춤을 추기도 한다. 타 할키나에서 크레타인들과 함께 그들의 진짜 밤 문화를 즐겨 보자.

Data 지도 356p-B
가는 법 베네치아 항구 중간지점. 베네치아 무기고 옆에 위치
주소 29,30 Akti Tompazi St. Chania
전화 282-104-1570
운영시간 커피를 마실만한 아침 시간부터 마지막 라키잔이 비워지는 순간까지
요금 25~30유로
홈페이지 www.chalkina.com

괜찮은 채식 레스토랑
투 스타히 To Stachi

채식주의자들의 열렬한 지지를 받는 곳이다. 가뜩이나 건강한 식단으로 유명한 크레타 음식을 더 건강하게 그리고 '맛있게' 만들었다. 모든 재료는 유기농으로 직접 운영하는 농장이나 현지에서 공수하며, 제철 재료를 사용해 시즌마다 다른 메뉴를 선보인다. 하니아식 부레키 Chaniotiko Boureki , 주인장 스텔리오스씨가 직접 만드는 갈락토부레코 galaktoboureko를 비롯한 디저트는 반드시 맛봐야 할 메뉴다.

Data 지도 357p-D
가는 법 베네치아 항구 오른쪽 맨 끝 골목에 위치
주소 5 Defkalionos St, Chania
전화 282-104-2589
운영시간 월요일~토요일 13:00~21:30, 일요일 휴무
요금 메인 12유로~
홈페이지 www.facebook.com/pages/To-Stachi-Bio-Slow-Food/145114458897637

달콤한 꿈의 향연
오네이라 글리카 Oneira Glyka

하니아 타운 최고의 베이커리와 아이스크림을 맛볼 수 있는 곳. 프랑스 정통 제과점을 표방하지만, 그리스의 맛을 가미한 퓨전 베이커리도 만나 볼 수 있다. 오네이라 글리카는 '달콤한 꿈'이라는 뜻. 이름처럼 진열장 안은 달달한 맛의 향연으로 가득하다. 로컬에게 특히 인기가 좋은 집이다. 그리스 디저트를 맛보고 싶다면 진한 커스타드 크림의 엘멕Elmek이나 키오스섬Chios에서 자라는 나무에서 추출한 마스티카Mastika와 우유, 설탕, 사워크림 등을 섞어서 만든 아이스크림인 카이마키Kaimaki를 추천한다. 단, 포장만 가능하다는 점을 유념하자.

Data 지도 357p-K
가는 법 아고라 맞은편에 위치한 아포코로누 길을 따라 도보 약 7분
주소 93 Apokoronou St. Chania
전화 282-105-1104
운영시간 09:00~23:00
요금 엘멕 3.5 유로, 아이스크림 컵당 1.8 유로, 싱글 에스프레소 1.7유로
홈페이지 www.facebook.com/oneiraglykachania

신선함과 달콤함이 입안으로 돌돌!
도메니코 Domenico

수제 롤 아이스크림과 소르베 재질의 아이스팝을 주력으로 하는 숍이다. 차가운 돌판 위에 원하는 맛의 크림 베이스를 붓고, 재료들을 버무린 후 돌돌 만 아이스크림위에 토핑을 가득 담는다. 매일 로컬 마켓에서 공수한 과일로 토핑을 올려서인지 신선함이 남다르다. 맛도 맛이지만 아이스크림을 제조하는 직원들의 현란한 손재주를 보는 것도 또다른 재미! 개성만점 젊은이들이 운영하는 공간으로 매장 분위기도 매우 활기차다. 비건을 위한 메뉴나, 유제품을 먹지 못하는 고객들을 위한 코코넛 밀크 아이스크림을 비롯해 다양한 음료도 준비되어 있다.

Data 지도 356p-A
주소 36 Theotokopoulou St. Chania
전화 694-488-9635
운영시간 매일 10:00~22:00
요금 수제 롤 아이스크림 4.85유로, 아이스 팝 2.3유로
홈페이지 www.domenico.gr

우아하고 스타일리시하게
라 메종 오토만 La Maison Ottomane

올드 타운의 뒷골목 끝에 숨겨진 보석 같은 숙소다. 겉보기에는 구시가지에 널린 수많은 오래된 건물들과 다를 게 없다. 하지만 안으로 들어서는 순간 생각이 달라진다. 호텔이 화려한 오토만 제국의 건축 양식에 영감을 받아 디자인되어 구석구석에 이국적인 이슬람의 향기가 가득하다. 객실 내부의 앤티크한 가구들과 장식품은 중세 시대 고급 저택을 연상시킨다. 바닥에 깔린 카펫부터 빈티지한 은빛 찻주전자까지, 눈을 뗄 수 없는 세심함과 화려함에 취해 객실 밖으로 나오기가 싫을 정도다. 오직 3개의 룸을 보유하고 있는 작은 부티크 호텔이지만 시설과 서비스는 5성급 호텔 못지않다. 호텔의 주인 안드레아스가 제공하는 개인 맞춤형 서비스도 라 메종 오토만의 매력이다. 직접 구운 베이커리와 신선한 오렌지 주스가 포함된 아침 식사도 놓치지 말자.

Data 지도 356p-B
주소 32 Parodos Kanevaro St. Chania
전화 282-100-8796
요금 160유로~520유로 (조식 포함)
홈페이지 www.lamaisonottomane.com

베네치아의 향기가 가득
포르토 베네치아노 Porto Veneziano

하니아에서 가장 아름다운 풍경을 지닌 베네치아 항구에 있다. '포르토 베네치아노'는 '베네치아인들의 항구'라는 뜻. 이름에서부터 호텔의 아이덴티티가 잘 드러난다. 51개의 일반 객실과 6개의 스위트룸을 보유하고 있다. 객실 내부는 네이비색을 사용하여 시원하고 깔끔하게 디자인 되었다. 모든 객실이 바다가 보이는 전망을 가지고 있는 것은 아니지만 실망하긴 이르다. 화이트 마운틴을 배경으로 삼은 하니아의 구시가지 풍경도 그 못지않게 아름답다. 그리스식 조식 뷔페는 포르토 베네치아노의 또 다른 자랑 거리. 홈메이드 파이, 요거트, 크레타 전통치즈, 그릭 커피, 크레타 허브티 등 수십 가지의 메뉴를 제공한다. 조식은 객실 가격에 포함되어 있다.

Data 지도 357p C
가는 법 베네치아 항구 동쪽 끝에 위치 주소 Akti Enoseos St, Venetian Harbour, Chania 전화 282-102-7100
요금 클래식 더블룸 124유로~, 클래식 트리플 룸 149유로~, 주니어 씨뷰 스위트 221유로~(웹사이트에서 다양한 할인 프로모션 진행)
홈페이지 www.portoveneziano.gr

완벽한 위치, 최고의 서비스
사마리아 호텔 Samaria Hotel

하니아를 찾은 관광객과 비즈니스맨 모두 만족할 만한 서비스를 제공한다. 이 호텔의 최대 장점은 접근성. 크레타 주요 도시를 잇는 종합 버스 터미널과 시내버스 터미널이 바로 옆에 있다. 베네치아 항구와 올드 타운도 도보 5분 거리다. 객실 수는 총 87개. 스탠더드, 슈피리어, 이그제큐티브, 펜트하우스까지 타입이 다양하다. 객실 인테리어는 현대적이고 군더더기 없이 깔끔하다. 레스토랑부터 야외 수영장, 회의실까지 없는 것 빼고 다 있다. 그 중에서도 가장 눈이 가는 곳은 로비 공간! 은은하게 퍼지는 음악과 푹신한 소파는 고객들이 편안하게 휴식을 취할 수 있도록 해 준다. 로비에 있는 그랜드 피아노는 투숙객 모두를 위한 것이다. 누군가에 의해 연주되는 아름다운 피아노 선율은 하니아 여행의 깜짝 선물이자 사마리아 호텔의 숨겨진 매력 포인트다.

Data 지도 356p-J
가는 법 하니아 종합 버스 터미널에서 도보 1분
주소 69 Kidonias St. Chania
요금 스탠다드룸 119~199유로, 프리미엄룸 132~218유로, 슈피리어 166~285유로, 이그제큐티브 스위트 237~522유로
전화 282-103-8600
홈페이지 www.samariahotel.gr

크레타

낙원 속의 낙원
아모스 호텔 Ammos Hotel

하니아에서 4km 떨어진 아이 아포스톨리의 해변 바로 앞에 위치한 리조트 호텔이다. 눈이 부시게 파란 바다와 하얀 건물의 조화가 예쁘다. 본채에 위치한 로비 공간은 북유럽의 감성이 물씬 풍긴다. 호텔의 주인장인 니코스와 그리스 건축가인 엘리사 마놀라가 모든 디자인을 총괄했다. 의자 하나부터 벽에 붙은 장식품, 심지어 바닥 타일까지 센스가 가득하다. 객실은 총 33개. 스튜디오, 디럭스 스튜디오, 스위트룸으로 이루어져 있다. 객실 내부 역시 디자인이 돋보인다. 심플하고 정갈한 인테리어에 팝아트적 요소가 가미되었다. 규모가 크지 않은 리조트지만 있을 것은 다 있다. 아이들을 위한 놀이방부터 수영장, 레스토랑, 마사지룸까지 갖췄다. 아모스는 가족 단위 여행객들에게 인기가 많다. 전 연령대를 아우르는 호텔이지만 특히 어린아이들을 배려한 서비스가 돋보인다. 레스토랑도 빼놓을 수 없는 자랑거리다. 맛도 맛이지만 바다가 한눈에 보이는 테라스와 야외 테이블은 없던 입맛도 돌아오게 만든다. 인파로 넘실대는 하니아 타운에서 살짝 벗어나 꿀맛 같은 휴가를 즐기고 싶다면 아모스 호텔은 최고의 선택이 될 것이다.

Data 지도 355p-B
가는 법 하니아 타운 1866 광장에서 15번 탑승 후 페니 미니 마켓 앞에서 하차. 택시 이용 시 하니아 국제공항에서 30~35유로, 하니아 타운에서 10유로.
주소 Irakli avgoula St. Agii Apostoli, Chania
전화 282-103-3033~25, 겨울시즌 694-600-9686
요금 씨 뷰 스튜디오 180~310유로, 가든 뷰 스튜디오 150~260유로, 디럭스 시뷰 스튜디오 200~340유로, 가든 뷰 스위트 260~420유로
홈페이지 www.ammoshotel.com

내 집처럼 편안한 중저가 호텔
니리스 호텔 Niriis Hotel

아이 아포스톨리에 위치한다. 아담한 맨션을 개조한 호텔로 6인실 도미토리를 포함해 22개의 객실을 보유하고 있다. 니리스 호텔은 하니아 지역에서 찾을 수 있는 가장 저렴한 숙소로 배낭여행객들에게 인기가 좋다. 객실은 단순하지만 아주 깨끗하게 관리되고 있다. 모든 객실에 작은 부엌이 마련되어 있어 간단한 요리를 해먹을 수 있다. 해변은 도보로 5분 거리, 마트나 약국과 같은 편의시설도 도보 10분 거리에 있다. 니리스 호텔의 주인장이 제공하는 방대한 양의 하니아 여행정보도 놀랍다.

Data 지도 355p-B
가는 법 하니아 타운 1866 광장에서 21번 버스 탑승 후 아이 아포스톨리 주차장 하차. 택시는 아모스 호텔 참조.
주소 Herakleous St. Agii Apostoli, Chania 전화 282-103-3034
요금 6인실 도미토리 12~18유로, 투룸 4베드 55~100유로, 3베드룸 35~75유로, 2베드룸 30~60유로
홈페이지 www.niriishotel.com

부담 없는 중저가 호텔
이피게니아 Ifigenia

올드 타운에 있는 5개 건물에서 숙박을 제공하는 호텔이다. 건물은 감바, 잠펠리우, 테오토코풀루 등의 거리에 흩어져 있다. 객실 수는 모두 25개. 자쿠지가 딸린 방부터 스탠더드, 심플룸까지 다양하다. 이피게니아의 가장 큰 경쟁력은 위치와 가격. 성수기 하니아 타운의 숙박 가격이 하늘 높이 치솟는 것에 비하면 꽤 저렴하다. 객실의 상태는 평균이다. 부담 없는 가격과 좋은 위치에 중점을 두는 여행자에게 추천한다.

Data 지도 356p-A
주소 23 Gamba St. 21 Gamba and Angelou St. 77 Zampeliou St. 9.12.15 Theotokopoulou St. Chania 전화 282-109-4357
요금 이코노미 더블룸 54유로~
홈페이지 www.ifigeniastudios.gr

키사모스

KISSAMOS
ΚΙΣΣΑΜΟΣ

하니아 타운에서 서쪽으로 37km 떨어진 곳, 키사모스만을 끼고 있는 작은 마을이다. 옛 베네치아 성이 있던 곳이라 하여 카스텔리로 불리기도 한다. 겉보기에는 한적한 시골마을 같지만 여름이면 길거리는 여행객들로 넘쳐난다. 키사모스는 오랜 역사를 배경으로 한 풍부한 문화유산과 천혜의 자연환경을 지니고 있어 서부 크레타 여행의 최적의 장소로 꼽힌다. 키사모스 사람들은 크레타에서도 친절하기로 소문났다. 때 묻지 않은 자연만큼이나 순수한 그들의 웃음과 함께 키사모스의 매력에 빠져보자.

키사모스
미리보기

키사모스는 유유자적 거닐기 좋은 마을이다. 아기자기한 골목길을 거닐어도 좋고 해안가를 따라 산책하다 바닷속에 풍덩 뛰어들어도 좋다. 작은 마을이기 때문에 반나절이면 충분히 돌아본다. 자동차로 여행한다면 서부 크레타 구석구석을 야무지게 볼 수 있지만, 대부분의 명소는 버스나 페리로 갈 수 있다.

SEE

그람부사Gramvousa와 발로스 라군Balos Lagoon은 키사모스 최대 관광 명소다. 그 외에도 고대 도시의 흔적을 볼 수 있는 폴리리니아Polyrinia, 전 세계적으로 아름답기로 소문난 해변인 팔라사르나Falassarna, 엘라포니시Elafonisi까지 볼거리가 넘쳐난다.

EAT

작은 마을인 만큼 선택의 폭이 하니아에 비해 적다. 그러나 대부분의 레스토랑이 꽤 괜찮은 그리스·크레타 음식을 선보인다. 마트나 스낵바는 주로 키사모스 타운 중심가에 모여 있다. 식사를 할 수 있는 타베르나는 주로 해변가나 조금 떨어진 곳에 위치한다. 키사모스는 특히 질 좋은 양고기 요리와 올리브로 유명하다. 꼬냑이나 브랜디의 느낌이 나는 독특한 레드와인은 키사모스에서만 맛볼 수 있으니 놓치지 말자.

SLEEP

키사모스에는 약 20개의 호텔이 있다. 대부분의 호텔은 해변 근처에 위치한다. 서부 크레타 여행의 요충지로 꼽히는 만큼 호텔의 객실 상태와 서비스는 좋은 편. 가격은 하니아 타운의 호텔에 비해 저렴하다. 그러나 7~8월에는 괜찮은 호텔들이 금방 만실 되는 경우가 많으니 2~3개월 전에 예약하는 것이 좋다.

키사모스
찾아가기

  어떻게 갈까?

키사모스로 가는 방법은 렌트카, 버스, 페리가 있다. 하니아 국제공항을 통해 오는 여행자는 보통 공항에서 렌트를 하는 경우가 많다. 택시로는 약 70~90유로의 금액을 예상하면 된다.

1. 버스
버스를 이용할 예정이라면 우선 하니아 타운으로 가야 한다. 하니아 타운과 키사모스를 잇는 버스는 하루 2023년 상반기 기준 9대 운행된다. 금액은 4.7유로, 1시간 정도 소요된다. 헤라클리온과 레팀노에서 오는 경우에도 하니아에서 갈아타야 한다. 시즌에 따라 스케줄이 달라지니 웹사이트www.e-ktel.com에서 확인하자. 웹사이트에는 키사모스가 아닌 카스텔리Kastelli로 표기되어 있으니 헷갈리지 않도록 유의하자.

하니아 → 키사모스(카스텔리)

매일	07:00 08:30 09:30 11:00 13:00 14:30 15:30 17:30 21:30

2. 페리
키사모스에는 올드포트와 뉴포트 2개의 항구가 있다. 페리가 운행 되는 곳은 뉴포트다. 뉴포트는 타운에서 약 3km 정도 떨어진 곳에 있다. 키사모스와 아테네, 펠로폰네소스의 지티온Gythion과 칼라마타Kalamata 등을 연결하는 페리가 이곳을 통해 오간다. 페리 스케줄은 변경되는 경우가 있으니 반드시 웹사이트 www.ferries.com에서 확인하자. 키사모스 타운에서 항구까지는 도보, 택시, 버스를 이용할 수 있다.

  어떻게 다닐까?

키사모스 타운에서는 별다른 교통편이 필요하지 않다. 도보로 충분하다. 그러나 주변 관광지로 갈 때는 렌터카, 버스, 혹은 페리를 이용해야 한다. 크레타 여행에 있어 최적의 교통수단은 렌터카다. 키사모스 종합버스 터미널은 하니아는 물론 팔라사르나, 엘라포시니, 크레타 남부 도시들을 잇는 버스가 운행된다. 키사모스에는 2개의 정류장이 있는데, 서쪽에 위치한 것이 메인 버스 터미널, 동쪽에 있는 것이 간이 정류장이다. 숙소에서 더 가까운 정류장을 이용하면 된다. 자세한 시간표는 각 장소의 데이터 정보나 www.e-ktel.com을 확인하도록 하자.

I INFORMATION I

키사모스는 작은 마을이다. 메인 거리인 이룬 폴리테흐니우Iroon Politechniou에 은행, 슈퍼마켓, 여행사, 택시스탠드, 버스 장류장 등과 같은 편의 시설이 모두 모여 있다.

버스 터미널
주소 77 Iroon Politechniou St. Kissamos
전화 282-202-2035

페리 터미널
전화 282-202-2024

우체국
주소 120 Iroon politechniou St. Kissamos
운영시간 평일 07:30~14:30
전화 282-202-2052

대형마트
까르푸
메인거리 서쪽 끝에 위치
주소 Iroon politechniou St. Kissamos
운영시간 09:00~21:00

병원
키사모스 헬스 센터Health Center of Kissamos
주소 40 Omogenon St. Kissamos
전화 282-234-0100

라디오 택시
전화 282-202-4024

서부 크레타의 보물
키사모스 타운 Kissamos Town

키사모스 타운은 작은 휴양 도시이다. 크레타에서 둘째가라면 서러울 청정 자연과 지리적 이점으로 서부 크레타 관광의 허브 역할을 톡톡히 한다. 키사모스 자체가 볼거리고 즐길 거리다. 키사모스 메인도로에서 도보로 불과 5분이면 해변에 도착한다. 서쪽 해변은 마브로스 몰로스Mavros Molos, 동쪽 해변은 텔로니오Telonio라고 불린다. 비성수기에는 평화롭고 아기자기한 마을이지만 여름이 되면 해변에는 수영을 즐기는 사람들과 비치파라솔로 발 디딜 틈이 없다. 키사모스는 도리아 시대 폴리리니아라는 고대 도시의 항구였던 곳으로 깊고 풍부한 역사를 지니고 있다. 키사모스에 대해 더 알고 싶다면 타운 중앙에 위치한 고고학 박물관으로 가자. 서부 크레타 역사의 발자취를 느낄 수 있는 곳이다. 특히 2층에 전시되고 있는 로마 모자이크 바닥이 눈길을 사로잡는다.

해적의 전설이 살아 숨쉬는
그람부사 Gramvousa

그람부사는 키사모스 북서쪽 해안가에 있는 두 개의 무인도와 이것을 아우르는 반도를 통칭한다. 두 개의 섬 중 크기가 좀 더 큰 것이 이메리 그람부사Imeri Gramvousa, 작은 것은 아그리아 그람부사Agria Gramvousa 라고 불린다. 보통 그람부사를 간다고 할 때에는 이메리 그람부사를 의미한다. 이메리 그람부사의 뜻은 '길들여진 그람부사'로, 16세기 오토만 제국의 침략을 방어하기 위해 지어진 베네치아성이 있다. 그람부사는 해적의 전설적인 활동으로도 유명하다. 그리스 독립 전쟁 당시 그리스 혁명군은 베네치아성을 수복하기 위해 오토만 군처럼 위장하고 그람부사에 침투한다. 혁명군은 마침내 오토만 군을 물리치는데 성공했으나 섬에 갇히고 만다. 오토만 군이 섬 주변에 진을 치고 그들의 탈출을 방해했기 때문. 꼼짝없이 발이 묶인 혁명군은 생존을 위해 지나가는 선박을 약탈하고 도적질을 일삼는 해적의 길을 선택한다. 고립의 기간이 길어지면서 섬은 악명 높은 해적의 본거지가 되는데, 독립 전쟁에서 완전히 승리한 뒤에도 이들의 해적질은 계속됐다. 결국 그리스 정부는 프랑스와 영국의 함대를 보내 그들을 소탕한다. 섬 주변을 자세히 살펴보면 곳곳이 구멍이 뚫려 있는 것을 볼 수 있다. 이곳에 과거 해적들이 숨겨 놓은 보석이 있다는 이야기도 전해져 내려온다.

Data 지도 355p-A

가는 법 그람부사로 가는 방법은 페리를 이용하는 것밖에 없다. 페리는 키사모스 항구에서 출발하며 그람부사를 들른 후 발로스까지 둘러본다. 매일 키사모스 항구에서 10:10, 12:40분 출발, 투어 후 각각 17:45, 19:40에 도착. 매주 월·토요일에는 10:25에 출발하여 발로스 라군에만 3.5시간을 머문후 오후 4시경 항구로 돌아오는 배편이 마련되어 있다. 페리 운항은 4월~10월까지, 날씨와 상황에 따라 결항되거나 증편 가능성이 있다.

요금 12세 이상 28유로(12세 이하는 14유로), 점심이 포함될 경우 37.90유로 (23.90유로). www.cretandailycruises.com에서 온라인 예약도 가능하니 확인해 보자.

신비로운 산호빛 모래가 있는
엘라포니시 | Elafonisi

크레타를 여행하게 되면 반드시 한 번 이상 듣게 될 그 이름 엘라포니시. 하니아에서 75km 떨어진 크레타 남서쪽에 위치한 작은 섬인데, 아름다운 해변으로 더 유명하다. 엘라포니시는 '사슴의 섬'이라는 뜻이다. 하지만 사슴은 찾아볼 수 없다. 대신 섬 주변은 산호 빛깔의 고운 모래로 가득하다. 그 위로는 크리스털보다 투명한 바닷물이 잔잔하게 흐른다. 햇빛에 따라 물의 색깔이 마법처럼 바뀌는 모습은 마치 꿈을 꾸는 듯한 착각을 불러일으킨다. 하지만 항상 천국일 것만 같은 엘라포니시에는 참혹한 역사가 서려 있다. 부활절이었던 1824년 4월 24일 일요일, 오토만 군인들에 의해 이 섬에 살던 850명의 주민이 죽음을 당한다. 이것은 크레타인들의 저항에 대한 보복성 학살이었으며, 피해자의 대부분은 여자, 그리고 어린아이들이었다. 아름다움과 슬픔을 모두 품고 있는 엘라포니시. 세계 최고의 해변 중 한 곳인 만큼 성수기에는 수많은 사람들로 발 디딜 틈이 없다. 인파를 피하고 싶다면 하니아에서 오는 버스의 도착 시간인 오전 11시 이전 혹은 오후 5시 이후에 찾는 것이 좋다.

Data 지도 355p-D
가는 법 성수기철에는 하니아 타운 종합버스 터미널에서 매일 09:00에 출발하며, 16:00에 돌아온다.
소요 시간은 2시간 15분, **요금** 11유로. 같은 버스가 키사모스 타운에도 정차한다. 하니아에서 키사모스까지는 50분~1시간 소요되므로 키사모스에는 오전 10시 정도에 도착한다. 정확한 버스시간표가 없으니 미리 버스 터미널에 나가 있는 게 좋다. 렌터카 이용 시 키사모스에서 약 1시간 소요된다.

> **Tip** 이곳 역시 2015년부터 생태계 보존을 위해 공용 선베드와 파라솔 설치가 금지되었다. 돗자리나 양산 챙기는 것을 잊지 말자.

숨이 멎을 것 같은 자연의 아름다움
발로스 라군 Balos Lagoon

그람부사와 프라이팬 형상을 한 케이프 티가니Cape Tigani 사이에는 천국보다 아름다운 곳이 있다. 옥빛 물과 하얀 모래가 신비롭게 펼쳐진 발로스 라군Balos Lagoon. 크레타는 물론 그리스에서 가장 아름다운 해변 중 하나로 꼽힌다. 얕은 수심과 따뜻한 수온, 바닥이 훤히 보이는 투명하고 깨끗한 물은 캐리비안의 바다를 연상시킨다. 바지를 걷고 해변을 이리저리 거닐기도 하고 물속에 풍덩 뛰어들어 헤엄치다 보면 마치 한 마리 물고기가 된 기분이다. 바로 앞에 보이는 그람부사와 에메랄드를 흩뿌린 듯한 지중해의 모습은 시간이 멈췄으면 좋겠다는 생각이 절로 들게 한다. 발로스로 가는 길도 발로스만큼이나 황홀하다. 판타지 영화에서나 볼 법한 장면이 눈앞에 펼쳐진다. 특이한 동식물로 가득한 구릉과 오른쪽에서 서서히 모습을 들러내는 발로스 라군의 풍경은 비현실적으로 아름답다.

Data 지도 355p-A
가는 법 발로스로 가는 방법은 크게 세 가지. 키사모스에서 칼리비아니까지 간 후 트레킹을 하는 방법, 승용차 혹은 버스로 발로스까지 이동 뒤 라군으로 걸어가는 방법, 키사모스 항구에서 페리를 타고 가는 방법이 있다.

Tip 발로스 라군에는 2015년부터 생태계 보존을 위해 공용 선 베드와 파라솔 설치가 금지되었다. 돗자리나 양산 챙기는 것을 잊지 말자. 페리를 이용한다면 페리에서 파라솔을 대여할 수 있다. 여름에는 스낵바나 소수의 타베르나들이 영업하지만 비수기에는 모두 문을 닫는다. 물과 먹을 음식을 준비해 가자.

Tip | 발로스 라군으로 가는 방법 |

- **페리**

가장 편리한 이동 수단이다. 단, 발로스 입구부터 라군까지 걸으면서 볼 수 있는 대자연의 풍경을 볼 수 없다는 것이 단점이다. 그러나 운이 좋으면 돌고래를 보는 행운이 찾아올 수도 있다. 매일 아침 키사모스 항구에서 페리가 운행된다. 그람부사와 동일한 페리를 이용한다.

- **트레킹**

칼리비아니Kaliviani에서 트레킹을 할 경우 총 거리는 약 10km, 평균적으로 3시간 정도가 소요된다. 먼지가 풀풀 날리는 비포장도로를 오랜 시간 걸어야 하지만 오른쪽으로 펼쳐지는 바다 풍경이 압도적이다. 트레킹을 좋아하는 사람이라면 시도해 볼 만하다. 넉넉한 물, 선글라스와 선크림, 튼튼한 신발은 필수다. 단, 관광객이 많은 여름 성수기에는 추천하지 않는다.

- **렌터카**

트레킹과 함께 발로스의 석양을 볼 수 있는 방법이다. 키사모스에서 발로스까지는 약 40분 정도 소요된다. 렌터카 이용 시 발로스 입구에 주차를 한 뒤 약 1.5km, 30분 정도를 걸어가야 한다. 비포장도로라 사륜구동 SUV가 가장 이상적이다. 다만 길이 험해 운전에 미숙한 사람에게는 권장하지 않는다. 비포장도로를 달려야 하므로 차를 렌트할 때 보험 적용 여부를 확인할 것을 추천한다.

- **버스**

성수기에는 하니아-키사모스-발로스를 잇는 버스가 운행되기도 한다. 하루에 약 4대 정도 운행되며 발로스 입구에서 하차 후 라군까지 30분 정도를 걸어가야 한다. 시즌마다 운행 여부가 다르니 여행 전 확인하도록 하자.

크레타의 스파르타!
폴리리니아 Polyrinia

해발 400m 고지에 우뚝 서 있는 폴리리니아 아크로폴리스. 과거 크레타의 서부 해안을 호령했던 용맹스러운 도시의 흔적이 남아 있다. 폴리리니아는 크레타에서 가장 튼튼한 요새가 있던 도시이자 키도니아(현 하니아) 다음으로 강력했던 도시로 평가받고 있다. 그 요새의 일부는 지금도 보존되어 있다. 이곳 사람들은 '많은 양들Many Sheeps'이란 의미를 지닌 귀여운 이름과는 다르게 호전적이고 전투적인 성향을 가지고 있던 것으로 알려졌다. 고대 그리스 시대부터 오랜 기간 번영을 유지하던 폴리리니아는 시간이 지남에 따라 그 세력이 키사모스와 같은 주변 도시들로 이동되면서 잊혔지만 강력한 요새 시설은 이후에도 오랫동안 사용되었다. 폴리리니아는 아크로폴리스 유적지 외에도 키사모스의 아름다운 자연 풍경을 볼 수 있는 최적의 장소이다. 아르테미스에게 봉헌되었던 신전 위에 세워진 '99인의 성부들의 교회'The Church of 99 Holy Fathers를 넘어 언덕의 꼭대기로 올라가 보자. 야생화가 만개한 길을 따라 약 20분 걸어가면 가슴 벅차도록 아름다운 풍광이 눈앞에 펼쳐진다.

Data 지도 355p-A
가는 법 키사모스에서 렌터카 이용 시 20분 소요. 택시는 택시는 약 10유로
주소 Polyrinia, 혹은 polirrinia, Kissamos

황금 계단이 보이시나요?
크리소스칼리티사 수도원 Chrisoskalitissa Monastery

이 고요하고 소박한 정교회 수도원은 엘라포니시로 가는 길목에 있다. 크리소스칼리티사Chrisoskalitissa란 '금빛 계단의 성모'라는 의미. 이 이름에 얽힌 이야기가 흥미롭다. 수도원 정문에 도달하기 위해서는 99개의 계단을 올라야 하는데, 그중 하나는 금으로 만들어져 있단다. 그러나 죄에서 완전히 자유로운 자만이 이 황금 계단을 볼 수 있다는 것! 하지만 금계단을 보지 못하더라도 너무 실망하지는 말자. 99개의 계단을 올라야만 얻을 수 있는 황홀한 전망이 위로해 줄 것이다.

Data 지도 355p-D
가는 법 엘라포니시로 가는 길목. 키사모스에서 35km 떨어진 곳에 위치. 주소 Moni Chrisoskalitissis, Greece 요금 2.5유로

로컬들이 사랑하는
팔라사르나 Falassarna

키사모스에서 15km, 크레타 가장 서쪽에 있는 작고 오래된 항구 도시이다. 팔라사르나는 오래전 폴리리니아의 항구로 사용되었는데, 본래는 수백 미터의 성벽에 둘러싸인 폐구항의 모습을 띠고 있었다. 1986년부터 발굴 작업이 시작되어 현재까지도 진행 중이다. 사냥의 여신 디아나의 신전이나 거대한 방어벽, 저수지 등과 같은 과거 융성했던 고대 도시의 흔적을 볼 수 있는 중요 유적지 중 하나이다. 팔라사르나는 길고 넓은 해변을 가진 것으로도 명성이 높다. 현지인들이 가장 좋아하는 해변으로 꼽는 곳이기도 하다. 작은 언덕을 기준으로 크게 두 개의 해변으로 나뉜다. 남쪽에 있는 파히아 아모스Pachia Ammos 해변이 더 인기가 좋다. 워낙 규모가 크기 때문에 관광객이 쏟아지는 여름에도 다른 해변에 비해 북적이는 느낌이 적다. 끝없이 펼쳐진 고운 모래사장과 눈이 시리도록 푸른 바다는 당장이라도 물속에 뛰어들고 싶게 만든다.

Data 지도 355p-A
가는 법 키사모스에서 약 15km, 렌터카 이용 시 25분 소요. 키사모스에서 팔라사르나로 가는 버스는 보통 하루에 3~4대가 운행된다(성수기에는 7대 정도로 증편 운행된다). 요금은 3.8유로이며, 버스 스케줄은 매년 바뀐다. 자세한 버스 시간표는 웹사이트 www.e-ktel.com을 참조하자.

| Theme |

고독하게 즐기는 사마리아 협곡 트레킹

크레타에 오면 반드시 해야 할 일이 있다. 화이트 마운틴 깊숙한 곳을 관통하는 거대한 협곡, 대자연을 품은 사마리아Samaria Gorge를 걷는 일이다. 사마리아 협곡 트레킹은 사마리아 국립공원의 입구인 힐로스칼로Xyloskalo에서 시작된다. 처음에는 가파른 내리막길을 약 2km 내려간다. 사마리아 협곡 트레킹을 통틀어 가장 힘들고 지루한 구간이다. 하지만 한 폭의 수채화 같은 산의 풍경과 점점 가까워지는 계곡의 물소리에 땀이 절로 식는다. 계곡의 끝에 다르면 본격적인 협곡 트레킹이 시작된다. 비교적 완만한 돌길을 따라 작은 개천을 몇 번 지나면 사마리아 마을에 도착한다. 사마리아 마을은 1962년까지는 사람이 살았다. 그러나 국립공원으로 지정되면서 모두 이주했다. 주인을 잃고 텅 비어버린 마을에는 커다란 뿔을 가진 크레타 토종 야생 염소 크리크리Kri-kri(아그리미아Agrimia)만이 트레커들을 반긴다. 사마리아 마을에서 발걸음을 계속해서 옮긴다. 돌이 가득한 강바닥을 걷다 보면 발과 무릎이 쑤셔 온다. 그래도 꾹 참고 견디면 사마리아 협곡의 하이라이트가 기다리고 있다. 아이언 게이트Iron Gate라고 불리우는 포르테Porte가 바로 그것. 이곳은 폭이 약 4m에 불과한데, 협곡 양 옆으로는 300m나 되는 절벽이 솟아 있다. 자연이 만들어 낸 절경에 절로 감탄을 하게 한다. 이곳에서 크레타의 강렬한 태양도 쉽사리 들어올 수 없는 사마리아의 문을 지나 2km 가량 더 가면 아기아 루멜리Agia Roumeli라는 마을에 닿는다. 마을 앞으로 리비아해가 시원하게 펼쳐진다. 사마리아 협곡 트레킹 거리는 16km, 소요 시간은 6~7시간이다. 긴 여정의 트레킹 코스인 만큼 완주 뒤에 맛보는 쾌감과 자유는 남다르다.

| 사마리아 협곡 트레킹 준비하기 |

사마리아 협곡 트레킹 코스는 총 16km. 소요 시간은 사람에 따라 천차만별이다. 보통 체력을 가진 사람을 기준으로 휴식 시간까지 포함해 6~7시간 정도가 일반적이다. 코스 자체가 어렵지는 않다. 다만, 돌바닥이 미끄럽고 경사가 가파른 구간이 있으니 트레킹화를 신는 게 좋다. 사마리아 협곡은 국립공원이라 음식이나 물을 살 수 있는 곳이 없다. 개별적으로 음식과 물을 가져가야 한다. 식수대는 곳곳에 충분하게 있으니 물은 1~2병 정도면 충분하다. 트레킹 코스 곳곳에는 비상사태를 대비한 긴급 연락망이 설치되어 있다. 사마리아 국립공원은 5월~10월 중순까지만 개방한다. 겨울에 진행되는 보수 기간이 길어지거나 날씨가 좋지 않을 경우 개방 시기가 연기될 수도 있다. 사전에 확인하고 가는 것이 좋다. 개방 기간에도 날씨에 따라 위험하다고 판단되면 열지 않으니 참고하자. 오픈 시간은 오전 6시부터 해지기 전까지다. 보통 오후 2시에 출입을 제한하며 오후 4시에 문을 닫는다. 트레킹 입장료는 15세 이상 5유로, 15세 이하 무료다. 티켓은 트레킹을 마칠 때도 검사하니 항상 소지하고 있어야 한다.

전화 282-104-5570 info@samaria.gr

교통 및 투어 사마리아 협곡을 가는 방법은 버스, 렌트카, 여행사를 통한 투어가 있다.

버스
하니아 종합 버스 터미널에서 오말로스(사마리아 국립공원 입구)로 가는 버스는 성수기 기준 1일3회 운행 (06:15, 07:45, 08:45)하며 1시간 30분 소요된다. 트레킹의 종착점인 아기아 루멜리에서는 보트를 타고 호라 스파키온Hora Stakion 혹은 수기아Sougia로 가는 것이 가장 일반적이며, 보트는 둘 다 17:30분 출발한다. 호라스파키온에서 하니아로 가는 버스는 18:30, 수기아에서 하니아로 가는 버스는 18:15출발한다. 요금은 각각 12.5유로, 13유로다. 그리스의 특성상 버스 및 보트 스케줄은 상황에 따라 매우 유동적이다. 하니아 버스 웹사이트 www.e-ktel.com 와 사마리아 협곡 웹사이트 www.samaria.gr를 참조하자.

렌트카
렌트카 이용시는 트레킹을 했던 장소로 다시 돌아가야 한다는 불편함이 있다. 완주를 하지 않을 예정이라면 괜찮지만 완주를 할 예정이라면 효율적이지 못하다. 버스 이용자와 마찬가지로 오말로스에 주차한 뒤 트레킹을 하는 것이 일반적이다.

여행사 투어
크레타 북부 해안에 있는 대부분의 도시에서 여행사 투어를 이용할 수 있다. 그러나 시간과 비용 면에서 봤을 때 하니아나 키사모스 같은 서크레타에서 계획하는 것이 좋다.

EAT

크레탄 음식의 진수
스텔리오스 앤 카티나 Stelios and Katina

정통 홈메이드 크레타 음식의 진수를 보여 준다. 고기는 현지 농부로부터, 생선은 마을 어부에게 공급받는다. 키울 수 있는 모든 채소는 자신의 텃밭에서 재배한다. 당연히 재료가 신선할 수밖에 없다. 세련된 인테리어도 돋보인다. 밀짚으로 엮은 나무 의자와 베이지색이 감도는 커튼, 은은한 조명은 안락함과 고급스러운 분위기를 동시에 연출한다. 여름철에는 레스토랑 뒤편에 위치한 정원도 개방한다. 메뉴는 매우 다양하다. 크레타치즈인 그라비에라Graviera, 야생 채소Wildgreen, 그리스식 소세지Greek sausage 등을 먹어 보지 않았다면 이곳에서 시도해 보자. 소세지와 차지키Tzatziki를 곁들여 먹는 것이 포인트! 구운 새우와 오징어 요리, 쉬림프 사가나키Shirimp Saganaki도 훌륭한 선택이다. 단, 겨울철에는 그릭 샐러드를 판매하지 않는다. 그릭 샐러드에 들어가는 주요 재료들이 겨울에는 재배되지 않기 때문!

Data **지도** 382p-A
가는 법 차나카키 광장 기준 서쪽 마브로스 해변 방향으로 도보 8분
주소 47 Agamemnonos, Mavros Molos, Kissamos
전화 282-202-3166
운영시간 매일 08:00~24:00
요금 25~30유로
홈페이지 www.facebook.com/Stelioskatina

키사모스의 바다가 내품에
셀라 Cellar

키사모스 텔로니오Telonio 해변에 있다. 레스토랑 내부 벽면에 크레타 전통 농기구들은 소박한 타베르나의 분위기를 물씬 느낄 수 있게 해준다. 그리스, 크레타 음식과 채식주의자들을 위한 음식까지 있어 메뉴 선택의 폭이 넓다. 메뉴에는 없지만, 야채, 고기, 화이트 소스의 조화가 일품인 무사카Moussaka와 속을 채운 토마토 요리Stuffed Tomatoes도 요청하면 맛볼 수 있다. 국물이 그립다면 생선수프도 괜찮다. 제철 해산물 요리나 특별히 먹고 싶은 요리가 있다면 방문 전 연락해 조율할 수 있으니 망설이지 말 것. 이곳은 해 질 녘 방문할 것을 추천한다. 파도 소리가 들리는 야외 테이블에서 키사모스만의 붉은 노을을 바라보자. 아마 평생 잊지 못할 시간이 될 것이다.

Data 지도 382p-B
가는 법 비치프론트에 위치. 갈리니 비치호텔을 기준으로 텔로니오 해변을 따라 서쪽으로 도보 5분
주소 Telonio Beach, Kissamos
전화 282-202-3700
운영시간 3월 29일~10월 31일/매일 08:30 ~ 늦은밤 (마지막 손님이 떠날 때까지)
요금 1인 20~30유로
홈페이지 www.facebook.com/TheCellarToKelari

동화 속 그림 같은
그람부사 Gramboussa

발로스로 가는 길목에 있는 마지막 마을, 칼리비아니Kaliviani에 있다. 접근성이 그리 좋지 않음에도 불구하고 인기가 좋은 이유는 간단하다. 환상적인 분위기와 음식! 레스토랑의 인테리어는 동화 속에 나오는 커다란 통나무집을 그대로 옮겨 놓은 느낌이다. 올리브유와 식초를 담은 호리병부터 포크와 나이프가 담긴 알록달록한 손주머니까지 어느 것 하나 특별하지 않은 것이 없다. 수백 년 전부터 내려오는 전통 레시피 그대로 요리를 한다. 특히 육류 요리에 강세를 보이는데, 다른 곳에서는 쉽게 맛볼 수 없는 아기돼지고기Piglet Cooked in Vines나 토끼고기요리 Rabbit in Wine Sauce 등을 선보인다. 레스토랑 밖에서 보는 전망도 색다르다. 한눈에 들어오는 키사모스의 푸른 바다와 로도푸Rodopou 반도의 전경은 그리스 최고의 풍경 중 하나라고 해도 손색이 없을 정도.

Data 지도 382p-A
가는 법 택시 혹은 렌터카를 이용하는 것이 최선의 방법. 택시 요금은 약 10유로.
주소 Gramboussa Kissamou, Kaliviani **전화** 282-202-2707
운영시간 12:00~밤늦게까지
요금 에피타이저 7유로~, 아기돼지 요리 12.5유로, 무사카 10.7유로, 씨푸드메뉴 6유로~, 키사모스 와인 4유로~ **홈페이지** www.gramboussa-restaurant.gr

키사모스에서 가장 스위트한 가게
시만티라키스 Simantirakis

메인 거리에 위치한 이 소박한 디저트 가게 안은 설렘으로 가득하다. 생일 케이크를 사는 사람, 결혼식 디저트를 준비하러 온 사람 등. 키사모스 사람들의 기념일은 시만티라키스에서 시작된다. 프렌치 디저트부터 그리스 전통 빵, 수제 아이스크림과 초콜릿까지 각양각색의 디저트를 맛볼 수 있다. 키사모스 제일가는 달콤함은 물론 가격까지 착하다. 상큼함이 일품인 레몬 케이크와 초코와 크림의 풍미가 가득한 프로피테롤Profiteroles을 추천한다.

Data 지도 382p-E
주소 112 Iroon Politechniou St. Kissamos
전화 282-202-3572
운영시간 월~토 08:30~23:00, 일요일 10:00~15:00, 16:00~23:00
요금 케이크 한 조각 2유로~, 레몬파이 11유로

메인 거리의 메제 맛집
스카시아르히오 Skasiarxeio

키사모스 메인 거리에 있는 메제 플레이스다. 스카시아르히오는 그리스어로 '무단결석'이라는 뜻. 교실을 연상시키는 인테리어가 재치 있다. 치즈볼Cheese Balls이나, 다코스Dakos, 치킨파이Chicken Pie 등과 같은 메제를 여러 가지 시켜놓고 한잔하기 좋다. 저녁에는 라이브 음악 공연이 열리기도 한다. 커피 잘 하는 집으로도 유명하니 프레도 에스프레소 한잔하는 것도 잊지 말자.

Data 지도 382p-F
주소 77 Iroon politechniou St. Kissamos
전화 282-202-4341
운영시간 아침 일찍부터 저녁 늦게까지
요금 다코타 5.5유로, 그릭샐러드 6유로, 스카시아르히오 샐러드 7유로,
홈페이지 www.skasiarhio.gr

|Theme|
깊고 진한 향기가 나는 키사모스 와인, 마루바스

마루바스는 키사모스 지방에서 생산되는 전통 포도주다. 그리스에서 나는 적포도 품종의 하나인 로메이코 Romeiko를 사용해 만든다. 로메이코는 산화가 빠르고 색이 쉽게 변하는 것이 특징이다. 따뜻한 기후를 가진 크레타에서 로메이코로 제대로 된 와인 맛을 내기는 쉽지 않다. 그래서 선택한 방법이 오크통에 포도를 넣고 오랫동안 숙성시키는 것. 마루바스란 단어 자체도 '숙성된'이란 의미를 지니고 있다. 키사모스에서는 아기가 태어날 때 한 통의 마루바스 와인을 땅에 묻는다. 그리고 그 아이가 자라서 결혼할 때 땅에 묻어뒀던 와인을 꺼내 함께 마시며 축하를 해 준다. 자신과 같은 나이의 와인을 마시는 셈이다. 마루바스는 보통 4~5년 숙성시키는 것이 일반적이다. 마루바스는 호박색을 띠며 오크 향이 진하게 배어들고 꼬냑이나 브랜디 같은 깊은 맛이 나는 것이 특징이다. 와인을 따라낸 오크통은 재사용한다. 따라서 시간이 지날수록 더 독특하고 깊은 아로마를 가진 마루바스가 탄생한다. 마루바스는 키사모스에 왔다면 반드시 마셔 봐야 할 특별한 와인이다.

SLEEP

크레타 최고의 환대
갈리니 비치 호텔 Galini Beach Hotel

크레타의 따뜻한 환대 문화를 느끼고 싶다면 반드시 와야 할 곳이다. 세르겐타키스Sergentakis 가족이 운영하는 이 호텔은 키사모스 최초의 호텔이기도 하다. 객실은 총 25개, 인테리어는 깔끔 그 자체다. 휘황찬란한 데코레이션은 없지만 에어컨부터 냉장고, 발코니까지 갖출 것은 다 갖췄다. 이것저것 칭찬할 게 많은 호텔이지만 특히 주목해야 할 점은 세르겐다키스 가족의 '환대 서비스'다. 호텔에 발을 딛는 순간부터 떠날 때까지, 심지어 떠나고 나서도 그들은 친절하다. 그들의 친절함에 반해 매년 키사모스를 찾는 고객도 적지 않다. 서부 크레타 여행에 대한 방대한 정보를 주는 것은 물론 콜택시 예약 같은 세심한 부분까지 신경 쓴다. 단순한 비즈니스를 넘어 진정으로 손님을 대하는 마음이 느껴진다. 크리스털 같이 맑은 물로 유명한 텔로니오Telonio 해변이 뛰어서 10초 거리다. 널찍한 마당에 깔린 선베드에 누워 일광욕을 즐기다 더위가 느껴질 때쯤 바다에 뛰어들면 그만이다. 호텔에서는 미리 요청한 고객에 한해 쿠킹 클래스도 운영한다. 심지어 무료다. 크레타 음식을 직접 만들어 볼 좋은 기회니 놓치지 말자. 전면 유리로 둘러싸인 로비에서 즐기는 아침 식사도 큰 즐거움이다. 상다리가 부러질 것 같이 푸짐하고 맛도 좋다.

Data 지도 382p-C
가는 법 텔로니오 해변, 스타디움 바로 옆
주소 Teloneio Beach, Kissamos
전화 282-203-3288
운영시간 3월~10월
요금 스탠다드 트윈룸 57유로~107유로, 프리빌리지드 룸 58유로~112유로, 투룸 아파트먼트 227유로~280유로(성수기 객실에 따라 최소 숙박가능 일수 적용. 자세한 사항은 웹사이트를 참고), 아침식사 1인당 10유로
홈페이지 www.galinibeach.com

바다와 수영장을 함께 누리는
크리스티나 비치 호텔 Christina Beach Hotel

위치가 장점인 호텔이다. 바다가 코앞에 있고 메인 광장도 3~4분 거리로 가깝다. 주변에 카페와 레스토랑도 즐비하다. 총 33개의 객실을 보유하고 있다. 객실 내부는 심플하지만 넓고 깔끔하다. 빌코니에서는 바다를 조망할 수 있다. 호텔 내부에 있는 널찍한 풀장은 이 호텔의 또 다른 매력. 수영장 바로 옆에는 작은 바가 있다. 느긋하게 누워 칵테일 한잔하며 휴식을 취하기 좋다. 숙박료도 그리 비싸지 않은 편. 호텔 주인인 크리스티나와 스태프들의 친절한 서비스도 돋보인다.

Data 지도 382p-B
가는 법 차나카키 광장에서 해변까지 직진한 후 왼쪽 방향으로 도보 3분
주소 Christina beach hotel, Paraliaki St. Kissamos
전화 282-208-3333
운영시간 4월~10월
요금 시티뷰 스튜디오 62~134유로, 원베드룸 아파트먼트 79~154유로 (성수기 객실에 따라 최소 숙박 가능일 수 적용) **홈페이지** www.christina-beach.gr

작지만 알차다
칼리비아니 트래디셔널 호텔 Kaliviani Traditional Hotel

발로스 라군으로 가기 전 마지막 마을인 칼리비아니Kaliviani에 있는 호텔이다. 객실이 5개 뿐인 작은 호텔이지만 그래서 더 편안하고 아늑하다. 3개의 더블룸과 2개의 패밀리룸이 있다. 모든 객실은 깨끗하게 관리되고 있으며, 키사모스만을 한눈에 볼 수 있는 발코니가 있다. 마당에 작은 놀이터가 있어 꼬마 손님에게도 좋다. 숙박을 하면 호텔 레스토랑인 마마스 디너Mama's Dinner에서 할인받을 수 있는 것도 장점이다. 마마스 디너는 창의적이고 세련된 그리스 음식으로 키사모스 내에서도 인기가 좋다. 호텔에 묵지 않더라도 가 볼 것을 추천한다. 시내와는 조금 떨어져 있지만 조용하고 분위기 있는 숙소를 원하는 여행자에게 추천한다.

Data 지도 382p-A
가는 법 택시 혹은 렌터카 이용, 키사모스에서 서쪽 방향으로 5km
주소 Kaliviani tradition hotel, 혹은 Mama's dinner, Kaliviani, Kissamos **전화** 282-202-3204
운영시간 호텔 4월~10월, 레스토랑 5월~9월
요금 스탠다드 더블룸(씨뷰) 77~152유로, 디럭스 더블룸(씨뷰) 91~168유로, 할인 프로모션은 호텔 웹사이트 참고
홈페이지 www.kaliviani.com

헤라클리온(이라클리온)

HERAKLION(IRAKLION)
ΗΡΑΚΛΕΙΟ

헤라클리온은 크레타의 수도이자 가장 큰 도시다. 그리스에서도 다섯 번째로 큰 도시다. 과거 베네치아 지배를 받던 시절에는 칸디아라고 불렸으며, 현재는 이라클리온, 헤라클리오, 헤라클리온 등으로 불린다. 크노소스 궁전에는 전설에서 역사가 된 미노아 문명의 영광이 흐르고, 거리 곳곳에는 엘 그레코의 예술혼이 스며 있다. 지금도 오래된 성벽 위에는 그리스의 국민 문학가 니코스 카잔차키스가 부르짖었던 '자유'가 나부낀다. 헤라클리온은 과거와 현재, 역사의 문화가 조화롭게 어우러진 도시다.

헤라클리온(이라클리온)
미리보기

항구의 낭만과 도시의 활기를 동시에 느낄 수 있다. 헤라클리온 거리 곳곳에는 수많은 상점과 부티크가 즐비하고, 세련된 레스토랑과 카페가 넘쳐난다. 북적거리는 거리를 따라 항구로 내려가면 천 년간 도시를 지켜 온 쿨레스 요새가 여전히 위풍당당한 자태를 뽐낸다. 여유가 있다면 헤라클리온 와이너리나 아르하네스와 아기오스 니콜라오스 같은 이웃 마을로 당일치기 여행을 다녀와도 좋다.

SEE

헤라클리온 최대 볼거리는 역시 크노소스 궁전이다. 크노소스 궁전을 먼저 본 뒤 헤라클리온 고고학 박물관을 방문하는 것이 효율적이다. 헤라클리온 타운은 그리 크지 않아 하루면 충분히 볼 수 있다. 대부분의 관광 명소는 도보로 이동이 가능하다. 헤라클리온의 파노라마 뷰를 볼 수 있는 로디아는 로컬들만 아는 숨겨진 보물!

EAT

대도시답게 작은 타베르나부터 고급 레스토랑, 트렌디한 카페와 바까지 모든 것을 갖췄다. 크레타 정통 요리부터 현대적 요소가 가미된 그리스 음식까지 맛볼 수 있다. 밤이 되면 도시는 더 활기를 띈다. 코레이Korai, 밀라투Milatou 거리, 테오토코풀루Theotokopoulou 공원 근처에는 카페와 바가 밀집되어 있다. 갈수록 명성이 높아지는 헤라클리온 와인을 음미하는 것도 잊지 말자.

SLEEP

호텔 선택의 폭이 그리 크지 않다. 많은 관광객들이 하니아, 레팀노, 아기오스 니콜라오스 같은 주변 도시에 둥지를 틀고 당일치기로 방문하는 경우가 많다. 에게해가 한눈에 보이는 럭셔리 호텔들은 대부분 베네치아 항구 근처, 중저가 호텔은 시내 중심에 있다. 성수기에는 여느 곳과 마찬가지로 호텔 가격이 껑충 뛴다. 하지만 비성수기는 비교적 합리적인 가격에 좋은 숙소를 얻을 수 있다.

헤라클리온(이라클리온) 찾아가기

어떻게 갈까?

1. 비행기
니코스 카잔차키스 국제공항Nikos Kazantzakis International Airport은 시내에서 약 5km 떨어져 있다. 크레타의 메인 공항인 만큼 그리스의 주요 도시를 잇는 것은 물론 여름에는 유럽 전역에서 전세기가 운항된다. 아테네는 1일 6~8회 운항하며, 소요 시간은 50분이다(에게 항공Aegean Airlines, 볼로티Volotea 및 코드쉐어 항공편). 데살로니키는 1일 2~3회 운항하며, 소요 시간은 1시간 15분이다(에게 항공Aegean Airlines, 스카이 익스프레스Skyexpress 등). 로도스Rhodes까지는 1일 2~3회 운항하며 1시간이 소요된다(스카이 익스프레스 Sky Express). 특히, 니코스 카잔차키스 국제공항까지는 독일 항공사와 코드쉐어를 하는 저가 항공사가 많아 독일 주요 도시들과 연계가 잘되어 있다. 또 영국, 프랑스, 이탈리아와 같은 서유럽의 주요 도시들을 잇는 노선도 잘 구축되어 있다(이지 젯Easy Jet, 위즈 에어Wizz Air 등). 헤라클리온 국제공항에서 시내까지는 택시 혹은 시내버스를 이용하면 된다. 택시를 이용할 경우 금액은 약 15~20유로 정도 예상하면 된다. 시내버스는 아침부터 저녁까지 수시로 운행되며 금액은 2유로, 소요 시간은 20분이다. 자세한 사항은 웹사이트www.astiko-irakleiou.gr를 참조하자.

2. 페리
헤리클리온 항구는 크레타의 메인 항구로 아테네와 키클라데스 제도의 섬들을 연결한다. 아테네행 페리는 보통 하루에 2편이 운항되며 성수기에는 3~4편으로 증편된다. 오후 9시에 출발하며 소요 시간은 9시간 15분~30분이다. 아테네발 페리도 동일한 스케줄로 운행된다. 요금은 기본석 기준 36유로~42유로 정도이며 페리 회사, 좌석 등급, 자동차 유무 등에 따라 천차만별이다. 산토리니까지는 1시간 50분 정도가 소요되며 요금은 기본석 기준 약 99유로이다.  미코노스까지는 약 4시간 30분이 소요되며 요금은 약 160유로이다. 요금 및 스케줄이 매우 유동적이니 자세한 사항은 웹사이트 아넥 라인 www.anek.gr, 미노안 라인즈 www.minoan.gr, 씨제트www.seajets.com 블루 스타 페리 www.bluestarferries.com, 헬레닉 씨웨이즈www.hellenicseaways.gr 혹은 통합 페리 예약 사이트를 반드시 참조하자.

3. 버스
헤라클리온에는 두 개의 메인 버스 터미널이 있다. 항구 바로 앞에 있는 것이 버스 터미널A로 레팀노Rethymno, 하니아Chania, 아기오스 니콜라오스Agios Nikolaos와 같은 크레타 북쪽 해안 도시를 연결한다. 아르하네스Archanes, 시티아Sitia, 헤르소니소스Hersonissos행 버스도 이곳에서 출발한다. 버스 터미널B는 서쪽 성벽 바깥, 하니오포르타Chanioporta 근처에 있다. 이곳에서는 미레스Mires나 마탈라Matala와 같은 크레타 남동쪽 해안에 있는 도시들과 아노기아Anogia, 고르티스Gortys, 페스토스Festos를 연결한다.

어떻게 다닐까?

대부분의 명소들은 도보로 가능하다. 시내버스가 있긴 하지만 크노소스 궁전(No.2)과 공항 갈 때를 제외하면 탈 일이 거의 없다. 항구에 내린 후 버스를 이용해서 시내에 진입하고 싶다면 항구 근처에 위치한 버스 터미널A로 간다. 버스 터미널 옆에 시내버스가 밀집해 있고 작은 안내 부스가 있다. 그곳에서 목적지를 말하면 타야 하는 버스를 알려 준다. 대부분의 버스는 헤라클리온 중심부를 관통한다. 목적지를 말하지 않으면 버스 정류장에서 서지 않는 경우가 있기 때문에 버스 기사에게 미리 알리는 것이 좋다. 요금은 지역에 따라 1.1유로에서 1.5유로(버스 탑승 후 구매할 경우 각각 2유로, 2.5유로)이며, 종일권은 5유로다. 시티 투어 버스도 있다. 요금은 성인 20유로, 5~14세 10유로, 5세 이하 무료이며 인터넷에서 예매할 경우 20% 할인받을 수 있다.
헤라클리온 시내버스 웹사이트 www.astiko-irakleiou.gr
헤라클리온 시티투어 버스 웹사이트 www.her-운영시간bus.gr

I INFORMATION I

헤라클리온 버스 터미널
버스 터미널A
가는 법 헤라클리온 항구 근처
주소 Leoforos nearchou St. Iraklio
전화 281-022-0755, 281-022-6065

버스 터미널B
가는 법 서쪽 성벽 외곽 하니오 포르타 근처
주소 Machis Kritis, Iraklio
전화 281-025-5965

우체국
주소 Plateia Daskalogianni&Rousou Chourdou St. Iraklio
전화 281-028-2276
운영시간 월~금 07:30~20:30, 토요일 07:30~14:30

관광 안내소
주소 1 Xanthoudidou St. Iraklio
운영시간 월~토 08:30~15:00

대형마트
할키다키스HALKIADAKIS
주소 7 Koroneou, Iraklio

병원
General university hostpital(Pagni Hospital)
가는 법 헤라클리온에서 5km 떨어진 곳에 위치
주소 Voutes―Stavrakia Crossroads, Iraklio
전화 281-340-2111
홈페이지 www.pagni.gr

헤라클리온(이라클리온)
♀ 추천 코스 ♀

여행 포인트는 크노소스 유적 탐방과 헤라클리온 타운 도보 여행이다. 대부분의 볼거리가 몰려 있는 타운을 구경한 뒤 베네치아 항구 양 옆으로 펼쳐진 해안선을 따라 걷는 것도 낭만적이다. 도시를 감싸고 있는 요새의 성벽을 따라 걷는 것도 헤라클리온의 색다른 매력을 느낄 수 있는 또 다른 방법이다.

1일차

크노소스 궁전
전설 속의 미궁을 찾아서

→ 2번 버스 20분

헤라클리온 고고학 박물관
크노소스 궁전에 대한 복습은 이곳에서

→ 도보 10분

베네치아 항구
수많은 선박과 사람들, 크레타 최대 항구 구경하기

→ 도보 10분

쿨레스 베네치아 요새
천년의 요새에서 아득히 먼 에게해를 바라보자

2일차

크레타 역사 박물관
비잔틴부터 카잔차스키까지, 크레타 완전 정복하기!

→ 도보 7분

베네치아 항구
해안선 따라 낭만 산책

→ 도보 7분

성 티토스 교회
그리스 정교회의 정갈한 분위기에 심취해보기

↓ 도보 1분

미나스 대성당
웅장한 건축물과 화려한 성화들 감상하기

← 도보 5분

1866 오픈마켓
활기찬 시장 구경, 기념품 구매는 덤

← 도보 2분

모로시니 분수 (베니젤루 광장)
분수에 앉아 프레도 에스프레소 한잔

← 도보 1분

로지아
로지아 한가운데서 푸른 하늘 바라보기

헤라클리온
(이라클리온)

Heraklion (Iraklion)

GREECE BY AREA 06
크레타

SEE

크레타 수천년의 역사가 이곳에
헤라클리온 고고학 박물관 | Iraklio Archaeological Museum

크레타는 물론 그리스 전역을 통틀어 가장 중요한 박물관 중 하나로 꼽힌다. 선사시대부터 그리스 로마시대에 이르기까지 전 시대를 아우르는 크레타 유물들을 전시하고 있다. 특히 미노안 문명을 한눈에 둘러 볼 수 있는 최고의 박물관이다. 미노아 프레스코화를 포함하여 크노소스 유적지에서 실제 발견된 방대한 양의 유물들 또한 이곳에 전시되어 있다. 헤라클리온 고고학 박물관은 타운 중심에 있다. 1937~1940년 건축가 파트로클로스 카란티노스Patroklos Karantinos에 의해 건축되었다. 미노아 시대의 벽화를 연상시키는 우윳빛 대리석과 완벽한 조건에서 유물들을 볼 수 있도록 설계된 조명 시설이 눈에 띈다. 박물관은 총 2층, 27개의 전시관으로 이루어져 있다. 소장품들은 연대별로 전시되어 있으며 매우 자세하게 설명이 되어 있다. 규모가 큰 만큼 관람 시간은 최소 2시간 이상 잡는 것이 좋다. 특히, 백합왕자Prince of the Lilies, 파리 여인La Parisienne과 같은 프레스코화와 황소머리 모양의 뿔잔Stone Bull's Head Rhyton, 뱀의 여신상Snake Goddesses, 미노안 시대의 금장신구 등은 반드시 보도록 하자.

Data 지도 405p-G
가는 법 버스 터미널 A에서 도보 7분
주소 2 Xanthoudidou St. Iraklio
전화 281-027-9000, 281-027-9086~7
운영시간 11월 08:00~17:00
(화요일은 10:00~17:00),
12월~3월 08:30~15:30
(화요일은 10:00~17:00),
4월~10월 08:00~20:00
(화요일은 10:00~20:00),
휴관일 웹사이트 참조
요금 4월~10월 12유로, 11월~3월 6유로, 크노소스 궁전 통합권 20유로 (3일간 유효하며 각 1회 입장만 가능)

크레타에 대해 더 알고 싶다면?
크레타 역사 박물관 Historical Museum of Crete

1935년 크레타 역사 학회에 의해 설립되었다. 신고전주의풍 건물에 자리 잡은 이 박물관은 비잔틴 제국부터 2차 세계대전에 이르는 크레타의 역사를 보물석으로 조명하고 있다. 헤라클리온의 옛 모습을 볼 수 있는 그림부터 세라믹 공예, 19~20세기 크레타인들의 생활상을 볼 수 있는 전통 물품들, 크레타 출신의 화가인 엘 그레코의 작품까지 풍부한 자료들을 보유하고 있다. 특히, 전쟁의 소용돌이 속에서 참혹하게 고통 받던 크레타의 모습을 볼 수 있는 2차 세계 대전관과 니코스 카잔차키스의 일생을 살펴볼 수 있는 전시관이 흥미롭다.

Data 지도 404p-B 가는 법 베네치아 요새 입구에서 해안선을 따라 서쪽으로 도보 5분 주소 27 Sofokli VenizelouAve. & 7 Lysimachou Kalokerinou St. Iraklio 전화 281-028-3219
운영시간 11월 2일~4월 2일: 월~금 09:00~15:30, 토요일 10:00~16:00(일요일 및 공휴일 휴관), 4월 3일~ 10월 20일 : 매일 09:00~17:00(공휴일 휴관)
요금 성인 5유로, 청소년·학생(신분증 지참) 3유로, 12세 이하 무료
홈페이지 www.historical-museum.gr

헤라클리온의 상징
쿨레스 베네치아 요새 Koules Venetian Fortress

베네치아 지배 시절 항구와 도시를 보호하기 위해 지어진 요새다. 베네치아 사람들은 이 요새를 리카 아 마레Ricca a mare 혹은 카스텔로 아 마레 Castello a mare로 불렀으나, 지금은 쿨레스Koules라고 부른다. 이곳은 1303년 일어난 대지진으로 완전히 무너졌다가 1523~1540년에 다시 복원되었다. 요새는 사방형의 구조로 총 2층, 26개의 방으로 이루어져 있다. 성을 둘러싼 거대한 벽이 매우 인상적인데, 최대 두께가 9m에 이른다. 이곳은 각종 전시회나 야외 콘서트 등이 열리는 문화 장소로도 사용되고 있다. 쿨레스의 끝없이 펼쳐진 성벽을 따라가 보는 것도 추천.

Data 지도 405p-C
가는 법 베네치아 항구 서쪽에 위치
주소 Koules, Irakilo
운영시간 시기별로 다르니 꼭 홈페이지를 확인할 것.
요금 4유로
홈페이지 www.koules.efah.gr

도시의 오아시스
모로시니 분수 Morosini Fountain

헤라클리온에서 가장 바쁘고 활기찬 장소인 엘레프테리우 베니젤루 광장 Eleftheriou Venizelou Square에 있는 분수다. 분수에 있는 사자상으로 인해 '사자 광장'이라고 불린다. 분수의 이름은 설계자인 프란치스코 모로시니 Francesco Morosini의 이름을 땄다. 이 분수는 단순한 미적 요소를 위해 만들어진 것이 아니다. 과거 헤라클리온에는 수도 시설이 없었기 때문에 사람들은 우물이나 빗물을 저장해 물을 조달해야 했다. 이러한 문제를 해결하기 위해 아르하네스Archanes로부터 헤라클리온까지 물을 끌어올 수 있는 15km에 달하는 배수관을 만들고 분수를 설치해 물을 공급했다. 메마른 헤라클리온에 일종의 오아시스의 역할을 담당했던 셈. 분수에는 그리스 신화에 나오는 트리톤, 돌고래, 님프의 부조가 새겨져 있으며 중심부에는 4개의 사자상이 있다. 본래 사자상의 입에서 물이 뿜어져 나왔으나 현재는 작동되지 않는다.

Data 지도 405p-G
주소 Plateia Elaftheriou Venizelou, Iraklio

베네치아 건축물 가운데 손꼽는
로지아 Loggia

모로시니 분수를 만든 프란치스코 모로시니의 또 다른 작품이다. 1626~1628년 사이에 건설되었으며 크레타에 존재하는 수많은 베네치아 건축물 중에서도 아름답기로 정평이 나 있다. 과거 지역 행정과 귀족들의 사교가 이루어지던 장소였으며 현재는 현청으로 사용되고 있다. 로지아는 장방형의 2층 건물로 반구형의 개방형 회랑이 매우 인상적이다. 특히 회랑에 서서 올려다볼 때 펼쳐지는 건축물과 하늘의 조화는 로지아의 숨겨진 매력.

Data 지도 405p-G
주소 25is Avgoustou St. & Plateia Agiou Titou

|Theme|
헤라클리온의 쇼핑 거리들

크레타의 수도이자 가장 큰 도시답게 헤라클리온는 쇼핑의 천국이다. 대부분의 상점들은 몇 개의 주요 거리에 밀집되어 있다. 그중 가장 인기가 많은 거리는 베니젤루Venizelou 광장부터 이어지는 데달루Dedalou거리. 광장부터 거리의 끝까지 수많은 상점들이 늘어서 있다. 헤라클리온에서 가장 젊고 트렌디한 거리다. 바로 옆 골목인 디케오시니스Dikeossinis와 1821 광장Plateia 1821에도 유명 브랜드숍과 쥬얼리숍, 편집숍을 찾아볼 수 있다. 저렴한 가격에 질 좋은 의류와 신발을 사고 싶다면 칼로케리누Kalokerinou 거리도 가 볼 만하다. 스타일리시하고 개성 넘치는 아이템을 찾고 있다면 부티크숍을 가보자. 헤라클리온 타운 골목 곳곳에는 개인이 운영하는 부티크들이 있어 구경하는 재미가 쏠쏠하다. 25is August 거리에는 대형 뷰티숍인 혼도스 센터Hondos Center를 비롯해 기념품 가게들이 즐비하다. 마지막으로 1866 거리에는 오픈마켓이 형성되어 있다. 과일, 채소부터 로컬 치즈와 허브들을 파는 상점, 기념품 가게, 식당, 카페까지 없는 것이 없다. 이 좁은 거리는 관광객으로 언제나 북적인다. 화려하진 않지만 소박하고 활기찬 헤라클리온의 활기찬 면모를 볼 수 있는 거리다.

Data 지도 405p-C 가는 법 모로시니 분수에서 항구 방향 도보 1분 주소 25is Avgoustou(25th August), Iraklio

파란 돔이 인상적인
아이오스 티토스 교회 Church of Agios Titos

성인 아이오스 티토스Agios Titos의 유골이 보관된 교회다. 961년 비잔틴 제국의 니케포루스 포카스 황제가 크레타를 아랍으로부터 수복한 뒤 아랍의 지배 아래 약화되었던 기독교세를 강화하기 위해 건립한 교회다. 그러나 크레타가 오토만의 지배하에 들어가면서 이 교회는 모스크로 사용되었으며, 1856년 크레타를 덮친 대지진으로 완전 붕괴되었다. 그 후 건축가 아타나시오스 무시스에 의해 오토만 모스크로 다시 지어졌다. 본래 첨탑이 있었으나 오토만 제국이 그리스를 영원히 떠나면서 제거되었다. 현재는 그리스 정교회로 사용되고 있다. 파란 돔 위에 세워진 십자가와 그리스 정교회의 화려하면서도 우아한 내부 장식이 독특하며 아름답다.

Data 지도 405p-C
가는 법 로지아에서 항구 방향으로 도보 1분
주소 Plateia Agios Titos, 25is Avgoustou(25th August) St. Iraklio
운영시간 07:30~13:00, 16:30~19:30

헤라클리온의 수호자
아이오스 미나스 대성당 Cathedral of Agios Minas

아이오스 미나스 대성당은 그리스에서 가장 큰 정교회 성당 중 하나로 꼽힌다. 1862년~1895년 아이오스 티토스 교회를 지은 건축가 아타나시오스 무시스가 지었다. 아이오스 미나스Agios Minas는 이집트 출신의 기독교인으로 디오클레시아누스와 막시미아누스의 기독교 박해에 굴하지 않고 신념을 지키다 참수를 당한 성인이다. 오토만 제국 시절에 헤라클리온의 수호자로 공표되었으며, 사람들은 아이오스 미나스가 수많은 위험으로부터 도시를 보호했다고 믿는다. 새로 지어진 대성당 옆에 있는 작은 건물은 1735년에 지어진 본래의 미나스 교회로 지금은 작은 아이오스 미나스Mikros Agios Minas로 불리고 있다. 성당에 들어서면 아름다운 색채의 성화로 장식된 돔 천장과 그곳에 매달려 있는 빛나는 샹들리에가 시선을 사로잡는다. 화려함과 경건함이 동시에 느껴지는 그리스 정교회의 분위기가 잘 나타난다.

Data 지도 404p-F
주소 Cathedral of Agios Minas, Agiou Mina St. & Katechaki St. Iraklio

Theme
그리스 국민문학가 니코스 카잔차키스

니코스 카잔차키스Nikos Kazantzakis는 크레타 출신의 세계적인 작가이자 시인이며 철학자이다. 우리에겐 〈그리스인 조르바〉의 저자로 잘 알려져 있다. 니코스 카잔차키스는 1883년 2월 18일 오토만 제국 치하의 크레타 헤라클리온에서 태어났다. 1902년 아테네로 건너가 법학을 공부한 뒤 1907년 프랑스 파리에서 베르그송과 니체의 철학을 공부했는데, 이는 니코스 카잔차키스의 사상에 큰 영향을 미친다. 니코스 카잔차키스는 그의 자서전에서 자신의 삶에 가장 큰 영향을 미친 인물로 호메로스, 니체, 베르그송, 그리고 요르고스 조르바를 꼽는다. 요르고스 조르바는 니코스 카잔카스키가 젊은 시절 펠레폰네소스에서 탄광 사업을 함께한 청년으로 자신의 고향 크레타를 배경으로 한 〈그리스인 조르바〉의 모티브가 된 인물이다. 그의 작품은 주로 인간의 자유에 대한 끊임없는 갈망과 탐구를 노래한다. 종교에 관해서도 마찬가지였다. 그는 독실한 기독교인이었지만 참된 신앙에 대해 끊임없이 고민했으며 이를 솔직하고 발칙하게 풀어냈다. 이 때문에 그의 또 다른 대표작인 〈미할리스 대장〉과 〈최후의 유혹〉은 신성을 모독했다는 이유로 그리스 정교회와 로마 가톨릭으로부터 맹렬히 비난받고 금서로 지정되기도 했다. 그의 독특한 이력에서 볼 수 있듯이 그의 삶은 열정적이었다. 그는 평생 인간의 자유에 대해 끊임없이 탐구하고 성찰했으며 그 모든 것을 자신의 작품에 투영시켰다. 니코스 카잔차키스는 1957년 독일에서 백혈병으로 사망한 뒤 자신이 태어난 고향 헤라클리온으로 돌아왔다. 그의 무덤은 헤라클리온 성벽 외곽에 있다. 하얀 나무 십자가가 박힌 소박한 그의 무덤에는 이런 문구가 새겨져 있다. "나는 아무것도 바라지 않는다. 나는 아무것도 두려워하지 않는다. 나는 자유롭다." 그는 죽어서도 자유를 노래하고 있다. Data 지도 404p-J

그리스 신화의 미궁 속으로 들어가는
크노소스 궁전 Knossos Palace

BC 2000년경 에게해 일대는 크레타섬을 중심으로 미노아 문명이 꽃을 피운다. 미노아 문명은 유럽 최초의 문명이자 최초의 해양 문명으로 여겨진다. 그리스 신화에 따르면 크레타 문명은 전설적인 크레타의 왕 미노스가 에게해를 지배하던 시기, 크노소스Knossos를 중심으로 정점을 찍는다. 하지만 20세기 전까지만 해도 크레타 문명은 전설에 불과했다. 그러나 1990년 영국의 고고학자 아서 에번스에 의해 크노소스 궁전이 발굴되면서 크레타 문명은 단순히 호머의 서사시 속에서만 존재하던 신화가 아니었음이 증명되기 시작했다. 크노소스 궁전은 이라클리온에서 남쪽 5km 지점에 있다. 이 궁전은 BC 2000년경에 지어져 지진으로 무너지고 재건되기를 반복했다. 크노소스 궁전과 미노아 문명의 운명은 BC 1400년경에 끝나게 되는데 티라섬(현 산토리니)에서 발생한 대지진의 여파와 미케네의 침입이 멸망의 가장 유력한 요인으로 꼽힌다. 이 궁전은 복잡하게 설계된 미궁과 몸은 사람이면서 얼굴은 황소를 하고 있는 인신우두의 괴물 미노타우르스 전설로 유명하다. '미궁의 궁전'이라는 전설을 뒷받침하듯 크노소스 궁전은 직사각형의 중앙 광장을 둘러싼 수백 개의 방과 계단, 복잡한 구조의 회랑으로 설계되어 있다. 다만, 왕의 권위를 과시하는 견고한 성벽이나 성문이 없는 점, 신에 대한 장식을 찾아보기 힘들다는 점은 이례적으로 꼽힌다. 또한 기둥이 위에서 아래로 내려갈수록 폭이 좁아지는데, 이는 크레타에서만 볼 수 있는 독특한 건축 양식이다. 크노소스 궁전을 유유자적 걸으며 과거 미노아인들의 영광스러운 시절과 신비로운 전설을 상상해 보자. 단, 크노소스 유적지에는 그늘이 별로 없다. 뜨거운 헤라클리온의 태양에 철저히 대비하는 것이 좋다.

Data 지도 403p-B
가는 법 헤라클리온에서 2번 버스 탑승 후 크노소스에서 하차.
주소 Knossos, Iraklio
전화 281-023-1940
운영시간 매일 08:00~17:00 (마지막 입장 허용시간 16:30), 휴관일과 무료 개방일은 홈페이지 참조
요금 11유로
홈페이지 www.knossos-palace.gr

Talk 테세우스와 미노타우르스 신화

미노스는 바다의 신 포세이돈의 도움을 받아 크레타의 왕이 됐다. 포세이돈은 미노스 왕에게 제물로 바칠 황소를 주지만 미노스 왕은 이를 이행하지 않았다. 이 일로 진노한 포세이돈은 미노스 왕의 부인인 파시파에로 하여금 황소에게 정욕을 품게 했다. 그녀와 황소 사이에서는 반인반수인 미노타우르스가 태어났다. 그러자 미노스 왕은 건축가인 다이달로스에게 궁전 지하에 복잡한 미궁(라비린토스)을 짓게 하고 미노타우르스를 그곳에 가뒀다. 한편, 미노스 왕의 아들 안드로게오스가 아테네 아이게우스 왕에게 암살당하는 사건이 발생했다. 이에 분노한 미노스 왕은 아테네로 쳐들어가 도시를 파괴하고 귀족 출신의 소년과 소녀를 7명씩 미노타우르스의 제물로 바칠 것을 명령했다. 얼마 후 아테네의 왕자 테세우스가 제물이 되어 크레타로 끌려왔다. 테세우스를 본 미노스 왕의 딸 아리아드네는 첫눈에 반하고 말았다. 아리아드네는 테세우스를 살리기 위해 그에게 단검과 실뭉치를 건넸다. 테세우스는 실뭉치를 풀어가며 미궁 속으로 들어간 뒤 단검으로 미노타우르스를 물리쳤다. 그리고 풀어놓았던 실을 따라 복잡한 미로 속을 무사히 탈출했다.

Theme
크노소스 궁전 구석구석 돌아보기

1. 서쪽 입구와 서쪽 궁정 West Entrance and West Court

서쪽 입구는 크노소스 궁전 투어의 시작점이자 끝점이다. 입구를 따라 들어가면 서쪽 궁정West Court이 나온다. 서쪽 궁정은 종교 의식이 거행되었던 장소로 추정된다. 2개의 제단과 쿨루레스 Kouloures라 불리는 3개의 둥그렇게 파인 웅덩이를 볼 수 있는데, 이는 종교 의식에 사용되었던 공물들이나 잔여물을 폐기했던 곳으로 추정하고 있다.

2. 서쪽 현관과 행진의 회랑 West Porch & Processional Causeway

서쪽 현관를 지나면 행진의 회랑이 나온다. 회랑 벽면에 그려진 프레스코화를 본떠 지어진 이름이다. 행진의 회랑은 남쪽 플로필라이움(신전 혹은 성지로 들어가는 입구)으로 이어진다.

3. 남쪽 건물 South House

4. 남쪽 플로필라이움 South Propylaeum

크노소스 궁전외 남쪽에 있는 입구이다. 현재의 모습은 에반스에 의해 복원된 것이며, 일명 '컵을 나르는 사람들' 프레스코화의 복사본으로 장식되어 있다.

5. 피아노 노빌레 Piano Nobile

피아노 노빌레란 '귀족의 층'이란 의미로 에반스에 의해 명명되었다. 지금은 넓은 마당이 됐지만 과거에는 접견실이 있던 곳으로 추정된다. 파리여인Parisienne, 컵을 든 사람들Cup bearer, 트리파르티테 사당Tripartite Shrine 프레스코화가 이곳에서 발견되었다.

6. 서쪽 창고 West Magazines

긴 복도에 18개의 길고 좁은 직사각형 형태의 저장고가 있고, 그 안에 흙으로 만든 큰 항아리 피토이Pithoi가 줄지어 있는 것을 볼 수 있다. 바닥에 있는 93개의 석궤는 귀중품을 안전하게 보관하기 위해 사용된 것으로 보인다. 석궤 안쪽이 석고로 마감되어 있는 것은 액체를 저장했던 용도로 쓰인 것으로 추정된다. 서쪽 창고에서 발견된 수많은 피토이는 크노소스가 얼마나 부유했는지를 증명한다.

7. 프레스코화 방 Fresco Room
푸른색 속의 여인들Blue Ladies, 황소를 뛰어넘는 사람Bull-Leaper, 파란 원숭이Blue Monkey, 파랑새 Blue Bird 등 크노소스 궁전에서 발견된 유명한 프레스코화들의 복사본이 전시되어 있다. 진품은 헤라클리온 고고학 박물관에 전시되어 있다.

8. 왕좌의 방(알현실) Throne Room
북쪽 벽에 석조 대좌가 놓여 있고 나머지 세 벽면은 돌로 만든 벤치로 둘러싸여 있다. 벽면은 사자의 몸통에 새의 머리를 지닌 신화 속 괴수 그리핀 Griffins의 프레스코화가 그려져 있다. 진품은 헤라클리온 고고학 박물관에 전시되어 있다. 에반스는 이곳에서 왕을 중심으로 한 종교 의식이 행해졌을 것으로 추정했으나 정확한 기능은 밝혀지지 않았다.

9. 트리파르티테 사원 Tripartite Shrine
크노소스 궁전의 주 사원이었던 것으로 추정되는 곳으로 왕좌의 방 북쪽에 자리한다. 이곳에서 미노아 시대의 주요 유물 중 하나인 뱀 여신상Snake Goddesses이 발견되었다. 서쪽에 위치한 두 개의 방에서는 석공의 이름이 새겨진 중앙 기둥이 발견되기도 했다.

10. 중앙 궁정 Central Court

11. 백합왕자 프레스코화
Copy of the "Prince of the lilies Fresco"

12. 대계단 Grand Staircase
왕족들이 거주했던 지역으로 이어지는 계단이다. 크노소스 궁전에서 가장 흥미로운 구역 중 한 곳이다. 총 4줄의 계단으로 구성되어 있으며, 한 층당 두 줄의 계단이 있다. 맨 아래층에 위치한 계단은 발견되었을 당시 그대로 보존되어 있었다. 넓고 깊은 형태에 오르기 쉽도록 완만한 경사를 하고 있다. 나무 기둥으로 둘러싸여 있어 채광이 잘 들도록 설계되었다.

13. 양날 도끼의 사원
Shrine of the Double Axes

14. 왕비의 방 Queen's Megaron
궁전 동쪽 날개에 위치한 곳으로 에반스는 이 장소가 왕비에게 귀속되었던 것으로 추정하고 있다. 돌고래와 꽃모양의 프레스코화로 화려하게 장식되어 있다. 방의 끝에서 점토로 만든 욕조의 일부 조각이 발견되어 왕비의 화장실이 있던 것으로 추정된다.

15. 양날 도끼의 방 Hall of the Double Axes
벽에서 발견된 양날 도끼의 표식Labrys 때문에 지어진 이름이다. 왕의 거처로 이용된 것으로 추정된다. 비교적 복원이 잘된 곳 중 하나로 꼽힌다.

16. 석공들의 작업장과 교실
Lapidary's Workshop and School Room
에반스는 이 장소가 교실로 사용됐을 것으로 짐작했다. 이곳에서 글씨가 새겨진 토판 등이 발견되었기 때문인데 현재는 프레스코화 혹은 세라믹 공예를 하던 작업장이었을 거라는 의견에 더 힘이 실리고 있다. 교실 뒤에는 석재의 파편들과 돌 기구들이 발견된 것으로 보아 석공들의 작업장이 있었던 것으로 추정하고 있다.

17. 대형 피토이의 창고
Megazine of the Giant Pithoi
곡식, 와인, 오일 등을 저장하는 데 쓰이던 커다란 토기 항아리 피토이가 보관되던 공간이다. 성인의 신장과 맞먹는 크기의 거대한 피토이를 볼 수 있다. 항아리에는 화려하고 다양한 무늬들이 새겨져 있으며 수많은 손잡이가 달려 있다. 손잡이 구멍 안에 밧줄을 넣어 운반했던 것으로 추정된다.

18. 바둑판 모양의 복도
Corridor of the Draught Board

19. 북문 North Entrance
북쪽에서 크노소스를 연결하는 문이다. 과거 바다를 통해 온 방문자들이 북문을 통해 크노소스로 들어갔다. 현재는 에반스에 의해 복원된 모습이며 '황소와 올리브나무Bull and Olive Tree' 프레스코화 복사본으로 꾸며져 있다.

20. 세관 Custom House
항구에서 크노소스 궁전으로 이어지는 길의 끝에 위치해 있다. 에반스는 궁전이 항구와 가까운 곳에 있어서 이곳에 세관이 있었을 것으로 추정했다.

21. 북쪽 정화의식장 North Lustral Basin
커스텀 하우스 구역에 포함되어 있다. 물을 이용한 성스러운 정화 의식이 진행되었던 곳으로 추정된다. 정화의식장Lustral Basin이란 명칭은 에반스에 의해 만들어졌다.

22. 극장 Theatre
크노소스 궁전 북쪽 정방형의 구조로 되어 있다. 현대의 극장을 연상시키는 구조 때문에 '극장'이라고 명명되었다. 약 400명을 수용할 수 있는 규모로 종교 의식이 행해졌던 장소로 추정된다. 극장 옆에는 궁전과 미노안 마을을 연결했던 왕도 Royal Road가 펼쳐져 있다.

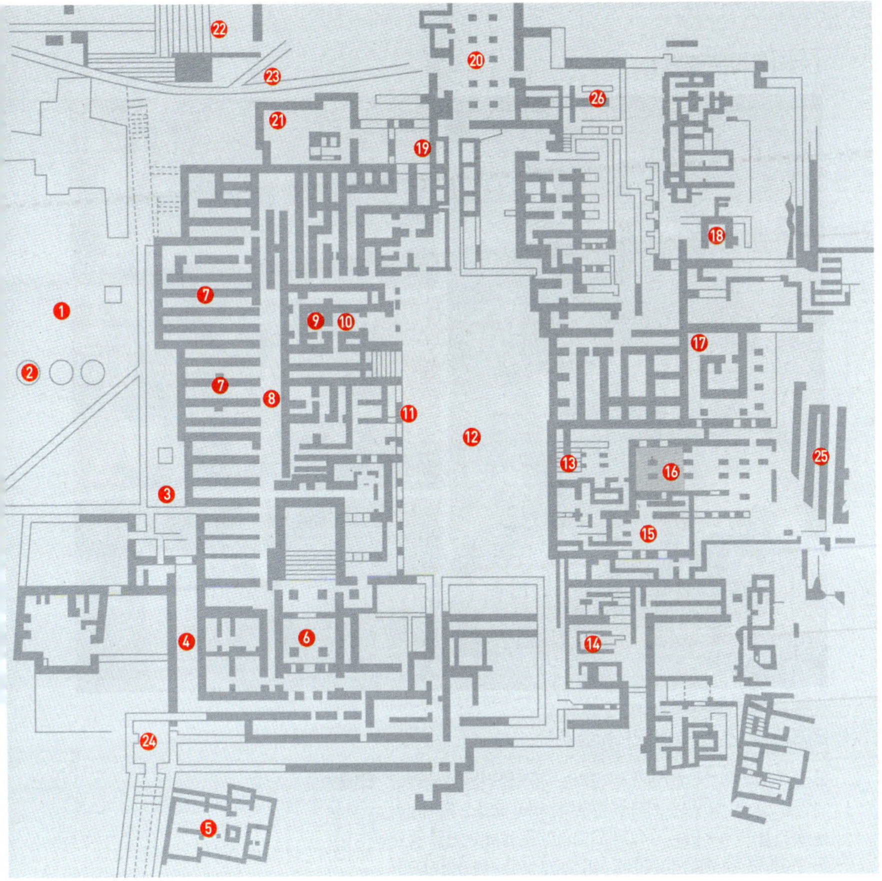

- ① 서쪽 궁정 West Court
- ② 쿨루레스 Kouloures
- ③ 서쪽 현관 West Porch
- ④ 행진의 회랑 Processional Causeway
- ⑤ 남쪽 건물 South House
- ⑥ 남쪽 플로필라이움 South Propylaeum
- ⑦ 서쪽 창고 West Magazines
- ⑧ 피아노 노빌레 Piano Nobile
- ⑨ 프레스코화 방 Fresco Room
- ⑩ 왕좌의 방(알현실) Throne room
- ⑪ 트리파르티테 사원 Tripartite Shrine
- ⑫ 중앙 궁정 Central Court
- ⑬ 대계단 Grand Staircase
- ⑭ 양날 도끼의 사원 Shrine of the Double Axes
- ⑮ 왕비의 방 Queen's Megaron
- ⑯ 양날 도끼의 방 Hall of the Double Axes
- ⑰ 석공들의 작업장과 교실 Lapidary's Workshop and School Room
- ⑱ 대형 피토이의 창고 Megazine of the Giant Pithoi
- ⑲ 북문 North Entrance
- ⑳ 세관 Custom House
- ㉑ 북쪽 정화의식장 North Lustal Bssin
- ㉒ 극장 Theatre
- ㉓ 왕도 Royal Road
- ㉔ 남문 South Entrance
- ㉕ 동문 East Entrance
- ㉖ 바둑판 모양의 복도 Corridor of the Draught-Board

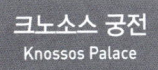

크노소스 궁전
Knossos Palace

| 헤라클리온 주변 |

크레타 와인에 대한 모든 것
리라라키스 와이너리 Lyrarakis Winery

크레타 와인의 약 70%가 생산되는 헤라클리온은 크레타 와인을 맛 볼 수 있는 최적의 장소다. 리라라키스 와이너리는 헤라클리온에 있는 수많은 와이너리 중에서도 가장 중요한 와이너리 중 하나로 꼽힌다. 이 와이너리는 헤라클리온에서 남쪽으로 18km 거리에 있다. 크노소스 궁전을 지나 아르칼로호리Arkalogori와 비아노스Viannos 방향으로 가다 갈색의 와이너리 표지판을 따라가면 나온다. 리라라키스 와이너리는 1996년부터 리라라키스Lyrarakis 가족에 의해 운영되고 있다. 14헥타르에 달하는 포도밭을 보유하고 있으며 해마다 질 좋은 와인을 생산하고 있다. 특히, 거의 멸종 위기에 처했던 크레타 포도 품종인 다프니Dafni와 플리토Plyto를 살리는 등 크레타 와인의 정통성을 지키기 위해 많은 노력을 기울이고 있다. 리라라키스 와이너리에서는 와이너리 투어는 물론 전통 크레타치즈와 함께 와인 테스팅을 할 수 있는 다양한 프로그램을 진행하고 있다. 리라라키스 와이너리에서 깊은 크레타 와인 한잔과 녹음이 우거진 아름다운 자연을 함께 음미해 보자.

Data 지도 403p-B
가는 법 헤라클리온에서 아르칼로호리행 버스를 타고 알라그니 마을 입구에서 하차 후 약 1.5km. 헤라클리온-아르칼로호리 버스는 매일 07:00, 09:30, 11:00, 12:15, 13:15, 15:00 20:15(금요일), 아르칼로호리-헤라클리온 버스는 매일 07:30, 09:00, 11:00, 14:30, 18:45. 버스요금은 3.8유로 소요 시간은 40분. 시즌별로 버스 스케줄이 수시로 바뀌니 방문 전 웹사이트 www.ktelherlas.gr 참조.
주소 Alagni, Arkalochori, Iraklio
전화 698-105-0681
운영시간 매일 11:30~18:00(와이너리 투어 12:30, 13:30, 14:30, 15:30, 16:30, 방문전 예약 필수)
요금 와인 테이스팅 15~20유로, 피크닉 투어 60유로(최소 하루전 예약, 2인 이상), 테이스팅과 함께 즐길 수 있는 크레탄 전통 음식도 주문할 수 있으며 가격은 4유로~
홈페이지 www.lyrarakis.com

> **Talk** 떠오르는 신의 물방울, 크레타 와인

크레타 여행의 또 다른 즐거움은 질 좋은 와인을 저렴하게 맛볼 수 있다는 것이다. 크레타 와인의 역사는 수천 년을 거슬러 미노안 시대까지 올라간다. 베네치아 지배 시절 크레타 와인 생산은 전성기를 맞는다. 특히 칸디아(현 헤라클리온)에서 생산되던 말바시아Malvasia 스위트 와인은 유럽 전역으로 수출될 정도로 유명세를 떨쳤다. 그러나 오토만 제국이 통치하면서 크레타의 와인은 쇠퇴기를 맞는다. 그 후 1970년대 4개의 PDO 등급 지역(페자Peza, 아르하네스Arhanes, 다페스Dafes, 시티아Sitia)과, 더 포괄적인 지역인 하니아, 레팀노, 라시티, 키사모스, 헤라클리온 등에서 와인제조를 다시 시작하면서 크레타 와인은 부흥기를 맞았다. 대부분의 포도밭은 섬 북쪽 해안가에 길게 포진해 있다. 크레타섬 전체에 광대하게 펼쳐진 산맥들은 북아프리카로부터 불어오는 바람을 막아준다. 또 에게해의 시원한 바람은 뜨거운 크레타의 태양을 식힌다. 여기에 포도밭이 해발 900m에 이르는 고원 지대에 있고, 토양이 비옥한데다 일조량까지 풍부해 포도 재배에 최적의 조건을 가졌다. 대부분의 와인은 크레타 토종 포도품종으로 만들어지지만 카베르네 쇼비뇽Cabernet Sauvignon, 쇼비뇽 블랑Sauvignon Blanc과 같은 외부 품종과의 블렌딩을 시도하며 크레타 와인의 혁신을 이끌고 있다.

거대한 베네치아성이 있는
레팀노 Rethymno

하니아와 헤라클리온 사이에 있는 레팀노현의 수도이다. 이 도시는 고대에 건설되었으나 미노아 문명의 중심지는 아니었다. 그러나 베네치아 지배 시절 건설된 고풍스러운 건물들과 구시가지의 풍경은 충분히 매력적이다. 레팀노는 올드 타운이 가장 잘 보존된 도시 중 하나로 꼽힌다. 레팀노의 서쪽에는 고대 도시 리팀나Rithymna의 아크로폴리스가 있던 것으로 추정되는 팔레오카스트로Palaiokastro 언덕이 있다. 이 언덕 위에는 베네치아성Fortezza이 자리 잡고 있는데, 16세기 말 오토만 제국으로부터 도시를 보호하기 위해 건설되었다. 이 거대한 성은 레팀노의 랜드마크이자 아름다운 도시의 풍경을 조망할 수 있는 최고의 전망대이다. 레팀노는 긴 모래 해변을 가진 곳으로도 유명하다. 베네치아 항구 옆으로 길게 뻗은 백사장은 시원한 바다를 즐기러 나온 사람들로 가득하다. 시간적 여유가 있다면 레팀노 남동쪽으로 23km 정도 떨어진 곳에 위치한 아르카디 수도원Arkadi Monastery을 방문해 볼 것을 추천한다. 아르카디 수도원은 오토만 제국에 맞서 독립과 자유를 부르짖은 크레타인의 한이 깃든 곳이다. 오토만 제국의 무차별적인 공격이 계속되자 수도원에 숨어 있던 850여 명의 크레타 병사들과 수도사, 마을 사람들은 항복하는 대신 화약고를 터뜨려 1,500여 명의 적군과 함께 자폭한다. 지금은 조용하고 평화로운 모습이지만 그 이면에 숨겨진 아픈 역사와 숭고한 독립 정신을 느낄 수 있다.

Data **지도 343p 가는 법** 헤라클리온에서 서쪽으로 약 80km, 하니아에서 동쪽으로 약 60km 떨어져 있다. 크레타의 주요 도시인만큼 버스가 수시로 다닌다. 자세한 사항은 '크레타 찾아가기', 혹은 웹사이트(www.e-ktel.com)를 확인하자.

현지인만 아는 숨겨진 명소
로디아 Rogdia

헤라클리온 타운에서 서쪽으로 약 18km 떨어진 곳에 위치한 작은 마을이다. 구불구불한 길을 따라 올라가면 바쁜 도시의 모습은 멀어지고 푸르른 녹음과 청명한 하늘이 가까워진다. 로지아에서 보는 헤리클리온의 모습은 마치 오래된 연인의 새로운 면을 발견한 것만큼 놀랍다. 실제 로지아는 드라이브나 데이트 코스로 인기가 좋다. 평온하고 목가적인 풍광에 잠시도 눈을 떼기 힘들다. 해 질 녘이 되면 로맨틱함까지 더해진다. 마을에는 오래된 저택들과 고즈넉한 느낌의 카페들이 산길을 따라 군데군데 있다. 카페에 들어가 차 한잔 마시며 헤라클리온의 색다른 모습을 천천히 감상해 보자.

Data 지도 403p-B 가는 법 버스 이용 불가. 렌터카만 가능. 렌터카 이용시 E75·A90 도로 진입 후 Gazi·Rogdia 방면으로 20~30분 소요 주소 Rogdia, Iraklio

호수를 품에 안은
아이오스 니콜라오스 Agios Nikolaos

헤라클리온에서 동쪽으로 약 65km 떨어져 있다. 크레타 4개의 현 중 하나인 라시티현에 있는 항구 도시다. 아름다운 미라벨로만Mirabello Bay에 살포시 내려앉은 도시로 크레타에서 손꼽히는 휴양 도시이다. 잔잔히 흐르고 있는 불리스메니Voulismeni 호수는 그리스의 여신 아테나와 아르테미스가 목욕을 한 곳이라고 전해진다. 호수를 둘러싸고 있는 언덕에서 보는 도시의 풍경은 가히 환상적이다. 도시는 그리 크지 않아 반나절이면 충분히 둘러볼 수 있다. 헤라클리온에서 한 시간 거리라 당일치기 여행으로도 제격이다. 주요 볼거리로는 동부 크레타에서 발견된 유물을 전시하는 고고학 박물관Archaeological Museum, 아이오스 니콜라오스 교회Church of Agios Nikolaos, 255척의 배가 정박할 수 있는 마리나Marina, 도시 안에 있는 아모스Ammos 해변, 키트로플라티아Kitroplatia 해변, 아무디Ammoudi 해변 등이 있다.

Data 지도 343p
가는 법 헤라클리온에서 아기오스 니콜라오스까지는 수시로 버스가 운행된다. 첫차는 06:30, 막차는 22:00이며, 배차 간격은 약 1시간이다. 웹사이트(www.ktelherlas.gr)를 통해 자세한 스케줄 확인과 예약을 할 수 있다.

EAT

옛날 레시피 그대로
페스케시 Peskesi

헤라클리온의 소문난 맛집이다. 과거 크레타인들이 먹던 음식의 레시피 그대로 요리한다. 10년에 걸친 재료와 요리법에 대한 연구를 통해 크레타 전역에서 수백 가지의 '진짜 레시피'를 수집했다. 모든 재료는 현지 혹은 직접 운영하는 농장에서 조달한다. 와인도 마찬가지다. 메뉴를 보면 정통 크레타 요리의 명맥을 잇기 위한 노력의 흔적이 여실히 드러난다. 미노아 시대의 음식인 구운 돼지에 꿀과 타임을 곁들인 크레오카카보스Kreokakavos와 견과류와 꿀, 포도 시럽 등이 들어간 패스트리 가스트린Gastrin은 페스케시에서만 볼 수 있는 특별한 메뉴다. 칵테일도 크레타스럽다. 적어도 한 가지의 크레타 재료를 넣어 제조한다. 라키에 스피어민트와 타임 꿀, 라벤더 시럽을 넣어 만든 비짓 시티아Visit Sitia는 일품이다. 정통을 고수했다고 해서 고리타분한 분위기를 생각하면 오산이다. 오래된 저택을 개조하여 만든 이 레스토랑에는 고풍스러움과 고급스러움이 가득하다. 음식의 데코는 물론이고 스태프들이 서비스까지 미슐랭 부럽지 않다. 성수기 주말에는 예약하고 갈 것을 추천한다.

Data 지도 405p-C
가는 법
주소 6~8 Kapetan Haralampi St. Iraklio
전화 281-028-8887
운영시간 매일 13:00~02:00
요금 메인+음료 20~30유로
홈페이지 www.peskesicrete.gr

바다가 바로 보이는
카스텔라 Kastella

크레타해와 쿨레스 베네치아 요새가 한눈에 보이는 항구 근처에 자리하고 있다. 찰싹거리는 파도 소리, 온갖 언어가 뒤섞인 시끌벅적한 대화 소리, 수많은 접시를 손에 들고 서빙을 하는 웨이터의 모습에 생기가 흐르는 곳이다. 바다 앞에 위치한 레스토랑인 만큼 생선과 해산물 요리가 이 집의 메인. 해산물 리조토Risotto with Seafood, 모둠 생선Mixed Fish, 깔라마리 Calamari, 홍합요리Boiled Mussels 등과 로컬 와인의 조합이 아주 좋다. 직원들의 서비스는 카스텔라만의 또 다른 매력. 친절한 스태프들로 인해 음식 맛이 한층 더 올라가는 듯하다. 설령 배가 터질 것 같더라도 식사 후에 제공되는 하우스 라키와 디저트는 꼭 맛보도록 하자!

Data 지도 405p-C
가는 법 베네치아 항구 18 아글론 광장 지나 도보 2분
주소 5a Sofokli Venizelou St. Venetian Harbour, Iraklio
전화 281-030-0799
운영시간 3월~10월 11:30~23:30
요금 15~20유로
홈페이지 www.facebook.com/kastellaheraklion

100년의 전통, 크레타 최고의 부가차
필로소피스 Phyllosophies

무려 100년의 역사를 자랑하는 곳이다. 1922년 스미르나(현 튀르키예 이즈미르)에서 헤라클리온으로 이주한 아포스톨로스 살킨지스가 사자 광장 옆 작은 제과점을 개점하여 역사가 시작됐다. 전통 방식으로 제작되는 최고 품질의 부가차(아주 얇은 필로안에 커스터드 크림, 치즈, 다진 고기 등이 들어가는 그리스 페이스트리)부터, 크레타 전통치즈 미지트라가 첨가된 부가차까지 다양한 종류의 부가차를 개발하며 도시 최고의 디저트 가게로 자리매김했다. 그의 다음 세대들도 장인 정신을 이어받아 100년 명성을 유지하고 있다. 필로소피스에서 꼭 먹어 봐야 할 것은 단연 부가차. 전통 레시피를 따른 부가차부터 초콜렛 크림이나 솔티드 카라멜 등이 들어간 퓨전 부가차까지, 그야말로 부가차의 천국을 경험할 수 있다. 훌륭한 그리스 전통커피 역시 빼놓을 수 없는 메뉴. 프라페, 프레도 에스프레소 등 현대식 커피는 물론 다양한 브런치 메뉴도 함께 준비되어 있다. 헤라클리온에 총 3개의 매장을 운영하고 있다.

Data 지도 405p-G
주소 Lion's Square 33 (1호점), Irakli 97 Mastambas(2호점), Kastrinogiannaki 1 Philothei(3호점)
전화 281-028-4774(Llon Square)
운영시간 06:00~24:00 (Lion's Square)/ 08:00~24:00 (Mastambas & Philothei)
요금 부가차 3~4유로, 루쿠마데스 3.5유로, 패스트리류 4유로~, 커피 4유로~, 칵테일 7유로~, 오믈렛 5유로~
홈페이지 www.phyllosophies.gr

부담 없는 음식, 자유로운 분위기
라 브라세리 La Brasserie

여행을 하다 보면 새로운 음식에 적응하지 못해 속이 불편할 때가 많다. 더부룩한 속을 잠시 달래주고 싶다면 라 브라세리가 제격이다. 레스토랑의 컬러풀하고 개성 넘치는 인테리어가 시선을 사로잡는다. 분위기는 너무나도 편안해서 마치 친구 집 뒷마당에서 열리는 홈파티에 초대된 기분이 든다. 주로 프렌치 스낵과 커피, 음료 등을 취급한다. 음식은 신선하고 깔끔하며 가볍다. 2층에 있는 화장실은 이 카페의 숨겨진 보물. 보는 순간 입이 쩍 벌어진다. 알록달록한 모자이크 타일과 특이한 디자인의 세면대가 재미있다. 종종 광고 촬영지로 사용되기도 하니 꼭(?) 들러보자. 어둠이 내리면 카페는 바로 변신! 각종 라이브 공연과 파티가 진행되니 들러보는 것도 좋다.

Data 지도 405p-G
주소 15 plateia Korai, Iraklio
전화 281-400-1418
운영시간 월~토 10:00~새벽
요금 그릭커피 2.5유로, 맥주 3유로~, 칵테일 7유로, 다코스 2.5유로, 치킨필레 6유로, 브라세리 샌드위치 5유로
홈페이지 www.facebook.com/labrasserie

허브 향이 가득
허브스 가든 Herb's Garden

라토 부티크 호텔에 있는 옥외 레스토랑이다. 크레타의 때묻지 않은 자연에서 영감을 받아 이름을 지었다고 한다. 식사를 하며 베네치아 항구와 바다의 파노라마 뷰를 감상할 수 있는 것이 허브스 가든의 가장 큰 매력! 헤라클리온의 테라스라고 불릴 만큼 명성이 자자하다. 메뉴는 대부분 크레타 음식으로 이루어져 있다. 전통 메뉴에 현대적 감각과 고급스러움을 더했다. 가격대도 그리 높지 않아 큰 부담이 없다. 완두콩 퓌레를 곁들인 구운 농어, 크레타식 파스타인 스키우피하타Skioufichata와 토마토와 함께 요리된 양고기Tender Lamb, Slow Cooked in Mature Tomatoes, 햇살에 말린 구운 문어 요리Sun Dried Octopus on the Grill 등을 추천한다. 메뉴는 매년 바뀐다는 점을 참고하자. 성수기에는 미리 예약하는 것이 좋다.

Data 지도 405p-C
주소 15 Epimenidou St. Iraklio
전화 281-033-4971
운영시간 5월 초~10월 말 매일 13:00~24:30
요금 스타터 6.7유로~, 샐러드 8.5유로~, 파스타 12유로~, 메인디쉬 14.5유로, 디저트 6.5유로~
홈페이지 www.lato.gr

역시 5성급은 다르다
갤럭시 호텔 Galaxy Hotel

자타공인 헤라클리온 최고급 호텔이다. 2008년 레노베이션을 거치면서 시설과 서비스 모두 한층 업그레이드되었다는 평가를 받고 있다. 끌벅적한 중심가에서 살짝 벗어난 곳에 있지만 이동에는 큰 문제가 없다. 오히려 한적하고 조용해서 좋다. 타운 중심에 위치한 고고학 박물관이 도보로 15분 거리다. 객실은 총 127개. 슈피리어, 슈피리어 비즈니스, 이그제큐티브까지 다양하다. 주목할 점은 프리알러지룸Pure Allergy Free Room. 먼지나 환경에 민감한 고객들을 위해 설계한 특별한 객실이다. 고객에 대한 세심한 배려가 돋보인다. 객실 내부 디자인은 아늑하고 편안하다. 다운톤 색상의 가구들을 사용해 포근함과 따뜻함이 느껴진다. 호텔에는 모든 부대시설이 갖춰져 있다. 2개의 레스토랑부터 회의실, 비즈니스 센터, 연회장, 헬스장까지 있다. 특히 헤라클리온에서 가장 큰 풀장을 보유하고 있는 것도 장점이다. 가까운 곳에 해변이 없는 헤라클리온 타운에서 누릴 수 있는 최고의 호사인 셈! 조식 뷔페는 갤럭시 호텔의 또 다른 자랑거리다. 입이 떡 벌어질 정도로 푸짐하고 다양한 종류의 메뉴가 준비되어 있다.

Data 지도 405p-L
가는 법 버스 터미널A에서 시내버스 01, 02, 03를 타고 트리아 페프카에서 하차해 도보 2분. 크노소스 궁전에서 오는 버스를 탔을 경우 갤럭시역에서 하차
주소 75 Dimokratias Ave. Iraklio
전화 281-021-1211
요금 슈피리어 98유로~, 이그제큐티브 116유로~, 패밀리 룸 207유로~, 조식뷔페 포함
홈페이지 www.galaxy-hotel.com

감각적인 디자인이 가득
라토 부티크 호텔 Lato Boutique Hotel

헤라클리온 항구의 수려한 경치가 한눈에 내다보이는 곳에 있는 호텔이다. 길 하나를 두고 서로 마주보고 있는 두 개의 건물로 이루어져 있으며 2013년 완벽하게 레노베이션을 마쳤다. 라토 부티크는 강렬한 원색으로 곳곳에 포인트를 준 인테리어와 모던한 감성의 가구들이 돋보인다. 객실은 총 79개. 71개의 일반 객실과 8개의 스위트룸이 있다. 객실은 넓은 편이며 역시 세련되고 톡톡 튀는 인테리어가 눈길을 끈다. 전면 유리로 된 창문 밖으로 보이는 베네치아 항구의 전경은 마치 한 폭의 그림 같다. 라토 부티크에는 다양한 부대시설이 있는데, 특히 허브스 가든Herb's Garden 레스토랑이 인기가 좋다. 헤라클리온에서 볼 수 있는 가장 아름다운 뷰를 보며 다이닝을 즐길 수 있는 숨은 명소다. 크레타 음식은 물론 인터내셔널 메뉴도 보유하고 있다. 맛과 서비스, 분위기 모두 좋은 평가를 받고 있다. 웹사이트에서 다양한 프로모션을 진행하고 있으니 반드시 체크해 볼 것!

Data 지도 405p-C
가는 법 버스 터미널 A에서 서쪽으로 도보 5분
주소 15 Epimenidou St. Iraklio
전화 281-024-0350
요금 컴피룸 55~87.5유로, 시티뷰 슈피리어 룸 61~96유로, 씨뷰 슈피리어 룸 70~110.5유로, 패밀리룸 79~125유로, 주니어 스위트 씨뷰룸 84유로~132.5유로, 이그제큐티브 스위트 96유로~152.5유로, 조식 포함
홈페이지 www.lato.gr

저렴한 가격, 최고의 위치
엘 그레코 호텔 El Greco Hotel

헤라클리온 타운 심장부에 위치해 있다. 저렴한 가격과 탁월한 접근성이 엘 그레코 호텔의 가장 큰 이점이다. 대부분의 관광지와 버스 터미널, 항구 등이 도보로 10분 내외다. 호텔 주변에는 수많은 레스토랑과 바들이 포진해 있다. 호텔의 내부는 복고적인 느낌이 강하다. 90개의 룸을 보유하고 있으며 싱글룸, 더블룸, 트리플룸 총 3가지 형태의 객실을 제공한다. 객실 내부는 심플 그 자체다. 다만, 시설이 좀 낡고 방음이 잘 안된다는 것이 단점. 좀 낡긴 했지만 비교적 깨끗하게 관리되고 있다. 실용성을 중시하는 여행객들에게 추천한다.

Data 지도 405p-G
가는 법 버스 터미널 A에서 시내 방향 도보 10분
주소 4, 1821 St. Iraklio
전화 281-028-1071~4
요금 싱글룸 35~48유로, 더블룸 42~64유로, 트리플룸 55~79유로
홈페이지 www.elgrecohotel.gr

Greece By Area
07

산토리니
SANTORINI ΣΑΝΤΟΡΙΝΗ

산토리니는 자연이 빚고 인간이 그린 섬이다. 화산 폭발로 땅이 움푹 꺼진 자리에는 바닷물이 들어찼고 바람은 절벽을 깎아내렸으며 물은 돌을 다듬었다. 인간은 초승달 모양의 섬 절벽 위에 하얀 집을 지었고 파란 지붕으로 점을 찍었다. 아름다운 석양은 마을을 붉게 물들이고 사랑하는 사람들은 섬으로 모이기 시작했다. 사람들은 산토리니의 꿈 같은 풍경을 보며 사라진 땅, 아틀란티스의 전설을 이야기한다. 전설의 땅보다 더 아름다운 섬, 그곳이 바로 산토리니다.

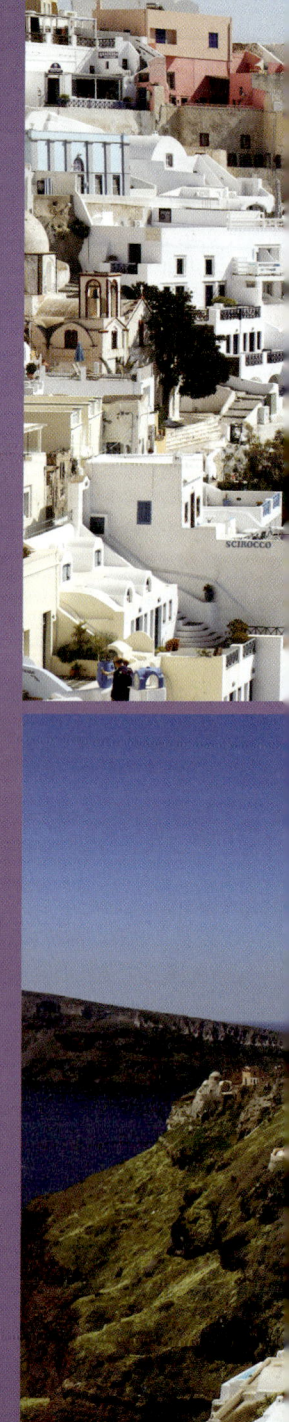

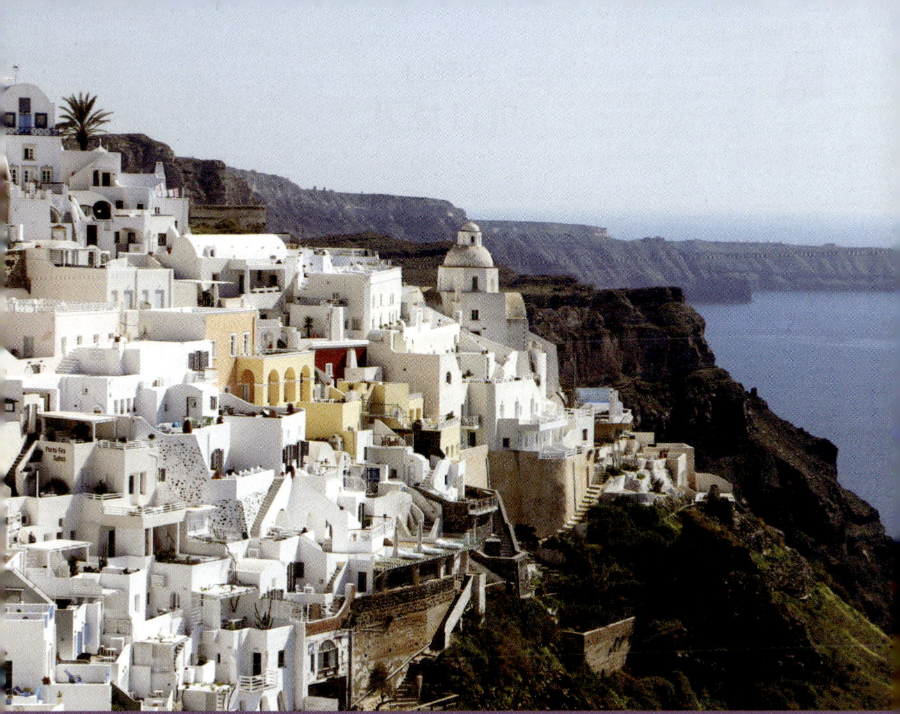

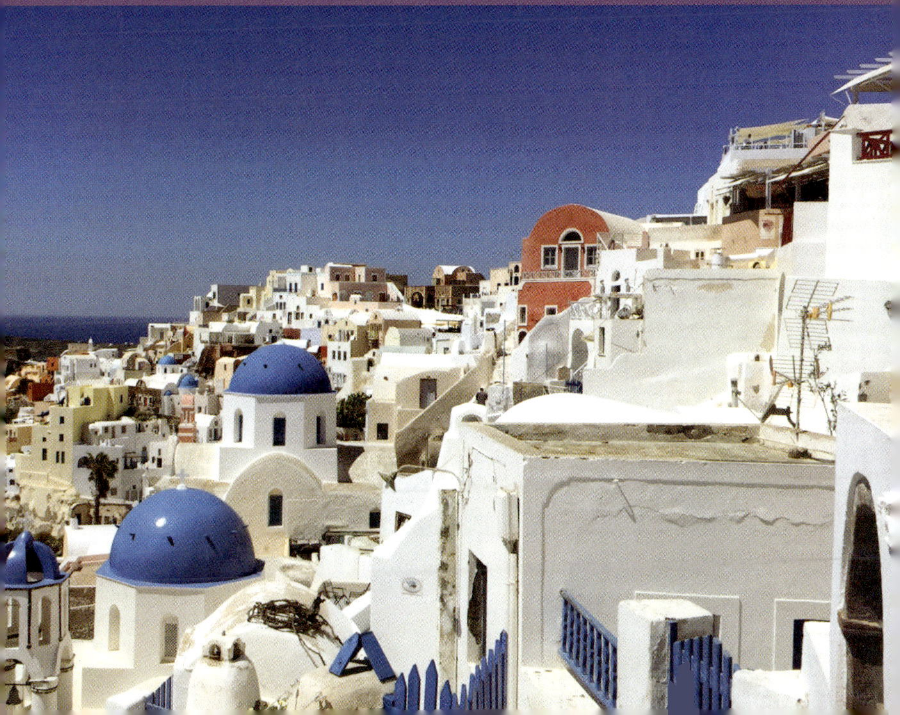

산토리니
미리보기

산토리니는 에게해의 키클라데스 제도 최남단에 위치한 섬이다. 정식 명칭은 티라 혹은 테라이다. 제주도의 약 1/20 크기의 작은 섬에 볼거리, 먹을거리, 놀거리가 꽉 들어찼다. 초호화 관광부터 배낭여행까지 모든 종류의 여행이 가능하다. 취향대로 입맛대로 산토리니를 즐겨 보자.

SEE

산토리니는 세계적으로 손꼽히는 독특한 자연환경을 지녔다. 화산 활동이 만들어 낸 칼데라 지형과 아름다운 에게해의 풍경은 산토리니의 최대 볼거리! 섬의 중심인 피라 마을은 물론 동화 같은 이아 마을의 석양도 놓치지 말아야 할 필수 코스다. 그 외에도 화산 지형이 만들어 낸 각기 다른 매력의 해변들, 산토리니의 대자연을 담은 하이킹 코스, 고대 도시의 발자취를 느낄 수 있는 유적지, 에게해의 역사를 한눈에 볼 수 있는 박물관까지. 산토리니의 볼거리는 무궁무진하다.

EAT

산토리니는 미식의 섬이다. 그리스 최고의 관광지답게 저렴한 스낵부터 고급 레스토랑까지 선택의 폭이 넓다. 산토리니의 특산물 체리 토마토Cherry Tomato, 파바 빈Fava Bean, 가지Eggplant, 케이퍼Caper로 만든 음식은 반드시 먹어 봐야 한다. 해산물이 당긴다면 산토리니의 햇살에 말린 문어Sundried Octopus도 좋은 선택이다. 산토리니 로컬 맥주인 동키Donkey와 세계 최고의 품질을 자랑하는 산토리니 와인을 음미하는 것도 잊지 말자. 식사 후 마시는 빈산토Vinsanto 한 잔은 최고의 디저트가 될 것!

SLEEP

주요 마을인 피라 마을과 이아 마을에 호텔이 모여 있다. 피라 마을이 이아 마을보다 조금 저렴한 편. 산토리니 전통 가옥을 개조해서 만든 부티크 호텔들은 거의 칼데라 뷰가 보이는 절벽에 위치한다. 그만큼 가격도 비싸다. 절벽에서 멀어질수록 저렴하다. 자동차를 렌트할 계획이라면 어느 마을을 거처로 삼아도 관광하는 데는 지장이 없다. 버스를 이용할 계획이라면 산토리니 교통의 거점인 피라 마을이 효율적이다.

산토리니 찾아가기

어떻게 갈까?

1. 항공
아테네에서 산토리니로 가는 항공편은 성수기 기준 1일 20회 이상 수시로 운항하며, 40~50분 소요된다(에게안 항공Aegean Airlines, 올림픽 에어Olympic Air, 라이언 에어Ryan Air 등). 테살로니키에서는 성수기에 1일 1~2회 운항하며, 1시간 10분~20분 소요된다(에게 항공Aegean Airlines, 볼로티Volotea). 유럽의 주요 도시에서 산토리니로 가는 항공편도 많다. 성수기에는 전세기가 운항되어 접근성이 훨씬 높다(영국 항공British Airways, 이지 젯Easy Jet, 볼로티Volotea, 부엘링Vueling 등).

2. 페리
아테네, 크레타, 키클라데스 제도의 섬을 잇는 페리 노선이 잘 구축되어 있다. 페리의 스케줄은 수시로 바뀐다. 반드시 웹사이트에서 정확한 스케줄을 확인해야 한다. 비수기에는 페리의 운항 횟수가 현저히 줄거나 아예 운항하지 않는다. 날씨나 혹은 부활절과 같은 공휴일에 따라서도 스케줄이 바뀐다는 점을 참고하자. 고속선은 씨 제트Sea Jets, 일반선은 블루 스타 페리Blue Star Ferry가 대표적이다.

• 아테네-산토리니
아테네-산토리니 노선의 경우 적어도 하루의 1대의 페리가 운항되며, 성수기에는 많게는 하루 8대의 페리가 운항된다. 고속선은 약 5시간~5시간 30분, 일반선은 8~11시간 소요된다. 일반선의 경우 보통 매일 오전 7시~8시, 오후 5~6시에 아테네 피레우스Piraeus항을 출발하며, 고속선은 보통 오전에 아테네를 출발한다. 산토리니에서 아테네 피레우스Piraeus 항으로 돌아가는 페리는 보통 오후 12시~4시 사이에 출발하지만, 성수기에는 이른 아침부터 오후까지 다양하다. 여름철에는 아테네의 라피나Rafina 항구에도 산토리니행 고속페리가 운행되니 참고하자.

• 크레타-산토리니
크레타 헤라클리온와 산토리니를 잇는 페리는 성수기(보통 4월~10월)에만 운행된다. 하루 3~4대가 있으며 헤라클리온 항구에서 보통 오전 8~9시 출발, 소요 시간은 약 1시간 50~2시간이다. 산토리니에서 헤라클리온로 가는 배편은 보통 오후 4~5시 30분에 출발한다. 비수기에는 크레타와 아테네를 잇는 일반선이 산토리니에 정차하기도 하지만 운항이 매우 제한되어 있으므로 반드시 미리 확인하는 것이 좋다.

• 키클라데스 제도
미코노스, 이오스 등과 같은 다른 키클라데스 제도의 섬들과 산토리니를 잇는 페리는 성수기(보통 4월~10월)에만 운행된다. 페리 운항이 시작되는 정확한 날짜와 스케줄은 매년 다르며 페리 회사에 따라 루트도 다르다.

블루 스타 페리 www.bluestarferries.com(일반선)
씨 제트 www.seajets.gr(고속선)

산토리니 찾아가기

• 항구 → 피라 마을
산토리니의 메인 항구인 아티니오스Athinios에 도착하는 페리 스케줄에 맞춰 로컬 버스가 운행된다. 항구에 내리면 큰 공터가 보이는데 그곳이 버스 터미널이다. 버스 앞쪽에 'LOCAL BUS'라고 표시되어 있다. 소요 시간은 약 20분, 요금은 2.3유로이며 버스에 탑승한 후 현금으로 지불한다. 택시를 이용할 경우 목적지에 따라 30~45유로 정도이며 최대 4인까지 탑승할 수 있다.(산토리니의 경우 택시 탑승객 제한이 매우 엄격한 편이다.)

> **Tip** 항구 앞에는 많은 여행사들이 있다. 관광 안내소처럼 보이지만 실제는 사설 여행사들이다. 산토리니의 각 마을로 공용버스와 밴을 운행하는데 한 버스 당 15~16명 정도가 탑승한다. 가격은 보통 피라 마을 기준 10유로를 제시하며 인원이 채워질 때까지 기다리는 경우가 다반사다. 마을까지 가는 소요 시간도 더 오래 걸린다는 점을 유의하자.

• 공항 → 피라 마을
공항에서 피라 마을까지 가는 버스는 보통 하루에 7~15대 운행된다. 비수기 기준 오전 7:15분부터 90분~120분 간격으로 운행 중이며 성수기에는 증편된다. 소요 시간은 약 10분, 요금은 1.8유로다. 소요 시간은 10분, 요금은 1.8유로다. 시즌에 따라 버스 스케줄이 변경 되니 웹사이트 www.ktel-santorini.gr 를 확인하는 것이 좋다. 택시를 이용할 경우 공항에서 피라 마을 까지는 약 25~35유로이다.

어떻게 다닐까?

1. 버스
산토리니 교통의 모든 것은 피라 마을에서 시작된다. 이아 마을을 비롯해 산토리니의 어느 곳을 가더라도 피라 마을은 항상 거쳐야 한다. 피라에 있는 산토리니 종합 버스 터미널에서는 공항과 항구, 주요 마을까지 버스를 운행한다. 요금은 거리에 따라 1.8유로부터 2.5유로 정도며 버스 탑승 후 지불한다. 성수기에는 심야 버스가 운행되기도 하나, 스케줄은 예고 없이 변경될 수 있고 비수기에는 버스 운행이 극히 제한되는 경우가 많으니 반드시 피라에 도착해서 직접 스케줄표를 확인하는 것이 좋다.

홈페이지 www.ktel-santorini.gr

주요 목적지	운행시간	소요 시간
이아Oia · 이메로비글리Imerovigli	06:50~21:20	25분
아크로티리Akrotiri	09:00~20:00	25분
카마리Kamari	07:15~22:00	20분
페리사Perissa	07:00~22:00	25분

> **Tip** 버스를 타고 가는 중간에 검표를 하는 경우가 있으니 티켓은 항상 소지하고 있어야 한다. 티켓 판매원은 항상 거스름돈을 가지고 있으니, 미처 잔돈을 준비하지 못했더라도 당황할 필요가 없다.

2. 렌터카

차를 렌트하거나 스쿠터, 사륜 오토바이ATV를 빌리는 것도 산토리니를 효율적으로 돌아다닐 수 있는 방법이다. 렌탈 숍은 공항을 비롯해 마을 곳곳에서도 쉽게 찾을 수 있다. 가격은 차종, 기종에 따라 천차만별이다. 1일 기준 승용차는 45유로, 사륜 오토바이 35유로, 오토바이 25유로부터 시작하는 것이 보통이지만, 보험, 택스 등에 따라 최종 가격은 달라지니 꼼꼼하게 확인하자. 차를 렌트하기 위해선 국제 면허증이 반드시 필요하다. 스쿠터나 사륜 오토바이의 경우 여권만으로도 가능하지만 되도록 국제 운전면허증을 챙기는 것이 좋다.

3. 케이블카

케이블카는 피라 마을 꼭대기에서 올드 포트까지 약 220m의 오르막길을 연결한다. 소요 시간은 약 3분 정도이며 가격은 성인 6유로, 어린이 3유로이다. 짐 하나당 2유로의 추가 비용이 발생한다. 비수기는 수요에 따라 운행 스케줄이 사전 통지 없이 바뀌기도 하니 웹사이트(www.scc.gr)를 참고하도록 하자.
홈페이지 www.scc.gr

운행시기	운행시간
4월	06:30, 06:45, 07:00~21:00(배차간격 20분)
5·9·10월	06:30, 06:45, 07:00~21:40(배차간격 20분)
6~8월	06:30, 06:45, 07:00~22:40(배차간격 20분)
11월과 3월	07:30~10:30, 14:30~18:00(배차간격 30분)
12월~2월	07:30~09:00, 15:00~16:00 (배차시간 30분) * 운행이 많지 않은 비수기에는 상황에 따라 특별 스케줄이 추가로 배차될 수 있음

I INFORMATION I

여행사, 버스 터미널, 은행, 우체국 등 대부분의 편의 시설은 피라 마을 메인 거리에 모여 있다. 산토리니에는 관광안내소가 없다. 피라 마을 메인 거리에 있는 작은 인포메이션 센터에서 간단한 지도와 정보를 얻을 수 있다.

피라 종합 버스 터미널
주소 25is Martiou St. Fira, Santorini
전화 228-602-5404
홈페이지 www.ktel.santorini.gr

페리 터미널
전화 228-602-2239

우체국
주소 25is Martiou St. Fira, Santorini
전화 228-602-2238
운영시간 월~금 07:30~14:30

병원
산토리니 센트럴 클리닉Central Clinic of Santorini
가는 법 피라 마을 버스 터미널 뒤편
전화 228-602-1728
운영시간 매일 24시간 운영
홈페이지 www.santair-cca.gr

경찰서
주소 Karterakos, Santorini
전화 228-602-2649

산토리니
찾아가기

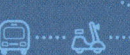

Talk 동키택시 찬반양론으로 뜨거운 산토리니

'산토리니에는 사람보다 당나귀가 더 많다'라는 말이 있을 정도로 산토리니에서 당나귀는 중요한 교통수단이었다. 당나귀는 항구에서 절벽 꼭대기 마을까지 물자를 실어 나르는데 있어 꼭 필요한 존재였다. 그러나 케이블카와 찻길이 나면서 당나귀는 더 이상 교통수단으로 쓸모가 없어졌다. 이때부터 당나귀는 물자 수송이 아닌 관광 자원으로 변모했다. 당나귀를 타고 가파른 절벽을 오르는 독특한 경험을 선사하며 현재는 산토리니의 명물이 되었다. '동키(당나귀)택시'라는 말도 생겼다. 동키택시는 피라 마을과 올드 포트를 잇는 588여 개의 계단, 이아 마을과 아무디 베이를 잇는 절벽길 등에서 이용할 수 있다. 가격은 5유로 내외다. 그러나 현재 산토리니의 동키택시는 많은 문제점을 안고 있다. 당나귀는 관광객을 태운 채 하루 종일 절벽을 오르내리다 보니 잦은 부상에 시달리고, 사망에 이르는 일이 잦다. 또한 당나귀에 대한 관리와 처우도 매우 열악해 동키택시에 대한 반대의 목소리도 크다. 현재 산토리니에서는 당나귀를 보호하기 위한 많은 움직임이 있다.

Talk 잃어버린 대륙 아틀란티스와 산토리니

기원전 375년 그리스의 철학자 플라톤은 그의 저작 〈티마이오스Timaios〉와 〈크리티아스Kritias〉에서 아틀란티스의 존재를 밝혔다. 당시로부터 9,000년 전 지중해 서쪽, 대서양에 둘러싸인 거대한 섬이 있었다. 이 섬이 아틀란티스다. 풍족한 자원과 신비로운 문명을 바탕으로 번영을 이루었던 아틀란티스는 어느 날 갑작스런 지진과 홍수로 바다 밑으로 영원히 가라앉고 만다. 이후 아틀란티스의 실존 여부를 둘러싸고 끊임없는 논쟁이 벌어졌다. 그러던 중 지중해를 장악했던 크레타의 미노아 문명이 아틀란티스가 아니냐는 주장이 제기된다. 실제 크노소스를 중심으로 한 미노아 문명의 수준은 그 시대를 훨씬 앞질렀으며, 하루아침에 흔적도 없이 사라진 것 또한 아틀란티스와 매우 흡사했다. 미노아 문명이 아틀란티스라는 가정에 점점 힘이 실리던 중 미노아 문명의 몰락이 산토리니섬에서 발생한 대지진과 해일에 의한 것이라는 주장이 제기 된다. 1967년 그리스 고고학자 스피리돈 마리나토스는 이 주장을 증명하기 위해 산토리니를 발굴하던 중 '아크로티리'를 발견한다. 화산재에 뒤덮여 있던 고대 도시를 발견한 것이다. 아크로티리에서 발견된 유적들과 유물들은 당시 산토리니섬에 뛰어난 문명이 존재했다는 것을 입증했다. 산토리니섬이 '아틀란티스'였을 수도 있다는 증거가 발견된 것이다. 물론 플라톤이 이야기한 아틀란티스의 멸망 시기와 크레타와 산토리니의 몰락 시기는 크게 어긋난다. 그러나 이러한 전설 속의 이야기는 사람들의 상상력을 자극해 고대도시 연구에 박차를 가하게 했다. 아직도 아틀란티스의 비밀은 밝혀지지 않았다. 여전히 망망대해 속 어디에선가 진실이 파헤쳐지기를 기다리고 있을지도 모른다. 전설과 역사가 뒤섞인 섬 산토리니, 그 속에 담긴 신비로운 이야기들은 산토리니를 더 아름답고 매력적으로 만든다.

산토리니
Santorini

에게해
Agean Sea

- 콜룸보 비치 / Koloumbo Beach
- 이아 / Oia
- 아무디 베이 / Amoudi Bay
- 부르불로스 비치 / Vourvoulos Beach
- 이메로비글리 / Imerovigli
- 스카로스 성 / Skaros Castle
- 부르불로스 / Vourvoulos
- 아이오스 니콜라오스 비치 / Agios Nikolaos Beach
- 피로스테파니 / Firostefani
- 엑소 이알로스 비치 / Exo Gialos Beach
- 피라 / Fira
- 티라시아 / Therasia
- 네아 카메니 / Nea Kameni
- 산토리니 공항 / Santorini Airport
- 팔리아 카메니 / Palea Kameni
- 하치다키스 와이너리 / Hatzidakis Winery
- 아티니오스 항구 / Athinios Port
- 엑소 고니아 / Exo Gonia
- 쿠초야노풀로스 와인 박물관 / Koutsoyannopoulos Wine Museum
- 산토 와인 / Santo Wines
- 아트 스페이스 / Art Space
- 메갈로히리 / Megalochori
- 카마리 / Kamari
- 프로피티스 일리아스 수도원 / Profitis Ilias Monastery
- 피르고스 / Pyrgos
- 카마리 비치 / Kamari Beach
- 파로스 등대 / Faros Lighthouse
- 아크로티리 / Akrotiri
- 프로피티스 일리아스 / Profitis Ilias
- 메사 부노 / Mesa Vouno
- 페리사 / Perissa
- 화이트 비치 / White Beach
- 레드 비치 / Red Beach
- 아크로티리 선사 유적 / Akrotiri Prehistoric Site
- 부타리 / Boutari
- 페리사 해변 / Perissa Beach
- 고대 티라 유적 / Ancient Thera
- 블리하다 비치 / Vlihada Beach

0 2km

피라
FIRA

산토리니의 중심 마을이다. 화산섬이 한눈에 보이는 칼데라 절벽 서쪽에 자리 잡고 있다. 피라가 산토리니의 수도가 된 것은 18세기 말, 본래 수도였던 스카로스의 성이 버려지면서 그 중심이 서서히 피라로 이동했다. 산토리니를 대표하는 마을답게 각 마을을 잇는 버스 터미널은 물론 대부분의 편의 시설이 갖춰져 있다. 산토리니의 문화·종교·역사를 알 수 있는 주요 박물관과 교회들도 피라에서 찾을 수 있다. 시원하게 펼쳐진 칼데라 뷰는 피라 마을 어디에서든 볼 수 있다. 하얀 전통 가옥과 레스토랑, 카페로 가득 메워진 절벽의 전경은 가던 발걸음을 자꾸 멈추게 한다. 신도리니 대부분의 마을은 저녁이 되면 고요해지지만 피라는 밤이 되면 더욱더 빛난다. 길거리는 늦게까지 불을 밝힌 상점들과 산토리니의 나이트 라이프를 즐기러 나온 관광객들로 가득하다.

아크로티리의 흔적을 볼 수 있는
티라 선사시대 박물관 Museum of Prehistoric Thera

화산재 속에서 발견된 고대 도시, 아크로티리에서 발견된 유물들과 벽화들을 소장하고 있는 박물관이다. 각종 가구와 식기류, 도자기, 가축 모형의 조각, 프레스코화 등 다양한 물품들이 전시되어 있어 에게해의 청동기 무명을 이해하는 데 큰 도움이 된다. 박물관의 규모는 그리 크지 않아 1시간~1시간 30분이면 충분히 둘러보지만, 고고학과 고대 미술 등에 관심이 많은 사람이라면 시간을 넉넉히 잡는 것이 좋다. 일정에 여유가 있다면 아크로티리 유적지를 먼저 본 뒤 박물관을 둘러볼 것을 추천한다.

Data 지도 437p-D
가는 법 피라 버스 터미널 바로 맞은편
전화 228-602-3217
운영시간 08:30~15:30 (화요일 휴관)
요금 6유로

Talk 아크로티리의 프레스코화

아크로티리에서 발견된 여러 유물 중에서도 화려한 프레스코화가 단연 눈길을 끈다. 푸른 원숭이Blue Monkeys, 어부The Fisherman, 권투하는 소년들Boxing Youth 등은 당시의 생활상을 생생하게 보여준다. 그중에서도 '봄Spring'이란 작품은 벽에 붙은 상태에서 발견된 유일한 프레스코화로 고대 회화 연구에 있어 매우 큰 가치를 지닌다. 현재 봄은 아테네 국립 고고학 박물관에 소장되어 있다.

우아한 종탑이 인상 깊은
세인트 존 대성당 Cathedral of Saint Jonh the Baptist

북쪽을 따라 마을을 걷다 보면 살구빛과 파란 테두리로 어우러진 건물이 보인다. 건물 위에 올려진 하얀 돔과 시계탑이 눈길을 사로잡는다. 이 아름다운 건축물은 바로 피라 마을 가톨릭 구역에 있는 세인트 존 대성당이다. 바로크 양식으로 지어진 이 성당은 성 요한에게 봉헌된 것이다. 17세기 중반에 지어졌는데, 1956년에 일어난 지진에 크게 손상되었다가 1975년도에 재건되었다. 성당의 내부는 화려한 색채의 성화들로 기품 있게 꾸며져 있다. 신비로운 분위기를 자아내는 푸른색 돔 천장이 특히 아름답다. 미사는 매주 일요일 오전 10시에 열리며 6월부터 9월까지는 매주 토요일, 일요일 오후 7시에 추가 미사가 열린다.

Data 지도 437p-A
가는 법 테오토코풀루 광장에서 북쪽으로 도보 약 10~15분
주소 Agiou Ioannou St. Fira, Santorini
전화 228-602-2244

건축의 아름다움이 돋보이는
메트로폴리탄 정교회 Orthodox Metropolitan Cathedral

피라 마을의 남쪽에 있는 정교회로 산토리니섬 전체에서 가장 두드러지는 건물 중 하나이다. 본래 건물은 1827년에 건립되었으나 1956년 발생한 대지진으로 완전 붕괴되었다가 현재의 모습으로 다시 지어졌다. 커다란 돔 건물을 아치형의 회랑이 길게 둘러싼 구조를 지니고 있으며 안쪽에는 넓은 마당이 조성되어 있다. 교회의 내부는 지역 예술가인 크리스토포로스 아시미스Christoforos Asimis의 프레스코화로 아름답게 꾸며져 있다. 눈이 시리도록 파란 에게해와 새하얗게 빛나는 교회의 대비는 시선을 압도하기에 충분하다.

Data 지도 437p-C
가는 법 티라 선사시대 박물관에서 미트로폴레오스 거리를 따라 올라간다.
주소 Ipapantis St, Fira, Santorini

| Theme |
세상에서 가장 낭만적인 피라-이아 트레킹

테라스에 앉아 바라보는 산토리니의 풍경은 숨이 멎을 만큼 아름답다. 그러나 이 그림 같은 풍경 속에 들어가는 것은 아름다움을 넘어 감동적이다. 피라-이아 마을 트레킹이 그렇다. 이 트레킹은 섬의 심장부인 피라 마을을 기점으로 섬의 최북단 이아 마을까지 이어진 절벽길을 걷는다. 피라 마을의 자매 마을인 피로스테파니Firostefani를 넘어 경사진 길을 오르다보면 이메로비글리Imerovigli에 도착한다. 이메로비글리의 최정상에는 스카로스 성Skaros Castle이 있다. 이곳에서 비리보는 에게해의 엄청난 풍광은 감탄사를 쏟게 만든다. 여행자들은 풍경에 취해 걸음을 멈추고 한참 동안 머물다 간다. 스카로스 바위를 지나 계속해서 걷다 보면 아기자기한 마을의 모습은 저 뒤편으로 사라지고 투박한 돌길이 이어진다. 푸르른 바다, 살랑거리는 꽃과 풀, 그리고 나만이 존재하는 시간이다. 붉은 모래와 잿빛 돌들로 채워진 길을 한참 걷다 보면 하얗고 작은 예배당이 보인다. 이아 마을이 가까워짐을 알리는 징표다. 피라-이아 워킹 트레일은 보통 3~5시간이 소요된다. 짧지 않은 여정이다. 길도 쉬운 편은 아니다. 화산 폭발이 만들어 낸 구불구불하고 다소 험준한 지형을 걷다 보면 다리는 아파오고 강렬한 태양에 목이 바짝 마른다. 하지만, 발걸음을 옮길 때마다 달리 보이는 화산섬과 칼데라의 모습은 걷는 자만이 얻을 수 있는 특별한 선물이다. 특히 도착지인 이아 마을의 꿈같은 풍경은 그동안의 고생을 말끔히 씻어 준다.

바위, 혹은 정복당하지 않는 요새
스카로스성 Skaros Castle

이메로비글리 마을에 있는 옛 성터로 스카로스 바위Skaros Rock라고도 불린다. 이 성은 비잔틴 제국 시절 해적으로부터 방어하기 위해 만들어졌다. 산토리니에 있는 5개의 성 가운데 가장 중요한 곳으로 꼽힌다. 성의 이름은 '위쪽의 성'이란 의미를 지닌 에파노 카스트로Epano Kastro, 혹은 바위를 뜻하는 로카Rocka라고 불렸다. 이곳은 피라 마을이 산토리니의 수도가 되기 이전인 18세기까지 수도의 역할을 담당하기도 했으며, 성이 존재하던 600년 동안 단 한 번도 정복당하지 않았다고 한다. 성을 중심으로 가톨릭 주교와 신자들, 귀족들이 사는 거주지가 광범위하게 형성되어 있었다. 그러나 위풍당당함을 뽐내던 스카로스성은 19세기에 일어난 지진에 완전히 무너지고 현재는 커다란 바위의 모습으로 남아 있다. 스카로스성까지는 이메로비글리 마을에서 약 20분 걸린다. 울퉁불퉁한 길과 계단이 있어 하이킹에 익숙하지 않은 사람이라면 조금 험난할 수 있다. 그러나 바위 위에 도착해서 내려다보는 풍광은 숨이 멎을 만큼 아름답고 가슴이 뻥 뚫릴 만큼 시원하다. 바위의 뒤쪽에 있는 아담한 예배당Chapel of Agios Ioannis Apokefalistheis 은 스카로스성의 숨겨진 선물이다.

> **Tip** 트레킹은 반드시 피라 마을에서 시작할 필요는 없다. 이메로비글리 같은 다른 마을에서 시작해도 되고, 이아 마을에서 거꾸로 올라올 수도 있다. 트레일 중간중간 표지판이 있어 길 찾는 것은 어렵지 않다. 여름철에 산토리니는 매우 뜨겁다. 이 시기에 트레킹을 할 계획이라면 되도록 아침에 하는 것이 좋다. 선크림과 모자, 충분한 양의 물과 간식, 편한 신발은 필수다.

한 번 가면 계속 가게 되는 중독
솔트 앤 페퍼 Salt and Pepper

진짜 맛집은 뽐내지 않는다 했던가. 번화가에서 조금 떨어진 거리에 위치한 솔트 앤 페퍼. 그 유명한 산토리니의 칼데라 뷰는 없지만 이곳에는 '맛'이 있다. 레스토랑의 분위기는 그리스 전통 타베르나처럼 푸근하고 편안하다. 메뉴는 그리스 음식을 기반으로 하지만 한층 세련되게 구성되어 있다. 산토리니의 대표 음식인 토마토케프테데스 Tomatokeftedes(Fried Santorini Tomato Balls), 올리브를 곁들인 구운 가지 요리는 둘째가라면 서러울 맛이다. 해산물을 가득 넣은 시푸드 파스타와 토마토소스와 페타 치즈가 들어간 쉬림프 사가나키도 강력 추천한다. 솔트 앤 페퍼의 메뉴는 매년 업데이트 되지만, 무엇을 주문하든 만족스러우니 걱정하지 말자. 솔트 앤 페퍼는 유난히 단골 고객이 많다. 안주인 이리나의 유쾌하고 친절한 서비스가 비결. 그녀는 레스토랑을 찾는 모든 고객들과 진심으로 소통한다. 마치 친구와의 대화처럼 편안하다. 머나먼 타국에서 자신의 섬을 찾은 사람들에게 따뜻한 경험을 선사하고 싶다는 주인장 부부의 마음이 음식과 레스토랑에 가득 담겨 있다. 인기가 많은 곳인 만큼 예약은 필수이니 반드시 참고하자(장소가 협소하여 여름철에 대규모 인원의 예약은 받지 않는다).

Data 지도 437p-A
가는 법 테오토코풀루 광장에서 피로스테파니 마을 방향(북쪽)으로 도보 5분
주소 25is Martiou St. Fira, Santorini
전화 228-602-2747
운영시간 점심 13:00~15:30
저녁 19:00~23:00
요금 20~30유로(메뉴 및 가격 시즌별 상이)
홈페이지 www.facebook.com/SaltandPepperSantorini

로맨틱한 분위기를 원한다면
아르고 바이 콘스탄틴 Argo by Constantin

칼데라 뷰가 보이는 피라 마을 절벽에 있던 아르고 레스토랑이 새로운 곳에서 다시 시작했다. 15년간 피라를 지키던 아르고가 이와 같은 결정을 한 것은 전보다 훨씬 넓고 쾌적한 공간에서 더 많은 고객들에게 아르고의 음식을 선보이기 위함이라고. 산토리니에서 보기 드문 규모인 55석의 테이블, 130명 정도 수용 가능한 홀까지 마련되어 있으며, 자가용 고객들을 위한 주차 공간도 마련되어 있다. 칼데라 뷰 전망은 더이상 없지만 대신 광활한 에게 해가 펼쳐진 풍경이 있다. 음식도 여전히 훌륭하다. 현대적인 요소가 가미된 그리스 지중해 음식을 토대로 더 다채로운 음식을 선보인다. 우조 소스를 곁들인 해산물Seafood Withouzosauce이나 지중해산 도미 요리GiltHeadOneFishPortion는 매우 훌륭하다. 육류가 당긴다면 빈산토 소스를 곁들인 치킨 필레Chiken Fillet in Vinsanto Wine Sauce도 괜찮다. 아르고만의 레시피로 선보이는 오렌지 수플레Orange Suffle는 완벽한 식사의 마침표를 찍는다. 전 직원들의 정중하고 친절한 서비스는 또 다른 즐거움을 선사한다. 메뉴 설명과 추천은 기본이고, 손님들이 즐거운 식사를 할 수 있도록 정성을 기울인다.

Data 지도 437p-C
가는 법 피라 센터에서 차로 5분, 도보 15분 떨어진 콘토호리 마을에 위치
주소 Kontochori, Santorini
전화 228-602-8162
운영시간 매일 12:00~24:00 (4월18일~ 10월 말)
요금 웹사이트에서 확인 가능
홈페이지 www.argo-restaurant-santorini.com

에게해 한가운데서 즐기는 만찬
볼케이노 블루 Volcano Blue

화산섬이 한눈에 보이는 피라의 절벽에 있다. 과거 피라 마을 시장의 빵집이었던 이 레스토랑은 현재 피라 마을에서 손꼽는 해산물 전문 식당이 되었다. 레스토랑은 2개의 층으로 이루어져 있다. 모든 좌석에서 화산섬과 바다 풍경을 조망할 수 있다. 빛이 바랜 듯한 하늘색과 베이지색으로 꾸며진 내부는 빈티지하면서도 산토리니만의 매력이 잘 드러난다. 씨푸드 전문점답게 다양한 해산물 요리를 선보인다. 훈제연어, 오징어, 갖은 조개와 채소가 어우러진 볼케이노 블루 샐러드Volcano Blue Salad, 우조와 토마토, 페타치즈 등과 함께 조리된 조개 모둠Shellfish Plate, 해산물 스파게티Spaghetti with Seafood 등이 인기가 좋다. 아씨르티코Assyrtiko와 같은 산토리니 화이트 와인 한 잔 곁들이는 것도 잊지 말자. 세계에서 가장 아름다운 전망을 바라보며 먹는 만찬은 평생 잊지 못할 추억이 될 것.

Data 지도 437p-C
가는 법 피라 마을 절벽 동키 스테이션 근처 **주소** Agiou Mina St. Fira.Santorini
전화 228-602-2850
운영시간 4월 20일~10월 25일 12:00~24:00
요금 스타터 12유로~, 샐러드 15유로~, 씨푸드 플레이터(2인) 73유로, 누사카 18유로, 파스타 21유로~
홈페이지 www.volcanoblue.gr

Talk 파바빈이 결혼했다!?

파바빈Fava Bean은 산토리니에서 나는 입자루가 긴 콩이다. 이 콩으로 만든 퓌레는 산토리니에 왔다면 반드시 먹어 봐야 할 별미 중 별미다. 하지만 레스토랑에서 메뉴판을 펼치면 파바빈 말고도 파바빈 매리드Fava Beans Married도 있다. 이 2가지 파바빈 요리의 차이는 바로 '양파'다. 만드는 이에 따라 넣는 재료는 조금씩 달라지지만 주로 곱게 간 파바빈에 양파, 케이퍼 등을 첨가한 것을 파바빈 매리드라 부른다. 파바빈 매리드는 주로 여름에 많이 먹으며 고소함에 알싸하고 깔끔한 맛이 더해진 것이 특징이다.

피라 마을 작은 오아시스
펠리칸 키포스 Pelican Kipos

파란색과 하얀색이 대세인 산토리니에서 독특하게도 '초록색'을 강조했다. 쭉쭉 뻗은 야자수와 색색의 꽃들로 아기자기하게 꾸며진 가든 레스토랑이다. 마치 하와이에 있는 어느 카페에 온 기분이 든다. 브런치나 커피를 즐길 수 있는 장소로 인기가 많지만 메인 메뉴도 꽤 괜찮다. 그리스 음식과 인터내셔널 메뉴 모두 맛볼 수 있다. 산토리니 음식인 파바빈 Fava Beans과 구운 홍합요리 Grilled Mussels를 추천한다. 펠리칸 키포스의 지하에는 동굴 모양의 와인 셀러가 있다. 400년이 된 와인 셀러에는 전 세계 600여 가지의 와인을 보유하고 있다. 특히 산토리니 현지 와인 셀렉션이 훌륭하며, 와인 테이스팅과 투어도 가능하다. 12:00~16:00에 투어 예약을 할 수 있고, 한 시간 코스, 1인당 35유로다. 시끌벅적한 피라의 메인 거리에서 살짝 벗어나 편안한 식사와 휴식을 원한다면 이곳이 제격이다.

Data 지도 437p-D
가는 법 피라 마을 메인 광장에서 도보 1분 **주소** Danezi M St. Fira, Santorini
전화 228-602-3433
운영시간 매일 08:00~23:30
요금 산토리니 샐러드 9.5, 해산물요리 13유로~, 프레도 에스프레소 4.4유로
홈페이지 www.pelicankipos.com

간단한 한 끼로 최고
바기아티코 푸드바 Bagiatiko Food Bar

수블라키, 기로스, 그릭 버거와 같은 패스트푸드를 즐길 수 있는 곳이다. 중앙 광장에 있는 상점 중에서도 유난히 사람이 북적거린다. 깔끔한 인테리어와 저렴한 가격은 물론 맛까지 좋다. 대표 메뉴는 역시나 기로스 Gyros. 카운터에서 주문과 계산을 한 뒤 푸드 바로 가서 영수증을 제시하면 그 자리에서 뚝딱 만들어 준다. 취향에 따라 재료와 소스를 가감할 수 있다.

Data 지도 437p-D
주소 Teotokopolou Square, Fira, Santorini
전화 302-862-2092
운영시간 매일 09:00~17:00
요금 5~10유로
홈페이지 www.bagiatiko.gr

SLEEP

전통 맨션에서 보내는 하룻밤
코스타 마리나 빌라스 Costa Marina Villas

주인 가족이 살던 저택을 개조해서 만든 호텔이다. 가정집 거실을 그대로 옮겨 놓은 듯한 로비 공간이 눈에 띈다. 따뜻한 색의 조명, 전통적인 색채가 드러나는 가구들, 벽난로까지 아늑하고 편안한 느낌이 가득하다. 객실은 총 20개이며 2인실부터 4인실까지 갖춰져 있다. 객실 내부는 넓고 깔끔하다. 인테리어에서는 전통 가옥의 향기가 진하게 느껴진다. 개인 욕실은 물론 커피포트, 냉장고까지 갖춰져 있다. 코스나 마리나 빌라에서 칼데라 뷰가 보이는 피라 마을 중심가까지는 도보 3분. 잠을 깨면 눈앞에 에게해가 펼쳐지는 럭셔리함은 없지만 산토리니섬의 푸근한 매력을 느낄 수 있는 곳이다. 가격도 합리적이다. 편안한 산토리니 여행을 원하는 여행자에게 최고의 선택이 될 것!

Data 지도 437p-D
가는 법 버스 터미널에서 도보 10분
주소 Costa Marina Villas, Fira, Santorini
전화 228-602-8923
요금 싱글/더블룸 100~160유로, 트리플룸 100~170유로, 쿼드러플룸 120~200유로
홈페이지 www.costamarina.gr

누구나 꿈꾸는 산토리니의 밤이 여기에
이니그마 호텔 Enigma Hotel

새파란 바다, 눈부시게 하얀 건물, 자쿠지에 편히 앉아 와인 한잔하며 즐기는 칼데라 뷰. 산토리니에 오는 사람이라면 누구나 한번쯤 이런 장면을 상상한다. 이니그마 호텔에서는 이런 상상이 현실이 된다. 피라의 서쪽 절벽, 화산섬이 한눈에 보이는 완벽한 곳에 있기 때문이다. 객실은 총 8개. 4개의 럭셔리 스위트와, 2개의 스탠더드 스위트, 2개의 스튜디오로 구성되어 있으며, 2020년 레노베이션을 거쳐 더욱 세련된 모습으로 단장되었다. 객실은 넓은 편이며 아주 깨끗하게 관리되고 있다. 산토리니 특유의 전통미와 현대적인 감성이 조화를 이루는 디자인으로 꾸며져 있다. 모든 객실은 피라의 아름다운 칼데라 뷰를 볼 수 있도록 설계되어 있다. 럭셔리 스위트룸의 테라스에는 자쿠지가 있어 스파와 전망을 동시에 즐길 수 있다. 이니그마 호텔의 서비스는 별 5개도 모자랄 만큼 완벽하다. 친절함은 기본이고 고객이 필요로 하는 모든 것을 도울 준비가 되어 있다. 특히 매일 아침 테라스로 배달되는 아침 식사는 만족을 넘어 감동이다.

Data 지도 437p-A
가는 법 피라 마을 메인 광장에서 도보 5분, 포터 서비스 이용
주소 Enigma Hotel, Fira, Santorini
전화 228-602-4024
운영시간 3월 15일~10월 31일(성수기 5월 16일~10월 15일, 비수기 3월 15일~5월 15일/10월 16일~31일)
요금 스튜디오 243~320유로, 주니어 스위트 333~420유로, 허니문 자쿠지 스위트 432~570유로
홈페이지 www.enigmasantorini.com

위치가 장점인
펠리칸 호텔 Pelican Hotel

모든 편의 시설이 밀집한 산토리니 메인 광장 근처에 있다. 칼데라 뷰가 위치한 절벽부터 버스 터미널까지 모두 가깝다. 비싼 부티크 호텔이 즐비한 산토리니에서 꽤 착한 가격으로 숙박을 제공한다는 것도 장점이다. 객실은 넓고 깨끗하다. 아치형의 구조와 정갈한 인테리어가 돋보인다. 럭셔리함은 없지만 텔레비전, 에어컨, 냉장고, 커피포트까지 갖출 것은 다 갖췄다. 펠리칸 호텔에선 아침을 먹기 위해 꼭두새벽부터 일어나지 않아도 된다. 아침잠 많은 손님들을 위해 늦게까지 아침 식사 서비스를 제공한다. 산토리니에서 유명한 여행사도 같이 운영하고 있어 각종 투어 예약 시 편리하나. 합리직이고 편리한 스타일의 여행을 고수하는 사람에게 추천한다.

Data 지도 437p-D
가는 법 피라 마을 메인 광장에서 도보 1분
주소 Danezi M St. Fira, Santorini
전화 228-602-3113
요금 싱글룸/더블룸 100~160유로, 트리플룸 100~170유로
홈페이지 www.pelicanhotel.gr

전통과 세련미의 조화, 위치까지 환상적
빌라 레노스 Villa Renos

산토리니에서 가장 오래된 호텔 중 한 곳이다. 2003년 대규모 레노베이션을 거쳐 4성급 호텔로 발돋움했으며, 새로운 시즌을 맞아 자쿠지를 모두 새것으로 교체하는 등, 매년 크고 작은 레노베이션을 지속적으로 진행하고 있다. 빌라 레노스는 위치가 환상적이다. 메트로폴리탄 정교회 바로 앞 절벽 계단을 따라 조금만 내려가면 된다. 피라의 아름다운 전망을 그대로 간직하면서 접근성까지 갖췄다. 객실은 더블룸, 더블 디럭스, 트리플, 주니어 스위트, 그랜드 스위트 총 5종류를 보유하고 있다. 산토리니 전통 가옥 특유의 매력이 느껴지는 인테리어에 목재로 만든 가구와 앤티크한 소품을 배치하여 단아함을 살렸다. 모든 객실에는 넓은 테라스가 있으며 아름다운 칼데라호를 조망할 수 있다. 빌라 레노스의 카페인 VR 카페에서 칵테일 한잔과 함께 석양을 즐기는 것도 잊지 말자.

Data 지도 437p-C
가는 법 피라 마을 절벽에 위치, 티라 선사시대 박물관에서 도보 4분
주소 Villa Renos, Fira, Santorini
전화 228-602-2848
운영시간 3월~11월
요금 더블룸 200~450유로, 트리플룸 250~500유로, 디럭스룸 300~550유로, 주니어 스위트 350~600유로, 그랜드 스위트 400~650유로
홈페이지 www.villarenos.com

이아
OIA

산토리니 하면 떠오르는 풍경이 있다. 파스텔톤의 집들과 교회의 파란 지붕들로 빼곡히 메워진 절벽, 그 앞으로 펼쳐진 끝없는 바다. 이아는 우리가 상상하던 산토리니의 모습을 간직한 마을이다. 이아 마을은 섬 북쪽 끝에 있으며, 현지인들에게는 파노메라Panomera로 불리기도 한다. 과거 수많은 배와 조선소를 보유한 항구로 번영을 누렸지만 1956년 발생한 대지진으로 크게 손상을 입었다. 이후 복원된 이아 마을은 석양이 아름다운 마을로 알려지며 수많은 관광객을 끌어모으고 있다. 이아 마을은 그 자체로 볼거리다. 메인 거리에 상점과 부티크, 갤러리들이 즐비하고 절벽 쪽에는 전망 좋은 카페과 레스토랑이 가득이다. 미로 같은 골목길을 이리저리 누비며 사진을 찍다 보면 시간 가는 줄 모른다.

한 편의 영화 같은 일몰을 감상할 수 있는
이아 마을 성채 Oia Castle

베네치아인에 의해 산토리니에 세워진 5개의 성 가운데 하나다. 원래 명칭은 아이오스 니콜라오스 성채Castelli of Agios Nikolaos다. 이 성은 15세기 중후반에 지어졌으며 성 니콜라오스에게 봉헌된 교회의 이름을 따서 명명되었다. 1956년에 일어난 대지진으로 대부분 무너져 내려 현재는 굴라스Gulas라고 불리는 탑의 일부분만 남아 있다. 쓸쓸함과 황량함이 가득한 폐허에 불과해 보이지만 해 질 녘이 되면 모든 사람들의 발걸음은 이곳으로 향한다. 바로 이아 마을의 석양을 조망할 수 있는 최고의 명당이기 때문. 해가 바다로 다가가며 뿜는 오색찬란한 빛에 절벽을 뒤덮은 하얀 집들이 서서히 물들어 간다. 절벽 위에 우뚝 솟은 풍차는 하염없이 반짝이고, 바다를 닮은 그리스의 국기는 조용히 나부낀다. 끝을 모르고 펼쳐진 에게해에 태양이 잠기는 순간은 장관이다. 온통 붉게 물든 하늘과 바다 위 우직하게 떠 있는 티라시아Therasia섬, 그 옆으로 펼쳐진 이아 마을의 풍광은 평생 잊지 못할 순간을 선사한다.

Data **지도** 451p-D **가는 법** 이아 마을 메인광장에서 도보 5분

키클라데스 건축 양식을 볼 수 있는
파나기아 교회 Church of Panagia

이아를 방문하는 사람이라면 몇 번이고 지나치게 되는 마을 메인 광장에 있다. 원래는 베네치아 시대에 지어진 굴라스 성채Gulas 안에 지어졌으나 대지진으로 인해 완전 붕괴된 후 현재의 자리에 재건되었다. 하얀 건물에 파란 돔이 얹힌 전형적인 키클라데스 건축 양식을 따르고 있다. 내부 벽면과 천장은 화려한 성화들로 가득 차 있으며 그리스 정교회 특유의 성스럽고 오묘한 분위기가 잘 나타난다. 교회 앞 광장은 언제나 사람들로 가득하다. 아이들은 공을 차며 뛰놀기도 하고, 여행객들은 잠시 이곳에 머물며 휴식을 취하기도 한다. 아름다운 정교회를 둘러본 뒤 벤치에 앉아 여유를 즐겨 보자.

Data 지도 451p-E
가는 법 버스 터미널에서 언덕 계단을 따라 도보 3분. 이아 마을 메인 광장에 위치

붉은 절벽 아래 숨겨진 보석
아무디 베이 Amoudi Bay

이아 마을의 성채 아래 적갈색의 절벽으로 둘러싸인 항구이다. 절벽을 따라 난 250여 개의 계단을 내려가야 한다. 이곳은 과거에 와인을 수출하고 도자기나 직물 등을 수입하기 위해 배들이 바삐 오가던 곳이었다. 지금은 더이상 상업 항구로의 기능은 하고 있지 않지만 아무디 베이는 여전히 활기차다. 알록달록한 낚싯배들, 항만을 따라 늘어선 타베르나, 에메랄드빛 바다를 보며 식사를 즐기는 사람들로 북적인다. 아무디 베이 안쪽 절벽길을 따라 300m 정도 걸어가면 세인트 니콜라오스Saint Nichlaoos라고 불리는 섬이 보인다. 사실 섬이라기보다는 큰 바위에 가깝다. 바위 뒤편에 있는 세인트 니콜라오스 예배당에서 이름을 땄다. 절벽과 바위 사이에 형성된 작은 공간은 아무디 베이의 숨겨진 수영 명소다. 바닥이 보일 만큼 맑은 바닷물 때문에 스노클링 장소로도 인기가 좋다. 열심히 헤엄쳐 니콜라오스 바위에 옆구리에 도달하면 작은 계단이 있다. 세인트 니콜라오스 예배당으로 이어지는 계단이다. 이곳이 바로 산토리니의 다이빙 포인트! 푸른빛 파라다이스 속으로 거침없이 뛰어들어 보자.

Data 지도 451p-A
가는 법 이아 마을 성채에서 계단을 따라 내려온다. 약 10~15분 소요. 자동차로 올 경우 약 5분 소요. 아무디 베이 입구에 주차장이 있다.

세상에서 가장 예쁜 책방
아틀란티스 서점 Atlantis Books

이아 마을에서 반드시 봐야 하는 3가지가 있다. 석양, 아무디 베이 그리고 아틀란티스 서점이다. 이 서점, 예뻐도 너무 예쁘다. 오래된 선장의 집을 개조해 만든 서점은 동화 속에서나 볼 법한 분위기를 풍긴다. 나무 대문을 열고 계단을 따라 내려가면 전 세계에서 바다를 건너온 책들이 선반과 벽면을 가득 채우고 있다. 도서는 물론, 에코백과 같은 기념품을 판매하고 있다. 서점의 역사는 이렇다. 영국인 부부 올리버와 크레그는 2002년 산토리니에 여행을 왔다. 이 아름다운 섬에 매료된 그들은 한 가지 사실을 발견한다. 서점이 없다는 것! 그들은 서점을 만들기로 결심하고 4명의 다른 친구들과 의기투합해 2004년 영국에서 이아 마을로 건너온다. 원래는 이아의 성채 아래쪽에 있었으나 2005년 현재의 장소로 옮겼다. 세계 각국의 언어로 쓰인 책들, 중고책, 고서적, 희귀본, 신간까지 없는 게 없다. 벽에 쓰인 명언들과 메모들, 앤티크한 소품들까지 구경하다 보면 시간 가는 줄 모른다. 서점은 책을 사랑하는 젊은이들의 자원봉사로 운영된다. 이아 지역에서 유명한 곳이지만 2023년 현재 임시 휴업 상태다.

Data 지도 451p-E
가는 법 이아 마을 메인 광장에서 이아 성채 방향으로 도보 2분
전화 228-607-2346
운영시간 매일 비수기 10:00~22:00, 성수기 10:00~24:00
홈페이지 www.atlantisbooks.org

맛, 분위기, 서비스 모두가 완벽한
펠레카노스 Pelekanos

새하얀 2층 건물에 있는 옥외 레스토랑이다. 아기자기하게 꾸며진 계단을 따라 올라가면 360도 파노라마 전망이 펼쳐진다. 순백색으로 꾸며진 인테리어와 돛을 연상시키는 베이지색 천막은 마치 럭셔리한 요트 위에 있는 것 같은 기분이 들게 한다. 세련된 음악 선곡과 스태프들의 서비스도 돋보인다. 고급 그리스·지중해 음식을 선보이고 있으며 모든 메뉴는 솜씨 좋은 주인장과 산토리니 출신의 전문 셰프에 의해 직접 개발된다. 밥이 그립다면 향긋한 트러플과 치즈를 넣어 만든 버섯 리조토를 추천한다. 은은한 단맛과 두부 같은 고소함이 일품인 마누리 치즈 Manouri Cheese는 반드시 시도해 봐야 할 메뉴. 치즈를 싫어하는 사람도 부담 없이 즐길 수 있다. 화이트 와인과 함께 오븐에서 구운 양고기 Roast Lamb도 훌륭하다. 부드러운 육질과 독특한 풍미가 일품이다. 펠레카노스에서 선보이는 홈메이드 디저트도 빼놓을 수 없다. 바칼라바를 제외한 모든 디저트는 펠레카노스만의 레시피로 만든다. 펠레카노스는 훌륭한 와인·칵테일 리스트를 보유한 곳으로도 유명하다. 굳이 식사를 하고 싶지 않다면, 테라스 가운데 마련된 바에 앉아 로맨틱한 분위기를 감상해도 좋다. 해 질 녘이 되면 모든 손님들은 자리에 일어서 이아의 아름다운 석양을 감상한다. 단, 성수기 저녁 식사 예약은 필수다. 웹사이트를 통해 손쉽게 온라인 예약을 할 수 있으니 참고하자.

Data 지도 451p·E
가는 법 이아 마을 메인 광장에서 성채 쪽으로 도보 1분
전화 228-607-1553
운영시간 10:30~24:00(4월~10월)
요금 애피타이저 9~20유로, 메인 디쉬 19~35유로, 아침 식사 및 브런치 8~15유로
홈페이지 www.pelekanosrestaurant.gr

Tip 8월에 방문할 예정이라면 보름달이 뜨는 날을 확인하자. 오른쪽에선 태양이 지고 왼쪽에선 거대한 보름달이 솟는 진귀한 광경을 볼 수 있다.

진짜 젤라토가 여기에
로리타스 젤라토 Lolita's Gelato

자타공인 산토리니 최고의 아이스크림 가게다. 정통 수제 젤라토를 판매한다. 로리타스 젤라토의 주인장은 이탈리아 볼로냐의 젤라토 대학 출신으로 이탈리아 본토의 맛을 그대로 가져왔다. 그릭 요거트부터 티라미수, 레몬, 오렌지, 초코, 피스타치오까지 다양한 맛의 아이스크림을 즐길 수 있다. 무슨 맛을 먹어야 할지 고민된다면 시식도 가능하다. 매장 왼편에서는 젤라토 만드는 과정을 구경할 수 있다. 아이스크림이 싫다면 프레도 카푸치노나 스무디도 괜찮은 선택이다. 주의할 점은 맛있는 젤라토와 기분 좋은 서비스에 반해 하루에도 몇 번씩 들락날락거릴지 모른다는 것!

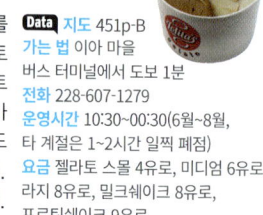

Data 지도 451p-B
가는 법 이아 마을 버스 터미널에서 도보 1분
전화 228-607-1279
운영시간 10:30~00:30(6월~8월, 타 계절은 1~2시간 일찍 폐점)
요금 젤라토 스몰 4유로, 미디엄 6유로, 라지 8유로, 밀크쉐이크 8유로, 프로틴쉐이크 9유로
홈페이지 www.facebook.com/LolitasGelato

밀크쉐이크와 디저트가 맛있는
카페 플로라 Cafe Flora

24년간 이아 마을의 칼데라 뷰를 지켜오던 카페 플로라가 부모님의 사업을 이어받은 자식들에 의해 새롭게 바뀌었다. 부모님이 제공하던 따뜻하고 편안한 음식에 젊고 세련된 감성을 더했다. 플로라의 자랑이던 멋진 칼데라 뷰는 그대로지만 차분한 베이지톤으로 단장한 인테리어는 훨씬 멋있어졌다. 아침 식사부터 브런치는 물론 그리스, 지중해 음식을 기반으로한 멋진 다이닝 경험까지 가능하다.

Data 지도 451p-F
가는 법 이아 마을 메인 광장, 교회를 등지고 왼쪽으로 도보 1분
주소 Nik Nomikoy, Oia 847 02
전화 228-607-1424
운영시간 월~일요일 10:00~24:00
요금 애피타이저 8유로~, 샐러드 12유로~, 버거류 15유로~, 메인디쉬 20유로~, 디저트 10유로~, 칵테일 15유로~
홈페이지 www.flora-santorini.com

아무디 베이 넘버원
아무디 피쉬 타베르나 Amoudi Fish Tavern

아무디 베이에 늘어선 식당 중 첫 번째 집이다. 보트를 연상시키는 외관에 붉은 절벽을 쏙 빼닮은 색으로 칠을 했다. 그리스인 부부가 운영하는 이 레스토랑은 해산물 전문 식당답게 수준급의 해산물 요리를 선보인다. 특히 우조와 오렌지 소스를 곁들인 새우 요리Shrimp with Ouzo and Orange와 그리스 키오스섬에서만 나는 나무에서 추출한 마스티카Mastika를 곁들인 마스텔로Mastelo 치즈는 집에 가서도 생각나는 맛이다. 레스토랑 앞에 주렁주렁 매달린 커다란 문어들은 아무디 피쉬 타베르나의 마스코트. 실제 요리에 사용되기 때문에 시간이 지날 때마다 하나씩 줄어든다. 잘 말려진 문어를 살짝 데친 후 구워 낸 요리Grilled Sundried Octopus도 반드시 먹어 봐야 할 메뉴다. 식사 후에는 무료로 디저트가 제공되니 참고하자. 아무디 베이에서 보는 석양은 절벽 위의 성채에서 보는 석양과는 사뭇 다르다. 1층에 자리를 잡았다면 레스토랑 옆에 있는 큰 바위나 2층 테라스로 가자. 망망대해 속으로 풍덩 빠지는 태양의 모습은 감동 그 자체다.

Data 지도 451p-A
가는 법 아무디 베이 주차장 옆 첫 번째 레스토랑
주소 Amoudibay, Santorini
전화 228-607-2298
요금 1인 25유로 이상
운영시간 4월~10월 11:00~23:00
홈페이지 www.ammoudisantorini.com

로컬들이 찾는 기로스집
니코스 플레이스 Nikos Place

버스 터미널 바로 앞 골목 안에 있는 로컬들이 인정하는 진짜 기로스 맛집이다. 상호 대신 '이아 수블라키집'로 불릴 정도다. 약간 매콤한 맛이 나는 소스가 포인트! 램 찹Lamb Chop이나 파바빈Fava Bean과 같은 메뉴도 판매한다. 물가가 비싼 이아 마을에서 저렴하고 맛있게 한 끼 해결이 가능하다. 골목 안쪽에는 테이블도 마련되어 있다.

Data 지도 451p-C
가는 법 버스 터미널 바로 옆 골목에 위치. 간판이 그리스어로 되어 있는데, 초록색 회오리 사인 안에 영어로 '이아'라고 적혀 있는 가게를 찾자
전화 228-607-1105
요금 5~10유로

산토리니

SLEEP

엽서에서 보던 바로 그 장소
마이블루 MyBlue

마이 블루는 이아 마을에 총 7채의 빌라를 가지고 있다. 이아 마을에 있는 세 빌라는 모두 이포스 카파라고 불리는 동굴 모양의 산토리니 전통 가옥 형태로 되어 있으며, 이아 마을의 절벽과 메인 도로에 자리 잡고 있다. 이 아름다운 빌라의 주인장인 루안나와 스태프들의 친절함과 정성어린 서비스는 만족을 넘어 감동이다. 이아 마을에 도착하면 스태프가 나와 짐을 대문 앞까지 들어다 준다. 무료 세탁 서비스는 물론 냉장고에는 음식이 가득 채워져 있다. 필요할 때마다 연락할 수 있도록 휴대폰까지 마련해 둔 따뜻한 배려가 돋보인다. 이아 마을에서 자동차로 4분 거리에 있는 콜롬보 해변에 위치한 빌라는 좀 더 한적하고 프라이빗한 분위기에서 산토리니를 즐길 수 있다.

Data 지도 451p-E
가는 법 이아 마을 메인 광장에서 도보 3분, 포터 서비스 이용
전화 694-603-3264
요금 칼데라뷰 빌라(아일랜드/산토리니 블루, 이터니티 허니문, 세레니티) 350~800유로, 빌리지뷰 빌라(캡틴블루, 시크릿가든) 300~500유로, 콜롬보비치 빌라(스카이블루, 세일링블루) 300~500유로
운영시간 3월~10월
홈페이지 www.myblue.gr

| 아일랜드 블루 Island Blue |

산토리니 대표 이미지인 하얀 건물과 파란 지붕을 지닌 이아 마을, 그중에서도 옹기종기 모여 있는 세 개의 파란 교회 지붕은 이아 마을을 대표하는 풍경이다. 그 풍경이 있는 빌라가 바로 아일랜드 블루다. 2명에서 최대 4명까지 수용할 수 있으며 로맨틱한 분위기를 원하는 신혼부부나 커플들에게 절대적인 지지를 받고 있다. 동화 속에나 존재할 법한 동굴 집 파란 대문을 열고 들어가면 입이 떡하고 벌어진다. 넓은 거실, 파스텔 블루톤의 앤티크한 가구들, 개인 자쿠지, 빌라 깊숙한 곳에 자리 잡은 아늑한 침실까지. 마치 인어공주가 사는 집이 있다면 이곳일 것만 같다. 뭐니 뭐니 해도 아일랜드 블루의 자랑거리는 전망이다. 테라스에 앉아 엽서에서만 보던 이아 마을 최고의 풍경을 마음껏 즐겨 보자.

| 산토리니 블루 Santorini Blue |

아일랜드보다 더 깊숙한 절벽 아래 위치한 빌라로 좀 더 독립적인 숙박이 가능하다. 규모도 더 커서 최대 6명까지 수용할 수 있으며 넓은 마당에는 선베드와 다이닝 테이블, 개인 풀장까지 구비되어 있다. 역시 블루와 화이트 색상을 이용한 인테리어가 돋보인다. 아일랜드 블루가 로맨틱함을 강조했다면 드림 블루는 좀 더 모던하고 세련된 분위기다. 전망 역시 훌륭하다. 엽서속에서 보던 붉은 돔의 교회와 하얀 골목들, 그리고 정면에는 푸른 바다 위에 떠 있는 화산섬이 보이고 활처럼 휜 산토리니의 지형이 한눈에 들어온다. 마치 대자연을 품안에 안은 기분이 든다.

저자가 추천하는 산토리니 호텔 TOP 5

산토리니 중심 마을인 피라 마을과 석양이 아름답기로 유명한 이아 마을 주변은 산토리니섬의 아름다운 풍경을 제대로 즐길 수 있는 많은 숙소들이 있다. 산토리니의 바다와 석양, 칼데라의 멋진 풍경을 놓치지 않으려면 숙소를 잘 골라야 한다. 허니문 여행자를 위한 5성급 숙소부터 자유 여행자를 위한 적당한 가격의 숙소까지 모두 대상으로 했다. 숙소의 퀄리티, 가격, 풍경 등 무엇 하나 놓치지 않고 가려 뽑은 숙소를 소개한다.

안토니아 호텔 산토리니
Antonia Hotel Santorini

키클라데스 건축 양식의 건물과 사랑스럽고 아늑한 분위기가 여행자의 발길을 이끈다. 15개의 객실을 가진 작은 호텔이지만 발코니부터 수영장까지 갖춰져 있다. 깔끔한 시설과 친절한 서비스도 인기 비결. 가격도 부담스럽지 않아 좋다.

Data 지도 437p-D
가는 법 피라 마을 중심에서 도보 5분
주소 Antonia Hotel, Fira, Santorini
전화 228-602-2879 홈페이지 www.hotelantonia.gr

산토리니 프린세스 호텔
Santorini Princess Hotel

산토리니의 아름다운 마을 중 하나로 꼽히는 이메로비글리에서 2004년부터 운영하고 있다. 키클라데스 전통 양식을 따르는 인테리어에 모던한 시설과 럭셔리한 서비스를 제공한다. 총 23개의 객실로 구성되어 있으며, 4개의 허니문 스위트, 2개의 슈피리어 스위트, 그랜드 허니문 빌라가 포함되어 있다. 이름에서 알수 있듯 훌륭한 스파 시설을 보유하고 있으며, 환상적인 칼데라 전망을 즐길 수 있는 야외 수영장 또한 구비되어 있다.

Data 지도 437p-A(지도 밖)
가는 법 이메로비글리, 피라마을에서 3.5km
주소 Imerovigli, Santorini 전화 222-860-25870
홈페이지 www.santoriniprincess.com

이키스 트래디셔널 호텔
Ikies Traditional Houses

이아 마을 초입에 있다. 산토리니 전통 가옥과 모던하고 감각적인 인테리어의 완벽한 조화가 돋보인다. 이키스에서 조망하는 활모양의 칼데라 뷰는 환상 중의 환상. 허니문 장소로도 최고다.

Data 지도 451p-F
가는 법 이아 마을 입구에 위치, 포터서비스 이용
주소 Oia, Satorini **전화** 228-607-1311
홈페이지 www.ikies.com

아스파키 바이 아트 메종
Aspaki Exclusive Hotel by Art Maisons

세계 최고의 석양 풍경을 지닌 이아 마을 성채에 위치한 5성급 부티크 호텔이다. 〈해변의 연인들〉이라는 영화가 촬영된 곳이기도 하다. 동굴 속에 만든 풀장이 인상 깊다. 로맨틱한 숙소를 찾는다면 이곳이 제격!

Data 지도 451p-D
가는 법 이아 마을 성채에 위치
주소 Oia, Santorini **전화** 228-607-1831
홈페이지 www.artmaisons.gr

안텔리즈 스위트 Anteliz Suites

피라 마을 꼭대기에 있다. 인테리어는 럭셔리함 그 자체. 벽을 모자이크로 꾸민 궁궐 같은 욕실이 인상적이다. 대리석이 깔린 야외 테라스에 앉아 조망하는 칼데라호의 모습은 감동 그 자체다.

Data 지도 437p-A
가는 법 피라와 피로스테파니 마을 사이 위치
주소 89 Markou Nomikou St. Fira, Santorini
전화 228-602-8842 **홈페이지** www.anteliz.gr

산토리니 기타

아름다움과 낭만으로 채워진 초승달 모양의 섬, 산토리니가 만들어 내는 풍경은 강렬하다. 너무 강렬한 나머지 다른 것들을 눈에 담기가 쉽지 않다. 하지만, 산토리니가 사랑받는 이유는 단지 낭만적인 풍경 때문만은 아니다. 각기 다른 색으로 바다를 껴안은 산토리니의 독특한 해변에서는 수영을 즐길 수 있고, 굵직한 능선의 바위산을 걸으며 산토리니이 거친 매력을 만끽할 수 있다. 그뿐만이 아니다. 화산재 속에 파묻혀 있던 고대 도시의 흔적을 보며 옛 산토리니의 모습을 상상하기도 하고, 척박함을 이겨내고 탄생한 산토리니 와인의 달달함에 취해볼 수도 있다. 산토리니의 칼데라 전망과 하얗고 파란 골목 풍경은 여행객들로 하여금 산토리니를 오랫동안 추억하게 한다. 하지만 산토리니의 속살을 맛본 당신, 산토리니를 떠나지 못할지도 모른다.

산토리니의 옛 흔적을 찾아서
고대 티라 유적 Ancient Thera

카마리 해변과 페리사 해변 사이에는 369m 높이의 바위산이 있다. 메사부노Mesa Vouno라 불리는 이 산에 고대 티라의 유적이 있다. 이 유적지는 기원전 9세기 도리아 시대에 건설되어 서기 726년까지 사람이 거주했던 것으로 추정된다. 1856년부터 1902년까지 독일의 고고학자 프리드리히 힐러Friedrich Hiller Von Gaertringe에 의해 발굴되었으며, 그 이후 그리스 고고학자들에 의해 작업이 계속되었다. 이곳에서 발견된 대부분의 유적들은 헬레니즘 시대의 것들이다. 하지만 로마와 비잔틴 시대의 유적도 상당 부분 남아 있다. 고대 티라에서 수집된 유물들은 피라에 있는 고고학 박물관에 전시되어 있다. 메사부노는 고대 티라의 유적 외에도 산토리니의 장관을 볼 수 있는 장소로 유명하다. 굵직한 바위산의 능선들과 시원하게 뚫린 바다 전망은 환상적이다.

Data 지도 435p-F
가는 법 렌터카나 버스 이용. 버스 이용 시 카마리 혹은 페리사 해변까지 간 후 하이킹. 두 곳 모두 1시간 소요
전화 228-602-3217
운영시간 08:30~15:30(수요일 휴관)
요금 6유로(고대 티라 유적, 티라 선사시대 박물관, 아크로티리 선사 유적 통합권 15유로)

산토리니의 지붕
프로피티스 일리아스 수도원 Profitis Ilias Monastery

프로피티스 일리아스 수도원은 피르고스Pyrgos 마을과 카마리Kamari 사이에 있는 산 정상에 있다. 산의 이름은 수도원의 이름을 본따 프로피티스 일리아스로 불리며 해발 567m로 산토리니에서 가장 높다. 수도원은 1712년에 지어졌다. 1806년부터 1845년까지 그리스어와 문학을 가르치는 학교로 운영되는 등 섬의 중요한 역할을 담당했다. 대지진 이후 쇠퇴기를 맞았지만 산토리니의 가장 높은 곳에 펼쳐진 영화 같은 절경으로 여행객들의 발길을 이끌고 있다. 박물관에서는 그리스 정교회의 성화상이나 예술품 등을 볼 수 있으니 꼭 들러보자.

Data 지도 435p-F
가는 법 피르고스에서 하이킹 약 1시간 소요, 자동차 약 15분 소요
전화 228-603-1812
운영시간 10:00~16:00(4월~10월, 오픈시간이 일정치 않아 내부 관람 시 사전 확인 필요)

화산 폭발로 멸망한 티라섬의 폼페이
아크로티리 선사 유적 Akrotiri Prehistoric Site

산토리니섬 남동쪽에는 화산재 속에 묻혀 있던 거대한 에게 문명의 흔적을 발견할 수 있는 아크로티리 유적지가 있다. 아크로티리의 역사는 선사시대로 거슬러 올라간다. 최소 기원전 4,000년 전부터 사람이 거주했으며 후기 청동기 시대에 가장 번성했던 것으로 추정된다. 아크로티리 유적은 1967년 그리스의 고고학자인 스피리돈 마리나토스Spyridon Marinatos 교수에 의해 발굴되기 시작했다. 이곳에서는 많은 청동기 시대의 유물들이 출토되었다. 특히 크레타의 상형문자인 선형문자A, 미노아 프레스코화 같은 크레타 유물이 다수 발견됨으로 보아 미노아 문명과 밀접한 관계가 있다는 것이 증명됐다. 뿐만 아니라, 유적 곳곳에서 발견된 그리스 본토, 키프로스섬, 도데카네스 제도, 이집트 등의 유물 파편들은 아크로티리가 크레타 외의 주변국들과도 활발하게 교류했음을 시사한다. 그러나 기원전 17세기 후반 산토리니를 덮친 화산 폭발로 인해 이 거대한 도시는 잿빛 화산재 속으로 완전히 사라지고 만다. 한 가지 흥미로운 것은 화산재의 성분으로 인해 도시의 흔적이 그대로 보존될 수 있었다는 점이다. 화산 폭발로 멸망한 폼페이처럼 인간 화석이 발견되지는 않았는데, 이는 마을 주민들이 앞으로 닥칠 재앙을 알고 미리 피신했음을 말해 준다. 아크로티리 유적지에서 나온 출토품들은 테라 선사시대 박물관과 아테네 국립 고고학 박물관에 소장되어 있다.

Data 지도 435p-E
가는 법 피라 버스 터미널에서 아크로티리 행 버스 탑승 (약 30분 소요, 1.8유로)
전화 228-608-1939
운영시간 11월~3월 화~일 08:00~15:00, 월요일 휴관, 4월~8월 매일 08:00~20:00, 9월 08:00~19:00
요금 12유로, 스페셜 통합권 12유로 (통합권 15유로, 3일간 사용 가능하며 티라 선사시대 박물관, 아크로티리 선사 유적, 고대 티라 방문 가능)
홈페이지 www.odysseus.culture.gr

살아 있는 화산에서 즐기는 온천욕
네아 카메니 & 팔리아 카메니 Nea Kameni & Palea Kameni

산토리니는 본래 하나의 커다란 화산이었다. 오랜 세월에 걸친 지각 변동과 화산 폭발에 의해 현재는 마치 여러 개의 섬으로 이루어져 있는 것처럼 보인다. 흔히, 산토리니에서 화산섬을 간다고 할 때에는 칼데라호 한가운데 위치한 두 개의 무인도인 네아 카메니와 팔리아 카메니를 지칭한다.

Data 지도 435p-C
가는 법 화산섬 그룹 투어 혹은 개인 보트 투어 이용(25~50유로)

이 두 섬은 동지중해에서 가장 최근에 형성된 화산섬이다. 팔리아 카메니는 2,000년, 네아 카메니는 308년 전부터 형성되기 시작했다고 한다. 네아 카메니는 현재도 활동하고 있는 화산이다. 섬에는 달 표면처럼 울퉁불퉁하고 시커먼 화산암들이 가득하다. 척박한 길을 따라 정상에 도달하면 130m 깊이로 둥그렇게 패인 분화구를 관찰할 수 있다. 지반 곳곳에 뚫린 구멍에서는 연기가 올라오고 유황 냄새가 풍긴다. 이곳에서는 온천도 즐길 수 있다. 물은 유황으로 인해 노란빛을 띠고 지열에 데워져 따뜻하다. 산토리니에서만 느낄 수 있는 특별한 경험이다.

Tip 화산섬은 보트 투어를 통해 방문할 수 있다. 대부분의 여행사들이 비슷한 프로그램과 가격대를 가지고 있다. 화산섬 입장료는 보트 투어와 별개로 5유로이다.

Talk 에게해를 마음껏 누비는 산토리니 보트 투어

키클라데스 최고의 섬이라는 산토리니에 와서 땅만 밟고 가는 것은 억울하다. 게다가 산토리니는 무려 다섯 개의 섬으로 이루어져 있다. 이 아름다운 섬들의 이면에 있는 아름다움까지 속속들이 파헤치는 데는 보트 투어만 한 것이 없다. 산토리니는 보트 투어의 성지라고 불러도 될 만큼 다양한 프로그램이 있다. 가장 기본적인 화산섬 투어부터, 산토리니 최서단에 위치한 티라시아섬까지 도는 반나절 투어, 종일 투어, 선셋 투어까지 마련되어 있어 일정과 취향에 맞춰 고를 수 있다. 투어 가격은 비슷하지만 여행사마다 프로그램이 조금씩 다르니 몇 군데 들러 비교해 보는 것이 현명하다. 대부분의 여행사들은 피라 마을 중앙 광장에 모여 있다. 패키지 투어도 좋지만 여유가 있다면 보트나 요트를 개인적으로 대여해 투어를 하는 것도 괜찮다. 개별 투어의 최대 장점은 스스로 루트를 짤 수 있다는 점. 장소는 물론 투어 시간까지 조절이 가능하다. 기종에 따라 스스로 보트를 운전할 수도 있으며, 보트는 면허증이 따로 필요 없다.

펠리칸 투어(패키지 투어) 전화 228-602-2220 홈페이지 www.pelican.gr
익스플로러 마린 서비스(개별 투어) 전화 698-426-6375 홈페이지 www.explorer1.gr

산토리니

|Theme|
산토리니의 해변들

수만 년 동안 이어져 온 화산 활동은 산토리니만의 독특한 지형을 만들어 냈다. 산토리니의 해변은 그래서 특별하다. 산토리니는 오랜 세월 동안 퇴적과 침식을 거치며 다양한 색깔과 모양의 용암층이 만들어졌다. 거칠게 깎인 절벽과 기이한 모양의 바위들은 마치 자연이 만들어 낸 신비한 조각 작품을 보는 듯하다. 레드 비치, 화이트 비치, 블랙 비치, 페리사 비치 등은 이러한 산토리니의 다양한 화산 지형을 볼 수 있는 대표적인 해변이다.

붉은 절벽의 유혹
레드 비치 Red Beach

아크로티리 유적지에서 멀지 않은 곳, 거친 자갈길과 가파른 언덕을 따라 올라가면 눈앞에 믿기 힘든 광경이 펼쳐진다. 붉은 화산암 절벽을 배경으로 푸른 에게해의 파도가 검붉은 모래와 자갈을 적신다. 다른 해변에 비해 규모가 그리 크지는 않지만 레드 비치가 주는 인상은 붉은 절벽의 색만큼이나 강렬하다. 여름철에는 해변을 찾은 관광객으로 인산인해를 이룬다. 인파를 피하고 싶다면 오전에 일찍 방문하는 것이 좋다. 아크로티리 유적에서 레드 비치로 걸어가는 길이 다소 험한데, 해변에는 큼직한 자갈과 모래가 섞여 있어 편한 신발은 필수다. 레드 비치에는 물이나 음식을 파는 곳이 없으므로 레드 비치 입구 주변의 레스토랑이나 스낵바(성수기)에서 구입하거나 개인적으로 준비해야 한다.

Data 지도 435p-E
가는 법 아크로티리 유적지 맞은편 길을 따라 도보 15분 또는 보트 이용(5유로)

하얀 파라다이스
화이트 비치 | White Beach

레드 비치 바로 옆에 있다. 병풍처럼 펼쳐진 하얀 해안 절벽이 있어 화이트 비치라고 불린다. 켜켜이 쌓인 기이한 모양의 용암층과 우뚝 솟은 커다란 바위가 인상적이다. 외부에서는 보이지 않는 움푹 들어간 곳에 있어 마치 무인도의 해변에 온 것 같은 느낌을 준다. 접근성이 그리 좋지 않아 레드 비치에 비해 사람이 적은 편. 그래서 더 조용하고 매력 있다. 다만, 극성수기에는 화이트 비치도 수많은 인파를 피해갈 수 없다.

Data 지도 435p-E
가는 법 아크로티리 혹은 레드 비치에서 보트 이용

검은 모래로 유명한
카마리 비치 | Kamari Beach

산토리니 남동쪽에 위치해 있으며 섬에서 가장 잘 정돈된 휴양지다. 같은 '블랙 비치'이지만 페리사보다 더 많이 알려졌다. 맑고 깨끗한 바닷물과 검은 모래사장, 해변 왼쪽에 자리 잡은 거대한 바위산 메사 부노Mesa Vouno가 절경을 이룬다. 비치 프론트를 따라 레스토랑과 카페, 바들이 즐비하다. 산토리니에서 가장 활기찬 해변인 만큼 각종 해양스포츠는 물론 해수욕에 필요한 물품들이 잘 구축되어 있다. 밤이 되면 나이트라이프를 즐기러 나온 사람들로 해변이 더 바빠진다. 섬 전체를 통틀어 딱 하나 있는 야외 영화관도 카마리의 자랑거리. 카마리에서도 역시 고대 티라 유적지와 프로피티스 일리아스 수도원으로 갈 수 있는 하이킹 루트가 마련되어 있다. 시끌벅적하고 생기 넘치는 비치라이프를 원하는 여행자에게 추천한다.

Data 지도 435p-F
가는 법 피라에서 카마리행 버스 이용 혹은 페리사 비치에서 페리사-카마리 보트 이용

산토리니에서 가장 긴 해변
페리사 비치 Perissa Beach

산토리니 남동쪽에 있다. 형제 해변인 카마리와 더불어 사람들이 가장 많이 찾는 해변이다. 산 하나를 사이에 두고 두 해변이 나눠져 있는데, 둘 다 '블랙 비치'라는 애칭으로 유명하다. 페리사는 긴 해변과 넓은 모래사장으로 해수욕뿐만 아니라 다양한 해양 스포츠를 즐길 수 있다. 해변에서 조금 걸어 나오면 마을 중간에 5개의 파란 돔 지붕을 지닌 교회를 볼 수 있다. 1830년대 후반에 지어진 이 교회는 산토리니에서 두 번째로 크다. 페리사 비치 뒤편에 솟은 거대한 바위산 메사 부노Mesa Vouno도 빼놓을 수 없는 볼거리다. 고대 티라 유적지와 프로피티스 일리아스 수도원으로 이어지는 하이킹 코스가 있다. 페리사 비치 주변은 다양한 종류의 레스토랑과 숙박 시설이 갖춰져 있다. 가격도 다른 지역에 비해 저렴한 편. 바다와 산을 동시에 느끼고 싶은 여행자에게 안성맞춤이다.

Data 지도 435p-F
가는 법 피라에서 페리사행 버스 이용 혹은 페리사비치에서 페리사-카마리 보트 이용

산토리니는 일출도 아름답다
콜룸보 비치 Koloumbo Beach

산토리니 북동쪽, 이아 마을에서 4km 떨어진 곳에 있다. 섬에서 가장 때 묻지 않은 해변 중 한 곳이다. 조금은 거칠지만 자연의 아름다움을 그대로 간직하고 있다. 아직 많은 사람들에게 잘 알려지지 않아 산토리니의 조용한 매력을 느끼고 싶다면 콜룸보 비치가 제격이다. 비치파라솔이나 레스토랑 같은 편의 시설은 갖춰져 있지 않다. 그래서 자연 그 자체를 순수하게 즐길 수 있다. 콜룸보 비치의 숨겨진 매력은 이른 아침이 되어야만 알 수 있다. 넓게 펼쳐진 검정빛의 고운 모래사장, 그 뒤로 출렁이는 에게해이 파도 위로 솟는 태양의 모습은 산토리니의 일몰만큼이나 눈부시다.

Data 지도 435p-B
가는 법 이아 마을에서 4km 떨어진 곳에 위치.
도보 약 1시간, 자동차 약 10분

Theme
산토리니 하이킹

거대한 분화구의 절벽 위에 자리한 산토리니의 마을들은 분명 세상에서 가장 드라마틱하고 로맨틱한 풍경일 것이다. 그러나 산토리니에는 칼데라 뷰만 있는 것이 아니다. 절벽의 반대편으로 향하면 포도밭과 평야가 펼쳐져 있다. 푸르른 포도밭과 올리브 나무는 검붉은 화산섬에 생기를 불어넣는다. 남쪽으로 내려가면 두 개의 거대한 바위산이 장관을 이룬다. 이처럼 다채로운 산토리니의 지형을 가장 잘 느낄 수 있는 방법은 직접 걷고, 오르고, 정상에서 굽어보는 것이다.

메사부노

고대 티라 유적 가는 길

고대 티라 유적에서 바라본 페리사 마을의 전경

1. 피르고스 ▶ 프로피티스 일리아스 ▶ 고대 티라 유적 ▶ 페리사 비치
약 2시간 30분

고즈넉함이 가득한 피르고스 마을을 시작으로 산토리니에서 가장 높은 곳이자 수도원이 위치한 프로피티스 일리아스산의 정상을 올라간다. 그다음은 셀라다Sellada라는 능선으로 이어진 또 다른 바위산인 메사 부노Mesa Vouno로 넘어간다. 능선의 끝에는 고대 티라 유적지가 있다. 유적지를 둘러본 후 페리사 비치로 하산한다. 이 코스는 프로피티스 일리아스 수도원, 고대 티라 유적지와 산토리니 최고의 파노라마 뷰를 볼 수 있는 루트이다. 특히 수도원부터 페리사 비치로 이어지는 장엄한 풍경이 압권이다. 굵직한 능선과 때묻지 않은 광대한 자연의 숨결을 느낄 수 있다. 수도원과 고대 티라 유적지에 들릴 계획이라면 오픈 시간을 잘 확인하자.

산토리니

고대 티라 유적에서 수도원 가는 길

2. 카마리 비치 ▶ 고대 티라 유적 ▶ 프로피티스 일리아스 ▶ 피르고스
약 2시간 30분

카마리 비치부터 시작하는 루트이다. 피르고스부터 시작해도 무방하지만 고대 티라 유적부터 카마리 비치까지 이어지는 길에는 꽤 많은 계단이 있다. 무릎에 무리가 갈 수 있으니 초보자는 카마리 비치를 시작점으로 하는 것이 낫다. 카마리 비치부터 고대 티라 유적까지 이어지는 길은 매우 아름답다. 비탈길에 구불구불하게 파인 도로와 거칠게 깎아지른 절벽들, 멀리 보이는 카마리 마을과 해안선의 모습에 쉴 틈 없이 카메라 셔터를 누르게 된다. 오르막길 중간 지점에 위치한 주도호스 피기 교회Church of Zoodochos pigi에는 작은 동굴이 있으니 잠시 쉬며 구경해도 좋다. 고대 티라 유적부터 피르고스까지 이어지는 길은 1번과 동일하다.

카마리 가는 길에 있는 동굴

3. 카마리 ▶ 고대 티라 유적 ▶ 페리사
약 1시간 30분

산토리니 최고의 바다와 산을 아우르는 알짜배기 루트다. 해변에서 수영하는 것으로는 조금 부족하고, 긴 시간 하이킹을 하는 것은 부담되는 여행자에게 추천한다. 고대 티라 유적지에서 보는 카마리와 페리사 마을의 풍경은 아래에서 보던 것과는 180도 다른 느낌을 선사해 줄 것이다.

산토리니 하이킹 루트
Santorini Hiking Route

1 4.3km/2시간
[피르고스Pyrgos–프로피티스 일리아스 수도원Profitis Ilias Monastery–고대 티라 유적 Ancient Thera]

2 4.4km/2시간
[메사 고니아Mesa Gonia–피르고스Pyrgos–엠보리오Emborio]

3 2.9km/1시간 30분
[카마리Kamari–고대 티라 유적 Ancient Thera–페리사Perissa]

4 2km/40분
[피르고스Pyrgos–에피스코피Episkopi]

5 2.8km/1시간
[피르고스Pyrgos–엑소 고니아Exo Gonia–메사 고니아Mesa Gonia–에피스코피Episkopi]

- 카마리 Kamari
- 고대 티라 유적 Ancient Thera
- 메사 부노 Mesa Vouno(366m)
- 파나기아 카테피아니 예배당 Chapel of Panagia Katefiani
- 페리사 Perissa
- 주도호스 피기 교회 Church of Zoodochos Pigi
- 파나기아 에피스코피 교회 Church of Panagia Episkopi
- 프로피티스 일리아스(567m) Profitis Ilias
- 프로피티스 일리아스 수도원 Profitis Ilias Monastery
- 에피스코피 고니아스 Episkopi Gonias
- 메사 고니아 Mesa Gonia
- 페리사 Perissa
- 엑소 고니아 Exo Gonia
- 피르고스 Pyrgos
- 엠보리오 Emborio

|Theme|
독특한 토양과 기후가 빚은 최고의 와인, 산토리니 와인

와인에 대한 그리스인들의 자부심은 대단하다. 그중에서도 산토리니 와인은 그리스의 와인을 이야기하는 데 있어 빼놓을 수 없다. 화산재가 쌓여 형성된 미네랄 가득한 토양과 바람이 많고 고온 건조한 기후적 특성으로 산토리니만의 독특한 와인을 만들어 낸다.

산토리니 와인의 비밀 쿨루라

산토리니의 독특한 자연 환경은 이곳만의 특별한 포도 재배 방법인 쿨루라Kouloura를 만들어 냈다. 쿨루라는 포도 덩굴을 바구니 형태로 엮은 뒤 최대한 지면과 밀착시켜 포도 열매가 바구니 안쪽으로 자랄 수 있도록 유도하는 재배 방법이다. 이러한 독특한 방법은 산토리니의 강한 바람과 뜨거운 태양으로부터 열매를 보호하고 화산토에 함유된 미네랄을 효과적으로 흡수하게 한다.  또한 수분증발을 최소화시켜 강우량이 적고 건조한 산토리니 기후에서도 포도를 재배할 수 있게 해 준다. 이처럼 쿨루라는 포도 재배의 악조건을 극복하게 했을 뿐만 아니라 독특한 맛과 세계 최고의 품질을 지닌 산토리니 와인을 탄생시켰다.

화이트 와인과 디저트 와인 빈산토

산토리니는 레드 와인보다는 화이트 와인이 유명하다. 산토리니의 화이트 와인을 대표하는 포도 품종으로는 아씨르티코Assyrtiko, 아티리Athiri, 아이디니Aidini가 있다. 그중에서도 아씨르티코는 산토리니 전체 포도 생산의 약 75%를 차지하는데, 드라이하고 풍부한 신맛, 섬세한 향으로 세계적인 품질을 자랑한다. 산토리니에서 가장 유명한 와인인 빈산토Vinsanto도 빼놓을 수 없다. 빈산토는 청포도를 말린 뒤 와인을 빚어 오크통에 최소 2년을 숙성한 디저트 와인이다. 분홍빛을 띠는 오묘한 색상과 진한 과일향, 농축된 단맛이 일품이다. 아씨르티코 품종으로 만드는 것을 최고로 친다.

산토리니 와인의 모든 것
쿠초야노풀로스 와인 박물관
Koutsoyannopoulos Wine Museum

산토리니 와인에 대해 알고 싶다면 쿠초야노풀로스 와인 박물관 방문을 추천한다. 까마리 비치로 가는 길목에 있는 이 박물관은 1870년부터 산토리니에서 와인을 재배해온 쿠초야노풀로스 가문이 만들었다. 산토리니 와인의 역사, 전통 양조 방법을 알 수 있는 최적의 장소다. 한국어 오디오 가이드를 지원하고 있으며 와인 테이스팅, 포도 밟기 체험도 할 수 있다.

Data 지도 435p-D 주소 Wine Museum Koutsoyannopoulos, Vothonas, Santorini 가는 법 피라 마을에서 카마리 행 버스 탑승 후 쿠초야노풀로스에서 하차
운영시간 11월~3월 09:00~17:00(16:00까지 입장 가능, 일요일 10:00~17:00), 4월~10월 09:00~19:00(18:00까지 입장 가능, 일요일 10:00~19:00) 요금 20유로~250유로
홈페이지 www.santoriniwinemuseum.com

| 산토리니 추천 와이너리 |

와이너리를 방문하는 것도 산토리니의 와인을 즐길 수 있는 좋은 방법이다. 산토리니 곳곳에는 많은 와인 양조장이 있으며 각각 다양한 와인 테이스팅 프로그램을 제공한다.

산토 와인 Santo Wines
산토리니에서 가장 인기 좋은 와이너리 중 한 곳이다. 1992년에 문을 열었으며 피르고스에 위치한다. 모던하고 세련된 인테리어가 돋보인다. 환상적인 칼데라 전망을 바라보며 와인을 음미할 수 있는 것이 가장 큰 매력이다. **Data** 지도 435p-D 전화 228-602-3137 운영시간 4월~11월, 10:00~해 질 녘 홈페이지 www.santowines.gr

부타리 Boutari
130년이 넘는 전통을 가진 그리스 대표 와이너리이다. 산토리니를 포함해 그리스에 6개, 프랑스에 1개의 와이너리가 있다. 국제 와인 대회에서 370여 개의 메달을 획득한 수준급의 와인을 테이스팅 할 수 있다. **Data** 지도 435p-F 전화 228-608-1011 운영시간 월~금 10:00~18:00, 토요일 11:00~18:00, 일요일 휴무 홈페이지 www.boutariwinerysantorini.gr

하치다키스 Hatzidakis
1996년 피그로스의 버려진 작은 포도밭에서 시작된 와이너리다. 전통적이고 자연적인 방식으로 와인을 제조하는 데 중점을 둔다. 특히 산토리니의 토착 품종인 아이다이와 아씨리티코는 100% 유기농법으로 만들어진다. **Data** 지도 435p-D 전화 228-603-2466 운영시간 방문 전 문의 홈페이지 www.hatzidakiswines.gr

아트 스페이스 Art Space
와인과 예술이 만난 복합 문화 공간이다. 1861년부터 와인을 제조해 오던 동굴 모양의 와인셀러에 갤러리와 박물관을 만든 것이 흥미롭다. 새로 지은 와이너리에서는 여전히 전통 방식으로 와인을 제조하고 있으며 테이스팅 프로그램도 진행하고 있다.
Data 지도 435p-D 전화 228-603-2774 운영시간 11:00~해질녘 홈페이지 www.artspace-santorini.com

Greece By Area
08

미코노스
MYKONOS ΜΥΚΟΝΟΣ

에게해가 찬란하게 빛나는 이유는 그 위에 흩뿌려진 보석 같은 섬들 때문이다. 220개의 크고 작은 섬 가운데서도 미코노스는 가장 빛난다. 순백색으로 뒤덮인 네모난 집들 사이로 미로 같은 골목이 거미줄처럼 얽혀 있다. 각기 다른 모양으로 서 있는 수백 개의 교회는 우여곡절 많았던 섬의 역사를 이야기하고, 언덕 위 멈춰버린 풍차들은 소박했던 섬의 과거를 회상한다. 밤이 되면 에메랄드보다 매혹적인 해변에 세계의 청춘들이 모여 들고, 동이 트면 미코노스는 바다 저편 아폴론과 아르테미스의 고향인 델로스로 향하는 관문이 된다. 자유와 낭만과 역사로 반짝이는 섬, 에게해의 보석 미코노스를 느껴보자.

미코노스
미리보기

호라는 섬의 중심의 되는 마을 즉, 다운타운을 지칭한다. 호라만 둘러 볼 계획이라면 도보로도 충분하다. 해변이나 다른 마을을 방문하기 위해선 버스 혹은 렌트카·ATV·택시 등을 이용해야 한다.

SEE

호라는 반나절이면 충분히 둘러본다. 호라의 좁은 골목을 이리저리 누비다 보면 자연스레 미코노스의 명소들과 마주하게 된다. 세계 최고의 비치 라이프를 즐기고 싶다면 해변으로 가자. 성수기에는 호라 중심에서 해변까지 가는 버스가 수시로 다닌다. 미코노스의 때 묻지 않은 자연을 느끼고 싶다면 내륙으로 향하자. 해안에서 조금만 벗어나면 넓은 초지와 구릉이 펼쳐진다. 미코노스에서 가장 오래된 내륙에 위치한 마을인 아노메라에서 색다른 여유를 즐겨 보는 것도 괜찮다.

EAT

산토리니와 더불어 키클라데스 최고 미식의 섬이다. 최고급 레스토랑부터 전통 타베르나, 패스트푸드까지 옵션이 다양하다. 가격은 다른 지역에 비해 비싼 편이다. 호라를 중심으로 괜찮은 식당들이 밀집해 있다. 리틀 베니스에 줄지어 있는 레스토랑과 바들은 철저하게 관광객을 타깃으로 한 곳이다. 맛보다는 전망과 분위기를 즐기기에 적합하다. 비수기에는 많은 레스토랑이 문을 닫는다.

SLEEP

호라는 물론 유명 해수욕장 주위에 수많은 숙박 시설이 있다. 그리스에서 가장 비싼 섬답게 성수기 미코노스의 평균 숙박 가격은 하늘높이 치솟는다. 그럼에도 불구하고 숙소잡기가 쉽지 않다. 6월~8월에 방문할 계획이라면 늦어도 한 달 전에는 예약하는 것이 좋다. 성수기가 가까워질수록 숙박 가격은 상상을 초월하게 치솟는다.

미코노스
찾아가기

어떻게 갈까?

미코노스는 비행기와 페리를 통해 올 수 있다. 아테네에서 국내선 비행기와 페리를 이용해서 오는 것이 가장 일반적이다. 비행기와 페리 모두 비성수기에는 운항 횟수가 급격히 줄거나 아예 운항을 하지 않는다. 시즌, 날씨 등에 따라 스케줄 변동이 심하므로 이를 참고해 일정을 짜는 것이 현명하다.

1. 비행기
성수기를 기준으로 아테네에서 미코노스까지 매일 약 13~15대의 항공편이 운항된다. 소요 시간은 약 40분. 비성수기에는 운항 횟수가 하루 2~3회로 급격히 감소한다(에게 항공Aegean Airline, 올림픽 항공Olympic Air, 스카이 익스프레스 Sky Express). 여름철 성수기에는 프랑스, 이탈리아, 영국, 스위스 같은 유럽의 주요 도시에서도 직항편이 운항된다(이지젯Easyjet, 부엘링 항공Vueling Airline, 에게 항공Aegean Airline 등).

2. 공항에서 시내 가는 방법
미코노스 공항은 시내에서 약 4km 떨어진 곳에 있다. 자동차로 약 10~15분 소요. 성수기에는 시내와 공항을 잇는 버스가 운행된다. 시내 남부 버스 터미널(버스 터미널1, 파브리카Fabrika)에서 공항까지 30분~1시간 간격으로 운행(09:00~22:00)하며, 공항 역시 30분~1시간 간격으로 운행(08:15~22:15)한다. 소요 시간은 약 15분이다. 버스 스케줄은 시즌에 따라 수시로 변동되며 비수기에는 운행이 감축 혹은 중단되기도 한다. 자세한 사항은 웹사이트www.mykonosbus.com를 참고하자. 택시를 이용할 경우 요금은 약 15~20유로, 비수기에는 콜택시를 이용해야 한다.

미코노스 찾아가기

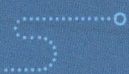

3. 페리

• 피레우스(아테네) → 미코노스
피레우스Piraeus 항구에서 페리가 정기적으로 운행된다. 정기편은 매일 07:00 아테네를 출발해 티노스Tinos와 시로스Syros 섬을 거쳐 미코노스에 도착한다. 소요 시간은 루트에 따라 5~6시간 정도 걸린다. 성수기에는 고속페리가 운행된다. 가격은 정기편보다 비싸지만 소요 시간은 짧다. 운항편마다 출발 시간이 다르지만 07:00, 혹은 07:30에 출발하며, 미코노스까지 약 2시간 30분이 소요된다. 극성수기인 7월~8월에는 금요일, 토요일, 일요일 오후 늦게 출발하는 고속페리도 있다.

• 라피나(아테네) → 미코노스
아테네의 또 다른 항구인 라피나Rafina 항구에서 여름철에만 운행된다. 아테네 공항을 통해 들어오는 여행자라면 라피나 항구가 더 편리하다. 매일 07:40에 출발한다. 라피나 항구에서도 고속페리가 운행된다. 1일 2회 운항되며, 소요 시간은 루트에 따라 2~3시간이 걸린다.

• 산토리니 → 미코노스
여름철 성수기(보통 4월~10월)에만 운행되며, 시즌에 따라 1일 1~6회 운행된다. 페리 운행이 시작되는 정확한 날짜와 스케줄은 매년 다르며 페리 회사에 따라 루트도 다르다. 보통 파로스Paros와 이오스Ios 섬을 거친다. 페리 스케줄, 요금, 루트, 예약 등에 대한 정보는 페리 회사 웹사이트, 혹은 페리 예약 사이트를 참고하자.

블루 스타 페리 www.bluestarferries.com(정기편)
헬레닉 씨웨이즈 www.hellenicseaways.gr(고속페리)
씨 제트 www.seajets.gr(고속페리)
페리 예약 www.ferries.gr

4. 항구에서 시내 가는 법
미코노스에는 올드 포트와 뉴 포트, 두 개의 항구가 있다. 올드 포트는 미코노스 타운 북쪽에 위치하며 시내 중심에서 도보로 이동할 수 있다. 뉴 포트는 미코노스 타운에서 약 2km 떨어진 투를로스Tourlos에 위치한다. 뉴 포트로 도착할 경우 페리 시간표에 맞춰 미코노스 북부 버스 터미널로 가는 버스들이 기다리고 있다. 소요 시간은 약 10분이다. 택시를 이용할 경우 소요 시간은 약 5분이다. 페리는 항구에서 오래 머물지 않는다. 목적지에 도착할 때쯤 되면 짐을 찾아 미리 하선할 준비를 하자. 고속페리는 올드 포트, 일반 페리는 뉴 포트로 들어오는 것이 일반적이지만 페리 회사에 따라 도착하는 항구가 다르니 표 구입 시 미리 확인하자.

Tip 올드 포트에서 뉴 포트를 연결하는 보트(Seabus)도 있다. 30분에서 1시간 간격으로 운행되며, 요금은 2유로이다. 시즌마다 스케줄이 변동되며 비성수기에는 운행이 제한된다. 미코노스 시청사 앞 델로스 보트 타는 승강장에서 출발한다. 여러 회사에서 보트 서비스를 제공하고 있으며, 서비스와 가격은 거의 동일하다. **홈페이지** www.delostours.gr / mykonosseabus.com / mykonos-seabus.gr 등

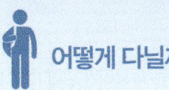
어떻게 다닐까?

극성수기를 제외하고 미코노스에서 버스로 여행하기란 쉽지 않다. 아예 운행을 하지 않거나 스케줄 변동이 심하기 때문이다. 미코노스를 가장 편리하게 여행하는 방법은 렌터카나 ATV를 대여하는 것! 그러나 렌터카 보다는 ATV가 효율적이다. 차는 타운 내부로 진입할 수 없을뿐더러 미코노스는 주차난이 심각하다. 타운 내부에 공용 주차장이 있으나 매우 협소하다. 미코노스 주요 해변도 상황은 마찬가지다. 자동차, 혹은 ATV를 대여할 수 있는 장소는 타운 내부에서 쉽게 찾을 수 있으며 국제 운전 면허증을 반드시 지참해야 한다.

1. 버스
호라에는 총 3개의 버스 터미널이 있다. 목적지에 따라 각기 다른 정류장을 이용해야 한다. 버스 스케줄은 수시로 변경된다. 여름철 성수기에는 이른 아침부터 늦은 새벽까지 버스가 운행된다. 하지만 비성수기에는 이용이 크게 제한된다. 버스 요금은 목적지에 따라 1.5~2.5유로이며, 성수기에 운행되는 심야 버스는 할증이 붙는다. 버스 티켓은 길거리의 정류장에 있는 매표소, 자동판매기에서 구매할 수 있다. 거리에 있는 키오스크나 미니마켓에서도 판매한다. 버스기사에게도 살 수 있지만 정확한 금액을 미리 준비하는 것이 좋다. 또 돌아오는 표까지 함께 구매하는 것이 좋다. 자세한 사항은 웹사이트www.mykonosbus.com를 참조하자.

남부 버스 터미널(버스 터미널1)
파브리카 광장Fabrica Square에 있다. 플라티스 이알로스Platys Gialos, 오르노스Ornos, 아이오스 이오안니스Agios Ioannis, 파라다이스Paradise, 공항 등을 연결한다.

북부 버스 터미널(버스 터미널2)
레메조Remezzo의 전화국 뒤편에 위치. 아노 메라Ano Mera, 엘리아Elia, 파노르모스Panormos 비치 등을 연결하는 버스가 운행된다.

올드 포트 버스 터미널(버스 터미널3)
버스 터미널2에서 북쪽 방향, 올드포트 쪽에 위치한다. 아이오스 스테파노스Agios Stefanos와 투를로스Troulos를 연결하는 버스가 운행된다. 성수기에는 파라다이스 비치로 가는 버스가 배치되기도 한다.

2. 택시
택시 승강장은 호라 중심에 위치한 만토광장Manto Square과 남부 버스 터미널이 있는 파브리카 광장Fabrica Square에 있다. 매년 목적지에 따라 가격이 다르게 책정되어 있다. 가격 정보는 택시 승강장에서 확인할 수 있다. 택시에는 미터기가 없으니 탑승 전 택시기사에게 요금을 한 번 더 물어보는 게 좋다. 미코노스에는 수요에 비해 운행되는 택시수가 많지 않다. 여름철 성수기, 특히 밤이 되면 택시 잡기까지 많은 인내심이 필요하다.

3. 수상택시
미코노스의 남부 해변을 연결하는 수상 택시다. 고기잡이배를 뜻하는 카이케Caique라고 불린다. 오르노스ORnos, 플라티스 이알로스Platis Gialos, 파라가Paraga, 파라다이스Paradise, 슈퍼 파라다이스Super Paradise, 아그라리Agrari, 엘리아Elia와 같은 이웃 해변들을 연결한다. 하나의 해변만 오갈 경우 왕복 10유로, 올데이 패스는 20유로다. 성수기에는 호라 근처 항구에서 슈퍼 파라다이스, 엘리아 등으로 가는 카이케가 배치되기도 하지만 정해진 스케줄은 없다.

미코노스 찾아가기

I INFORMATION I

대부분의 편의 시설은 호라에서 쉽게 찾아볼 수 있다. 특히, 남부 버스 터미널이 있는 파브리카 광장 주변으로 은행, 렌탈 숍, 여행사들이 포진되어 있다.

버스 터미널
주소 Fabrica Square, Mykonos
전화 229-902-6797
홈페이지 www.mykonosbus.com

미코노스 항만청
전화 228-902-2218

미코노스 공항
전화 228-907-9000

택시
전화 228-902-3700, 228-902-2400

우체국
가는 법 미코노스 타운 아르타키누 거리 근처 골목, 미코노스 초등학교 근처
전화 228-902-2238
운영시간 07:00~14:30

병원
Mykonian Hygeia Medical Centre
주소 Dexamenes, Mykonos
전화 228-902-7407 운영시간 24시간
홈페이지 www.mykonos-health.com

경찰서
전화 228-902-2716

관광경찰서
전화 228-902-2482

길을 잃어야 매력이 보인다
미코노스 호라 Mykonos Hora

대부분의 키클라데스 제도의 섬에서는 섬의 중심이 되는 마을을 호라Hora라고 지칭한다. 미코노스의 호라는 그중에서도 가장 매력적인 곳으로 꼽힌다. 미로처럼 좁고 구불구불한 골목을 가득 채운 우윳빛 건물과 그 위로 흐드러지게 핀 형형색색의 꽃들, 그리고 하얀색 페인트로 곱게 단장한 돌길을 걷다 보면 마치 그림 속을 걷는 것 같은 착각이 든다. 이처럼 아름다운 미코노스의 모습 뒤에는 정부와 주민들의 많은 노력이 숨어 있다. 미코노스에서 건물을 지을 때는 마을의 미관을 해치지 않도록 정해진 규격에 따라 지어야 하며, 외벽은 하얀 회반죽을 칠해야 한다. 1년에 2~3번 유지 보수를 위해 페인트칠을 새로 하는데, 비용은 정부에서 지원해 준다. 대단한 노력이 아닐 수 없다. 이러한 노력이 에게해의 보석 같은 섬, 미코노스를 만들었다. 호라를 가장 잘 볼 수 있는 방법은 미로처럼 뒤엉킨 골목골목을 여유롭게 걷는 것이다. 미코노스의 랜드마크인 풍차에서 시작해 리틀 베니스를 거쳐 카스트로 언덕으로 가자. 세상에서 가장 독특한 모양새를 지닌 파나기아 파라포르티아니 교회를 감상한 뒤 항구 쪽으로 가면 민속박물관이 있다. 항만을 거닐다 보면 섬의 마스코트, 펠리칸 친구를 만나게 되는 행운이 올 수도 있다. 역사에 관심이 있다면 올드 포트 끝에 있는 고고학 박물관을 방문해도 좋다. 다른 박물관을 방문하고 싶다면 에노플론 디나메온Enoplon Dynameon 거리를 찾자. 호라에서 가장 북적이는 골목 중 한 곳이자 에게해 해양 박물관과 19세기 미코노스 중산층의 삶을 살펴볼 수 있는 레나의 집Lena's House이 있다. 조금 더 올라가면 마토이아니Matogianni 거리가 나온다. 세련된 부티크와 갤러리, 상점들이 밀집해 있다. 분위기 있는 카페에 앉아 휴식을 취해도 좋고, 각기 다른 양식을 지닌 수많은 그리스 정교회들을 감상하는 것도 재미있다. 길을 잃어도 걱정할 필요 없다. 규모가 그리 크지 않아 문제가 되지도 않을뿐더러, 길을 잃는 것이 호라를 즐기는 최고의 방법이기 때문!

Data 지도 481p-B 가는 법 미코노스 타운

미코노스 최고의 명소
리틀 베니스 Little Venice

미코노스의 로맨틱함은 리틀 베니스에서 시작된다. 호라의 서쪽 해안을 따라 아기자기하면서도 고풍스러운 건물들이 가지런히 늘어서 있다. 이 구역을 통틀어 리틀 베니스라 부른다. 운하를 따라 색색의 건물들이 줄지어 있는 이탈리아 베니스와 모습이 흡사해서 그렇게 부른다. 바다와 어찌나 가깝게 붙어 있는지 파도가 코앞에서 넘실댄다. 리틀 베니스의 건물들은 18세기 중반부터 지어진 것들로 과거 부유한 상인들이나 선장들의 거주지였다. 하얗게 채색된 건물에 바다 위에 대롱대롱 매달린 발코니가 인상적이다. 현재 리틀 베니스 건물들의 일부는 레스토랑과 바, 갤러리 등으로 사용되고 있다. 여름철이면 관광객들로 발 디딜 틈 없는 미코노스 최고의 명소다. 리틀 베니스는 미코노스에서 가장 아름다운 석양을 볼 수 있는 장소로도 꼽힌다. 눈이 시리도록 푸른 바다와 하얗게 부서지는 파도 위로 잠기는 태양의 모습은 가슴 뭉클하도록 아름답다.

Data 지도 482p-B
가는 법 호라의 서쪽 해안가, 카토밀리 풍차 오른쪽 구역

Talk 미코노스의 마스코트 펠리칸

미코노스 타운에는 어슬렁어슬렁 걸어 다니며 사람들의 이목을 집중시키는 녀석이 있다. 주인공은 노란 긴 주둥이에 온몸이 핑크빛 털로 뒤덮인 미코노스의 마스코트 펠리칸이다. 펠리칸이 미코노스의 마스코트가 된 사연은 이렇다. 어느 날, 미코노스의 한 어부가 부상당한 펠리칸을 발견했다. 그는 펠리칸을 지극정성으로 치료했고, 펠리칸은 다행히 건강을 되찾았다. 어부는 펠리칸을 자연으로 돌려보내려 했다. 하지만 펠리칸은 자신을 치료해 준 어부의 정성에 감복이라도 한 듯 떠나지 않고 미코노스에 둥지를 틀었다. 미코노스 사람들은 펠리칸에게 페트로스라는 이름을 붙여주었고, 페트로스는 이 작은 섬에서 없어서는 안 될 마스코트가 됐다. 그러나 안타깝게도 페트로스는 1986년 차에 치여 세상을 떴다. 펠리칸이 세상을 뜬 후 슬픔에 빠진 미코노스의 주민들은 두 마리의 새로운 펠리칸을 선물

받는데, 얼마 지나지 않아 미코노스에서 부상당한 펠리칸이 또 발견됐다. 총 세 마리의 펠리칸은 페트로스의 뒤를 이어 미코노스의 귀염둥이 역할을 톡톡히 했다. 하지만 2마리의 펠리칸 역시 교통사고를 당해 저 세상으로 가고, 현재는 한 마리의 펠리칸만이 미코노스 타운을 지키며 관광객을 맞고 있다.

다섯 개의 교회가 하나로
파나기아 파라포르티아니 교회 Panagia Paraportiani Church

파나기아 파라포르티아니 교회는 리틀 베니스의 끝 카스트로 언덕에 독특한 모습으로 서 있다. 미코노스에 있는 400여 개의 교회 중에서도 단연 돋보인다. 마치 커다란 눈덩이가 햇살에 녹아 흘러내린 것 같은 모습은 특이하다 못해 오묘하기까지 하다. '파라포르티아니'란 그리스어로 '성의 문 옆에 있는'이라는 뜻이다. 과거 중세의 성이 있던 카스트로 구역 입구에 교회가 있어 붙여진 이름이다. 파나기아 파라포르티아니의 가장 특이한 점은 하나의 건물로 이루어진 교회가 아니라는 것이다. 15세기부터 17세기까지 각기 다른 양식의 5개의 교회가 합쳐져 지금의 모양새를 이루게 되었다. 가장 가운데 있는 아이오스 에프스타티오스Agios Efstathios교회를 3개의 다른 교회(아이오스 소존타스Agios Sozontas, 아이 아나르기리 Agii Anargyri, 아이아 아나스타시아Agia Anastasia)가 둘러싸고 있다. 맨 꼭대기에는 성모교회church of Virgin Mary가 돔 형태로 올려져 있다. 하나의 건물에 비잔틴 양식, 미코노스 전통 양식, 서구 건축 양식이 뒤엉켜 있는 모습이 매우 흥미롭다.

Data 지도 483p-C
가는 법 리틀 베니스의 끝쪽, 카스트로 언덕에 위치

바람의 섬, 미코노스의 상징
풍차 Windmills

미코노스는 바람의 섬이다. 북쪽에서 불어오는 거친 바람에 미코노스의 바다는 언제나 파도가 넘실거린다. 그런 미코노스에 오면 가장 눈에 띄는 것이 있다. 호라 남서쪽 리틀 베니스를 마주하는 카토밀리 Katomili 언덕에 나란히 서 있는 풍차가 그 주인공이다. 이 풍차는 16세기 베네치아인들에 의해 지어졌으며 20세기까지 밀과 곡식을 빻는 데 사용되었다. 과거 정제된 곡식과 밀가루는 미코노스의 주요 수출품이라 풍차는 섬의 경제 활동에 아주 중요한 역할을 했다. 미코노스에는 20여 개의 풍차가 있었다고 한다. 지금은 농업박물관으로 사용되고 있는 보니 풍차Boni's Windmill와 카토밀리 언덕에 있는 6개의 풍차 등 7개만이 섬을 지키고 있다. 하얀 몸통에 밀짚모자를 씌어놓은 것 같은 모양새가 귀엽다. 6개의 풍차 중 하나는 몸통만 남아 있는 상태다. 바람에 힘차게 돌아가던 풍차의 날개는 더 이상 움직이지 않지만 대신 미코노스의 랜드마크가 되었다. 해가 질 무렵이면 카토밀리 언덕에는 석양을 보기 위해 모인 여행자들로 가득하다. 더 이상 돌아가지 않는 풍차와 그 뒤로 붉게 물드는 석양의 모습은 아련하고도 아름답다.

Data 지도 482p-B 가는 법 카토밀리 언덕에 위치

미코노스의 소박한 매력
아노 메라 Ano Mera

미코노스에서 두 번째로 큰 마을이다. 미코노스 타운에서 내륙으로 약 8km 정도 떨어진 곳에 있다. 아노 메라로 가는 길은 미코노스의 또 다른 매력을 찾는 여정이다. 넓게 형성된 초지 위로 펼쳐진 부드러운 능선은 에메랄드빛 지중해만큼이나 아름답다. 여행객들로 인산인해를 이루는 미코노스 타운과는 달리 한적하고 조용해 여유롭게 거닐기 좋다. 그리스에서 가장 화려한 섬의 소박한 매력에 빠져보자.

Data 지도 481p-B
가는 법 호라 북부 버스 터미널(버스 터미널2)에서 버스 탑승, 혹은 렌터기 이용
주소 Anomera, Mykonos

눈부시게 하얀 외관과 붉은 돔이 인상적인
파나기아 투를리아니 수도원 Panagia Tourliani Monastery

아노 메라에 있는 그리스 정교회 수도원이다. 수도원 이름은 인근 마을인 투를로스Tourlos에서 성모상이 발견된 후 마을의 이름을 따서 지어졌다. 미코노스에서 가장 중요한 수도원으로 꼽힌다. 이 수도원은 1542년 두 명의 수도사에 의해 세워졌으며, 1767년 복원된 모습이 현재까지 이어지고 있다. 새하얗게 칠해진 외벽과 붉은색 돔 천장, 그 옆으로 높이 솟은 종탑은 전통 키클라데스 건축 양식의 특징을 잘 보여 준다. 아름다운 꽃과 나무로 꾸며진 마당은 소박하고 정갈한 분위기가 가득하다. 수도원 본채 내부는 이탈리아 피렌체의 예술가들이 만든 커다란 목재 성화상과 화려한 성화들로 꾸며졌다. 사도와 성자들을 그린 성화뿐만 아니라 신약성서에 나오는 장면들을 정교하게 묘사한 성화들이 매우 인상적이다.

Data 지도 481p-B
가는 법 아노 메라 광장 앞에 위치
주소 Anomera, Mykonos
운영시간 09:00~13:00, 15:30~19:00
요금 도네이션

Theme
미코노스의 박물관

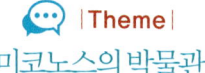

미코노스에 대형 국립 박물관은 없지만 알차게 꾸며진 4곳의 작은 박물관이 있다. 이 박물관들은 골목을 돌아다니다 한 번씩 둘러보기에 좋다. 단, 비수기에는 문을 열지 않거나 오픈시간이 바뀌는 경우가 많다는 점을 참고하자.

미코노스 고고학 박물관
Archeological Museum of Mykonos

델로스Delos, 레니아Rheneia, 미코노스Mykonos에서 출토된 대리석상, 도자기, 장신구 등을 전시하고 있다. 특히 헬레니즘 시대의 독특한 공예예술을 살펴볼 수 있는 도자기들이 볼 만하다. 소장품 중에서 가장 두드러지는 것은 트로이 전쟁의 장면들을 묘사한 대형 피토스(미코노스 피토스)다. 하지만, 트로이 목마를 직접적으로 묘사한 것은 미코노스 피토스가 유일해 가치가 높다.

Data 지도 483p-L
가는 법 버스 터미널2 바로 옆
전화 228-902-2325 운영시간 2023년 3월 기준 휴업중
요금 4유로

민속박물관
Folklore Museum

18세기에 지어진 선장의 집을 개조해 만든 박물관으로 1958년에 문을 열었다. 카스트로 구역에 위치한다. 전통 배 모형, 미코노스인들의 생활상을 담은 사진들과 실제 사용되던 주방용품, 도자기와 같은 다양한 골동품들이 전시되어 있다. 부속 박물관 격인 레나의 집Lena's House도 과거 미코노스인의 생활상을 들여다 볼 수 있는 좋은 장소이다. 해양 박물관 옆에 위치한다.

Data 지도 483p-C
가는 법 카스트로 구역, 파나기아 파라포르티아니 교회 옆에 위치 주소 Kastro, Mykonos
전화 228-902-2591 운영시간 4월~10월,
월~토 10:30~14:20, 17:30~20:30 요금 무료

에게해 해양 박물관
Aegean Maritime Museum

키클라데스 전통 양식으로 지어진 19세기 건물을 개조해서 1985년에 문을 열었다. 선사시대부터 비잔틴, 오토만 제국을 거쳐 현대에 이르기까지 그리스 해양 역사를 담고 있다. 특히 에게해 지역을 누볐던 다양한 상선의 모형, 마당에 있는 아르메니스티 등대Armenisti Lighthouse가 흥미롭다.

Data 지도 482p-F
가는 법 트리아 피가디아 구역에 위치
주소 10 Enoplon Dynameon St, Mykonos
전화 228-902-2700 운영시간 4월~10월,
10:30~13:00, 18:30~21:00 요금 4유로

농업박물관
Agricultural Museum

민속박물관의 부속 박물관이다. 호라가 한눈에 보이는 아노밀리Anomili 언덕에 있다. 산업화가 진행되기 전까지 섬에서 사용되었던 다양한 농업 기구들을 전시하고 있다. 농업박물관의 가장 큰 볼거리는 16세기에 지어진 보니 풍차Boni Windmill로 현재까지도 작동하고 있다.

Data 지도 482p-J
가는 법 호라 뒤쪽 아노밀리 언덕에 위치
주소 Anomili, Mykonos
전화 228-902-6246
운영시간 4월~10월 18:30~21:30
요금 무료

미코노스의 해변들

세계에서 가장 아름다운 석양을 보고 싶다면 산토리니로, 세상에서 가장 환상적인 해변을 보고 싶다면 미코노스로 가라는 말이 있다. 그만큼 미코노스의 해변은 아름답다. 바다는 크리스털보다 투명하고, 물의 빛깔은 예쁜 색이란 색은 다 담고 있는 듯 신비롭다. 이 축복 받은 풍경을 보고 있자면 미코노스가 왜 여름철이면 세계인의 성지가 되는지 이해가 간다. 미코노스의 해안선을 따라 수많은 비치가 있다. 그중 베스트 해변 7곳을 뽑았다. 각기 다른 개성을 지니고 있으니 취향에 따라 골라가 보도록 하자.

파라다이스 비치 & 슈퍼 파라다이스 비치 Paradise Beach & Super Paradise Beach

파라다이스 비치는 미코노스 최고 인기해변이다. '누드 비치'와 '게이 비치'라는 애칭으로도 잘 알려져 있다. 여름철이 다가오면 수많은 바와 클럽, 레스토랑이 세계 각국의 젊은이들을 맞을 준비에 정신이 없다. 비트 빠른 음악은 온종일 귓가를 울리고, 파티는 해가 뜰 때까지 계속된다. 스노클링, 제트스키, 바나나 보트 같은 수상 스포츠는 물론 다이빙 센터, 캠핑존 등도 마련되어 있다. 놀기 위한 모든 시설이 갖춰져 있다. 미코노스의 가장 핫한 클럽인 카보 파라디소 Cavo Paradiso도 파라다이스 비치에 있다. 슈퍼 파라다이스 비치는 파라다이스 옆에 붙어 있는 이웃 해변이다. 그리스에서 가장 유명한 '게이 비치'로 통한다. 비단처럼 부드러운 황금빛 모래와 맑고 투명한 물은 이름처럼 '슈퍼 파라다이스' 하다. 파라다이스 비치보다는 덜하지만 여름철이 되면 이곳도 바쁘기는 매한가지다. 파라다이스 비치와 마찬가지로 실오라기 하나 안 걸친 사람들을 심심치 않게 볼 수 있다. 고급 레스토랑과 세련된 바·클럽들이 많기로도 유명하다.

Data 파라다이스 비치
지도 481p-E 가는 법 호라 남부 버스 터미널(버스 터미널1)에서 정기적으로 버스 운행. 또는 플라티스 이알로스, 오르노스 해변에서 보트 택시 이용

슈퍼 파라다이스 비치
지도 481p-E 가는 법 플라티스 이알로스 또는 오르노스 해변에서 보트 택시 이용

아이오스 이오안니스 비치
Agios Ioannis Beach

미코노스섬 남서쪽에 위치한 작은 해변이다. 언덕으로 둘러싸인 하늘빛 바다와 하얗고 고운 모래가 인상적인 해변이다. 영화 〈셜리 발렌타인 Shirley Valentine〉의 촬영지기도 하다. 아이오스 이오안니스 해변은 비교적 한적하고 조용하다. 수심이 낮아 가족 단위 여행객들에게 인기가 좋다. 아담한 크기의 해변이지만 파라솔과 선베드도 대여할 수 있다. 맞은편에 떠 있는 델로스섬을 조망하는 것도 잊지 말자.

Data 지도 481p-E 가는 법 호라 남부버스 터미널(버스 터미널1)에서 버스 이용

싸루 비치
Psarou Beach

야자수 그늘 밑에서 라운지 음악과 파도 소리를 벗 삼아 샴페인 한잔하고 싶다면 싸루 비치로 가자. 파라다이스가 열정의 정점을 찍는다면 싸루 비치는 고상함의 극치를 달린다. 싸루 비치는 외부 여행객보다 그리스인에게 더 인기가 좋은 해변이자 유명인들의 휴가지로도 유명하다. 이곳에선 선베드와 비치 타월마저 고급스럽다. '파티 해변'에서 벗어나 한층 세련된 휴가를 보내고 싶은 사람들에게 추천한다.

Data 지도 481p-E 가는 법 플라티스 이알로스 버스 터미널에서 하차 후 도보 5분

플라티스 이알로스 비치 Platys Gialos Beach

미코노스에서 가장 잘 알려진 해변 중 한 곳이다. 부드러운 모래사장과 옥빛 바다가 넓게 펼쳐져 있다. 호텔, 레스토랑, 기념품 가게부터 다양한 수상 레포츠를 즐길 수 있는 스포츠 센터까지 없는 것이 없다. 편리한 시설 덕분에 아이들이 있는 가족 단위 여행객에게 특히 인기가 좋다. 해변을 둘러싼 언덕이 북풍을 막아 비교적 물결이 잔잔한 편이라 수영을 즐기기에 적합하다. 바닷가 근처에 숙소를 잡고 미코노스의 비치 라이프를 즐기고 싶다면 이곳이 제격! 렌터카 이용 시 주차 공간이 부족하다는 점을 알아두자.

Data 지도 481p-E 가는 법 파라다이스, 슈퍼파라다이스, 엘리아 비치 등에서 보트 택시 이용. 호라 남부버스 터미널(버스 터미널1)에서 버스 이용

엘리아 비치 Elia Beach

미코노스 남부에서 가장 큰 해변이자 미코노스에서 가장 긴 해변이다. 레스토랑과 바, 카페를 비롯해 패러세일링, 윈드서핑을 할 수 있는 스포츠 시설 등 모든 것이 갖춰져 있다. 가족 여행객부터 누디스트까지, 미코노스에서 가장 다양한 종류의 여행객들이 모이는 해변이기도 하다. 중심지로부터 약 10km 정도 떨어져 있기 때문에 비교적 덜 붐빈다. 물론 여름철이 되면 미코노스에서 한가한 해변은 찾아보기 힘들다는 점을 명심하자.

Data 지도 481p-E
가는 법 호라 남부버스 터미널(버스 터미널1)에서 버스 이용. 플라티스 이알로스, 혹은 오르노스 해변에서 보트 택시 이용

아이오스 소스티스 비치 Agios Sostis Beach

때묻지 않은 자연의 아름다움을 간직한 해변이다. 물 맑기로 유명한 미코노스지만 그중에서도 유난히 맑은 바다를 가지고 있다. 낮은 절벽이 둘러싸고 있어 마치 무인도의 해변처럼 비밀스럽고 아늑하기까지 하다. 그래서 과거 누디스트들의 사랑을 독차지했던 곳이기도 하다. 지금은 인기가 많아져 여름이 되면 꽤 많은 사람들이 이 해변을 찾는다. 그래도 타운 중심에서 거리가 꽤 떨어져 있어 덜 붐비는 편이다. 파라솔과 선베드 같은 용품을 대여할 곳이 없어 각자 챙겨가야 한다. 호라에서 아이오스 소스티스 해변까지 오는 버스는 없다. 다른 해변에 비해 오기 힘들지만 고생한 자에게 복이 온다고 했던가. 진짜 파라다이스가 눈앞에 펼쳐질 것이다.

Data 지도 481p-B
가는 법 렌터카 이용. 파노르모스는 호라 북부 버스 터미널(버스 터미널2)에서 버스 이용

> **Tip** 아이오스 소스티스 해변으로 오는 길목에 키키스 타베르나 Kiki's Tavern가 있다. 이 집은 전기가 들어오지 않기 때문에 모든 음식을 야외에서 직접 굽는다. 예전에는 아는 사람만 아는 숨겨진 맛집이었지만 지금은 꽤 유명하다. 타베르나 옆 샛길을 따라가면 작은 해변이 나온다. 여유가 있다면 아기오스 소스티스 옆에 위치한 파노르모스 Panormos도 가 보자. 아기자기한 어촌 마을과 깨끗한 해변이 매력적인 곳이다.

완벽한 지중해의 맛
디안젤로 D'Angelo

올해로 4년째 친절한 서비스와 환상적인 음식으로 까다로운 여행자들의 입맛을 사로잡고 있는 레스토랑이다. 이탈리아 음식을 메인으로 다양한 지중해 음식을 선보이고 있다. 20년 내공의 솜씨 좋은 셰프들에 의해 탄생하는 음식은 하나 같이 감탄을 자아낸다. 이탈리아에서 직접 공수한 재료들과 신선한 해산물을 사용하는 것은 기본. 음식에 들어가는 소스도 직접 만든다. 버섯을 크림과 와인으로 재빨리 볶아 낸 풍기 미스토 판나Funghi Misto Panna와 신선한 프로슈토가 올라간 부르스케타Bruschettas with Prosciuto는 훌륭한 애피타이저다. 속을 파낸 수박에 채워 나오는 그릭 가즈 샐러드Greek Gods Salad와 미코니안 샐러드Mykonian Salad도 디안젤로만의 독특한 메뉴다. 홈메이드 피자와 파스타도 수준급이다. 모든 이탈리아 요리를 다 모아 놓은 것 같은 방대한 범위의 메뉴를 보유하고 있다. 정통 이탈리안 까르보나라와 해산물 리조토Risotto Frutti di Mare는 누구나 만족시킬 수 있는 맛이다. 이 외에도 디안젤로에서만 만날 수 있는 특별한 디저트 메뉴와 비건 메뉴, 다양한 칵테일과 와인 라인업까지 마련되어 있다.

Data 지도 482p-E
가는 법 버스 터미널1에서 도보 1분
주소 Axioti St, Mykonos
전화 694-543-1122
운영시간 11:30~00:30
요금 부르스케타 7유로~, 풍기 미스토 판나 10.5유로, 샐러드 10유로~,
피자 10유로~, 파스타 14유로~
해산물 리조토 28유로, 칵테일 10유로~
홈페이지 www.dangelo.com.gr

엄마의 손맛이 느껴지는
이바스 가든 Eva's Garden

엄마가 해 주는 음식은 정겹고 맛있다. 이바스 가든의 음식이 그렇다. 가족이 운영하는 이바스 가든은 입구의 분위기부터 푸근하다. 어머니가 주방을 지키고 딸과 사위가 손님을 맞는다. 그리스 정통 음식과 프렌치 퓨전 요리를 함께 선보인다. 이바스 가든의 매니저 파노스의 음식에 대한 열정은 매우 인상적이다. 그는 끊임없이 고객들과 소통하며 메뉴를 연구하고 개발한다. 소박한 레스토랑이지만 서비스는 최고급 호텔 못지않다. 감자를 빼고 고기를 듬뿍 넣은 무사카Mousaka는 미코노스 최고다. 레몬소스를 곁들인 양고기Lamb with Lemon Sauce와 치킨 필레Chicken Fillet는 먹는 순간 고개를 끄덕일 수밖에 없다. 꿀과 참깨를 곁들인 튀긴 페타치즈Fried Feta with Honey and Sesame도 독특하다. 레스토랑 뒤편과 2층 테라스에는 야외 공간이 마련되어 있다. 포도나무 넝쿨이 벽과 천장에 주렁주렁 매달려 있는데, 여름이 되면 잎과 열매가 자란다. 향긋한 포도내음과 솔솔 부는 바람은 마치 작은 숲속에서 식사를 하는 듯한 기분이 들게 한다.

Data 지도 482p-J
가는 법 버스 터미널1에서 도보 7분
주소 2 N.Kalogera St. Goumcnio Square, Mykonos
전화 228-902-2160
운영시간 4월 말~10월 말 18:30~24:30(비성수기인 5,6월은 날씨, 상황에 따라 조기 종료 가능)
요금 스타터 6유로, 샐러드 10유로~, 전통 메인디쉬 15유로~, 모둠 애피타이저 15유로~, 디저트 7유로~
홈페이지 www.evas-garden.gr

언덕 위에서 즐기는 우아한 식사
카라바키 Karavaki

벤시아 호텔의 부설 레스토랑이다. 호텔도 유명하지만 그 못지않게 명성이 자자한 레스토랑이다. 호라가 한눈에 내려다보이는 아이오스 엘레프테리오스Agios Eleftherios 언덕에 있다. 주황빛 조명 아래 우아한 디자인이 돋보이는 내부 공간도 좋지만 전망 좋은 야외 테라스를 추천한다. 진주같이 하얀 집들이 촘촘히 늘어선 마을과 푸른 에게해가 펼쳐진 풍경을 볼 수 있다. 이곳의 음식들은 요르고스 스틸리아누다키스Giorgos Stylianoudakis 셰프가 개발한 메뉴들이다. 카라바키는 지중해·그리스·미코노스 요리가 한데 어우러진 메뉴를 선보인다. 싱싱한 가재와 달콤한 체리토마토, 신선한 채소, 각종 허브가 들어간 카라바키 샐러드, 우조와 페타치즈가 들어간 해산물 소스에 새우를 졸여 낸 쉬림프 사가나키, 낙소스의 그라비에라 치즈, 물소 뿔살이 들어간 오르조 파스타, 성게알 파스타, 신선한 생선필레 요리 등 모든 메뉴가 훌륭하다. 무엇을 고를지 모르겠다면 2인 이상 주문할 수 있는 코스 요리를 추천한다. 해 질 녘에 방문할 예정이라면 미리 선셋 테이블을 예약하자. 엄청난 풍경과 함께 잊지 못할 저녁 식사를 보장한다.

Data 지도 482p-J
가는 법 버스 터미널1에서 도보 15분
주소 Agios Elefterios, Mykonos
전화 228-902-3665
운영시간 4월 초~10월 말 08:00~23:30
요금 카라바키 샐러드 20유로, 쉬림프 사가나키 24유로, 마네스트라 28유로, 성게알 파스타 36유로, 생대구 필레 35유로, 디저트 12유로
홈페이지 www.mykonostownrestaurant.com

크레페와 아이스크림이 맛있는
트리오 밤비니 Trio Bambini

트리오 밤비니는 이탈리아어로 '세 명의 아이들'이란 뜻이다. 유년 시절을 같이 보낸 세 명의 단짝 친구들이 지금은 젤라토 가게의 사장님이 되었다. 호라 골목 어귀에 위치한 이 앙증맞은 가게에는 미코노스 최고의 홈메이드 젤라토 뿐만 아니라 프로즌 그릭 요거트, 와플 등을 판매하고 있다. 트리오 밤비노는 아침 식사 장소로도 제격이다. 누텔라와 과일이 들어간 스위트 크레페Sweet Crepes도 맛있지만 햄, 계란, 치즈, 치킨 등으로 속을 채워 따뜻하게 먹는 사보리 크레페Savory Crepes는 한 끼 식사로도 손색없다. 매장 앞에는 야외 테이블이 마련되어 있다. 잠시 앉아 휴식을 취하기에도 좋고 사람들로 북적이는 미코노스의 골목 풍경을 보는 재미도 쏠쏠하다.

Data 지도 482p-F
가는 법 버스 터미널1에서 도보 4분
주소 1 Mitropoloes St. Mykonos
트리오 밤비니 2호점
Seafront, Manto square, Mykonos
전화 228-907-8879
운영시간 3월~11월 초 08:00~04:00
(6월~9월 24시간 운영)
요금 젤라토 1스쿱 3.1유로, 크레페 9.5유로~, 와플 12.5유로~
홈페이지 www.triobambini.com

이름도 음식도 개성 있게
펑키 키친 Funky Kitchen

라카Lakka 구역에 위치한 레스토랑이다. 이름만큼이나 톡톡 튀는 메뉴들로 소문났다. 미코노스의 느낌이 가득한 새하얀 건물과 테이블, 그리고 돌담 위에 꽃들이 붉게 피어 있다. 세련되면서도 청초한 분위기가 느껴진다. 주된 메뉴는 그리스·지중해 음식인데 창의적이고 현대적으로 재해석하는 데 중점을 뒀다. 또한 건강함을 강조하는 슬로우 푸드를 지향하는 것도 특징. 모든 메뉴에 글루텐 사용 여부, 혹은 채식주의자들이 먹을 수 있는 메뉴인지가 표시되어 있다. 음식 알레르기까지 체크하는 세심함도 돋보인다. 상큼한 써머 샐러드Summer Salad와 폭찹Boneless Pork Chop, 송아지 간 요리Calf's Liver 등을 선보인다. 맛도 맛이지만 음식 프레젠테이션을 보는 재미도 쏠쏠하다. 7월~9월은 예약을 하고 가는 것이 좋다.

Data 지도 482p-E
가는 법 라카 구역에 위치
주소 40 Ignatiou Basoula St. Mykonos
전화 228-902-7272
운영시간 5월~10월 18:00~24:00
요금 2인 기준 평균 85~100유로 (애피타이저+메인+디저트)
홈페이지 www.funkykitchen.gr

| Theme |
낮보다 아름다운 미코노스의 밤

미코노스의 밤을 보지 않았다면 그것은 미코노스의 반만 본 것과 같다. 이 하얗고 예쁜 섬은 어둠이 깔리면 또 다른 매력을 발산한다. 태양이 사라진 자리는 화려한 조명으로 채워지고, 부서지는 파도 소리 위에 신나는 음악이 더해진다. 한여름 밤의 축제는 해가 뜰 때까지 계속된다. 미코노스의 또 다른 매력에 흠뻑 취해 보자.

모두가 하나 되는 그 공간
스칸디나비안 Skandinavian

멀리 바닷가까지 갈 필요도 없다. '밤의 도시' 미코노스를 제대로 즐기기에 스칸디나비안만 한 곳이 없다. 타운 골목 한 블록 전체를 차지하고 있는 이 매력적인 디스코 바는 1978년부터 미코노스의 밤을 책임지고 있다. 어깨를 절로 들썩이게 하는 신나는 음악과 디제잉에 세계 각국에서 모인 여행객들의 몸놀림이 바빠진다. 낮에 거리에서 본 수많은 인파들이 다 이곳으로 모인 듯하다. 남녀노소 불문하고 이곳에서는 모두 친구가 된다. 자유롭고 누구나 환대하는 분위기야말로 스칸디나비안을 세계적인 바로 만든 최고 비결이다. 스태프들의 친절한 서비스도 돋보인다. 주류 가격도 미코노스의 물가치고 그리 비싸지 않은 편이다. 밤새도록 계속되는 파티 속에서 미코노스의 밤에 흠뻑 취해 보자.

Data 지도 482p-F
가는 법 버스정류장1에서 도보 7분
주소 Agios Ioannis Barkia St. Mykonos
전화 228-902-2669
운영시간 20:00~06:00
요금 맥주 7유로, 음료 9유로, 칵테일 10유로선
홈페이지 www.skandinavianbar.com

황혼부터 새벽까지
재키오 Jakie'O

파라포르티아니 교회 아래쪽 바다를 마주하는 곳에 있다. 앞에 펼쳐진 항구와 밤바다의 모습이 운치 있다. 내부는 70년대 복고풍 느낌이 가득 풍긴다. 게이 바로도 유명하지만 국적, 성별 상관없이 모두에게 사랑받는 클럽이다. 다른 바보다 비교적 빨리 오픈해 석양을 바라보며 칵테일 한잔하는 긴 밤을 준비하는 것도 좋다. 활력 넘치는 직원들의 서비스가 바의 분위기를 살려준다. 재키오는 매일 밤 열리는 '드래그퀸' 쇼로도 유명하다. 슈퍼 파라다이스 비치에도 지점이 있다. 스타일리시한 비치클럽으로 레스토랑, 수영장, 자쿠지까지 갖추고 있다. 젊은이들 사이에서 명성이 자자하니 슈퍼 파라다이스에서 밤을 보낼 계획이라면 방문해 보도록 하자.

Data 지도 483p-C
가는 법 파나기아 파라포르티아니 교회 밑쪽, 민속 박물관 옆에 위치
주소 Kastro-Paralia, Mykonos
전화 228-907-7168
운영시간 일몰~일출
홈페이지 www.jackieomykonos.com

젊은이들의 성지
카보 파라디소 Cavo Paradiso

파라다이스 비치 왼쪽 울퉁불퉁한 절벽 위에 있다. 1993년부터 지금까지 명실상부 세계 최고의 클럽으로 군림하고 있다. 클럽 안에는 오두막으로 둘러싸인 커다란 풀장이 있고, 무대 위에서는 날마다 세계의 유명 DJ들의 공연과 이벤트가 열린다. 하우스부터 테크노, 트랜스까지 다양한 장르의 일렉트로닉을 가장 트렌디한 방법으로 즐길 수 있다. 카보 파라디소는 새벽 2~3시는 되어야 진가를 발휘한다. 세계 각국에서 날아온 젊은이들로 클럽 안과 밖은 인산인해를 이룬다. 축제는 해가 떠서도 계속된다. 8월에 방문 예정이라면 카보 파라디소의 하이라이트 '풀 문 파티' 스케줄을 확인하도록 하자!

Data 지도 481p-E
가는 법 파라다이스 비치 왼쪽 절벽 위
주소 Paradise beach, Mykonos
전화 228-902-6124
운영시간 23:00~이른 아침
(매일 달라지는 공연시간 참조)
홈페이지 www.cavoparadiso.gr

저렴하고 푸짐한 한 끼
폰토스 Pontos

물가 비싼 미코노스에서 부담 없이 갈 수 있는 식당이다. 가게 앞에 마련된 테이블은 언제나 만석이다. 주 메뉴는 케밥과 수블라키. 다른 음식을 먹고 싶다면 벽면에 적힌 오늘의 메뉴를 확인하자. 베사멜소스가 듬뿍 들어간 고기 파이인 파스티씨오Pastitsio와 같은 그리스 전통 음식과 샐러드, 주류까지 저렴한 가격에 맛볼 수 있다. 로컬 와인 한잔 곁들이며 골목 풍경을 감상하기에도 더할 나위 없이 좋은 장소이다.

Data 지도 482p-F
가는 법 트리오 밤비니 맞은 편, 하얀 바탕에 파란 테두리를 두른 간판에 그리스어로 표기되어 있다.
주소 Mitropoloes St. Mykonos
요금 10~15유로

새벽에 출출할 땐
수블라키 스토리 Souvlaki Story

보통 수블라키집 하면 투박하지만 정감가는 분위기가 일반적이다. 하지만 수블라키 스토리는 젊고 세련된 감성을 강조했다. 깔끔하게 꾸며진 홀과 아기자기한 소품이 돋보인다. 맛도 서비스도 좋아 언제나 인기 만점이다. 미코노스 호라와 아노메라 등에 여러 개의 지점을 보유하고 있으며, 최근에는 카타르 도하에도 지점을 냈다. 웹사이트와 왓츠앱 메신저를 통해 손쉽게 딜리버리 서비스를 이용할 수 있는 것도 큰 장점!

Data 지도 482p-F 주소 37, Enoplon Dinameon St, Mykonos 2호점 6, Kouzi Georgouli Str. Chora, Mykonos 전화 228-902-4790, **Whatsapp** 697-050-0500 운영시간 11:00~04:00 요금 기로스 9.2유로~, 버거 14.5유로~, 파스타 9.5유로~
홈페이지 www.souvlakistory.com

아노메라의 새로운 얼굴
더쿡 The Cook

2022년에 오픈한 따끈따끈한 신상 레스토랑이다. 레스토랑의 역사는 얼마되지 않았지만 선보이는 요리는 묵직하다. 주력 메뉴는 그리스 전통 가정식. 그리스 정통 레시피를 기반으로 현대적인 맛을 가미했다. 매일 새벽 5시 30분부터 온 가족이 신선한 재료를 손보고 요리를 준비하는 것이 인상 깊다. 구운 파스타 누살리, 그리스 완두콩 스튜인 아라카, 토마토와 피망 등으로 속을 채운 게미스타가 대표 메뉴다. 이 외에도 고기 요리, 샐러드까지 다양한 메뉴가 있다. 음식 퀄리티 대비 합리적인 가격도 매력적이다. 포장은 물론 배달 서비스도 하고 있어 섬 어디서든 더쿡의 요리를 맛볼 수 있는 것도 장점.

Data 지도 481p-B
가는 법 호라에서 약 8km 떨어진 아노 메라에 위치, 버스터미널 2에서 아노 메라행 버스 탑승 주소 Epar.Od. Mikonou-Ano Merias, Mikonos 전화 228-907-1577
운영시간 매일 11:00~21:00(배달 가능 시간 13:00~21:00), 성수기(5월~9월) 11:00~01:00
요금 메뉴당 6~11유로(온라인 및 왓츠앱에서 실시간 확인 가능)
홈페이지 www.facebook.com/thecookjmk

멋진 수영장을 보유한
벤시아 호텔 Vencia Hotel

1983년 부모님이 설립한 호텔을 두 남매가 이어받았다. 대대적인 레노베이션을 거쳐 젊고 세련된 감성이 녹아드는 부티크 호텔로 탈바꿈시켰다. 아기오스 엘레프테리오스 언덕에 위치한 벤시아 호텔은 미코노스 타운의 호텔에는 없는 최고의 전망을 가지고 있다. 총 35개의 객실을 보유하고 있으며 스탠더드, 주니어스위트, 슈피리어룸으로 이루어져 있다. 객실 내부는 다갈색이나 베이지톤 같은 자연색을 사용하여 디자인되었다. 나무 소재로 만들어진 가구들을 사용해 아늑하고 편안한 느낌을 한껏 강조했다. 수면이 바다의 수평선까지 이어질 것만 같은 착각을 불러일으키는 인피니티 풀Infinity Pool은 벤시아 호텔의 숨겨진 보석이다. 풀장 외에도 주차장, 마사지 숍 등 다양한 서비스를 갖추고 있다. 직원들의 서비스도 돋보인다. 완벽한 시설, 친절한 서비스, 아름다운 풍경까지 삼박자를 고루 갖춘 호텔이다.

Data 지도 482p-J
가는 법 버스 터미널1에서 도보 15분
주소 Agios Elefterios, Mykonos
전화 228-902-3665
운영시간 4월 초~10월 말
요금 더블 코타쥬 150유로~, 스탠더드 163유로~, 주니어 스위트 289유로~, 마릴린 스위트 298유로~, 자스민 스위트 315유로~, 킨씨아 스위트 340유로~, 슈피리어 스위트 349유로~, 벤시아 3베드룸 빌라 980유로~
홈페이지 www.vencia.gr

미코노스의 오아시스
에이 호텔 A Hotel

호라에서 2km 떨어진 한적한 마을에 있는 부티크 호텔이다. 키클라데스 전통 맨션 스타일인 아르혼티카Arhontika 형식으로 지어졌다. 일반 객실, 스튜디오, 투베드룸 아파트, 스위트까지 총 30개의 유닛을 보유하고 있다. 객실 내부는 하얗게 채색된 벽면에 목재로 된 가구들과 다운톤 침구류를 사용해서 모던하면서도 편안한 느낌을 살렸다. 예술적 감각이 물씬 풍기는 액자나 아기자기한 디자인 소품들로 포인트를 준 것도 재미있다. 에이 호텔의 하이라이트는 야외 수영장이다. 리조트 한가운데 위치한 수영장은 마치 오아시스에 온 것 같은 기분이 들게 한다. 푹신한 선베드는 물론 칵테일 바, 야외 자쿠지까지 마련되어 있다. 아름다운 디자인과 구조로 실제 스몰웨딩이나 파티, 사진 촬영 장소로도 인기가 좋다. 가족 단위 여행객들을 배려한 베이비 시팅 서비스부터 파티에 가는 이들을 위한 메이크업 서비스까지 갖추고 있는 것도 특징이다. 부설 레스토랑도 훌륭하다. 그리스 전통 음식부터 디저트까지 타운에 있는 웬만한 레스토랑보다 맛있다. 레스토랑은 투숙객이 아니어도 누구나 방문할 수 있다. 시내와 조금 떨어져 있지만 걱정할 필요 없다. 미리 요청하면 공항이나 항구에서 무료 픽업은 물론 필요하면 호라까지 데려다 준다. 번잡한 타운에서 벗어나 여유로운 휴가를 즐기고 싶다면 완벽한 선택이 될 것!

Data 지도 481p-B
주소 Drakouri, Mykonos
전화 228-902-3358
운영시간 4월~10월
요금 아일랜드룸 145~266유로, 컨트리룸 196~314유로, 아일랜드룸(프라이빗 풀) 213~513유로, 패밀리 스위트 213~403유로, 주니어 스위트 256~444유로, 아일랜드 디럭스(프라이빗 풀) 299~641유로, 슈피리어 스위트 299~484유로, 날짜에 따른 가격 변동과 할인 프로모션은 웹사이트 참고
홈페이지 www.ahotelmykonos.com

좋은 위치, 좋은 가격
크리스티나 스튜디오 Christina Stuido

호라 중심에 있는 아기자기한 숙소다. 고즈넉한 골목 안에 있어 조용하다. 리틀 베니스와 버스 터미널은 도보 3분 거리라 여행하기도 편리하다. 새하얀 건물과 마당에 주렁주렁 매달린 포도나무가 정겨운 분위기를 자아낸다. 객실은 총 9개로 더블룸, 트리플룸, 스튜디오로 이루어져 있다. 객실은 깔끔하고 심플하다. 특별한 디자인은 없지만 에어컨, 냉장고, TV 등이 갖춰져 있고, 스튜디오 객실에는 주방까지 딸려 있어 편리하다. 크리스티나 스튜디오의 최고 장점은 가격이다. 미코노스 타운에서 가장 저렴하게 숙박이 가능한 곳 중 하나이다. 합리적인 가격에 완벽한 위치, 깨끗한 시설까지 갖추고 있으니 일석 삼조인 셈! 그러나 극성수기(7~9월)에는 이곳의 숙박료도 껑충 뛴다. 그럼에도 불구하고 인기가 많으니 발 빠른 예약이 필요하다.

Data 지도 482p-F
가는 법 버스 터미널1에서 도보 3분
주소 7 Meletopoulou St. Mykonos
전화 228-902-2731
운영시간 4월~10월
요금 스탠다드 더블룸 80유로~, 트리플룸 110유로~, 트리플 스튜디오 120유로~
홈페이지 www.christinastudios.eu

| Theme |
저자가 뽑은 미코노스 호텔 TOP5

아르고 호텔 미코노스
Argo Hotel Mykonos

플라티스 이알로스에 위치한 호텔. 에게해의 정취가 듬뿍 담긴 외관과 인테리어를 뽐낸다. 총 18개의 객실이 있으며, 2명이 묵을 수 있는 스탠더드룸과 4명까지 수용할 수 있는 패밀리룸으로 구성되어 있다. 넓은 수영장과 레스토랑까지 갖춰져 있으며 여행객의 픽업을 돕는 호텔 전용 미니 버스도 보유하고 있다. 좋은 시설과 서비스에 비해 숙박료도 합리적이다.

Data 지도 481p-E
가는 법 플라티스 이알로스 해변에서 100m
주소 Platys Gialos, Mykonos 전화 228-902-3405
홈페이지 www.argo-mykonos.gr

호텔 타구 Hotel Tagoo

타운에서 도보 10분 거리의 언덕에 있다. 에게해와 미코노스 타운을 파노라마 뷰로 감상할 수 있다. 미코노스 토박이 가족에 의해 운영되고 있는 이 호텔은 따뜻하고 친절한 서비스로 특히 유명하다. 객실은 전통미가 풍기는 인테리어로 깔끔하고 꾸며져 있다. 넓은 객실과 푹신한 침대는 마치 집 같은 편안함을 선사한다.

Data 지도 483p-L
가는 법 미코노스 타운에서 도보 10분
주소 Tagoo, Mykonos 전화 228-902-2611
홈페이지 www.hoteltagoo.gr

에올로스 미코노스 호텔
Aeolos Mykonos Hotel

주인장 파노스와 직원들의 따뜻하고 배려 깊은 서비스가 돋보이는 호텔로 수많은 단골 고객을 보유하고 있다. 객실은 더블룸으로만 이루어져 있으며 내부 장식은 심플하면서도 우아하다. 호텔 중앙에 위치한 넓은 수영장은 마치 오아시스 같다. 자쿠지와 스낵바, 탁구대까지 갖춰져 있다. 미코노스 중심부에서 약 800m 떨어져 있지만 공항과 항구까지 마중을 나온다. 호텔 바로 앞에 버스 터미널이 있어 여행에도 문제없다.

Data 지도 482p-E
가는 법 미코노스 타운에서 도보 약 15분
주소 Argirena, Mykonos 전화 228-902-3535
홈페이지 www.aeolos-hotel.com

보헴 Boheme

럭셔리하고 스타일리쉬한 호텔을 원하는 여행자에게 추천한다. 새하얀 키클라데스 전통 건축 양식에 세련되고 현대적인 디테일을 가미했다. 총 20개의 스위트룸을 보유하고 있으며 야외 풀장과 라운지에서는 에게해와 델로스섬이 360도로 펼쳐진다. 부설 레스토랑과 바에서는 수준급의 음식과 칵테일을 맛볼 수 있다. 마사지, 테라피와 같은 부가 서비스부터 허니문을 위한 맞춤 서비스도 제공한다.

Data 지도 482p-E
가는 법 미코노스 파브리카 버스 터미널 기준 메인 도로를 따라 항구 반대 방향으로 도보 8분 전화 228-902-3300 홈페이지 www.bohememykonos.com

아도니스 호텔 Adonis Hotel

1970년부터 미코노스 타운의 중심에서 여행객들을 맞이하고 있다. 2012년 새롭게 단장한 아르도니스는 싱글룸부터, 더블룸, 트리플룸, 슈피리어, 디럭스까지 다양한 종류의 객실을 보유하고 있다. 객실마다 다른 색상으로 아기자기하게 꾸며져 있으며, 넓은 공간과 채광이 잘 된다는 것도 장점이다. 미코노스 메인 버스 터미널에서 도보 1분, 타운 중심까지는 3분 거리로 위치도 환상적이다.

Data 지도 482p-E
가는 법 미코노스 파브리카 버스 터미널에서 도보 1분
주소 Bida St. Mykonos 전화 228-902-2434
홈페이지 www.mykonosadonis.gr

델로스

DELOS
ΔΗΛΟΣ

델로스는 에게해의 심장부다. '원형을 이루는 섬들'이란 뜻의 키클라데스 제도 중심에 델로스가 있다. 남북 5km, 동서가 1.4km에 지나지 않는 이 작은 섬은 아폴론과 아르테미스가 태어난 신성한 땅에서 델로스 동맹의 본거지로, 세계인이 거쳐 갔던 무역도시로 그 어떤 섬보다 큰 번영과 영화를 누렸다. 그러나 길고 긴 영광의 시기를 지나 몰락해 버린 델로스는 뒹구는 돌덩이 사이 잡초만 무성한 무인도가 되었다. 여행자들은 태양이 뜨거운 이 섬을 거닐며 신화와 역사를 넘나들던 델로스의 영화를 추억한다.

델로스
찾아가기

 어떻게 갈까?

미코노스 항구에서 페리를 이용하는 것이 가장 일반적이다. 델로스로 가는 페리 선착장은 올드포트 아이오스 니콜라오스 교회 근처에 있는 작은 둑에 있다. 소요 시간은 30분 요금은 왕복 22유로다. 입장료 8유로는 별도다. 페리 스케줄은 변동될 수 있으니 웹사이트www.delostours.gr를 반드시 확인하고, 선착장에서도 다시 한 번 확인하는 것이 좋다.

페리 스케줄	미코노스 출발	델로스 출발
월요일 오전 (4월~10월)	10:00	13:30
월요일 오후 (5월 2일~10월 25일)	17:00(5월 2일~9월 4일) 16:30(9월 5일~9월 20일) 16:00(9월 21일~10월 3일) 15:30(10월 4일~10월 16일) 15:00(10월 17일~10월 27일)	20:00 19:30 19:00 18:30 18:00
화요일~일요일(4월~10월)	9:00 10:00 11:30 17:00(5월2일~9월4일) 16:30(9월5일~9월20일) 16:00(9월21일~10월 14일) 15:30(10월4일~10월 16일) 15:00(10월17일~10월 27일)	12:00 13:30 15:00 20:00 19:30 19:00 18:30 18:00

Talk | 델로스 가이드 투어 |

델로스섬은 가이드 투어를 통해 여행할 수 있다. 가이드 투어에 참가하면 고대 에게해의 역사와 신화의 한가운데 있었던 델로스섬의 무구한 이야기를 들을 수 있다. 단, 영어 등 외국어로 진행되기 때문에 언어적으로 문제가 없을 경우에만 유익하다. 가이드 투어는 영어, 프랑스어, 독일어, 이탈리아어, 스페인어를 지원하며 전문 가이드에 의해 언어 별로 투어가 진행되는 날짜가 다르니 자세한 상황은 웹사이트를 참고하자. 가격은 12세 이상 60유로, 6~12세 30유로, 6세 이하 무료. 투어 가격에 페리 왕복 티켓과 델로스섬 입장료가 포함되어 있다. 겨울 시즌 운행 여부는 델로스 투어에 문의해야 한다. 상황에 따라 일주일에 2번 혹은 아예 운행이 중단될 수 있다.

델로스 투어 전화 228-902-3051 **홈페이지** www.delostours.gr

| 델로스의 역사 |

이 섬에서 태양의 신 아폴론과 달의 여신 아르테미스가 이곳에서 태어났다는 것부터 범상치 않다. 이 섬 델로스는 기원전 5세기 그리스가 지중해를 통일하고 '델로스 동맹'을 맺으면서 무역의 중심지로 가장 영화로운 시절을 보낸다. 로마가 지배하던 기원전 1세기까지도 상업과 노예무역의 중심지였던 델로스는 로마와 폰투스 왕국의 전쟁, 해적의 침입 등을 기치며 철저히 파괴된 후 역사 속에서 사라졌다. 델로스섬에 깃든 역사와 신화를 알고 나면 에게해 섬 여행이 한결 재밌어진다.

태양의 신과 달의 여신의 탄생

신들의 제왕이자 바람둥이였던 제우스. 그는 첫 사랑이었던 레토를 임신시켰다. 이 사실을 안 제우스의 본처 헤라가 가만히 있을 리가 없었다. 질투와 분노에 몸서리치던 헤라는 레토의 출산을 돕는 자와 아기를 낳은 그 땅 모두를 저주하겠다고 맹세한다. 불쌍한 레토는 떠돌아다니며 출산할 곳을 찾지만 모두에게 거절당한다. 이에 제우스는 포세이돈을 시켜 레토를 델로스로 가게 한다. 당시 델로스는 에게해를 정처 없이 떠다니던 떠돌이 섬이라 헤라가 그 존재를 몰랐던 것. 레토는 델로스에서 쌍둥이를 낳는다. 이 아이들이 태양의 신 아폴론과 달의 여신 아르테미스다. 그리스 신화에 등장하는 델로스섬의 역사는 이처럼 극적이다.

에게해의 신성한 섬으로 부상

델로스에 처음으로 사람이 살기 시작한 것은 BC 3,000년으로 추정된다. 그리스인들은 델로스섬을 매우 신성한 곳으로 여겼다. 기원전 10세기 이 섬에 정착한 이오니아인들은 아폴론과 아르테미스, 두 신의 어머니인 레토를 숭배했다. 기원전 9세기에는 아폴론 신앙을 확립하고 신을 숭배하는 축제인 델리아Delia를 거행하면서 델로스는 종교적 중심지가 된다. 또한 델로스는 에게해 중심에 위치한 지정학적 이점으로 정치적·경제적으로 매우 중요한 역할을 하게 된다. 이 신성한 섬에 가장 강력한 지배력을 행사했던 도시는 아테네였다. 아테네는 델로스의 중요성을 잘 알고 있었다. 기원전 540~528년, 아테네의 참주 페이시스트라토스Peisistratus는 델로스에 아폴론 신전을 세우고 섬 전체를 정화Purification한다. 델로스가 신을 섬기는 신성한 땅임을 공고히 하기 위해 아폴론 신전에서 보이는 모든 무덤을 주변 섬들로 이장시킨 것이다.

델로스 동맹의 성립과 와해

그리스는 기원전 479년 마침내 페르시아와의 길고 긴 전쟁에서 승리한다. 그중에서도 가장 큰 공을 세운 아테네는 그리스의 패권을 장악하는 강대국이 되었으나 페르시아에 대한 경계를 늦출 수는 없었다. 페르시아의 재침략에 대비해 아테네를 중심으로 에게해의 섬들과 소아시아 연안의 그리스 도시 국가들이 손을 맞잡는다. 이것이 바로 그 유명한 '델로스 동맹'이다. 본래는 제1차 아테네 해상 동맹으로 불렸으나 동맹의 본부와 동맹국들로부터 갹출한 군사 기금과 공물을 보관하는 금고가 델로스에 있어 추후 '델로스 동맹'이라고 불리게 되었다. 수많은 자금과 사람들이 몰리면서 델로스는 크게 번성한다. 그러나 그것도 잠시, 아테네는 동맹국들에 대한 제국주의적 지배력을 강화하면서 '안전 확보'의 명분하에 본부와 금고를 아테네 아크로폴리스로 옮긴다. 평등해야 할 동맹국들이 아테네의 속국처럼 되어버린 것이다. 동맹국들의 불만은 날로 커져갔고, 기원전 404년 펠로폰네소스 전쟁에서 아테네가 스파르타에게 패하면서 결국 델로스 동맹은 와해되고 만다.

델로스의 첫 번째 독립과 번영

아테네 동맹과 스파르타 동맹이 벌인 펠레폰네소스 전쟁이 한창이던 기원전 426~425년, 아테네는 다시 한 번 델로스를 정화한다. 그들은 모든 무덤을 파헤쳐 레니아섬으로 옮겼으며, 그 누구도 델로스섬에서 태어나거나 죽지 못하게 했다. 정화 의식은 모든 델로스인들을 섬에서 추방시킨 후 마무리가 됐다. 정화가 끝난 직후 아테네는 또 다른 아폴론 신전을 짓고 아폴론을 숭배하는 축제인 델리아를 다시 열며 델로스섬의 신성성을 다잡았다. 이후 델로스는 아테네의 지배로부터 좀처럼 벗어나지 못하다 기원전 314년 마케도니아가 그리스와의 전쟁에서 승리하면서 마침내 독립하게 된다. 자유가 깃들자 델로스는 더욱더 번영했다. 강력한 주변 도시국가들이 영향력을 과시

하기 위해 너도 나도 델로스에 신전을 짓기 시작했다. 섬 전체가 하얀 대리석과 번쩍이는 동상으로 꾸며졌으며 봉헌물이 넘쳐났다. 그러나 델로스의 독립은 오래 가지 못했다. 마케도니아가 로마에게 패배하면서 델로스의 독립은 막을 내리고, 상업적 중심지로서만 자리매김하게 된다.

세계 무역의 중심

로마는 당시 잘 나가던 로도스섬의 경제적 지위를 무너뜨리기 위해 델로스를 자유항으로 선포하고 세금을 없앴다. 에게해의 중심에서 동서남북을 쉽게 연결하는 지리적 특성과 맞물려 델로스는 세계 최고의 무역도시로 성장한다. 항구에는 세계 각국에서 몰린 수많은 선박과 사람들로 인산인해를 이루고, 온갖 진귀한 물건들이 오갔다. 노예 시장에서는 하루에도 수만 명의 노예들이 거래되었다. 델로스의 하늘을 찌르는 번영과 영광은 기원전 1세기 초까지 계속되었다.

델로스의 몰락

기원전 88년, 로마와 전쟁 중이던 폰투스 왕국의 미트라다테스 6세는 델로스를 침략해 수많은 주민을 학살했다. 델로스 전체 인구 2만 5,000명 가운데 80%가 학살당했다는 설도 있다. 델로스는 크게 타격을 입었다. 이미 휘청거리는 델로스에 또 다른 시련이 덮쳤다. 기원전 69년, 해적 아테노도로스Athenodoros가 침입한 것이다. 델로스는 철저하게 파괴되었다. 인구도 점점 줄어갔다. 쇠망의 길에 들어선 것이다. 기원전 42년 로마가 다시 델로스의 지배권을 되찾았지만 이미 때는 늦었다. 에게해의 무역로가 바뀌며 델로스는 사람들에게 점점 잊혀 갔고 아무도 살지 않는 황무지가 되었다. 세계 최고의 해상 무역 도시의 영광이 끝난 것이다.

태양과 달이 저문 섬

이후 델로스는 비잔틴, 베네치아, 오토만 등에게 차례로 정복되며 거대한 약탈장이 됐다. 성역은 파괴되고 동상은 약탈되었다. 신전과 가옥의 돌기둥과 대리석은 반출되어 건축자재로 쓰였다. 폐허가 된 델로스가 다시금 주목을 받게 된 것은 1872년 프랑스 고고학 연구소의 발굴이 시작되면서다. 델로스에서 발견된 수많은 유물들은 델로스 고고학 박물관에 전시되어 있으며, 발굴은 현재까지도 계속 진행되고 있다. 1930년에는 유네스코 세계 문화유산으로 등재되었다.

|Theme|

델로스섬 유적지 돌아보기

델로스섬의 유적군은 크게 우측과 좌측 유적군으로 나뉜다. 델로스 항구를 기준으로 오른쪽에는 극장, 디오니소스의 집, 클레오 파트라의 집, 이집트 신전과 같은 외국 신전들이 있다. 항구에서 왼쪽으로 돌아가면 아폴론 신전, 신성한 호수, 사자의 테라스 등을 볼 수 있다. 유적군이 몰려 있는 곳에서 조금 떨어진 곳에는 경기장과 체육관 유적지가 있다. 어느 쪽을 먼저 보든 크게 상관은 없지만 규모가 상당하기 때문에 충분한 여유를 가지고 들러볼 것을 추천한다. 유적군을 다 둘러보았다면 델로스섬에서 출토된 유물들이 전시된 델로스 고고학 박물관을 방문해도 좋다. 그래도 여유가 있다면 킨토스산에 올라 도시 전체를 굽어보는 것도 델로스를 느낄 수 있는 좋은 방법이다.

콤피탈리아스트 아고라
Agora of Competaliasts

델로스에서 가장 먼저 보게 되는 유적지. 과거 시장이 있던 곳이다. 콤피탈리아스트는 로마 네거리Cross-ways의 수호신인 라레스 콤피탈레스Lares Compitales를 숭배했던 로마인들을 의미한다. 그들은 일 년에 한 번씩 수호신을 위한 제사인 '콤피탈리아'를 이곳에서 지냈다. 아고라 가운데 위치한 사각형 모양의 대리석 제단은 봉헌물이 놓이던 곳이다. 콤피탈리아스트 아고라는 각종 상업 활동은 물론 노예 무역이 이루어지던 장소이기도 했다.

성스러운 길 Sacred Way

콤피탈리아스트 왼쪽으로 나 있는 길로 아폴론의 성역으로 이어지진다. 델로스에서 행해졌던 신을 숭배하는 축제인 델리아의 행진이 이루어지던 곳이자 고대 성지 순례길이기도 했다. 성스러운 길 양쪽에는 다양한 국가로부터 봉헌된 기념비, 사당, 동상들로 채워져 있었으나 지금은 일부만이 남아 있다. 성스러운 길 왼쪽으로는 기원전 200년 마케도니아의 필립 5세가 아폴론에게 봉헌한 필립 5세의 회랑Stoa of Philip V이 있다. 오른쪽으로는 기원전 3세기 도리아 양식으로 지어진 남쪽 회랑South Stoa을 볼 수 있다.

베리토스의 포세이도니아스트 Poseidoniasts of Berytos

사자의 테라스 뒤에 있는 건물로 커다란 기둥이 인상적이다. 바알Baal신을 모시는 페니키아 베리토스 출신의 상인조합이 있던 복합단지다.

아폴론 성역 Sactuary of Apollo

아폴론 성역은 수많은 신전과 기념비, 제단 등으로 이루어져 있다. 그중에서도 아폴론에게 봉헌된 3개의 신전이 가장 큰 볼거리다. 안타깝게도 대부분 손상되어 일부의 흔적만 남아 있다. 3개의 신전 중 첫 번째는 델로스인들의 신전Temple of the Delians이다. 기원전 476년에 건설되었으나 기원전 454년 델로스 동맹의 금고가 아테네로 옮겨지면서 한동안 방치되었다가 재건되었다. 델로스에 있는 신전 중 유일하게 건축물의 4면 모두에 기둥이 세워져 있는 파빌리온Pavilion의 형태를 띠고 있다. 나머지 두 개의 신전은 아테네인들의 신전Temple of the Athenians과 포로스 신전Poros Temple of Apollo이다. 그중 포로스 신전은 기원전 6세기에 지어진 것으로 3개의 신전 중 가장 오래되었다. 델로스 동맹 당시 금고를 보관했던 신전이기도 하다. 아폴론 성역으로 들어가려면 프로필라이아Propylaia 관문을 지나야 한다. 이 관문은 기원전 150년 도리아 건축 양식으로 지어졌으며, 4개의 기둥과 3개의 문으로 이루어져 있다.

극장구역 Theatre Quarter

델로스섬의 남쪽, 항구를 기준으로 우측에 해당되는 구역이다. 극장 구역에는 거부들이 살았을 것으로 추정되는 유적들과 극장으로 이루어져 있다. 델로스가 가장 번영했던 시대의 모습을 살펴볼 수 있다. 클레오파트라의 집House of Cleopatra, 디오니소스의 집House of Dionysos, 삼지창의 집House of the Trident등이 있다. 저택의 이름은 유적에서 발견된 모자이크나 조각상 등에 기반하여 명명되었다. 넓게 펼쳐져 있는 극장은 기원전 3세기에 지어진 것으로 약 5,500명을 수용할 수 있는 크기이다. 로마 극장을 지나면 아름다운 모자이크가 바닥을 볼 수 있는 가면의 집House of the Masks과 돌고래의 집House of the Dolphins이 있다. 헤르메스 동상의 머리가 발견된 곳으로 유명한 헤르메스의 집House of Hermes은 로마 극장 뒤편에 동떨어져 있다.

신성한 호수 Sacred Lake
여신 레토가 아폴론과 아르테미스를 출산한 장소이다. 안타깝게도 세균 번식과 전염병을 막기 위해 1926년 인위적으로 호수를 메웠다. 호수 앞에는 유적지에서 가장 큰 면적을 차지하는 이탈리아인의 아고라Agora of the Italians가 조성되어 있다.

킨토스산 Mount Kynthos
델로스에서 가장 높은 곳이다. 제우스 신전과 아테나 신전의 유허가 남아 있으나 거의 형체를 알아보기 어렵다. 그러나 델로스는 물론 키클라데스 제도의 섬들을 조망할 수 있는 최고의 전망대이다.

사자의 테라스 Terrace of Lions
델로스섬 북쪽에 위치해 있으며 델로스의 상징이기도 하다. 이 거대한 사자상은 기원전 7세기 말 낙소스인들이 아폴론과 아르테미스가 태어난 신성한 호수Sacred Lake를 수호하기 위해 지은 것이다. 낙소스는 키클라데스 제도에 속한 섬 중 하나로 과거 에게해에서 아주 부유한 섬이었다. 또 아테네 다음으로 델로스와 깊은 관계를 맺고 있던 나라이기도 했다. 이곳에는 본래 16개의 사자상이 있었으나 현재는 9개만 남아 있다. 이 중 4개는 박물관에 소장되어 있다.

> **Tip** 델로스는 섬 전체가 유적지이다. 그늘을 찾아보기 힘들다. 한여름에는 뙤약볕에 고스란히 노출된다. 반드시 편안한 신발, 모자, 선크림, 물 등을 준비하도록 하자.

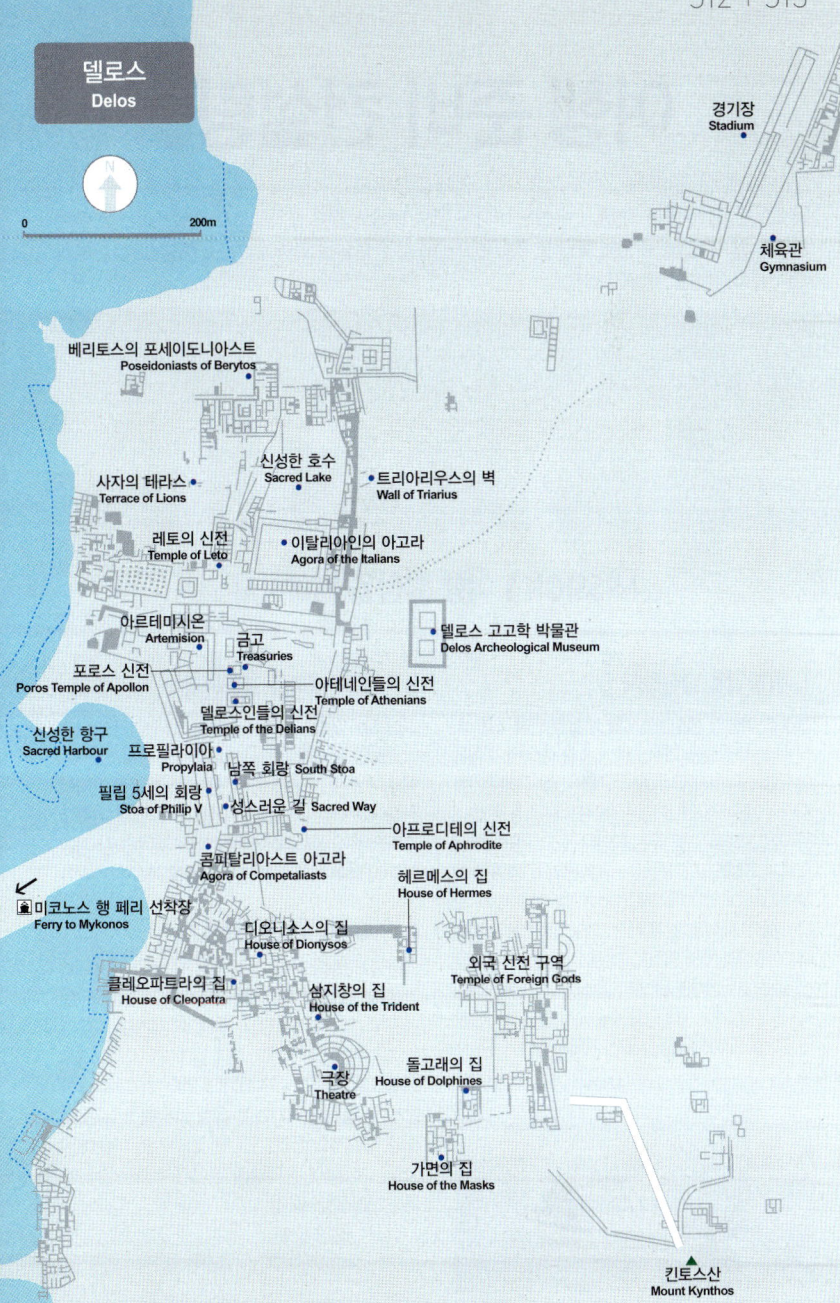

여행 준비 컨설팅

그리스 여행을 준비하는 당신은 선장이다. 언제 돛을 올리고, 어떻게 키를 조정해 어디까지 갔다 올 것인지 당신 손에 달렸다. 우선은 바다에 대해 제대로 알고 순차적으로 준비해야 순조로운 항해를 할 수 있다. 순풍에 돛단 듯 평화롭고 순조로운 여행을 위하여 그리스 여행 60일 전부터 하나씩 차근차근 준비해 보자.

D-60

MISSION 1 여행 일정을 계획하자

1. 출발일을 결정하자

그리스 여행의 성수기는 4월 부활절 연휴 직후 시작된다. 부활절을 기점으로 숙소를 예약하기 힘들어지고 숙박비가 급등한다. 7월~8월 극성수기를 지나 10월까지 이 흐름은 이어진다. 비용은 많이 들지만 섬으로 이동하는 페리나 수도 아테네에서 중북부 지방으로 이동하는 교통편의 운행 횟수가 잦아지고 노선이 다양해진다. 10월 이후 비가 오고 겨울이 시작된다. 우기가 그리스의 겨울인 것이다. 겨울이라 해도 영하로 기온이 떨어지거나 눈 때문에 관광이 어려운 건 아니다. 오히려 성수기 대비 숙박비가 많게는 1/3 정도 수준으로 떨어져 날씬한 비용으로 그리스를 즐길 좋은 기회가 된다.

2. 여행의 테마를 결정하자

그리스는 팔색조 매력을 가졌다. 학구적인 자세로 바라보면 유적지, 박물관이 끝없이 펼쳐져 있고, 쉬고자 하는 자세로 마주하면 낭만적인 휴양지의 천국이다. 본인의 취향이 어떤지, 일행의 취향을 고려했을 때 절충점은 무엇인지, 여행 가능한 기간에 어떤 테마 여행이 최선인지 잘 살펴보자.

3. 여행 기간을 결정하자

인천에서 아테네까지 가는 직항은 없다. 경유 시간 포함, 최소 이동 시간은 15시간 남짓이다. 그리스를 2~3일 둘러보기 위해 이 시간을 투자하는 사람은 없을 것이다. 일주일 정도 시간을 내어 그리스를 충분히 관광하거나 혹은 튀르키예, 이탈리아 같은 이웃 나라를 함께 방문해 보는 것이 좋다. 시간적 여유가 있다면 그리스의 아름다운 섬들, 아테네와 중북부의 유적지 구석구석을 만끽해 보는 것이 좋다.

D-55

MISSION 2 여행 예산을 짜자

1. 항공권은 얼마나 들까?

비수기는 싸고, 성수기는 비싸다. 이것은 어디를 여행하든지 불변의 진리다. 순리대로 따르자면 비수기에 한 곳 경유 시 왕복 항공권 가격은 90만 원 정도다. 성수기에는 사전 구매를 하면 항공사에 따라 120만 원 조금 넘는 금액으로 구매할 수도 있다. 하지만 구매 타이밍을 놓치면 자칫 두 배 가량 비싸게 주고 사야 한다. 일단 일정이 정해졌으면 항공권 구매 사이트를 자주 확인해 보자. 특가 상품이나 항공사별 기획 상품이 나올 수도 있다.

2. 숙박비는 얼마나 들까?

천차만별이다. 배낭 여행자처럼 씻고 잠잘 공간만 필요하다면 15~25유로 사이의 도미토리에 머물러도 좋다. 성수기 아테네의 시설 좋은 도미토리는 4인실 기준 25유로 정도 한다. 도미토리를 찾기 힘든 소도시도 많지만 그런 곳은 40~50유로 사이의 저가 호텔들이 많다. 실속과 멋, 두 마리 토끼를 잡고 싶다면 중가형 부티크 호텔도 좋다. 아테네 성수기 기준 150~200유로 사이다.

3. 식사비는 얼마나 들까?

대표 국민 메뉴인 수블라키는 2~3유로 정도다. 수블라키 이외에도 현지인처럼 식사를 해결한다면 7유로 남짓이면 된다. 여행자들이 몰리는 관광지의 레스토랑도 그리 비싼 편은 아니지만, 신선한 해산물로 만찬을 즐기고 싶다면 두둑한 주머니는 필수. 다른 나라 여행 시 방문하기 힘든 미슐랭 레스토랑은 비교적 합리적인 가격으로 책정되어 있다. 다양한 레스토랑을 경험하고 싶은 미식가에게는 더없이 아름다운 나라다.

4. 교통비는 얼마나 들까?

아테네의 경우 버스, 메트로, 트램 90분 이용권이 1.2유로다. 90분 이내에 왕복, 환승 무엇이든 가능하다. 하루 이용권은 4.1유로다. 개표 확인한 시간부터 24시간 유효하다. 이외에도 일주일 내 공항 및 대중교통 이용권 등 저렴한 비용으로 관광할 방법이 다양하다.

5. 입장료는 얼마나 들까?

다른 유럽 국가에 비해 유적지, 박물관 입장료가 저렴한 편이다. 주요 볼거리는 보통 10유로 이상을 지불해야 한다. 아크로폴리스 통합 패스처럼 여러 유적지를 정해진 기간 내 둘러볼 수 있는 입장권도 있다. 단 아크로폴리스 단독 입장권은 없다. 통합 패스로 아크로폴리스를 비롯한 7개 유명 관광지를 둘러 본 후 아크로폴리스만 한 번 더 방문하고 싶다면 통합 패스(20유로)를 구매해야 한다.

D-50

MISSION 3 여권을 확인하자

1. 어디서 만들까?

서울 같은 대도시는 대부분의 구청, 지방에서는 도청이나 구청의 여권과에서 발급받을 수 있다. 여권신청은 주소지와 관계없이 전국 여권 사무 대행 기관에서 신청 가능하다. 인터넷에 '전국 여권 발급 기관'을 검색한 뒤 편리한 곳을 방문하면 된다. 여권은 접수 후 발급까지 3~7일이 소요된다.

2. 어떻게 만들까?

여권은 질병·장애가 있거나 18세 미만의 미성년자를 제외하고는 반드시 본인이 직접 신청해야 한다. 미성년자의 경우 대리 신청을 위해서는 법정 대리인 신분증이 필요하다. 미성년자 본인이 직접 신청할 경우에는 법정 대리인의 여권 발급동의서(인감도장) 및 인감 증명서를 지참해야 한다. 18~37세 병역 미필자는 국외여행허가 여부와 무관하게 5년 복수여권 발급이 가능하다.

[여권 발급 신청 공통 준비물]
여권발급신청서(발급처에 비치되어 있음)
여권용 사진 1매(최근 6개월 내에 촬영한 사진)
신분증(주민등록증 혹은 운전면허증)
발급 수수료(10년 복수 여권 기준 53,000원)

3. 재발급은 어떻게 할까?

발급 절차는 동일하며 기존 여권의 유효기간이 남아 있는 경우 재발급시 여권을 지참해야 한다.

4. 해외에서 여권을 분실했다면?

해외 여행 중 여권을 분실했을 경우에는 가까운 대사관 또는 총영사관에 신고한 후 여행 증명서나 단수여권을 발급받아야 한다. 분실한 후 바로 현지 경찰서에 가서 분실 신고를 하고 분실신고서를 발급 받는다. 분실신고서가 나오면 대사관 혹은 영사관에 가서 사진 1매와 함께 여권 재발급 신청서를 제출한다. 만일을 대비해 여행 전 여권 사본이나 여권의 정보를 찍은 사진, 여분의 여권 사진을 챙겨 가는 것이 현명하다.

[여권 분실 시 재발급 신청 준비물]
여권용 사진 1매(최근 6개월 내에 촬영한 사진, 사진이 없는 경우 대사관에서 촬영 가능)
분실신고서
분실여권 사본 (운전면허증, 주민등록증 등으로 갈음 가능)
최종 목적지까지의 항공권 사본
발급 수수료(긴급여권 49.82유로)

아테네 관광 경찰서
주소 Dragatsaniou 4, 105 59, Athens

주그리스 대한민국 대사관
주소 Athens Tower A 19층, 2-4 Messogion Ave., 115 27, Athens
(그리스어로 Πύργος Αθηνών(삐르고스 아띠논)이라 불리는 건물 19층에 위치, 건물 꼭대기에 Inter American 표시)
전화 210-698-4080
홈페이지 overseas.mofa.go.kr/gr-ko/index.do

D-40

MISSION 4 항공권을 확보하자

1. 어디서 살까?

여행 경비에 가장 큰 부분을 차지하는 것 중 하나가 바로 항공권이다. 맘에 드는 항공권을 구입해야 여행의 시작이 좋은 법. 같은 비행기의 좌석이어도 구매하는 시기와 경로에 따라 가격은 천차만별이다. 국내·국외 항공권 가격 비교 사이트는 물론 원하는 항공사의 웹사이트를 부지런히 살펴봐야 한다. 항공사의 프로모션이나 비수기에 쏟아지는 특가 상품들을 노리는 것도 좋은 방법이다.

2. 어떤 표를 살까?

그리스는 직항 노선이 없기 때문에 경유지 선택이 중요하다. 이스탄불과 도하를 각각 경유하는 터키항공과 카타르항공이 비교적 저렴하며 비행시간도 짧다. 에미레이트 항공이나 에티하드 항공도 그리스를 갈 때 자주 이용되는 항공사이다. 다른 유럽 국가를 들를 계획이라면 인 앤 아웃이 다른 항공권을 구입하는 것도 방법이다. 예를 들면 갈 때는 인천-파리, 올 때는 아테네-인천으로 구입하는 것이다. 파리에서 아테네는 저가 항공을 이용한다. 유럽은 각 도시를 잇는 저가 항공 노선이 잘 구축되어 있어 일단 유럽에 발을 디디면 그리스에 가는 것은 쉽다.

3. 꼭 확인해야 할 것은?

항공권의 조건을 확인하자
유효 기간, 수화물 무게 규정, 날짜 변경 혹은 취소 수수료에 대한 조건을 미리 확인하자. 저렴한 항공권일수록 변경·취소가 불가능하거나 수수료가 높아지는 경우가 많다.

경유지에서 체류 시간을 확인하자
그리스는 직항 노선이 없다. 항공사에 따라 각각 다른 도시에 경유를 해야 한다. 경유 시간이 너무 짧거나 길 경우 여행에 차질이 생길 수 있으니 꼼꼼히 확인하는 것이 좋다. 경유하는 도시를 여행하고 싶다면 경유 시간이 넉넉한 티켓을 구매한 뒤 관광하는 것도 괜찮다. 항공사 혹은 티켓 종류에 따라 추가 금액을 지불하고 체류 기간을 늘릴 수도 있으니 참고하자.

발권일을 지키자
예약을 끝냈다 하더라도 발권하지 않으면 아무 소용이 없다. 예약 후 정해진 시간 내에 결제하고 발권하는 것을 잊지 말자. 특히, 성수기에는 발권을 미루다가 취소되는 경우도 비일비재하다.

항공권에 적힌 영문 이름을 체크하자
항공권에 적힌 이름은 여권에 적힌 이름과 동일해야 한다. 스펠링 한 자라도 틀릴 경우 출국이 불허될 수 있으니 반드시 확인하도록 하자.

해외할인항공권 취급 업체
인터파크 www.interpark.com
탑항공 www.toptravel.co.kr
웹투어 www.webtour.com
온라인투어 www.onlinetour.co.kr
여행박사 www.drtour.com
와이페이모어 www.whypaymore.co.kr

세계 항공권 가격 비교 사이트
스카이스캐너 www.skyscanner.com
익스피디아 www.expedia.com

D-30
MISSION 5 숙소를 예약하자

1. 그리스 숙소의 종류

아테네와 테살로니키 같은 대도시들은 배낭여행자를 위한 게스트 하우스부터 중저가 호텔, 럭셔리한 5성급 호텔까지 선택의 폭이 넓다. 중소도시에는 고급 호텔도 있긴 하나 가족 혹은 개인에 의해 운영되는 소규모 호텔을 더 쉽게 찾아볼 수 있다. 그리스 섬의 경우, 섬의 특색을 살린 럭셔리 빌라나 부티크 호텔, 오랫동안 휴양을 즐기는 여행객들을 위한 레지던스, 아파트먼트 등이 잘 갖춰져 있다. 그리스의 숙소들은 전반적으로 아주 깔끔하게 관리되는 편이며, 다른 유럽 국가에 비해 가격도 그리 비싸지 않다. 대부분의 숙소는 3~4주 전에 예약하면 문제 될 것이 없다. 그러나 세계적인 휴양지인 만큼 성수기에는 숙소 잡기가 녹록치 않으니 한두 날 선에 미리 예약을 하자.

2. 어떻게 예약할까?

호텔 예약 사이트를 적극적으로 활용하자. 여행하고자 하는 지역의 호텔을 위치별로, 성급별로, 가격별로, 스타일별로 확인할 수 있다. 호텔의 외관, 객실 상태, 부대시설과 같은 기본 정보는 물론 이미 투숙했던 여행자들의 생생한 리뷰도 볼 수 있으니 유용하다. 많은 호텔 예약 사이트들이 너도나도 최저가 경쟁을 하는 데다 사이트마다 프로모션을 진행하는 경우가 많아 어느 정도 할인을 받을 수 있다. 예약이나 변경, 취소 등도 신속하게 할 수 있어 매우 편리하다. 호텔 예약 사이트를 통해 원하는 호텔을 추렸다면 해당 호텔의 웹사이트도 확인해 보는 것이 좋다. 호텔 자체적으로 제공하는 프로모션이나 시즌 할인, 특별 이벤트 등과 같은 혜택이 제공될 때도 많다.

3. 확약 전 체크 사항

호텔의 위치: 여행에 있어서 가장 중요한 것 중 하나가 숙소의 위치이다. 아무리 해당 지역에 대한 공부를 많이 했다 하더라도 직접 가 보기 전까지는 도시의 크기나 관광지와 숙소 사이의 거리를 가늠하기가 어렵다. 아무리 저렴하더라도 숙소가 멀면 오가는 시간과 비용을 계산해 봤을 때 그다지 효율적이지 못한 경우가 많다. 리조트는 숙소가 먼 곳에 있는 경우 픽업서비스를 제공하는 경우가 많으니 참고하자.

체크인 시간과 짐 보관 가능 유무: 그리스 숙소의 체크인 시간은 대부분 오후 2시 전후다. 체크인 전에 도착하더라도 짐을 보관해 주는 것이 일반적이다. 그러나 간혹 체크인 시간이 더 늦는 경우도 있으니 여행 전 반드시 체크하자.

객실 종류: 금연 객실인지 흡연 객실인지, 발코니가 있는 방인지, 가든 뷰인지 오션 뷰인지 자신이 선택한 객실 종류를 다시 한 번 확인하자.

4. 숙소 예약 인터넷 사이트

호텔스닷컴 kr.hotels.com
부킹닷컴 www.booking.com
아고다 www.agoda.com

D-20
MISSION 6 세부 계획을 세우자

1. 인터넷 서핑으로 감 잡기

가장 쉽게 접할 수 있는 여행 정보는 블로그에 있다. 다양한 무료 정보를 얻을 수 있는 장점이 있지만, 객관성과 정확성이 모자란 정보일 수도 있다. 하지만 일단 선택한 여행지의 분위기를 살피고 감을 잡기에는 좋다. 트립어드바이저나 부킹닷컴 같은 여행 포털 사이트의 후기도 도움이 된다. 구글에서도 리뷰를 참고하기 좋다. 구글링을 통하면 세계의 다양한 자료를 접할 수 있다. 언어 장벽도 문제가 안 된다. 똑똑한 번역기도 많고, 사이트 자체에서 자동 번역 기능을 제공하는 곳도 있다. 그리스 관광청이나 지자체 홈페이지도 잘 다듬어진 정보를 제공하니 꼭 방문해 보자. 스마트 폰으로도 손쉽게 접할 수 있다.

2. 여행 서적으로 확신하기

그리스에 대한 국내 여행 정보서는 많지 않다. 〈그리스 홀리데이〉 같은 최신 가이드북을 구매하자. 생생한 정보와 작가가 추천하는 일정 등을 참고로 자기만의 계획을 짜 보자. 전문가가 제공하는 그리스 역사, 신화, 그리고 여행 팁 등은 알찬 여행의 길라잡이가 될 것이다.

3. 지인들을 통해 추가 정보 얻기

친구 혹은 친구의 친구가 들려주는 그리스 이야기만큼 신뢰 가는 것도 없을 것이다. 물론 계절별로 다르고, 지인이 다녀온 이후 정보가 바뀌었을 수는 있지만, 내 취향을 아는 친구의 조언이 귀에 쏙쏙 들어오는 건 당연지사. 유튜브나 SNS 등도 참고하자. 단, 100% 신뢰할 순 없으니, 잘 거를 것.

D-10

MISSION 7 여행자 보험과 국제운전면허증 받기

1. 여행자 보험

낯선 곳에서 여행을 하면서 어떤 일을 겪게 될 지는 누구도 알 수 없다. 외부 활동으로 다치거나 지병이 도지는 경우 병원에 가지 않고 끙끙 앓기만 할 수는 없는 일이다. 귀중품을 도난당하는 경우도 생긴다. 이런 경우를 대비하는 것이 바로 여행자 보험이니 귀찮더라도 꼭 가입하는 것이 좋다.

보상 내역을 꼼꼼하게 따져 보자

패키지 여행 상품을 신청하면 보통 포함되는 것이 '1억원 여행자 보험'이다. 대단해 보일 수도 있지만 사망할 경우 1억원을 보상한다는 것이니 혹하지 말자. 일반적으로 여행자들이 겪게 되는 일은 도난이나 상해가 대부분이다. 이 부분에 중점을 두고 보장이 얼마나 잘 되어 있는지를 꼼꼼하게 확인하자. 도난 보상 금액이 올라갈수록 보험비도 올라간다. 값비싼 물품을 지녔다면 도난 보상 금액이 조금 높은 것을 선택해야 마음이 든든하다.

보험 가입은 미리 하자

여행자 보험은 인터넷이나 여행사를 통해 신청할 수 있다. 출발 직전에 공항에서도 보험 가입을 할 수 있다. 하지만 동일한 조건임에도 인터넷을 통해 가입하는 것보다 훨씬 비싸다. 보험 신청을 하기 위해 번호표를 뽑고 오래 기다리는 경우도 생긴다. 미리 여유 있게 가입해서 돈과 시간 모두 절약하자. 항공사 마일리지 적립 등 보험에 들면 혜택을 주는 상품도 있다. 보험사의 정책에 따라서 보험 혜택이 불가능한 항목들(고위험 액티비티 등)도 있으니 미리 확인하자.

해외여행자 보험 비교 사이트
투어모즈 www.tourmoz.com/home/ins?ins=oversea

증빙 서류는 똑똑하게 챙기자

보험 증서와 비상 연락처를 잘 챙겨두자. 사고로 다쳤을 경우 병원과 경찰서에서 받은 영수증과 증명서를 꼭 챙겨야 보상을 받을 수 있다. 도난을 당했다면 가장 먼저 경찰서에서 도난 증명서부터 받자. 서류 미비 시 보상 받기가 어렵다.

보상금 신청은 어떻게 하나?

귀국 후 보험 회사로 연락해 청구 서류를 다운 받아 작성하고 관련 증빙 서류를 첨부하여 보상 신청 절차를 밟는다. 도난의 경우 '분실Lost'이 아니라 '도난Stolen'으로 기재되었는지 꼭 확인해야 한다. 그래야 보상 받을 수 있다. 도난 물품의 가격을 증명할 수 있는 영수증을 첨부할 수 있다면 좋다.

2. 국제운전면허증

렌터카 여행을 계획하려면 필수적으로 갖춰야 한다. 운전면허 시험장 또는 경찰서 민원실에서 발급받을 수 있으며, 여권, 운전면허증, 6개월 이내 촬영한 여권용 사진, 수수료 8,500원을 준비해 가야 한다. 소요 시간은 30분 이내. 지역에 따라 여권 신청 시 국제 운전면허증을 동시에 발급 받을 수 있는 시스템을 갖춘 곳도 있다. 면허증을 발급받았다면 여권의 이름과 국제 운전면허증의 이름 철자가 같은지 확인하자. 국제 운전면허증을 사전에 준비하지 못했을 경우 인천 국제공항 국제 운전면허 발급 센터(제 1여객 터미널 3층, 제 2여객 터미널 2층)에서도 발급이 가능하다. 발급 센터 근처에 즉석 사진 촬영기도 있다. 그리스에서 차를 렌트하고 운전을 할 경우 여권도 함께 소지하고 있어야 한다.

D-5

MISSION 8 여행 경비 준비하기

현금 Cash

그리스로 여행이 정해졌다면 유로 환율을 유심히 살펴보자. 유로화가 싸졌다는 시점에 환전을 한다면 여행 경비를 절약할 수 있다. 인천 공항에 도착해서 환전하는 것이 가장 비싸다. 가급적 시내 은행에서 미리 환전하자. 주거래 은행이 있다면 인터넷 환전, 혹은 전화 환전도 가능하다. 은행까지 가지 않고, 인터넷, 전화 한 통이면 주거래 은행에서 환전이 가능하고, 환전한 돈은 출국 날 공항에 도착해 해당 은행 창구에서 찾기만 하면 된다. 또 인터넷 환전이나 전화 환전은 최대 70%까지 환전 우대를 받을 수 있어 더 유용하다. 여행사 홈페이지에서 항공권과 호텔 예약을 하면서 환전 우대 쿠폰을 받을 수도 있으니 챙기는 것을 잊지 말자.

신용카드 Credit Card

많은 현금을 들고 다닐 필요가 없어 편하다. 환율이 하락했을 때는 현금을 사용하는 것보다 오히려 이득을 볼 수도 있다. 상점에서 물건을 사는 것뿐만 아니라 ATM에서 현금서비스를 받을 수도 있다. 인터넷에서 숙소, 교통편을 예약할 경우에도 필요하다. 여행 시에는 해외에서 사용할 수 있는 카드(VISA, MASTER 등)로 준비하자. 그리스의 고급 호텔, 레스토랑에서는 대부분 신용카드가 사용된다. 하지만 일부 로컬 식당 등은 안 되는 곳도 있다. 특히, 아테네의 아크로폴리스 근처의 플라카, 모나스티라키 번화가에 있는 레스토랑에서는 사용이 어려운 경우가 많다. 해외에서 신용카드를 사용한 후 불법 복제되는 경우도 많으니 귀국 후에 사용 내역을 꼭 살펴보자. 신용카드는 쓸 때마다 수수료가 붙는다. 가급적 큰 금액을 내야할 경우 사용하는 것이 좋다. 현지에서 도난, 분실한 경우에는 바로 해당 카드사에 신고해야 불상사를 막을 수 있다.

현금카드 Debit Card

내 통장에 있는 현금을 현지 화폐로 바로 인출할 수 있다. 현지 은행 ATM에서 그때그때 필요한 만큼만 출금, 미리 환전할 필요도 없다. 도무지 알 수 없는 환율 상황일 때는 높은 환율에 통째로 환전하는 위험을 줄일 수 있다. 인출 ATM에 따라서 약간의 수수료가 붙는다. 해외에서 사용할 수 있는 Plus나 Cirrus등의 마크가 찍힌 국제현금카드를 준비하자. 마그네틱 선이 손상되거나 비밀번호 입력오류로 정지될 수도 있으니 2장 이상의 카드를 분산 보관하자. 그리스에는 시티은행이 없으니 찾으러 다니지 말고 근처의 ATM을 이용하자.

D-2
MISSION 9 여행가방 꾸리기

꼭 가져가야 하는 것들

여권	없으면 출국 자체가 불가능하다. 분실을 대비해 스마트폰으로 사진을 찍어두거나 복사본을 2~3장 따로 보관하자. 여권용 사진도 몇 장 챙긴다.
항공권	전자 티켓이라도 예약확인서를 미리 출력해 두자. 공항으로 떠나기 전 여권과 함께 반드시 다시 확인해 두자.
여행경비	현금, 신용카드, 현금카드 등 꼼꼼히 챙기자. 분실을 대비해 분산해 보관하자.
각종증명서	국제운전면허증, 국제학생증, 여행자 보험
의류&신발	계절에 맞는 옷과 편한 신발을 준비하자.
가방	큰 가방 외에 가볍게 들고 다닐 수 있는 작은 가방을 별도로 준비하면 좋다.
우산	가방에 쉽게 넣을 수 있는 3단으로 접는 작은 우산을 준비하자.
세면도구	호텔에서 묵으면 샴푸, 샤워젤, 비누 등이 제공된다. 칫솔과 치약만 챙겨 가면 된다. 게스트 하우스를 이용할 경우 기본적인 세면도구를 모두 챙겨가자.
비상약품	감기약, 소화제, 진통제, 반창고, 연고 등 기본적인 약을 준비해 가자. 생리용품도 마찬가지다.
카메라	메모리 카드와 배터리를 넉넉하게 준비하자.
어댑터및충전기	카메라, 핸드폰, 노트북 등의 충전기를 잘 챙기자. 한국과 사용하는 플러그 모양이 같아 특별히 신경 쓸 필요는 없다.
스마트폰	현지에서 심카드만 사면 이용가능하다. 그리스에는 호텔, 레스토랑을 비롯하여 대부분의 장소에서 와이파이가 잡혀 편리하게 사용할 수 있다.
선글라스	지중해의 강한 햇빛에서 눈을 보호하기 위해서는 필수다.
자외선차단제	그리스는 봄부터 햇빛이 강렬하기 때문에 피부가 쉽게 그을린다. 귀찮다고 건너뛰면 나중에 후회한다.
수영복	그리스의 아름다운 섬들을 방문한다면 수영복은 꼭 챙겨가자.
반짇고리	단추가 떨어지거나 가방이 망가졌을 때 유용하다.
소형자물쇠	소매치기 방지를 위해 가방의 지퍼 부분을 잠가 두면 든든하다.
지퍼백	젖은 빨래를 담거나 남은 음식 보관 등 용도는 무궁무진하다. 비행기 탑승 시 액체류를 반입할 경우 꼭 지퍼백에 넣자.
손톱깎이&면봉	없으면 아쉬운 필수 생활용품
물티슈	여행을 하면서 쓸 일이 많이 생긴다. 그리스의 소도시에서는 구입이 어렵기도 하니 미리 준비하자.

D-day

MISSION 10 그리스로 입국하기

인천공항에서 출국

1. 항공사 카운터 확인
출발 2시간 전까지 공항에 도착해 출국장인 3층으로 간다. 공항 출국장에 도착하면 운항정보안내 모니터를 통해 자신이 이용할 항공사의 카운터 위치를 확인할 수 있다.

2 탑승 수속
자신이 타는 항공사 카운터로 가서 여권과 전자항공권을 제출하면 보딩 패스를 받을 수 있다. 카운터는 이코노미 클래스와 비즈니스 클래스, 퍼스트 클래스 등으로 구분되어 있다. 남은 좌석 중에서 원하는 좌석을 선택할 수 있으니 이때 요청하면 된다.

3. 짐 부치기
보통 이코노미 클래스는 20kg까지 수하물을 부칠 수 있다. 항공사별로 정한 무게를 초과할 경우 추가 요금을 지불해야 한다. 칼이나 송곳, 면도기나 발화물질, 100mL가 넘는 액체나 젤 등 기내에 반입할 수 없으니 항공 수하물 안에 집어넣자.

4. 보안 검색
여권과 보딩패스를 보여주면 출국장 안으로 들어갈 수 있다. 보석이나 고가의 물건을 지니고 있다면 세관에 미리 신고하자. 들고 있던 짐은 엑스레이를 통과해야 하며 노트북을 소지했을 경우 가방에서 꺼내 별도로 바구니에 넣어야 한다.

5. 출국 수속
출국심사대에서 여권과 보딩 패스를 보여주면 된다. 출국검사를 받을 때는 얼굴 확인을 위해 모자와 선글라스 등을 벗어야 한다.

6. 탑승
탑승구에는 아무리 늦어도 30분 전까지는 도착해야 한다. 외국 항공사의 경우 모노레일을 타고 별도의 청사로 이동해야 하니 시간적 여유를 두고 출국 수속을 마쳐야 한다.

그리스 아테네 공항으로 입국

1. 공항 도착
공항에 비행기가 도착하면 짐을 챙겨서 내린다. 잊고 내리는 물건이 없는지 다시 한 번 확인하자.

2. 입국 심사
입국심사대에 여권만 제시하면 도장을 찍어준다.

3. 수하물 찾기
해당 항공편이 표시되니 레일로 이동해 짐을 찾는다.

4. 세관 신고
수하물을 찾은 후 특별히 신고할 물건이 없으면 'Nothing to Declare' 쪽으로 나간다.

친절한 홀리데이 씨의 소소한 팁

NO.1
그리스는 끊임없이 복원 중
유적지, 성당, 박물관 할 것 없이 그리스 전체는 지금도 발굴과 복구가 진행되고 있다. 유명한 신전 옆에 포클레인이 서 있고, 수백 년 된 성당이 공사 천막으로 가려져 있는 일이 허다하다. 특히 유적지와 박물관은 계절에 따라 운영 시간이 다르니 방문 전에 해당 웹사이트에서 꼭 확인하자.

NO.2
이랬다, 혹은 저랬다 하는 교통
지역 간 이동에 필요한 교통수단은 일정 변동이 매우 잦다. 환승이 필요한 경우 일정을 정확히 파악하지 않으면 터미널에서 하루 일정을 날리기 십상. 페리는 날씨의 영향을 많이 받는데, 당일 일정도 수시로 변경되니 참고하자.

NO.3
흔한 휴관일
박물관, 유적지 등이 대부분 휴관하는 날이다. 1월 1일, 3월 25일(그리스 독립 기념일), 부활절 일요일(성금요일을 포함한 주간은 운영 시간이 단축된다), 5월 1일(노동절), 8월 15일(성모 승천 대축일), 12월 25일~26일(성탄절).
※대부분의 박물관과 유적지는 11월부터 3월까지 월 1회 무료 입장의 날이 있다.

NO.4
여기는 어디? 나는 누구?
대부분의 유럽이 그렇듯이 그리스의 1층은 0층으로 표시된다. 아테네 국제공항에서 버스를 탈 경우 1층으로 가면 낭패다. 0층이 지상층의 시작이다.

NO.5
개표 확인, 100번을 강조해도 지나치지 않다!
버스, 메트로, 트램, 모두 마찬가지다. 승차권을 구매하면 탑승 전에 무인 개표기에 승차권을 넣자. 승차권에 날짜와 시간이 찍혀 나온다. 이것이 개표 확인인데 대중교통 수단에 승차권 확인하는 직원이 없는 대신, 간혹 무작위로 승차권 검열을 한다. 이때 유효한 승차권이나 개표 확인된 승차권을 갖고 있지 않으면, 요금의 60배를 벌금으로 낸다. 아테네의 기본 버스 요금은 1.2유로. 순간의 실수로 72유로를 내면 얼마나 가슴이 아프겠는가.

몰라도 상관없다. 하지만 알면 좋다. 문 닫은 박물관 앞에서 입맛을 다시거나 남보다 비싼 돈 주고 여행하는 안타까운 일은 줄일 수 있다. 오해받기는커녕 현지인과 좀 더 친숙해질 수 있는 작은 팁이 여기에 있다. 안전까지 챙기며 재미있고 유쾌한 그리스 여행을 만끽하자.

NO.6
유적지 걸을 때는 조심 또 조심
아크로폴리스, 신타그마 광장 등 유명하고 관광객이 많이 몰리는 곳의 바닥이 대리석인 경우가 많다. 인파에 밀려 조급한 마음에 걷거나 이슬비 내린 후 방심하면 자칫 넘어지기에 십상이다. 미끄럼 방지 신발을 신는 것이 가장 좋겠지만, 여행지에서도 패셔니스타의 자리를 포기하기 싫다면 항상 조심 또 조심하자.

NO.7
우리에겐 낯선 봉사료 문화
식당의 계산서에는 봉사료가 포함되어 있다. 하지만 서비스가 유난히 맘에 들었을 때 만족의 표시로 별도의 봉사료를 지급해도 좋다. 봉사료는 총 결제 금액의 10% 정도가 일반적이다. 현금으로 지불할 때는 계산서에 끼워둔다. 신용카드로 지불할 때는 총금액 밑에 봉사료를 별도로 적고 서명하면 된다. 호텔 방 청소 직원을 위해 1~2유로 정도를 베개 위에 올려놓기도 한다. 서비스업에 종사하는 현지인들도 봉사료를 반드시 받아야 한다고 생각하지 않는다. 호텔 테이블에 봉사료를 놓아도 가져가지 않는 경우도 있다.

NO.8
보너스 같은 세금 환급
'Tax Refund'이라는 표시가 붙은 면세 쇼핑점에서 1일 120유로 이상 구매한 경우 세금 환급의 대상이 된다. 계산 전 직원에게 면세 신청할 것이라고 말하면 신청 서류를 준다. 공항이나 항구에서 출국 시 작성한 신청서, 여권, 상품을 제출하면 된다. 환급받는 방법은 현금과 카드 중 선택할 수 있다. 구매 후 3개월까지 유효하다. 단, 구매한 제품을 함께 보여 주지 않으면 환급이 불가하다.

NO.9
교회를 방문할 때는 경건하게
그리스인들은 신앙심이 매우 깊다. 그들에게 종교는 단순한 믿음을 넘어 삶 자체이다. 그리스에서 교회에 방문할 예정이라면 제대로 된 복장을 갖추자. 특별히 정해진 의복은 없지만 짧은 치마나 바지, 어깨가 훤히 드러나는 상의는 삼가는 것이 좋다. 종교를 믿지 않더라도 예배당 안에 들어설 땐 초에 불을 켜 존중을 표하고 소정의 기부를 하자. 단, 미사가 진행 중일 때 촛불을 켜는 것은 예의에 어긋난다는 점을 기억해 두자. 사진에 대한 특별한 제지는 없지만 예배를 드릴 때 사진을 찍거나 플래시를 터뜨리는 행위는 기본적으로 하지 말아야 한다.

읽어보자! 그리스어!

대문자	소문자	이름	발음
Α	α	Alpha	[a]
Β	β	Beta	[v]
Γ	γ	Gamma	[ɣ] ~ [j]
Δ	δ	Delta	[ð]
Ε	ε	Epsilon	[e]
Ζ	ζ	Zeta	[z]
Η	η	Eta	[i]
Θ	θ	Theta	[θ]
Ι	ι	Iota	[i]
Κ	κ	Kappa	[k] ~ [c]
Λ	λ	Lambda	[l]
Μ	μ	Mu	[m]
Ν	ν	Nu	[n]
Ξ	ξ	Xi	[ks]
Ο	ο	Omicron	[o]
Π	π	Pi	[p]
Ρ	ρ	Rho	[r]
Σ	σ/ς	Sigma	[s]
Τ	τ	Tau	[t]
Υ	υ	Upsilon	[i]
Φ	φ	Phi	[f]
Χ	χ	Chi	[x] ~ [ç]
Ψ	ψ	Psi	[ps]
Ω	ω	Omega	[o]

말해보자! 그리스어!

좋은 아침입니다	Καλημέρα	[칼리메라]
좋은 오후입니다	Καλησπερα	[칼리스페라]
안녕하세요	Γειά σας	[야사스]
안녕히 가세요	Αντίο	[안티오]
감사합니다	Ευχαριστώ	[에프하리스토]
실례합니다	Συγνώμη	[시그노미]
화장실이 어디인가요?	Πού είναι τουαλέτα?	[뿌 에이나이 뚜아레따?]
신타그마 광장이 어디인가요?	Ρου είναι πλατεία Συντάγματος?	[뿌 에이나이 플라테이아 신타그마?]
네 / 아니요	Ναι / όχι	[네 / 오히]
얼마예요?	Πόσα κοστίζει αυτό?	[뽀사 코스티키 아브토?]
저는 원하지 않습니다	Δεν θέλω	[덴 텔로]
좋네요	Είναι ωραίο	[이네 오레오]
물 주세요	θελω νερο	[텔로 네로]
이름이 무엇인가요?	Πώς σε λένε	[뽀스 세 레네?]
제 이름은…	Με λένε	[메 레네…]
사랑합니다	Σ΄αγαπώ	[사가포]
안녕(헤어질 때)	Αντίο	[안티오]

> **Tip** *Agios, Agia & Agii*
> 그리스를 여행하다 보면 교회, 성당, 수도원 이름 앞에 아이오스Agios, 아이아Agia, 아이Agii를 볼 수 있다. 이것은 모두 성스러운(Saint, Holy)의 뜻인데 남성, 여성, 복수로 형태가 조금씩 다른 것이다.
>
> *Square vs. Plateia*
> Plateia(플라테이아)는 그리스와 사이프러스 지역에 있는 광장을 뜻한다. 그리스 여행을 하다 보면 지도나 안내판에 플라테이아라고 표기된 것을 자주 볼 수 있다. Square와 같은 뜻이니 당황하지 말자.
> 예) 신타그마 광장 = Plateia Syntagma = Syntagma Square

INDEX

📷 SEE

갈레리우스 개선문	300
갈레리우스 궁전	300
게이트 오브 랜드	192
고대 코린토스	178
고대 티라 유적	463
고대 아고라	098
국립 갤러리 & 알렉산드로스 수초스 박물관	191
국립 고고학 박물관	138
국립정원	116
국회의사당	118
그람부사	384
그리스 국립 도서관	122
그리스 민속예술 박물관	092
김나지움	234
나바리누 스퀘어	301
나플리오	184
나플리오 고고학 박물관	191
네아 카메니	465
네아 호라	362
니코스 카잔차키스 무덤	411
니콜라오스 오르파노스 교회	308
대 메테오론 수도원	256
대통령궁	126
델로스	505
델로스 고고학 박물관	510
델피 고고학 박물관	232
두피아니 암자	263
디오니소스 극장	086
라다키아 지역	297
라자로스 쿤두리오티스 히스토리컬 맨션	204
레드 비치	466
레팀노	420
로디아	421
로만 아고라 (아테네)	091
로만 아고라 (테살로니키)	302
로디아	421
로지아	408
로툰다	301
리라라키스 와이너리	418
리시크라테스 기념비	093
리카비토스 언덕	125
리틀 베니스	486
마케도니아 투쟁 박물관	314
메갈루 알렉산드루 거리	298
메인 포트	297
메테오라	254
메트로폴리탄 정교회	439
모나스티라키 광장	088
모닝 마켓	269
모로시니 분수	408
무슬림 신학교 마드라사	093
뮤즈의 언덕	095
미코노스 고고학 박물관	490
미코노스 농업박물관	490
미코노스 민속박물관	490
미코노스 호라	484
바를람 수도원	257
발로스 라군	386
베나키 박물관	120
베네치아 항구	358
베이 하맘	309
베제스테니	312
부르치 요새	190
부불리나스 거리	193
부타리	473
불레의 문	083
불리아메니 호수	172
블라타돈 수도원	307
블리호스	209
비잔틴 & 기독교 박물관	121
비잔틴 문화 박물관	311
비잔틴 배스 하우스	304
비잔틴 성모 마리아 교회	268
비잔틴 성벽	305
비트 바자르	313
사마리아 협곡	390
사자 광장	408
산토 와인	473
산토리니 와인	472
산토리니 하이킹	469
샌 디미트리 요새	363
성 니콜라오스 바도바 암자	263
성 안토니 수도원	263
성 조지 마딜라스	262
세인트 존 대성당	439
센트럴 마켓	135
센트럴 스퀘어	269
수니온곶	166
수상 관저	126
슈퍼 파라다이스 비치	491
스카로스성	441
스필리아	208
신타그마 광장 (나플리오)	194
신타그마 광장 (아테네)	117
싸루 비치	492
아고라	362
아고라 모디아노	312
아그리파 기념비	083
아노 메라	489
아노 폴리	304

아레오파고스 언덕	087	
아르바니치아 산책로	193	
아르바니치아 해변	193	
아리스토텔레스 스퀘어	298	
아무디 베이	453	
아블라키	209	
아스티르 해변	173	
아이 아포스톨리	366	
아이 테오도로이 교회	117	
아이아 바바라 루사누 수도원	258	
아이아 소피아 교회	303	
아이아 아이카테리니 교회	117	
아이아 트리아다 교회	117	
아이아 트리아다 수도원	260	
아이오 프네브마 바위	262	
아이오스 니콜라오스	421	
아이오스 니콜라오스 교회	361	
아이오스 니콜라오스 아나파프사스 수도원	259	
아이오스 디미트리오스 교회	303	
아이오스 미나스 대성당	410	
아이오스 소스티스 비치	493	
아이오스 스테파노스 수도원	261	
아이오스 이오안니스 비치	492	
아이오스 이오안니스 테올로고스 교회	090	
아이오스 티토스 교회	410	
아크로나플리오	189	
아크로코린토스	182	
아크로티리 선사 유적	464	
아크로폴리스	081	
아크로폴리스 박물관	096	
아타튀르키예 박물관	308
아테나 니케 신전	084
아테나 여신 신전터	170
아테나 프로니이아 성역	235
아테네 대학교	122
아테네 시청	136
아테네 아카데미	123
아테네의 벼룩시장	089
아트 스페이스	473
아틀란티스 서점	454
아폴론 성역	227
아폴론 신전	230
악티 먀올리 거리	193
알리모스 해변	174
얄리 자미 모스크	359
에게해 해양 박물관	490
에렉테이온	085
에우메네스의 스토아	087
엘라포니시	385
엘리아 비치	493
엡타피리온	306
엣츠 하임 유대교 회당	360
예니 하맘	309
오모니아 광장	137
오시오스 다비드 교회	307
올림피아 제우스 신전	115
와인 박물관	317
이드라 역사 기록 박물관	205
이드로네타	208
이슬람 예술 박물관	140
이아 마을	450
이아 마을 성채	452
이파판테 수도원	263
일리아스 랄라우니스 보석 박물관	094
자피온	116
전쟁박물관	120
치스타라키스 사원	088
카마리 비치	467
카미니	209
카스탈리아의 샘	234
카파니	313
케라미코스	140
코린토스	176
코린토스 고고학 박물관	181
코린토스 운하	183
코치아 광장	136
콜로나키	123
콜룸보 비치	468
쿠초야누풀로스 와인 박물관	473
쿨레스 베네치아 요새	407
크노소스 궁전	412
크레타 역사 박물관	407
크리소스칼리티사 수도원	388
크티마 예로바실리우	316
키미시스 티스 테오토쿠	208
키사모스 타운	383
키클라데스 박물관	119
타운 홀 스퀘어	269
테살로니키 고고학 박물관	310
테살로니키 유대인 박물관	315
테크노폴리스	141
트리고니우 타워	305
트리마리티 그리스 정교회	361
티라 선사시대 박물관	438
티세이오	099
파나기아 교회	453
파나기아 투를리아니 수도원	489

INDEX

파나기아 파라포르티아니 교회	487
파나티나이코 경기장	124
파라다이스 비치	491
파르테논 신전	085
파자르 하맘	309
판타나사 교회	089
팔라미디 요새	188
팔라사르나	389
팔리아 카메니	465
페리사 비치	468
페리파토스	083
펠로폰네소스 전통문화재단 박물관	192
포세이돈 신전	169
포타모스 비치	317
폴리니니아	388
풍차	488
프닉스 언덕	095
프로피티스 일리아스 수도원	463
플라케스	209
플라티스 이알로스 비치	492
피라 마을	436
피라-이아 트레킹	440
피르카스 요새	359
하니아 고고학 박물관	360
하니아 등대	358
하니아 민속 박물관	361
하니아 스트리트 마켓	363
하니아 해양 박물관	359
하드리안 도서관	090
하드리안 아치	115
하치다키스	473
헤라클리온 고고학 박물관	406
헤라클리온의 쇼핑 거리들	409
헤로데스 아티쿠스 음악당	082
화이트 비치	467
화이트 타워	296

🍴 EAT

3 식스티	199
그라다 누에보	318
그람부사	393
글로시테스	368
나오스 카페 레스토랑	171
니코스 플레이스	457
더 뮤지엄 레스토랑	317
더 쿨 뮬	213
더 피래트 바	212
더쿡	500
도메니코	372
도시락	131
디안젤로	494
디오니시스 수블라키 기로스 피타	238
디포르토 아고라스	144
라 보데가	369
라 브라세리	425
로디 앤 멜리	322
로리타스 젤라토	456
루가	319
루크마데스	105
룰루스	211
리온디 전통 그릭 레스토랑	102
마니마니	100
메테오라 레스토랑	270
메테오론 파노라마	273
모스트로우	104
모카	147
미노이	330
미니아투라	425
미아 페타	324
미켈 커피 컴퍼니	133
니알리스	367
바기아티코 푸드바	445
바비차스 베이커리	273
바탈로아니	275
반디스 부가차	325
베네티	149
볼케이노 블루	444
봄비디아	323
블레	326
블렌드 에어 주스 앤 커피	329
사바스	111
세르베토스피토	107
셀라	393
셰리 엘리아 두스코스	210
솔트 앤 페퍼	442
수블라키 스토리	500
스카시아르히오	394
스칸디나비안	498
스키퍼 카페	213
스타니	146
스텔리오스 앤 카티나	392
스트리트 푸드	327
스폰디	128
시네새	211
시만티라키스	394
시티 비스트로	129

아가피니스	370	카페 카스트라	330	펠리칸 키포스	445
아니타	212	카페 플로라	456	폰토스	500
아라벨라	331	칼데리미	370	폴	130
아라파고스	197	거피 아일랜드	133	프리기오	328
아르고 바이 콘스탄틴	443	코스타스 수블라키	112	프레스코 요거트 바	106
아무디 피쉬 타베르나	457	쿠스테니스	198	플레지르	326
아보카도	127	크리노스	145	피코크 레스토랑	103
아이올로스	195	키포스	199	필로소피스	424
안티카 젤라테리아 디 로마		타 아델피아	323	허브스 가든	425
	198	타 쿰파라키아	320	호리아티코	148
알라룸	194	타 할키나	371		
에리스 카페	104	타나시스	110	🛒 **BUY**	
에베레스트	133	타맘	367	마스티카숍	150
에피쿠로스 레스토랑	236	타베르나 가르데니아	274	세포라	155
오 기로스 뿌 기레비스	113	타베르나 바코스	237	아티카	155
오네이라 글리카	372	타베르나 스테파노스	275	암포라 세라믹스	240
오스트리아 카페	174	타베르나 투 파라미티	271	엘레니 마네리 갤러리	152
오이오노스 카페	105	타베르나 파넬리니오	272	코이로스	239
요고	329	타카둠	321	트리리스	153
우제리 로투로스	331	테이스티	369	판토폴레이온	153
이드리아	103	텔레스코프 카페	238	퍼블릭	154
이바스 가든	495	투 브라스토	322	혼도스센터	154
재키오	499	투 스타히	371		
조나스카페	130	투데이스 딜리셔스 스토어스		🏨 **SLEEP**	
징	132		328	갈리니 비치 호텔	396
치치카스 카이 메밍가스	131	투도 홀 레스토랑	129	갤럭시 호텔	426
치킨 타임	273	트리고나 엘레니디	327	그랜드 사라이 호텔	201
칠박스	109	트리오 밤비니	497	그레코텔 팔라스 아씨나	161
카라만리디카	142	팔라펠라스 스트리트 푸드		네레이즈 게스트 하우스	217
카라바키	496		145	뉴호텔	159
카바리스 코너	195	펑키 키친	497	니리스 호텔	377
카보 파라디소	499	페라그메노	372	다프니 펜션	200
카스텔라	423	페르가몬토	197	더 브리스톨 호텔	335
카카나라키스 1986	196	페스케시	422	더 엑셀시어	333
카페 아비씨니아	101	펠레카노스	455		

INDEX

디바니 팔라스 아크로폴리스	158
라 메종 오토만	373
라토 부티크 호텔	427
레토 호텔 델피	243
렌트 룸스 테살로니키	336
르 팰리스 아트 호텔	334
마이블루	458
모나스티리 게스트 하우스	277
미투스 게스트 하우스	279
바로노스 호텔	242
바이런 호텔	163
베스트 웨스턴 아마존 호텔	162
벤시아 호텔	501
보헴	504
빌라 레노스	449
사마리아 호텔	375
사이프리아 호텔	161
산토리니 프린세스 호텔	460
소티리우 게스트 하우스	281
스튜디오스 아라바스	337
시빌라 호텔	242
시티 호텔	334
아도니스 호텔	504
아르고 호텔 미코노스	504
아르호니코 메소호리	281
아말리아 호텔	159
아모스 호텔	376
아스파키 바이 아트 메종	461
아크로폴 호텔	243
아테네 백팩커스	163
아테네 스튜디오	162
안텔리즈 스위트	461
안토니아 호텔 산토리니	460
알렉시우 호텔	279
알소스 하우스	276
에로필리 펜션	216
에오릭 스타 호텔	279
에올로스 미코노스 호텔	504
에이 호텔	502
엘 그레코 호텔	427
엘레나스 게스트 하우스	278
오모르피 폴리 펜션	200
오를로프 부티크 호텔	215
이니그마 호텔	447
이드루사호텔	216
이사보 펜션	201
이키스 트래디셔널 호텔	461
이피게니아	377
일렉트라 팰리스 호텔	332
카이키스 호텔	277
칼리비아니 트래디셔널 호텔	397
컬러스 라다디카 센트럴	336
코스타 마리나 빌라스	446
코토마테 1810 부티크 호텔	214
크리스티나 비치 호텔	397
크리스티나 스튜디오	503
킹 조지 호텔	157
킹 호텔	278
테스 룸스	337
팬 호텔	243
페드라 호텔	217
펠리칸 호텔	448
포르토 베네치아노	374
플라자 호텔	335
피르고스 아드라치 호텔	280
피토 호텔	241
헤라 호텔	160
호텔 그랑드 브로타뉴	156
호텔 타구	504
후레쉬 호텔	160

꿈의 여행지로 안내하는 친절한 길잡이

최고의 휴가는 **홀리데이 가이드북 시리즈**와 함께~